世界传世藏书

【图文珍藏版】

哈佛管理全集

马松源⊙主编

第五册

线装书局

二、创新是企业发展的灵魂

（一）善于突破思维常规

德鲁克认为，变革的领导者一定要审视所有的产品、服务、市场及流程，并自问"就目前所知，如果我们还要进入这个领域，是否要依照旧有的经验"。美国有一家生产牙膏的公司，产品优良，包装精美，深受广大消费者的喜爱，每年营业额蒸蒸日上。记录显示，公司前 10 年每年的营业增长率为 10%～20%，令董事会雀跃万分。不过，进入第 11 年、第 12 年及第 13 年时，业绩停滞下来，每个月只能维持同样的数字。

董事会对这 3 年的业绩感到不满，便召开全国经理级高层会议，以商讨对策。会议中，有名年轻的经理站起来说道："我手中有张纸，纸里有个建议，若您要使用我的建议，必须另付我 5 万美元！"

总裁听了很生气说："我每个月都支付你薪水，另有分红、奖励，现在叫你来开会讨论，你还要另外要求 5 万美元。是否太过分了？"

"总裁先生，请别误会。若我的建议行不通，您可以将它丢弃，一分钱也不必付。"年轻的经理解释说。

"好！"总裁接过那张纸后，阅毕，马上签了一张 5 万美元支票给那位年轻的经理。

那张纸上只写了一句话：将现有的牙膏开口扩大 1 毫米。

总裁马上下令更换新的包装。试想，每天早上，每个消费者多用 1 毫米的牙膏，每天牙膏的消费量将多出多少呢？这个决定使该公司第 14 年的营业额增加了 12%。

谋略和智慧总能使人找到达到目标的方法，而勇气和信心则使人敢于实现目标。二者相辅相成，人生才能成功。只有真正的勇者才能做到"不怨天，不尤人"，既不抱怨老天爷不给机会，也不抱怨世界上没有人了解他；只有真正的智者，才能做到凡事都有解决之道，既不埋怨问题很难，也不轻易说自己不行。

生活中有些问题不能解决，不是因为问题太过复杂，而是因为许多时候我们会受到思维惯性的束缚，只要我们换个角度想问题，问题就很容易解决。

有很多员工之所以工作多年而毫无起色，是因为他们没有自己独特的思维方式和创新能力。尽管他们能够勤勤恳恳地工作，但是却没有在工作中很好地展示自己的智慧，只能按照旧有的方式复制下去，一旦出现新问题，就会变得束手无策。这样的员工永远只能走在别人踩出的路上，自然不能达到新的境地。

勇于创新的员工总是能够另辟蹊径，找到更好的解决问题的方法。在当今激烈竞争的市场环境中，那些没有新招数的企业只能被慢慢淘汰，只有不断推陈出新的企业才能够在不断变化的环境中大放异彩。成功的管理者往往都能善于突破思维常规，创新观念，拿出奇招。

凯玛特是现代超市型零售企业的鼻祖。从 1990 年开始，为了与前景看好的沃尔玛进行较量，它斥资 30 亿美元，花了三年的时间对原有的 800 家商店进行了翻新，又设

凯玛特

立了 153 家新的折扣商店。当时，沃尔玛正从乡村地区向凯玛特所在的市区扩张。作为回应，凯玛特的 CEO 也效仿沃尔玛，用降低数千种商品的价格来提高自己的竞争力，进而发起了针对沃尔玛的直接进攻。为了弥补其他商品的降价损失，凯玛特开始增加能够给企业带来较高利润的服装的销售。五年之后，这个付出巨大代价的降价战略被证明是不成功的。凯玛特的新店在执行该战略的最初三年里，每 0.093 平方米的销售额由 167 美元下降到了 141 美元。凯玛特所采购的服装要么积压在库，要么清仓大甩卖。

这种直接的以硬碰硬、邯郸学步的竞争倾向是一种极具诱惑力的思路，而且一直误导着人们。这个推理过程是这样的：如果我们的竞争对手可以通过某种改变来取得成功，那么我们也可以做到。我们只需要效仿竞争对手一些很好的举措，就可以成为市场的管理者。但事实上，竞争对手的改变不一定都是对的，而且它们的改变是根据自身条件所做出的，所以这种急躁的竞争模仿战略会误导许多公司的经营者，使他们

总是针对强大的竞争对手的优势来进攻。只有对市场反应最灵敏、使用"奇"招的企业才能够占据最佳位置，从而最先获得市场机会，赚得超额利润。

众所周知，麦当劳和肯德基是快餐业的代表，它们连锁经营的模式历来为饮食业所称道。然而，我们却很少看到中餐馆连锁经营成功的案例，难道是中国的饮食不如西方吗？当然不是，关键是我们的企业缺少创新思维，缺少资源整合意识。

国内餐饮企业谭鱼头能独树一帜，把一个火锅店打造成行业的管理者，其老总谭长安运用创新思维，改造传统行业的做法，值得管理者思索。

1997年，谭鱼头火锅店成立。它的第一家火锅店开业后，因为做工精细、味道鲜美，所以餐厅门庭若市，天天爆满，门口经常有几十个人排队等位置。

就在此时，一件意想不到的事引起了管理者谭长安的注意：由于每天用餐的人太多，客人经常要等很长时间。一天，有个客人等了两个小时还没有排到，他很生气，当时就叫来了谭鱼头的管理者谭长安。不管谭长安怎么解释，怎么表示抱歉，那个客人还是怒火中烧，气急之下，抬手就给谭长安一拳头。

然而，那一拳头不但没有让谭长安恼羞成怒，反而让他开始了深刻的反省。他想，为什么那个客人会那么愤怒呢？是因为等了太长时间，而导致客人等待时间长的主要原因是上菜速度慢。餐厅都是采用手工写菜单传菜，效率很低。

想到这，谭长安萌生了求变的念头。常言道，"变则通，通则久"，要提高效率，由餐饮业的小虾米转变为鲸鱼，首先必须提高效率。经过一番研究，谭长安在自己的各个连锁店开始建设 IT 系统。

IT 系统的操作流程是：餐厅使用 POS 机点菜，后台厨房的打印机同步提交顾客点菜信息，库存管理员根据点菜系统中的物料消耗随时补货，财务系统根据点菜系统和结账系统的数据对每天的销售状况进行精确统计。

这样，从前台点菜到厨房准备，再到给顾客上菜的时间都可以用系统记录下来。哪些菜必须在几分钟内提交给顾客，谭长安根据难易程度提具体要求，如果执行不到位，服务员、店堂经理就要受罚。

谭鱼头第一次改变了中国式餐饮的粗放式管理，实现了精细化。谭长安说："从传统管理到数码管理的转变是因为企业需要，企业长大了，管理也必须随之变化。不是我们想要这么做，是市场要求我们这么做。"谭长安正是直面现实后，谋求变革并获得了成功。

近年来，谭鱼头餐饮公司快速发展，谭长安决定代表中国餐饮走向国际市场，而走出国门、走向世界的一个重要前提就是实现"数码火锅"的企业目标。谭鱼头选择了 IBM 作为自己的主要合作伙伴，充分吸收了 IBM 在国际餐饮领域的系统建设经验，希望在 IBM 的协助下，实现"数码火锅"的梦想。

在 IT 应用非常落后的传统餐饮行业里，谭鱼头不仅独树一帜地最先开始 IT 建设，而且选择了与 IBM 携手。通过与国际最知名的 IT 公司紧密结合，谭鱼头迅速成长为行业的管理者。

可见，"奇正之术"运用到经营管理上，立刻就会成为管理者们制胜的法宝。出奇的产品、出奇的广告、出奇的销售方针、出奇的管理措施都是管理者们获取成功的拿手好戏。

客观事物是在不断变化的，无论是对个人还是企业，因此观念也要随之改变，唯有变，才能获得发展机会。观念决定了行为方式，如果我们把行为方式变"墨守陈规"为"解放思想"，这样一替代，将会发现很多创新的机会。而要想不断创新，就需要管理者时时发动观念的革命，消除过时的思维，吸收新颖的想法，以观念的变革来带动企业创新。

（二）自我淘汰，自我创新

自然的规律，大概就像张弓射箭吧？举高了就压低一点，低了就抬高一点；弦拉过头了就放松一点，拉少了就加多一点。在商场中，什么样的情况都会遇到，这就要求管理者有一个机智灵活的头脑，善于随机调整，自我淘汰，然后自我创新。

老鹰是世界上公认寿命最长的鸟类，它的年龄可以达到 70 岁。然而要活那么长的时间，它必须在 40 岁时做出痛苦而重要的决定。

当老鹰活到 40 岁时，爪子开始老化，无法有效地抓住猎物；喙变得又长又弯，几乎碰到胸膛；翅膀也变得十分沉重，因为羽毛长得又浓又厚。这时，它只有两种选择：等死或是经过一个十分痛苦的更新过程——150 天的脱胎换骨。

若选择脱胎换骨，它必须很努力地飞到山顶，在悬崖上筑巢，停留在那里，确保安全。老鹰首先用它的喙击打岩石，直到完全脱落，然后静静地等候新的喙长出来。接下来，它会用新长出的喙把指甲一根一根地拔掉。当新的指甲长出来后，它再把羽毛一根一根地拔掉。几个月后，新的羽毛长出来了，它便又能够自由翱翔，重获 30 年的岁月！企业要想有长远的发展，有些时候就必须做出困难甚至是痛苦的决定。企业做大固然好，但问题也是如影随形的。正是因为"大"了，其"喙""爪"使得"执行力"衰退，其"毛"使"机体"日渐臃肿，"敏感度"也日益迟钝，对市场的反应能力大不如前，企业就面临着危机。这时候管理者就要痛下决心，革除弊端，重占市场。

很多跨国公司发展到一定程度时，都会将战略转向以核心技术或主打品牌为主的方向，停产竞争力不强的产品或者出售竞争力不强的部门，这就是所谓的"断臂"。企业断臂的过程就是清除"过去"羁绊的过程。它们之所以会这样做，就是不想让"过去"束缚了眼前的行动。

英特尔公司前总裁安迪·葛罗夫认为，创新是唯一的出路。不淘汰自己，竞争就会淘汰我们。

综观综艺集团的发展历史，实际上就是一串不断否定自我、超越自我的脚印。

昝圣达在设计师做得得心应手的时候毅然辞职创业，因为他隐隐感受到了中国民营经济发展的美好前景；在服装内销市场做得红红火火的时候，他又突然改做外销市场，因为他预见到国内市场竞争的惨烈和利润的稀释；在稳坐我国丝绸服装出口企业的冠军宝座的时候，他又将投资范围拓展到木业，因为他意识到服装企业的增长速度已接近极限，企业必须寻找新的"舞台"；在国内大多数企业还没看懂资本市场的时候，他已经开始果断行动，为企业上市倾尽全力；在传统产业生意兴隆、万事如意的时候，他又一步步地介入高科技领域，从软件流通到软件开发，再到芯片设计，步步为营，棋棋领先。

昝圣达说，他的指导思想是"远离竞争"，在一个行业如日中天的时候，必须考虑新的投资方向以分散风险。因为一个过热的行业会吸引过多的竞争者进入，市场很快会因为竞争激烈而降低利润。转型总是痛苦的，尤其是进入一个陌生的领域，可昝圣达相信："人无远虑，必有近忧，与其承受被动改变的痛苦，不如主动改变，先苦后甜。"

一些媒体认为昝圣达是个资本玩家，昝圣达不赞同这个说法，他觉得自己是个实业家。他认为，传统产业做的是加减法，企业发展的速度相当有限；而运用资本经营做的则是乘法，速度大大提高；如果成功的资本经营再加上高科技产业，那么做的就是乘方了，能使企业以几何级数迅速壮大。正因为如此，发展到今天的综艺在项目选择方面，一定要科技含量高又有市场，门槛低的绝不进入。

昝圣达最关心的关键问题有三方面：市场在哪里？技术优势在哪里？成本优势在哪里？有些产品有很高的技术，但没市场，你卖给谁？有的有市场，但技术很低，谁都可以进入。两个问题都解决了，就要看企业的成本优势在哪里。

综艺选择的项目，基本上都是在各个行业占据第一、第二的位置。昝圣达认为，一流企业卖标准；二流企业卖品牌；三流企业卖技术；四流企业才卖产品。

昝圣达朝卖标准方向的努力，最终结出了硕果。由江苏综艺集团投资的完全拥有自主知识产权的计算机芯片"龙芯2号"获得巨大成功，结束了我国信息化建设没有"中国芯"的历史。这样一个走在IT产业前端的现代企业集团却是从一家生产刺绣服装的村办小厂起家的，这正是昝圣达与时俱进、不断否定自我的结果。

管理学大师彼得·德鲁克说：创新的同时，必须学会放弃。创新组织不会为了要捍卫旧时的事物而浪费时间或资源。有系统地放弃昨天过时的事物，才能腾出资源到新工作上，尤其是最稀有的资源——才智之士。创新不仅是技术创新，还有战略、观念、组织、市场、经营模式的创新，例如戴尔就是靠经营模式的创新打败了技术先进的IBM和HP。重塑企业战斗力，必须全面提高企业创新力。自我淘汰的本质就是创新，创新的过程就是自我淘汰的过程，企业要想不被对手所打败，只有持续不断地创新。

（三）创新一定要有成效

德鲁克认为，任何投入如果不能产生成果，那就不是成本，而是浪费。因此企业要千方百计促进创新产生成效。

圣诞节前，尽管寒风刺骨，冷气逼人，但玩具店门前却通宵达旦地排起了长龙。这时，人们心中有一个美好的愿望：领养一个身长40多厘米的"椰菜娃娃"。

"领养"娃娃怎么会到玩具店呢？

原来，"椰菜娃娃"是一种独具风貌、富有魅力的玩具，它是奥尔康公司总经理罗杰斯创造的。

通过市场调查，罗杰斯了解到，目前玩具市场的需求正由"电子型""益智型"转向"温情型"，他当机立断，设计出了别具一格的"椰菜娃娃"玩具。

与以往的洋娃娃不同，以先进电脑技术设计出来的"椰菜娃娃"千人千面，有着不同的发型、发色、容貌，不同的鞋袜、服装、饰物，这就满足了人们对个性化商品的要求。

另外，"椰菜娃娃"的成功，还有其深刻的社会原因。"离婚"给儿童造成心灵创伤，也使得得不到子女抚养权的一方失去感情的寄托。而"椰菜娃娃"正好填补这个感情空白，这使它不仅受到儿童们的欢迎，而且也在成年妇女中畅销。

罗杰斯抓住了人们的心理需要大做文章，他别出心裁地把销售玩具变成了领养

"娃娃"，把它变成了人们心目中有生命的婴儿。

奥尔康公司每生产一个娃娃，都要在娃娃身上附上出生证、姓名、手印、脚印，臀部还盖有"接生人员"的印章。顾客领养时，要庄严地签署"领养证"，以确立"养子与养父母"关系。

经过对顾客心理与需求的分析，罗杰斯又做出了创造性决定"配套成龙"——销售与"椰菜娃娃"有关的商品，包括娃娃用的床单、尿布、推车、背包，以至各种玩具。

领养"椰菜娃娃"的顾客既然把她当作真正的婴孩与感情的寄托，当然把购买娃娃用品看成是必不可少的事情。这样，奥尔康公司的销售额就大幅度增长。

如今，"椰菜娃娃"的销售地区已扩大到英国、韩国和中国等国家和地区。

罗杰斯正考虑试制不同肤色及特征的"椰菜娃娃"，让它走遍世界，以保持奥尔康公司在玩具市场上首屈一指的地位。

奥尔康公司靠发挥自己的想象力，虚构了惹人喜爱的"椰菜娃娃"，它又引发了一系列相关产品的诞生，使得奥尔康公司受益无穷。

1997年，"希望网民上网变得容易"这样一个简单的理想催生了丁磊的网易。1999年，丁磊将网易的大本营转移到北京，并忙着上市。2000年6月30日，丁磊如愿以偿，网易登陆纳斯达克。资本市场形势已经发生了变化，与中华网登陆纳斯达克时的火爆情景截然不同的是，网易股票上市当天就跌破了发行价。

当时，很多人都在喊互联网冬天即将来临，很多人认为互联网泡沫已到了濒临全线崩盘的前夜，就连曾经疯狂向互联网公司投钱的精明的投资者们，也开始不相信单纯地炒作概念会给他们的钱包里带进真金白银，纳斯达克的股价在网易上市之前就已经开始全线下跌，网易上市赶在了一个不好的时机。

其实，网易在上市之前是赚钱的。从1999年年初到2000年6月30日网易上市的18个月间，网易总共融资1.15亿美元，但上市之后，为了支持门户的内容建设，公司不但不赚钱，而且总是在亏钱。因为当时门户网站的主要收入是网络广告，单一的广告收入难以支撑庞大的门户支出。

从2000年7月开始，随着全球互联网泡沫的破灭，纳斯达克指数从高峰时的5000点跌到了1500点，网易跌入冰冷的谷底。

别无选择，丁磊只能开源节流来维持现金流，在未来的形势没有明朗之前，他要做的最正确的事情是要让公司活下来。就在这急剧的行业调整变化中，富有远见的丁磊逐渐发现了短信业务。"一毛钱一条短信，成本只要5分5厘，网易有用户，有邮箱，有免费个人主页，如果我们每个月从一个用户身上赚一块钱的话，我们公司就能盈亏持平。"丁磊回忆当时的过程时说。在短信业务的推动下，网易找到了除了广告之外的第二条资金流入渠道。

但是，凭借短信和网络广告，并不能使丁磊高枕无忧。2000 年，网易开始关注网络游戏，丁磊认为能够带给人精神享受的网游一定有潜力无穷的市场，于是在外界一片质疑声中，他抽调子公司最优秀的一批员工加入开发网络游戏的团队中去，并制订了网游发展计划。2001 年 12 月，网易推出自主开发的大型网络角色扮演游戏《大话西游 Online3》。2002 年 8 月，《大话西游 Onlinell3》正式收费启动，网易游戏的用户逐步增加，从最初的 3000 人到了最高规模时的 55 万人。

网游使网易发生了根本性变化，在别的网站还在残喘之时，网易已经实现了赢利。作为第一家赢利的门户网站，网易的股票价格最高值接近 70 美元。网易走出互联网阴霾，可以说完全依靠自己的实力。随着股票在 2002 年的良好市场表现，网易赢利水平增高，丁磊也成了福布斯 2003 年的中国首富。

如何在变化中成为赢家？就应该像丁磊一样学习管理未来。只有制定出适应变化的战略，通过在目标与环境、实力之间进行匹配，才能够帮助企业赢得未来。成功的战略管理是为企业未来发展提供合乎逻辑的方法，进行战略管理不能保证企业经营一定成功，但不进行战略管理，企业功能一定会失调，导致最终失败。因此，对未来进行管理，是企业管理者在未来面前的必要选择。

市场环境瞬息万变，企业只有在变化中不断调整发展战略，保持健康的发展活力，并将这种活力转变成惯性，通过有效的战略不断表达出来，才能获得并持续强化竞争优势，在变化中成为市场上的最大赢家。

由此可见，创新要想有成效，就必须不能忽视市场购买者的承受能力及未来趋势。在创新中必须体现市场导向。创新成果也需要在市场上得到最终的检验。创新成本和收益也必须完全由市场来买单。因此，必须充分认识市场对创新的影响作用，甚至可以说是决定性作用。唯有如此，才能提高创新的成功率。

（四）创新要以市场为导向

管理大师德鲁克说："企业的创新必须永远盯在市场需求上。如果只是把焦点放在产品上，虽然能创造出技术的奇迹，但也只能得到一个令人失望的结果。"在市场经济条件下，市场是企业发展的根本，没有市场，便没有企业的生存。企业各种创新的效果也必须由市场来检验，创新是否满足市场需求是影响和决定企业命运的关键因素。

作为卫星移动通讯业开拓者的美国铱星公司，曾耗资 50 亿美元、花费 12 年的时间致力于技术创新，研究开发出了由 66 颗低地球轨道卫星组成的移动通信网络，于 1998 年 11 月 1 日正式投放市场。结果出乎意料，由于手机和服务费用非常昂贵，大多数人承担不起，导致客户稀少。

按照创新成本计算，要实现赢利至少需要有 65 万家用户，但一直到 1999 年 8 月初，该公司只有 2 万家用户。这之间的差距无论做出多少努力也无济于事，最终公司在无法按期偿还巨额债务的情况下，只能于 1999 年 8 月 13 日被迫向法院申请破产保护。

造成铱星公司破产的最关键问题是缺乏市场导向，忽视市场需求的变化，尤其是忽视了消费者的承受能力。由于技术突飞猛进，20 世纪 90 年代以来，普通手机的价格和通话费急剧下跌，远远高于同行服务价格的铱星公司只有申请破产保护一条出路。

创新不能背离市场需求。管理学大师熊彼特提出了创造性破坏理论，这个理论的核心观点是，在市场的任何时期，都存在相对静止的阶段，在这个相对静止的阶段中，拥有竞争优势的企业将获得正的经济利润。但是该公司的竞争优势不断受到来自竞争对手的冲击，能够超越该公司的优势并获得竞争领先地位的企业将在下一个相对静止的时期继续获得正的利润：而超越对手的唯一方法就是创新，并且是根据市场需求而做出的创新。

19 世纪中叶，美国加州出现一股寻金热，许多人都怀着发财梦争相前往。

当时，一个 17 岁的小农夫亚默尔也想去碰碰运气，然而，他却穷得连船票都买不起，只好跟着大篷车，一路风餐露宿赶往加州。

到了当地，他发现矿山里气候干燥，水源奇缺，而这些寻找金子的人，最痛苦的事情便是没水喝。许多人一边寻找金矿，一边抱怨"要是有人给我一壶凉水，我宁愿给他一块金币！"或"谁要是让我痛痛快快地喝一顿，我出两块金币也行"。

这些牢骚，居然给了亚默尔一个灵感，他想："如果卖水给这些人喝，也许会比找金矿赚钱更容易。"

于是，他毅然放弃挖金矿的梦想，转而开凿渠道、引进河水，并且将引来的水过滤，变成清凉解渴的饮用水。

他将这些水全装进桶子里或水壶里，并卖给寻找金矿的人们。

一开始时，有许多人都嘲笑他："不挖金子赚大钱，却要做这些蝇头小利的事业，那你又何必离乡背井跑到加州来呢？"

对于这些嘲笑，亚默尔毫不为之所动，他专心地贩卖他的饮用水，没想到短短的几天，他便赚了6000美元，这个数目在当时是非常可观的。

在许多人因为找不到金矿而在异乡忍饥挨饿时，发现商机而且善加运用的亚默尔，却已经成了一个小富翁。

满足市场需求，创造市场价值，是任何企业进行创新活动时必须遵守的天条。创新体系能不能为市场发展服务，创新成果能不能及时转化为产品的市场竞争力，是评判一个企业市场反应机制、技术提升水平和协调管理能力等综合素质高低的重要指标。如果一个企业的创新成果不能为市场接受，那么这个企业的创新实力再强，最终也会被淘汰。

著名空调企业春兰集团在创新与市场对接方面，曾有过教训。

20世纪90年代初，春兰研制出了国内第一台变频空调，但公司主观地考虑到当时市场对这种高端产品的需求不大，就没有全面推向市场。

而事实完全相反，这种高端产品的市场还是不小的，由于春兰的主观臆断，以致让其他品牌的变频空调抢了先机。正是因为有了这样深刻的教训，春兰在以后的发展进程中加大了创新与市场对接的力度，并采取了三种对接策略。

一是市场需要什么就研发什么。经过调查分析，市场需要健康、静音空调，春兰就研发具备长效灭菌功能、静音功能良好的"静博士"空调；随着人们环保意识的提高，春兰就开发达到国家新能效标准、对环境无污染的节能环保空调；市场需要小吨位的大载量卡车，春兰就开发双桥增压加强型轻卡，做到了始终与市场发展同步。

二是市场何时需要就何时提供。由于做了充分的预期研制和技术储备，因而，市场无论何时需要相关产品，春兰都能做到及时推出，确保第一时间供应市场。

三是主动引导市场的发展趋向。广泛收集市场信息，及时分析、研究消费者提出的各方面意见和要求，为春兰科研人员的新产品开发注入了活力。春兰开始主动引导市场的发展，例如开发高能动力镍氢电池，引导汽车、电动机械和工具等产品市场向节能环保方向发展；开发移动式与卡式空调，以及镶有触摸屏的水晶彩色面板豪华和超豪华空调，引导消费者向往时尚和个性化特征的新生活。

正是注重创新与市场的对接，春兰产品不仅销往世界120多个国家及地区，而且实现了海外投资与海外贸易同步增长、产品输出向技术输出、一般技术向核心技术、国内选才向全球揽才、适应标准向自主标准、价格竞争向品牌竞争的全方位提升。

企业的创新价值需要通过市场机制来实现，企业创新最终环节是投入市场，只有能经受得起消费者的考验，才能获得生存和发展的空间。

所以，管理者的首要任务不是检测创新本身，而是观测企业的产品或服务是否因创新而更受欢迎。由此可见，所谓创新创造的价值，就是指创新带来的市场价值、消费者眼中的购买价值和使用价值。按照这种观点，一个无法销售出去的创新产品是不具有市场价值的，也就不可能是有价值的创新。

（五）创新，就不要害怕失败

德鲁克认为，如果企业内部自我认为"企业现在这种良好形势会一直保持下去，只要完美做好本职工作，企业就能长盛不衰"，那么这家企业就离倒闭之日为时不远。因为这种思维会在企业内部形成一种不思进取、官僚保守的企业文化，最终使企业失去活力，逐渐僵化，从而陷入没落。

美国有家钻石天地公司，成立伊始想开采钻石，由于地质勘探犯了一个错误，没找到钻石，却发现了世界上最大的镍矿；李维·斯劳特起初想在加州开金矿发财，碰了壁，转而用帆布缝制矿工穿的裤子，现在李维斯牌的牛仔裤已风靡世界；如果爱迪生一直在公司里做职员，他也不会发明给全世界带来光明的电灯泡；哥伦布在开辟航道时要是不犯错误，他就不会发现美洲的新大陆，也就很可能没有今天的美国。

错误是成功的开始，就拿美国的山德斯联合公司来说吧，该公司是新泽西州最大的工业企业，在美国的精密国防电子装备以及用于商业方面的电脑绘图等先进领域均居于领先地位。就是这样一个技术力量雄厚的公司，在投资商用电脑终端机时却遭到了失败。商用电脑终端机在当时是很具有吸引力的一项商业投资。20世纪末，山德斯联合公司决定生产用于预约业务及账务系统的商用电脑终端机。

这一项新的投资与它原来已经取得成功的雷达、电子组件及反潜战系统等业务大不相同。这项新的业务需要在消费者面前与像IBM之类的大公司决个胜负。山德斯联合公司只长于为国防方面买主提供精致细密的高级产品，而商用品的买主并不重视精密细致的优点，只注重使用方便，这就注定了山德斯联合公司要失败。后来山德斯公司又发展了电脑辅助设计和电脑辅助制造系统的终端机，结果都失败了。正如山德斯联合公司的董事长包尼斯所承认的："我们选择了错误的行业。"

经过几年的摸索之后，山德斯联合公司对自己的经营进行了认真的总结分析，找到了问题的症结所在，认为："我们所生产的终端机的确是再好不过了，但我们缺乏行销和服务技巧。我们的产品设计得虽然很好，但却已被别人抄袭仿冒，而外行的使用者却对我们的设计不欣赏。"于是，山德斯公司又重新集中力量发展军事方面产品的业务，制造电子武器，如指挥与控制体系、海洋追踪监视系统以及电脑测试装备。而且在策略研究上用了两年时间，发展了一种新的商业产品——互动制图器，这与以前失败的商用电脑终端机的投资情况大不相同。山德斯联合公司以高科技战略，很快挤进电脑绘图器这一市场已经发育成熟的行业。到1984年，山德斯联合公司的新策略有了收获，制图器系列产品的营业额达到25500万美元，纯利润2500万美元；在国防电子产品方面，年销售收入接近5亿美元。

山德斯的成功足可以印证想成功就不要怕失败，只有经过一次次探索才能前进。经验是在摸索中积累的，有勇气的人才有机会触摸成功并抓住它。

大多美国企业的管理者都知道要想让员工敢于创新，就要先让创新者打消害怕失败遭受惩罚的念头。这些管理者深明这样的道理：要想进行卓有成效的创新，就得进行不同形式的尝试，并在尝试中保留正确的东西，摒弃那些无效的东西。所以，要进行创新，首先必须建立起"失败后还有明天"的思维，创造更加自由宽松的人文环境，让"接受失败，容忍失败"成为一种普遍认同的文化。

（六）创新需要实践的考验

提到创新，管理者也许首先会想到各种有创意的"点子"。事实上，很多管理者都鼓励自己的员工有"聪明的点子"。在很多人看来，创新就是"心血来潮或者是灵光乍现"的产物，是灵机一动。但真的是这样吗？

德鲁克提出了完全不同的看法，他在《创新与企业家精神》一书中这样写道：

"创新——本书的一个主题——是可组织、系统化的、理性的工作。"

同时，他给出了一个关于创新的明确概念："创新可以被定义为一项赋予人力和物质资源以更新和更强创造财富的能力的任务。"

德鲁克认为创新是可以有计划、被组织的理性工作，它并不依靠于虚无缥缈的"灵感"。

德鲁克说："成功的企业家不会坐等'缪斯的垂青'，赐予他们一个'好主意'，而是努力实干。总而言之，他们并不求惊天动地，比如希望他们的创新将掀起一场产业革命，或者建立一个'亿万资产的企业'，或一夜之间成为巨富"。

有这种大而空、急于求成想法的企业家注定要失败，大多数都会走错路、干错事。一个看似伟大的创新结果可能除了技术精湛外什么也不是；而一个中度智慧的创新，如麦当劳，反而可能演变成惊人且获利颇丰的事业。我们看到很多写给管理者的书籍上，所描述的大部分新企业都是建立在"聪明的点子"之上的：拉链、圆珠笔、喷雾器、易拉罐等都是聪明点子的产物。

但是德鲁克告诉我们："'聪明的点子'是风险最大，成功几率最小的创新机遇源泉。这种创新中只有不到1%的专利可以获得足够多的钱补回开发成本和专利费用。"

他举例说："历史记录的最伟大的创造天才首推达·芬奇。他的笔记本的每一页上都有一个惊人的主意——潜水艇或直升机或自动铸排机。但这些都没有转化为带有历年时期的技术和材料的创新。事实上，在当时的社会和经济中它们都不会被人们接受。"

几乎所有人都知道瓦特发明了蒸汽机，但实际上他不是蒸汽机的真正发明者：翻开科技史，你会发现，1712年纽科门制造了第一台蒸汽机，英国一个煤矿曾利用它来抽水。

但是燃烧发动机的真正"发明者"既不是纽科门，也不是瓦特，而是英裔爱尔兰化学家玻意耳，他发明这种发动机纯属"灵光乍现"。只是玻意耳的发明没有成功，也不可能成功。因为他利用火药的爆炸来推动活塞，这种方法会把汽缸弄脏，每一个冲程都要把汽缸取出来清洗一次。玻意尔的想法首先启发了他的助手帕潘，然后是纽科门，最后是瓦特开发出了可行的蒸汽机。

而在瓦特之后，"蒸汽机"这个划时代的创新，才真正被应用于大工业的生产，也直到这个时候，"蒸汽机"这项"发明"才成为真正意义上的"创新"。

天才玻意尔所拥有的只是聪明的点子，它并不属于科技或发明。这些"点子"只有在"发现"它的人充分掌握知识和技能，在系统的组织和计划下，使之能够拥有使用价值，才能够称得上是"创新"。

德鲁克说："在创新与企业家精神的理论和实践中，聪明点子的创新是附属的。但是，它必须受到人们的赏识和回报。它代表着社会需要的品质：积极性、雄心和灵性。"

但我们必须明白创新和"点子"的差别。"点子"仅仅是一种带有创意的想法，它如果想成为有价值的"创新"就必须接受实践的考验。

王永庆早年因为家里条件不好读不起书，只好去做买卖，16岁他就从老家到嘉义开了一家米店。当时，小小的嘉义已经有近30家米店，竞争非常激烈。

当时仅仅只有200元资金的王永庆，只能在一条偏僻的巷子里承租一个很小的铺面。

他的米店开业最晚，规模最小，更谈不上有什么知名度了，可以说是没有任何优势。在新开张的那段日子里，米店生意冷冷清清，门可罗雀。

为了打开销路，王永庆只能背着米挨家挨户去推销，可是，一天下来，人不仅累得够呛，效果也不太好。谁会去买一个小商贩上门推销的米呢？

那怎样才能打开销路呢？王永庆觉得要想在市场上立足，必须有一些别人没有的优势才行。于是，他决定从每一粒米上打开突破口。

20世纪30年代的台湾，农民还处在手工作业状态，由于稻谷收割与加工的技术落后，沙子、小石子之类的杂物很容易掺杂在米里。人们在做饭之前，都要淘好几次米，很不方便。但大家都已见怪不怪，习以为常了。

王永庆却从这习以为常的日常习惯中找到了切入点。他带着两个弟弟一起动手，一点一点地将夹杂在米里的秕糠、砂石之类的杂物拣出来，然后再卖给顾客。于是，镇上的人都说王永庆的米质量好，省去了淘米的麻烦。就这样，一传十，十传百，米店的生意也日渐红火起来。

但王永庆并没有就此满足，在提高大米质量的同时，在服务上也更进了一步。那时候，顾客都是上门买米，自己运回家。这对于年轻人来说不算什么，但对一些上了年纪的人来说，就非常不方便了。可是，年轻人整天在外工作，根本没时间来买米，所以，买米的顾客以老年人居多。

聪明的王永庆注意到这一细节，于是主动送米上门。这一方便顾客的服务措施大受顾客欢迎。

更重要的是，王永庆送米并非送到顾客家门口就完了，他还将米倒进米缸里。如果米缸里还有陈米，他就将陈米倒出来，把米缸擦干净，再把新米倒进去，然后将陈米放回上层，这样，陈米就不会变质了。

而且，每次给新顾客送米，王永庆都会细心记下这户人家米缸的容量，并且问明这家有多少人吃饭，有多少大人、多少小孩，每人饭量如何……据此估计该户人家下次买米的大概时间，记在本子上。等时候到了，王永庆不等顾客上门，就主动将相应数量的米送到客户家里。

更加了不起的是：有些顾客，不是吃完米就立即有钱买米，因为还没有发工资。王永庆又推出一项新的服务措施：

先把米给客户，记好别人发工资的时间，在他发工资的第二天或第三天去收费就行了。于是，他那家在小巷里的米店，竟然成了生意最好的米店。

王永庆把握了做一流商人的秘密，之后不断发展，最后成了台湾的首富。

一个人的观念决定行动，行动导向结果。说到底，人和人的竞争、企业和企业的竞争，最终都是思维方式的竞争。一个因循守旧、不善变革的人，很难在竞争中处于有利地位。卓越的管理者都善于从不同的思维角度寻找解决问题的办法，他们不会坐井观天，而是站在时代的潮头，以变革思维引导企业的前进和发展。

（七）让创新创造价值

德鲁克认为，创新的考验也是对质量的考验，并不是"我们是否喜欢这个创新"而是顾客"是否愿意花钱去购买这个创新"。这就要求管理者一定不要理想化，而要对市场有一个清醒的认识，让创新创造价值。

1986 年，年仅 17 岁的黄光裕与长其 3 岁的哥哥黄俊钦，一道带着 4000 元钱从家乡广东汕头北上，到内蒙古一带做贸易。一年后因不满当地人"轻易承诺疏于兑现"，转战北京。半年后开始在北京珠市口经营一家面积不足 100 平方米的电器店——这就是国美电器连锁店的发端。

黄氏兄弟初到北京时物色下的珠市口的那家两层小店，本是一家国营服装厂的门市部，名叫"国美服装店"。兄弟俩很快发现服装不太好卖，于是卖起了电器。1987 年 1 月 1 日，"国美电器店"的招牌在这家小店的门前挂了出来。

20 世纪 80 年代末，整个国家市场需求远大于供应，谁掌握了货源，转手就能赚钱。黄光裕敏锐地发现了扩展性最好的家电市场，同时也预见到随着中国经济的发展，市场最终必将转向买方市场的大趋势。因此，他们没有采取一般商家所采用的倒买倒卖抬高售价以图厚利的做法，而是确定了"坚持零售，薄利多销"的经营策略。这一策略延续至今，成为国美立业之本。

黄光裕

1996 年，黄光裕更是将触角伸向了房地产业——这是一个既需要各类资源（包括政府资源）又能够累积各类资源的行业，总投资近 13 个亿的鹏润家园于这一年 9 月 18 日破土动工。1998 年黄淡出国美一线而成立鹏润投资公司后，房地产业与家电连锁业被认定为国美的两大主业。这一年的 4 月 26 日，鹏润投资以 1.35 亿港元完成对香港上市公司京华自动化集团有限公司 74.5% 的股份的收购，将鹏润房地产的一部分资产

注入到上市公司，并将其更名为中国鹏润集团（鹏润地产）。

自此，黄光裕在商场中纵横捭阖，任意驰骋，成为电器零售业的老大和房地产业的新贵。不断求变，以变革求生存图发展的创新精神，对于管理者来说，实在是太重要了。管理者的创新精神，是将"变"看成是企业经营的一种正常现象和准则。一个有头脑、有韬略的管理者，总在寻求变化并对变化做出反应，把变革作为一个可供开发的机会。变革精神，从实质上说，也就是一种创新精神。因为正是对现状不满，才使他们甘冒风险去变革，去干一些新的事情。管理者最乏味循规蹈矩，最讨厌人云亦云，他们天生就是"破坏者"。

创新精神，是管理者生命中最闪光的部分。一个管理者什么时候思想僵化，停止创新，那他就会在什么时候结束"管理者生命"。而只有不断创新，他才会永葆青春活力，企业才会有勃勃生机。

优秀的管理者总是领导着市场的新潮流，他们具有前瞻意识，领先一步，走在市场的前列，率先跨入新领域，他们不断开辟新市场。

陕西鼓风机（集团）有限公司始建于 1968 年，是中国设计制造以透平机械为核心的大型成套设备的集团企业。

多年来，陕西鼓风机公司以市场为先导，以技术创新为手段，通过深入贯彻以"陕鼓模式"营销战略为核心的企业发展战略，使企业从一个从事风机制造的传统机械工业企业逐步转变为以透平机械为核心，为用户提供系统集成和系统服务的大型工业企业集团，并逐步走上了一条高端发展的路子。

在发展企业的同时，陕西鼓风机公司依托知识产权，开辟出了一条自主创新之路。2004 年底，集团的技术线进行了流程再造，成立了专门的研发中心，结合市场销售，开发新产品。在此基础上，陕西鼓风机公司加强自我保护，对专利的申请提出全年的考核指标，并纳入月份计划任务书，以提高专利申请量。

集团首先结合自身特点，完善现有的知识产权管理制度，形成了有效的专利工作机制。根据《企业专利工作管理办法》要求，结合自身的发展特点，集团制定了《陕西鼓风机（集团）有限公司专利工作管理办法》和《陕西鼓风机（集团）有限公司知识产权管理制度》。集团还建立"知识产权管理委员会"，由公司总工程师担任委员会主任，并且对委员会的工作进行制度化，每年要召开会议，对公司本年的知识产权工作进行总结，找出存在的问题，并提出改进意见，讨论制定下年度的工作计划，在实际工作中对有关具体问题进行全面指导。

集团在日常研发过程中注重运用专利制度规则，全面开展了企业专利战略。陕西鼓风机集团是设计制造大型透平鼓风机、压缩机、能量回收装置并成套供货的国家大型专业骨干企业，企业产品主要有轴流压缩机、能量回收透平装置（TRT）、离心压缩机、离心鼓风机、通风机五大类30个系列近500个品种规格，技术领域涉及流体力学、机械制造、机械设计、自动化控制等专业知识。因此，加强专利战略研究，是陕西鼓风机集团知识产权工作的一个重要内容。在工作中，研发人员充分利用各种信息，并运用对专利文献的检索，为企业的科研、生产、经营提供决策。

陕西鼓风机集团勇敢依托知识产权，走出了一条属于自己的发展路子，使企业在激烈的竞争中脱颖而出。

日本三洋公司的开拓者井植薰说："世界上没有任何现成的道路可走，前辈留给我的只是一条已经走过的路。人生之路需要自己去开拓，开拓就意味着不断地探索，意味着去排除一切障碍，披荆斩棘，勇往直前。"求变方能求生，不变死路一条。三洋如此，成功的企业莫不如此。伴随着全球化技术革命的发展和网络时代的到来，创新也不再仅仅是对市场需求的快速反应。在做好今天的同时，企业更需要关注未来的发展，企业领导更要有富于前瞻性的战略眼光。领先市场需求一小步，就是推动企业发展一大步。

（八）更新观念，消除过时思维

企业要想有更好的发展，作为未来企业发展的管理者，必须要看清潮流，超前思考，确保企业创新决策的前瞻性。

惠普公司如今的发展就和他们的领导层不断鼓励员工创新观念有关。惠普公司从最开始的电子仪表领域到工程用计算机的研制与开发，再到商用小型机、计算机设备、打印机、UNIX 系统；从网络软件，到个人电脑及惠普推动的电子化服务，公司一直在不断改变、创新。虽然每一个新产品的推出，都是一个非常艰辛漫长的过程，但惠普依然不懈地努力，而这正是惠普得以在激烈的市场竞争中立足的根本原因。

惠普的创始人之一戴维曾经指出，惠普公司之所以能够保持不断地创新，主要有以下几个方面的原因：公司鼓励创新者们创新；创新者们的敬业；生产工艺的不断创新。而在这三个因素中，发挥最大作用的当属"鼓励创新者们创新"这一管理措施。在惠普公司，实验室里的经理们每天的一项重要任务就是，保持并激发研究员们创造的热情，鼓励他们不断产生新思想，保证公司研发出来的产品能在利润期内获得最大利润。

惠普的管理者"戴帽子的过程"最能说明他们是如何鼓励员工进行创新的。当员工产生了一个新想法并找到管理者时，他们会戴上一顶"热情"的帽子，认真地倾听他们的想法并适当地表示惊讶或赞赏，同时问一些温和的问题，以鼓励其继续深入下去。几天以后，他们会把这名员工再叫来，这回他戴的是一顶"询问"的帽子——提出一些非常尖锐的问题，促使这些创新者对他们的想法进行彻底地探讨，以确定这项提议是否可行、有无价值和能否为企业带来利益。不久以后，管理者又会第三次会见这位革新者，这时他所戴的是"决定"的帽子。经过严格的逻辑推理和缜密的思索后对创新者的创意做出判断，并下结论。

惠普的这种管理方式，使得员工的创新不管是得到支持还是被否决，都不会挫败他们的创新热情，反而更加激励他们，使他们更加努力地继续思考和研究，做出有益于企业的新想法、新提议。而惠普之所以采用这种领导方式，是因为惠普的管理者们认为每一个惠普人都要有创新的欲望，因此他们鼓励员工通过参加公司及外部组织的各种知识培训，增强创新的知识基础。

在这样的环境中，惠普的每一名员工都非常踊跃地进行创新，即使他们的部门管理者否定了这个新思想，通常也并不能真正地扼杀它。忠实拥护这些想法的工程师们会偷偷地钻研下去，因为他们坚信他们的思想会成为现实，会给公司带来超乎想象的利益。而惠普的这种做法也为其带来了许多收益，夸克·修斯是惠普的一位工程师，当他正在研制一种显示监视器时，上级却通知他放弃研究。但是他并没有这么做，而是通过深入的市场调查，说服了研究与开发经理把这种监视器投入生产。结果，惠普公司通过销售17000台这种显示监视器，赚取了3500万美元的利润。

正是由于惠普领导层的这种鼓励创新的思想，激发了员工们的创新意识，并为惠普带来了可观的利益。而同时，管理者也注重在鼓励创新的同时给予奖励，不仅包括物质上的——惠普会把由于员工创新所带来的利润的一部分奖励给员工，还有精神上的奖励，夸克·修斯在成功地研制出新型显示器后，总裁戴维亲自授予了他一枚奖章，奖励他"超乎工程师的正常职责范围，表现出异乎寻常的藐视上级指示"的精神和态度。

客观事物是在不断变化的，无论是对个人还是企业，因此观念也要随之改变，唯有变，才能获得发展机会。观念决定了行为方式，如果我们把行为方式变"墨守陈规"为"解放思想"，这样一替代，将会发现很多创新的机会。

英国伦敦的时装设计师乔安娜·多尼格，同时也是一个跨国租赁高级晚装公司的富豪。她在成功做大了高级晚装的租赁市场后，以此作为赢利谋生的手段，时装设计就可以随心所欲，不必担心外界市场不认同，设计更加出彩。乔安娜的双重成功，可以说完全得益于她发现了晚装租赁这个商机的独到眼光与超前思维。

英国是个很注重礼仪的社会，各种社交活动很多，人们参加社交活动时，对穿着非常讲究。但大多数人收入并不高，买不起华贵的服装。有一次，乔安娜的朋友因为要出席皇家宴会而没有合适的晚装，紧张得如热锅上的蚂蚁。这件事令她醒悟到，女士们遇到这一困境是很有普遍性的，如果付较少的钱，就能在一夜中穿一套称心如意的晚礼服出席高级别的活动，的确是件又光彩又省钱的事，这成为许多妇女的共同心愿。

乔安娜有了这一想法后，做了大量的调查，并且咨询了大量的妇女，证实这种困境不仅存在于普通百姓身上，有钱人亦不例外。因为不管是多么华丽名贵、款式多么时髦的晚礼服，若连续在宴会上穿上两次，都会遭到别人的背后嘲笑。这样即使是有钱人亦会为大量的制装费而忧虑。于是，她确定了开展晚装租赁业务的经营目标。筹措了一笔资金后，乔安娜买回了各种款式的欧美名师设计的晚礼服，价值每套由数百美元到数千美元不等。晚礼服租出一夜的租金每套为 75~300 美元，另加收 200 美元的保证金。租赁店的范围后来又逐渐扩展到包括配饰、手袋、首饰、胖者及孕妇用的晚装，乃至男士用的服装等，一应俱全。

果然不出所料，她的租赁生意十分兴旺，不少客人是朋友介绍来的。而且那些女士、太太们毫不介意地告诉别人，自己的晚装是租回来的。人们并不认为这样不光彩，反而觉得合算及明智。这样乔安娜的业务越做越大，在伦敦开了两间店后，还越洋到美国纽约形分店。现在，她已经成为最富有的时装设计师之一，她的租赁店名声也越来越好。1986 年安德鲁王子结婚前夕开舞会时，出席的女士中有不少人穿着的服装及佩戴的饰物都是由她的店里提供的。

在中国，悄然兴起的租车业务，也正在蓬勃发展中。虽然汽车的价格一降再降，厂家也为了迎合消费者的需求，推出了各种价位的汽车。但是，就一个普通家庭而言，如果平日上下班路途并不远，用不到车，养一辆车的费用还是相对过高。而周末全家出去郊游或者逛街时，没有一辆车又实在不方便。因此，面向工薪阶层推出的家用车租赁业务在中国出现之后越来越火，而且客户可以根据各自的需求，选择所租赁车子的车型和档次，方便又实用。许多公司偶尔有运送货物的需求，但是频率不够高，买一辆卡车也不符合公司的利益，因此卡车行业的租赁业务也越来越火。

现在，越来越多的行业出现了租赁业务，消费者花更少的钱，得到了更多的实惠，租赁行业的老板们更是获利多多。通过简单的出租和出售的经济学对比分析，我们就可以明白租赁业的老板们赢利背后的原因，是他们发现出租比出售具备更高的利润价值。归根结底，商家选择出租还是出售商品是看哪样获利更多，哪样更受消费者的欢迎。以录像带为例，假设一盘录像带的成本是40元，但是大部分消费者观看这样的录像带所获得的平均效用只有5元，这样的情况下商家若选择出售录像带，购买的人数就十分有限，利润接近于零。可一旦商家选择出租，考虑一个录像带平均可以被出租有限次，如20次，这时商家出租一盘录像带的成本就变成了2元，只要商家将价格定在2~5元，比如定为3元，完成这个20次的出租次数后，厂商就获得了20元的利润，而录像带依然存在，甚至有可能被继续租借。众所周知，录像带的观看次数的限度是很大的，当出租的价格远远低于顾客获得的使用价值，而商品又可以被重复使用时，出租就变成了商家更明智的选择；而顾客通过更低的价格，得到了高于该价格的使用价值，也深感获益。

经济学中把这种在不损害一方利益的前提下可以改进另外一方利益的情况称为帕累托改进。也就是说，出租在使顾客从原来的不能使用到获得使用价值的同时，商家也通过交易获得了利润，形成了帕累托改进。租赁比较适用于成本较大又可以多次使用的商品，比如我们刚才提到的汽车和晚礼服。

总之，我们无法不去艳羡那些租赁行业的老板们口袋越来越鼓，可是艳羡的同时，我们也应该意识到，人家的腰包鼓是因为人家有眼光，有超前思维。我们该做的是什么？答案不言而喻。

（九）成功的管理者善于捕捉创新机会

德鲁克认为，创新的机会未必出现在规划人员的事务中，有时甚至是脱离正轨才得到的。但是管理者不得不面对一个现实是：尽管创新的机会不时会出现，但并非每个人都能变成成功创新的契机。

均瑶集团董事长王均瑶便是善于让资源"无"中生有的一个人。1991年临近春节的一天，回家过年的王均瑶和同在湖南做生意的伙伴搭上一辆大伙儿包租的大巴车，在长达1200千米的湘浙公路上颠簸了10多个小时，风尘仆仆地往温州赶。倦怠中的王均瑶深感时光难熬，脱口而出："坐汽车真是太慢了！"旁边一位温州同乡却挖苦他，说："飞机快，你坐飞机回去好了！"多亏了这位同乡的一句话，说者无意，听者留心，当下一个天大的念头一下子从王均瑶的脑袋中蹦了出来：汽车能包，包一包飞机又如何？

温州早有机场，但温州与长沙间尚未通航。当时在湖南经商的温州人已相当多，两地间的往来十分频繁，交通工具却仅限于火车和汽车。这种落后的交通状况，显然不能满足两地间迅速增长的贸易往来的需求。王均瑶意识到，只要掌握充分的客源，保证每次航班有足够的乘坐率，包机就一定有钱赚。

王均瑶和王均金两兄弟以印制粘贴材料起家，在温州家庭、家族企业中已有一定经济实力。他们靠着为亚运会做旗杆、徽标、不干胶等项业务积累了较为厚实的资力。经过反复思索、论证后，其弟王均瑶大胆提出了包机生意，王均金大力支持。这样，刚过罢春节，兄弟二人便说干就干，王均瑶不失时机地赶回长沙，迈进了湖南省民航局的大门。令他们意想不到的是，这次纯属试探性质的冒险却歪打正着。

当时全国航空业整体面临亏损，直属湖南省航空局的长沙航空公司也因体制和经营管理不善而陷入长期亏损，管理和营销成本居高不下，航空公司每开辟一条新航线都要冒极大的风险。因此，王均瑶做出的让航空公司绝对盈利、自己承担一切风险的承诺很有诱惑力——对于航空公司而言，当然是想着怎样才能做到飞机有人坐，机票有人买，飞行一个班次有利润可挣，而今有人包租承担风险，当然是好事。一番没颇费多少周折的谈判过后，王均瑶终于和航空管理部门达成协议：他主要负责包机航线的客源提供，航空公司向他收取租机费用。总而言之，这一合作的基础在于双方分利，共同赚钱。包机的成功，使25岁的王均瑶一下子成为传奇人物，无论怎么说这都是一件为温州农民作脸，为祖上增光，令人既惊且叹的事。

当年7月28日，长沙到温州的航线开通，一架"安—24"小型民航客机从长沙起飞，平稳降落于温州机场。王均瑶由此获得了"胆大包天"的声誉，实实在在地开辟了新的商业机会。虽然刚开始，他们包租的还只是小飞机，整个飞机37座，但飞行成本比较低，一趟下来才花18000元。王均瑶当时也只是做做看，此时他想的只是怎么再赚点钱解决温饱问题，也没有想利用包飞机做大生意。

第一条航线开通后，兄弟俩尝到了甜头，积累了经验，增强了信心，因而生意越做越胆大。几年间，他们相继包下全国50多个地方200多次的支线航班，成立了全国第一家私人包机公司——温州天龙包机有限公司。1996年，又开通了温州至香港航线。

用包机的方式经营航空运输业，王均瑶兄弟获利颇丰，但在垄断经营主导的航空业，民营资本还只能游走在政策的边缘而无法进入主流。对这个行业了解越来越深入的天龙公司，迫切希望有更大的作为，在航空领域大展身手的想法这时才日益迫切起来。

1999年，均瑶集团利用"人脉"优势与武航开始亲密接触，探索进一步扩大合作的可行性。这一努力一直到 2001 年，国内航空业重组已是风起云涌，亏损严重的武航也进入了整合期。均瑶集团的机会终于来到了。武航地处华中腹地，盘踞通衢重镇，航空市场年吞吐量达近 300 万人次，因此武航一直是众多航空公司拉拢的对象，其中呼声最高的当属一直希望将武航划入其湖北公司版图的南方航空公司。如果此举成功，南航将占有湖北航空市场 80% 的份额。与此同时，海南航空公司、中信泰富等也频频与武航接触。

为了抢占先机，凭借多年与武航在包机交往中所建立的信赖关系，天龙公司于2001 年将第一笔 4500 万元现金先期注入武航。但此时武航的重组一波三折，对于王氏兄弟而言，一旦武航重组失败，先期投入的 4500 万元极有可能付诸东流！王均金为此飞往武汉交涉不下 50 次，力挽危局。

2002 年 3 月 8 日，国家民航总局终于批准，由东方航空、武航、新成立于上海的均瑶集团和武汉高科控股集团有限责任公司共同出资，组建一家航空运输企业，注册资本暂定为 7 亿元人民币，东航武汉有限公司为独立法人。该公司自同年 3 月 20 日开始组建。

对于王均瑶和王均金这对从小在温州渔村长大的兄弟而言，2002 年 8 月 18 日这个精心选择的签约日子令他们刻骨铭心，终生难忘。正是在这一天，作为温州商人，他们的航空梦终成现实。对于中国民航来说，这一天的意义也非同凡响，它标志着中国民航的改革重组在资本结构上有了新的突破。在新成立的中国东方航空武汉有限责任公司中，民营资本首次以入股方式占据了一席之地，均瑶集团成为国内首家参股航空公司的民营企业。东航武汉公司由东航、武航、上海均瑶集团和武汉高科集团合资组建，四方的出资比例为：东航和武航各占 40%，均瑶集团占 18%，武汉高科占 2%。

这一合作对于均瑶集团来说自然是个前所未有的大动作，作为国家直属航空公司、地方航空公司和民营企业、上市公司的首次合作，也给国内的同类合作提供了借鉴，开了一个好头。然而均瑶集团入股武航，在外界看来却多半是个偶然事件，这是因为在众多的民营企业里，均瑶集团还名不见经传，实力也远有限。熟悉均瑶集团的人大多知道"均瑶牛奶"，但不了解均瑶的航空渊源。而实际上，经过十多年的发展，均瑶集团已经由当年一个羸弱的小企业，跨上了新的台阶，它的崛起在偶然之中有必然的因素。而今它已发展到以航空、牛奶、地产、酒店、汽车销售等为主的企业集团，总资产达 11.6 亿元，已经有了大展宏图的条件。

与此同时，国内民航业的重组和发展也为均瑶集团的介入创造了时机。2003 年 2月初，民航总局宣布国内民营企业投资民航业的限制进一步放宽，民营资本可以全面介入航空公司，其持股比例不再受限。均瑶集团现已获得民航总局批准，斥资6亿元，全资买下了拥有18条国内航线的支线机场——宜昌机场，又成为首家进入机场行业的国内民营企业。

成功的管理者常常是那些能够从"无"中看出"有"来的人，管理者需要有一双能够捕捉信息的眼睛。企业成功离不开管理者的独特慧眼。聪明的管理者并不等于说是高智商，他们只不过是眼光敏锐、头脑机灵，善于观察分析商业中的资讯，然后加以利用罢了。

三、不创新，毋宁死

（一）鼓励员工提建议，使员工找到创新的利益和乐趣

哈佛人认为，管理者只有对制度进行创新，才能利用企业现有资源创造巨大的财富。制度的创新，不仅可以使员工对接触到的所有东西采取更好的态度，还可以使员工不断地探求更好、更有效的做法来节省时间和工作量。

日本的汽车界巨子丰田英二，时刻注意创新。丰田英二曾任丰田汽车公司总经理和社长一职。他于1951年在丰田公司实施了"动脑筋创新"建议制度，效果显著，使丰田公司获得了巨大的成功。奉田英二首先在公司里建立了"动脑筋创新"委员会，决定了建议规章、审查方法、奖金等。其范围包括，机械仪器的发明改进、材料消耗的节减、作业程序的新办法，以及围绕着车间作风、程序方面的问题征集新的建议。建议箱在车间随处可见，不论谁都可以自由地、轻松愉快地提建议。各部门（工厂）也分别设立了建议委员会、事务局，把提建议的方针贯彻到工厂的方方面面。同时各车间组成了"动脑筋创新"小组，管理人员对提建议的人，要有计划地给以帮助，为此还特别设立商谈室。一个有经验的老员工曾经说过："开始实行动脑筋创新以来，我们就对车间眼前接触到的所有东西、事情、工作以及机器，总是采取追求'更好'的态度。不管见到什么，总是在探求有没有更好、更有效的做法以节省时间和工作量，有没有更好的节约使用材料等方面的窍门。"

"动脑筋创新"建议制度实施不久，丰田英二又主张进行新的创新。根据斋藤尚一的建议，征集对全公司有代表性的口号。结果，"好产品好主意"这一条当选，从1954年起，全工厂就将这条口号用荧光揭示牌悬挂起来。

提建议的人有权利和上司商谈自己的建议。通过提建议，领导能够听到生产现场生气勃勃的声音，也能对员工掌握技术能力的程度有一个了解。由于这样不断地反复，个人和小组就都被发动起来了。提建议所得的奖金，大多被用来作为亲睦会、进修费和研究会的基金，同时也成为同事之间相互谈心、产生新的动脑筋创新所需要的经费。该制度的建立，既提升了员工的创新意识，创造了团结的气氛，也加强了上下级之间的联系。

员工们利用这个制度，找到了创新的乐趣，特别是他们从自己的提议得到承认中得到一种满足感，从而更努力地发挥自己的能力。丰田公司的建议制度是和企业以及个人的不断成长紧密联系的，并不是单纯意义上的一种管理手段。该制度的审查标准划分为无形效果、有形效果、利用的程度、构想性、独创性、努力的程度、职务减分等 7 个项目，每个项目是以 5~20 分的评分等级来评定分数。

满分是 100 分，当然，质量方面来说，分数没有上限。奖金最低的为 500 日元，最高的为 20 万日元。对于特别优秀的建议要向科学技术厅上报，每月的建议件数按车间分别发表。同时，还按各车间、工厂、全公司等单位，举办了大小不一的展览会，企业最高层领导要出席展览会，并进行评议。实施"动脑筋创新"建议制度的第一年就收到了很好的效果：征集建议 183 件。而到了 1955 年达到了 1000 件；到了 1970 年，达到了 5 万件。很明显，该制度使员工们的参与感与主人翁意识大幅提升，大大调动了员工的积极性，促使了企业不断发展。

相似地，美国通用电气公司于 20 世纪 90 年代初展开了一种"开动大家的脑筋"的活动。他们把 100 名由各个部门推选出来的代表分为若干小组，各自提出本部门的意见和要求，并发表自己的看法，公司高层经理在现场听取每个小组的汇报。根据规定，这些高层经理对小组提出的要求只能回答"YES"和"NO"，而不得用"研究研究""以后再说"之类的话推诿或搪塞。结果，许多平时难以解决的问题都在会上顺利解决或得到满意的答复。"开动大家的脑筋"活动给企业带来了明显的效益。当年公司总裁约翰甚至认为，这是一条摸清企业发展脉搏、培养未来领导的好路子。

实施积极、有效的新制度，能够给企业带来明显的效益，能够使员工们的参与程度与主人翁意识得以提升，大大调动员工的积极性，最终加快企业的不断发展。

（二）保护创新型人才，为其打造良好的创新环境

所谓创新型人才，就是具有创新精神和创新能力的人才，他们通常表现出灵活、

开放、好奇的个性，具有精力充沛、坚持不懈、注意力集中、想象力丰富以及富于冒险精神等特征。他们能够经得起任何挫折。如果想获得连续不断地创新，就必须培育和支持这些人，为其创造良好的创新环境。

管理者如何创造公司的创新环境，以保护创新型人才呢？创造创新环境主要是指在公司内建立一种有利于创新者的宽松、自由的氛围，管理者可以从以下十点做起：

（1）不干扰创新者。公司要允许创新者用自己的方法工作，而不要让创新者经常停下来解释他们的行动，并请示批准。

（2）放松控制。公司要给员工一定的探索自由，使他们用一部分时间，从事自选项目的工作，并拨出资金，让他们用来进行新设想的探索。

（3）允许冒险、失败和错误。创新要想成功，不可能不冒险和不犯错误。成功的创新过程中，一般也总包含有若干错误的可能。

（4）长期的资金支持。创新有时需要用足够长的时间，甚至要几十年，而在这个时间段里，必须有足够的资金支持，创新工作才能继续。

（5）避免内部冲突。由于新设想几乎总是不受公司现有规模的约束，所以由妒忌所引起的内部冲突会阻碍创新。

（6）小组人员构成多元化。公司内成立由各职能部门有关人员组成的小组，这可以有效解决创新中的许多基本问题。

（7）制定明确的和切实可行的创新战略。

（8）奖励创新的思维。设立公司研究员，对富有成果的创新者以高薪和相应的权力，使其可利用公司的人力、物力从事他们所希望的研究工作，比如，设立公司内的诺贝尔奖等。

（9）训练创造力。训练员工进行创新的方法并鼓励他们使用这些方法。如横向思考以及抓住和解释各种创意的奇思妙想。

（10）建立有利于创新的企业文化。如微软公司的管理方式是使管理者尽可能不影响软件开发人员。公司总部就像是一个大学校园。员工既可忘我工作，同时也能玩得痛快。

要想使创新型人才发挥他们的战斗力，管理者必须为他们营造适于创新的环境，使他们具有独立自主权与工作保障。在创新型人才进行研究创新的时候，管理者应注意为其提供良好的环境，这样，创新型人才才能全力以赴、专注于创新工作。

（三）充分挖掘企业内在的创新潜力

在任何情况下，谁拥有技术革新，或者至少比它的竞争者占据技术优势的地位，并能设法通过不断地发展来保持这种优势，谁就能在市场中占主导地位。所以作为企业的管理者应该意识到，最科学的管理就是充分挖掘企业本身内在的潜力，使每一个成员都能够发挥出最大的才能。

哈佛商学院的某位教授曾组织学生做过这样一个游戏：十几个学生平均分为两队，要把放在地上的两串钥匙捡起来，从队首传到队尾。规则是必须按照顺序，并使钥匙接触到每个人的手。

比赛开始并计时，两队的第一反应都是按老师做过的示范：捡起一串，传递完毕，再传另一串；结果都用了 5 秒左右。教授说："动脑筋，时间还可以再减半。"一个队先"悟"了，把两串钥匙拴在一起同时传，这次只用了 5 秒钟。老师说："时间还可以再减半，你们还有潜力可挖！"怎么可能？学员们很不自信。这时场外没参加游戏的人急忙提醒道："只是要求按顺序从手上经过呀，不一定非得传呀。"一个队明白了，完全抛开了传递方式，开始飞快地把手扣成圆桶状，摞在一起，形成一个通道，让钥匙像自由落体一样从上落下来，既按了顺序，同时也接触了每个人的手，时间是 0.5 秒，随即欢呼声起。

这个游戏可以给我们一些启示：单纯模仿会造成思维定式，提高效率就要开动脑筋、寻找新方法。

创新遇阻往往是企业自我设限造成的。当一个新目标提出时，可能会产生"是否可能"的怀疑，但当外界给你肯定的答案和压力时，经过努力你会发现，原来目标是能达到的。而且，目标定得越高，压力越大，但目标最好是循序渐进地推进。

企业必须以开放的姿态对待周围的竞争者，另一方面也要重视身份超脱的"外援"，当局者迷，旁观者清，局外者往往会以关键的思考点醒当局者。

有一个企业领导，让大家围绕马桶发散思维，企图找到最好的设计，他的台词只有一句，就是充满激情地说："太棒了！还有呢？"开始，一阵习惯性的沉默之后，有人开口："如果马桶不用冲水，又没有臭味有多好！"领导马上一拍大腿："太棒了！还有呢？"另一个说："如果在马桶上也不影响工作和娱乐有多好！"

领导伸出大拇指："太棒了！还有呢？""如果小孩在床上也能上马桶有多好！"……最后的讨论结果是，有三种马桶可以尝试生产并投入市场：一种是能够自行处理，并能把废物转化成小体积密封肥料的马桶；一种是带书架或耳机的马桶；再有一种是带多个"终端"的马桶，即小孩老人都可以在床上方便，废物可以通过"网络"传到"主"马桶里。

在一个充满鼓励、没有威胁的环境里，更容易激发员工的创造力。而现实生活中最常见也最可怕的情况是，刚"发散"就"收敛"，当员工提出"如果……有多好"的声音时，领导和上司往往会用"不行"或"不可能"来回应，由此压抑了许多创意的产生。所以企业的领导应当能够宽容不同的想法，不要很快就下否定性结论，而应让员工敢想、敢说。

企业在创新时一般要适当运用两种思维，一种是发散性思维，另一种是收敛性思维。"发散"是搜索所有的可能性，这个过程不怕奇思妙想，不怕荒诞，重在突破常规。"收敛"是考察其可行性，重点研究新的创意是否具体、实际、可行并能够获利。

成功的企业往往在于它们那些成功的点子。但现代社会瞬息万变，点子常常会在一夜之间变得过时。因此，要想在未来继续生存下去，企业就必须以创新当先。

哈佛商学院分析美国历年评出的 500 强企业发现，成功的企业大都在不断地重新评估自己的处境并且相应地改造自己、不断创新。美国 3M 公司就有一条 15% 规则：公司鼓励员工拿出自己 15% 的时间考虑新点子，不管这些点子是关于什么项目。因此，3M 公司自 1902 年起一直长盛不衰也就不足为奇了。

企业如何实现未来的目标，哈佛人建议：不要一味想让别人认可，为了成功不怕失败，以及敢于打破规矩。

作为咖啡业龙头的通用食品公司、宝洁公司和雀巢公司在 1987 年几乎占领了美国咖啡市场的 90%。它们并不担心新兴公司有可能会抢走它们的市场份额。当这三个巨头仍像往常一样做生意时，明星咖啡连锁公司密切关注市场需求，发现顾客购买咖啡时优先考虑的事情发生了变化：顾客愿意多花一倍的钱购买质量优良的精品咖啡。明星咖啡连锁公司因此获利多多。到了 1993 年，明星咖啡连锁公司和类似的公司共占领了美国咖啡市场的 22%。不言而喻，通用食品公司、宝洁公司和雀巢公司损失巨大。

在任何企业中都有可能存在一条威胁生存的"马其诺防线"。如果你的企业目前仍然实施着以往奏效但现在已过时的点子，那么，毋庸置疑，你的企业迟早会陷入自满的壕沟之中。

（四）管理者形成创新能力的途径

哈佛商学院的教授在教学过程中，十分重视培养学生随时捕捉创新灵感的能力。

在哈佛人看来，思维是核心竞争力，因为它不仅会催生出创新、指导实施，更会在根本上实现成功。哈佛大学第 24 任校长普西就曾说过这样一段名言："一个人是否具有创新能力，是一才和三流人才的分水岭。"

凡是优秀的管理者必离不开创新能力，而创新能力的形成需要对传统进行挑战，打破思维定式，发挥自己的主观能动性。

创新能力的形成方法归纳起来有以下几点：

1. 吸纳各种创意

创意是成功者发展创新的最大能量或者说资源。有一位从事保险业的著名推销员对拿破仑·希尔说："我从来不让自己显得精明干练。但我是保险业中最好的一块海绵，我尽量吸收所有良好的创意。"

2. 尝试变化

这是一个瞬息万变的世界，你要想求得更大的发展，就必须尝试着去变化。比如你完全没必要整天守着一条路线，你不妨换条路回家，换一家餐厅吃饭，或换个新的剧院，去交新的朋友，过一个同以前完全不同的假期，或计划在这个周末做两件你从来都没做过的事。

如果你从事的是销售业，你可以试着对生产、会计、财务等发生兴趣，这样可以扩展你的能力，为你以后更好的发展打下坚实的基础。

3. 积极进取

悲观的人永远都不会成为成功者，成功者总是充满信心面对未来的发展。

4. 以更高的标准要求自己

成功者在追求发展的过程中，都会为自己不断地设定更高的标准，不断寻找更有效的方法，或者降低成本以增加效益，或者用比较少的精力做更多的事情。"最大的成功"永远属于那些认为自己能把事情做得更好的人。通用电器公司就有一个口号，是这样激励他们员工的：进步是公司最重要的一项产品。

5. 善于学习

成功者为求得更大的发展，总是在孜孜不倦地学习。学习有很多种渠道，这里重点说说怎样向别人学习以提升自己的创造力。你的耳朵就是你自己的接收频道，它为你接受很多的资料，然后转变成创造力。我们当然不会从自己说的话里有什么收获，但是却能从"提问题"和"听"中学到不少的东西。

6. 善于把握良机

成功者不会放弃任何一个发展良机，哪怕这个机会只是偶然的一个灵感，他们都会用发展的眼光对待它。

7. 激发灵感

成功者永远都不会满足自己目前的成就，他们擅长以各种方法激发自己的灵感。

创新能力不是先天遗传的，而主要是靠后天在社会的生产实践中形成的，只要掌握途径和方法，每个人都可以拥有强大的创新能力。

（五）管理者进行创新的有效方法

关于创新管理，德鲁克在他的著作《管理者与创新》中有这样一段话："不论是个人，还是在一个组织机构中，管理者都有明显的特性。这并不是指个人性格上的特点。据我 30 年来的体会，越是具有多重性格的人，就越能应付创新的挑战，那种追求稳定而不愿冒险的人不可能成为成功的创新家。他无法成为政治活动的领袖、军事指挥员甚至领航的船长。因为在这些工作中都需要决策，而决策的核心是不确定性与风险。事实上，任何敢于面对风险做出决策的人，都可能通过学习成为一个具有创新精神的管理者。创新精神是一种行为，而不是个人性格特征。它有理论与概念的基础，而不只是依靠直觉。"

德鲁克的论述一方面说明管理者创新需要有冒险精神，另一方面也说明创新能力的提高是能够通过学习、掌握方法来实现的。创新能力现实地存在于人类生活之中。它需要技巧，却又不像某些人想象的那样完全是一种天赋，完全依赖于直觉。一项创新成果的取得，往往需要经过长期的探索、刻苦的钻研、甚至多次挫折之后才能取得。创新能力要通过长期的知识积累、智能训练和素质磨砺才能具备，其创新过程需要想象、联想、推理等多种思维方法。

简言之，管理者创新是由一定的客观因素与主观因素、经验因素与非理性因素引起、推动和维持的，是能够通过学习特定方法而提高水平的。下面介绍几种哈佛商学院的教材中总结的常用创新方法：

1. 相关法

相关法作为创新管理方法之一，是指管理者在进行创新活动、寻找最佳思维时，思路受到其他事物已知特性的启发，联想到与自己正在寻求的思维结论相似或相关的东西，把两者结合起来，从而实现以此释彼的目的。相关法是以事物间存在普遍联系这一客观事实为依据的，其运用依赖于较强的联想力。由于事物普遍联系、相互作用、相互影响，某一事物的解决往往影响到周围的众多事物。正是这种事物间联系的普遍性，使得相关性在管理者创新活动中占据相当重要的地位。作为一名领导，管理者需要处理的问题具有全局性，相应的研究问题的方法和角度也应是全面的，利用相关法就可以把许多学科融进自己的视野之中。例如，系统科学起源于自然科学，最早也应用于自然科学，随着世界日趋系统化，管理者把系统科学同领导科学、管理科学结合起来，建立了系统领导学；再如，环境、伦理、社会价值问题渐渐引起人们的重视，与经济学之间的关系日益加强，管理者和领导科学研究者把环境、伦理、社会价值等学科运用于经济决策之中，出现了环境伦理学、经济伦理学、环境经济学以及经济的社会价值问题等新学科和新问题。上述新学科的出现，正是管理者运用相关方法进行思维的成果。

要把相关法灵活地运用于管理者创新活动中并非一件易事。这要求管理者着重培养洞察事物间相关性的能力，善于抓住事物的本质和问题的关键，善于对思考的内容进行要素分解和分类，提高见此思彼、以此释彼的能力。

2. 正向思维法

所谓正向思维法，就是管理者在创新活动中沿袭某些常规方法分析问题，按照事物发展的一般进程思考和推测。这是一种从已知到未知，通过已知来揭示事物本质的思维方法，一般只限于对单一事物的思考。

任何事物都有一个产生、发展和灭亡的过程，都会从过去走到现在、由现在走向未来。正向思维法正是依据这一客观事实而建立的。只要我们能够把握事物的特性，了解其过去、现在以及整体发展趋势，就可以在已掌握的材料的基础上预测其未来。正向思维方法虽然只限于对某一种事物的思考，但它是建立在对事物的过去和现在有了充分了解、对事物的发展规律做了充分分析的基础之上的，因而是一种进行创新和科学研究工作时不可忽视的较为深刻的方法。

坚持正向思维法必须充分估计现有的工作条件及自身具备的能力，了解事物发展的内在逻辑和外部环境。这是正向思维法的基本要求，也是管理者获得预见能力并保证预测正确的基本条件。

3. 逆向思维法

逆向思维法是在思维路线上与正向思维法相反的一种创新方法，是指管理者在思考问题时跳出常规，改变思考对象的空间排列顺序，从反方向寻找解决问题的办法，即从 A 事物与 B 事物的联系中反推出 B 事物与 A 事物的联系。

逆向思维法利用了事物的可逆性。由于事物具有可逆性，对同一件事管理者可以从反方向进行推断，寻找常规的岔道，并沿着岔道继续思考，运用逻辑推理寻找新的方案。这种方法在实际领导活动中十分有效。日本某成功管理者的经营发展之路正是采用了逆向思维法。该企业生产的产品在日本销路很好，国内同行业厂商大都把眼光瞄准国内市场时，该管理者却反其道而行之，在开辟国内市场的同时，力图把产品打入国际市场，参与国际竞争，并在国外投资建厂，很快彻底占领了国际市场，从而获得了巨大的成功。

逆向思维法从逆向看问题寻找常规的岔道，其运用是有条件的。这种"寻找"不是任意主观的搭配或推理。上述实例中的日本管理者之所以逆向地寻求国外销售，是基于国际市场的确需要此类产品，否则盲目转移目标只能导致资金流失甚至企业破产。同理，运用逆向思维法必须掌握事物内部各要素之间的因果关系，不能因果倒置，不能主观臆测。比如，由于把握住消费者求新、求廉的心理，反季节销售商品在一些地区一段时间内曾取得过很好的效果，但如果某企业经营者从这种特殊事例中得出"季节与商品生产及销售关系不大"的结论，并依此来安排生产的话，则最终必将导致经营的失败。

4. 转向法

转向法是管理者创新的又一方法，是指进行创造性活动时，若思路或工作方法在某一方向上受阻，便及时转向另一个方向，经过多次选择和转向，最终获得创造性成果的方法。

事物是由多方面、多层次构成的复合体，事物的发展会受到各种各样因素的影响，具有多种发展的可能性。因此，在进行创新活动的时候，不必因一个方向受阻而沮丧懊恼，完全可以另辟蹊径。转向法在企业管理活动中得到十分普遍的应用，并容易取得创造性成果。例如，在企业思想工作中，当管理者批评某位违纪却不肯认错的员工时，必须不时地从一个角度转向另一个角度，才能让违纪员工心悦诚服地接受批评教育。再如，在谈判中，若对方不易被说服或沿原方向继续会对己方不利，就应及时转变方向，寻找利于自己的新方向，以获得谈判的最终胜利。

如果一个人没有执着进取的精神，观察力差，对事物反应迟钝，不能及时发现问题的症结所在，那么即使想转向也不知转向何方，就无法把握机会。所以，转向法对运用者有较高的要求，即必须有敏锐的观察能力，善于发现问题，能够为转向提供思维入口；必须有坚韧不拔的毅力，积极进取，尽职尽责，追求完美的境界。灵活地运用思维转向，使之成为管理者创新链条中一个又一个重要的环节，能够使管理者的工作取得一个又一个的突破性成果。

5. 转移法

创新需要管理者目标专一、精神集中，但这不是绝对的。由于客观事物的复杂性和多变性，解决一个问题有时会百思不得其解，迟迟难以攻破，这往往是因为把思路较长时间地集中在某个问题上，形成了思维定式，束缚了创造能力，因而走入死胡同。此时的最佳选择是放松并转移视线，这就是转移法。转移法具体是指当管理者在创新活动中因注意力高度集中而处于身体劳累、大脑疲乏的状态，尽管经过长期的冥思苦想，却找不到富于创造性的答案时，就应该暂时放下手边的工作，把目光、思路、兴奋点转移到其他管理活动中去，或干脆撇开工作去休息，使身体得到恢复、大脑神经得到调节。当管理者体力充沛、心情愉快地再次投入到工作中时，很可能在不经意间会发现创新性的方法，产生"山重水复疑无路，柳暗花明又一村"之感。

不管是已有的，还是未知的，每种创新方法只能根据实际情况具体选择运用，而不能做事前的、主观的规定，认定解决某一问题必须采用某一种方法。这样不仅违背了管理者创新的基本特性，也有悖于创新的共性——灵活。

（六）实施开放式创新的基本原则

从全球范围来看，在过去 10 年里，为了更广泛地吸收创意、加速创新，更好地掌握顾客需求、把握市场机会，"开放式创新"应运而生，IBM、宝洁等公司为开展"开放式创新管理"提供了典范。根据对这些企业的观察，哈佛商学院的研究人员发现了使"开放式创新管理"更具效率的四项原则。

1. 独立性原则

所谓独立性，是指管理者在进行创新活动时，不能拘泥于旧框框，不能迷信于权威，也不可屈从于施压者或扭曲思维和实践的规则，而只能坚持实事求是、遵循真理的原则。这就是说，管理者的创新必须是在"不唯上，不唯书，只唯实"的状况下进行的活动。

独立性原则在创新中至关重要。没有独立性，就没有进取和创新。但是，这里强调的独立性，不是孤立封闭状态下的独立，也不是故意标新立异。如果把自己孤立于社会之外，把自己关在深居里或者隐于丛林中，不接触社会，不接触实际，不了解外面世界的发展变化，"独立"地、不受任何外界影响地考虑问题，这种"独立"只能是孤僻，是闭门造车。同样，如果不管他人正确与否，故意与他人唱反调以显示自己的"独立"和特别，这种"独立"也只能是怪癖。

2. 求异性原则

求异性原则是管理者实施开放式创新的又一重要原则。求异性原则是指，管理者不能满足于常规，不能跟在他人后面亦步亦趋，必须具有求异求新的心理，在求异和求新中迸发创新的火花，把握改变现有状况的契机，是一种在异中求新、新中求变的创新原则。

但是，求新、求异不是单纯为了求新、求异，不是为了出风头，突出自己以引起别人的注意。不论是员工还是管理者，如不在工作中动脑筋进行创新活动，而是为了个人得失和名声等做出许多新颖奇特之事，这就不是创新中的求异，而是对求异性原则的歪曲和误用，只会闭塞自己的创新思路。

3. 跳跃性原则

跳跃性原则是指在进行开放式创新的过程中，管理者要善于省略事物的次要步骤，抓住事物的本质和核心；善于超越思维的时间跨度，抓住不同时期事物的相同之处，从而以最快的思维速度预测或揭示未知之事。

4. 实践性原则

实践性原则是指创新必须把理论探索与实践检验结合起来，在实践中促进创新，在实践中检验创新的正确性。实践是检验创新正确与否的唯一标准，实践性原则的贯彻实行与否，直接关系到其他原则的贯彻，因而也是创新活动的根本性原则。离开实践，创新的其他原则就会变形或被误用，例如，独立性变成孤僻性，跳跃性变成臆想中的胡乱联系，等等。管理者不仅要在理论上确保实践性原则的重要地位，而且要切实贯彻到行动中：在每一项重大决策制定前，应当先调查研究；实施前，先在小范围内试点，从实际操作中找出不完善的地方，根据实践修改、补充和完善，如此经过若干反复之后，才能实施推广。

在知识经济时代，管理者仅仅依靠内部的资源进行高成本的创新活动，已经难以适应快速发展的市场需求以及日益激烈的企业竞争。在这种背景下，"开放式创新"必然成为企业创新的主导模式。

（七）阻碍管理者创新的基本因素

管理者必须排除一切阻碍创新管理的因素，那么，这些阻碍因素主要有哪些呢？

1. 知识贫乏

创新能力是建立在知识基础之上的。缺乏与解决某个问题相关的知识，没有可以用作创造性加工的原材料，一味凭空想象，是谈不上发展创新能力的。不断充实和丰富自己的知识，广泛涉猎，开阔视野，对于意欲有所作为的管理者来说实属头等大事。

2. 思想保守

学习知识对于提高创新能力固然重要，但如果学习不得要领则有可能适得其反。创新诚然离不开继承，它必须在前人已获得的成果的基础上进行。但关键在于如何既学习了前人的知识，又不成为老思路的俘虏。陷入传统思路的框架，创新能力就会受到极大的束缚。

3. 习惯性地思维

每个人都有自己的习惯性思维程序，管理者也不例外。在解决问题的过程中，各种观念在头脑中形成恒定的思维模式，思考时常常沿着相同的思路进行。这种习惯性思维一旦固化，就会妨碍新思路的产生，限制管理者创新能力的发展。管理者要清醒地认识习惯性思维产生的可能，摆脱束缚，尝试从不同的角度去考虑和解决新问题，从而提高自己的创新能力。

4. 过分地求全责备

过分地求全责备是妨碍管理者创新的心理障碍之一。有这种心理的人十分容易责备自己，对自己的成就和行为过分挑剔。精益求精固然是好事，但凡事都有一个"尺度"，不应当片面地夸大或者绝对化。人类对事物的认识是相对的，事物本质的复杂性、事物层次的多样性，都会给我们的认识和活动带来困难。过分地求全责备是一种忽视了事物及认识特性的不客观的态度，其结果只会导致自己失去自信心。

5. 胆怯，缺乏自信

胆怯是创新最危险的敌人之一。创新总是和风险连在一起的，对于处在现代竞争环境中的管理者尤其是这样。由于胆怯而不敢冒必要的风险，创新就无从谈起。缺乏自信心也会严重妨碍管理者实施创新。没有自信，对自己各方面的能力不信任，对能否展开丰富的想象、进行创造性的活动持否定或模棱两可的态度，畏缩不前，独创性成果也就无从谈起。例如，德国物理学家普朗克曾首次提出了"量子假说"，可是此后的他由于长时间怀疑该论点的可靠性，同时对自己缺乏信心，最终未能完成这一物理学史上的革命性突破。缺乏自信的管理者在工作中缩手缩脚，不敢开创新局面，不敢承接新项目，而只会按照陈旧的规则跟在别人后面亦步亦趋，分点残羹冷炙是不会有大发展的。记住，成功是与自信、勇气和胆魄密不可分的。

6. 自满和固执己见

创新的契机是从不满足于现状开始的。自信利于创新，而自满会使人安于现状，不再有创新的欲望。创新还需要有主见，但过分固执己见则会使主见变成偏见，不能集思广益。成功的管理者必须从实际情况出发，既能力排众议、坚持正确主张，又能从谏如流、吸收他人建设性意见。

作为管理者，光看别人脸色行事，把自己束缚起来，是不能突飞猛进，尤其是不可能在科学技术日新月异的年代里生存下去，就会掉队。所以，管理者必须排除一切阻碍创新的因素。

（八）创新要跟上时代的步伐

来看哈佛商学院管理教材中的一个经典案例：

英国 GKN 公司始创于工业革命开始时期，到 19 世纪末，已发展成为世界最大的钢铁企业之一。但是，随着钢铁工业的国有化，GKN 公司失去了主要支柱产业，只剩下一个空壳。

GKN 何去何从？围绕着 GKN 的前途问题，公司的高层管理人员争论不休。霍尔兹沃恩当时在 GKN 公司内任会计师，有幸参与了这场争论。在经过缜密的调查后，霍尔兹沃恩谨慎地向 GKN 公司董事会呈交了一份有关公司发展前途的战略报告。

按照霍尔兹沃恩的报告得出的结论：GKN 公司将不再是一个钢铁集团公司，因此，公司应立即转向，开发新产品。

但是，GKN 公司刚刚创建了一家年产 600 万吨钢管的钢管厂，如果采纳霍尔兹沃恩的建议，钢管厂就将被取缔，所有投资都将化为乌有；再者，霍尔兹沃恩不过是一名微不足道的会计师。在权衡"利弊"之后，GKN 公司的决策集团放弃霍尔兹沃恩的建议，仍按既定方针推进钢管厂的生产。

历史的进展完全证实了霍尔兹沃恩的战略预测。仅仅过了两年，GKN 公司的钢管厂陷于困境，不得不停产。董事会的董事们在焦头烂额之际才想起了霍尔兹沃恩，于是破格把他提升为公司的副总裁兼常务经理。

霍尔兹沃恩上任后就着手公司转向的工作。他买下比尔菲尔德公司，将该公司生产的一种新型产品投入欧洲和北美市场；又开发出一种廉价的运输机，使产品畅销全世界。GKN 公司顿时面貌全新。不久，霍尔兹沃恩又研制出新型战斗机"勇士号"，一举占领了英国军用机生产市场，为 GKN 公司带来了巨大的利润。

1980 年，霍尔兹沃恩因业绩非凡而被公司任命为董事长。这时，英国的钢铁工业陷入一团糟的窘境，GKN 公司也因此受到冲击，面临新的严峻考验。

在新形势之下，霍尔兹沃恩的同行们都认为这是工人罢工造成的，霍尔兹沃恩在调集了各方面的资料进行研究后提出了一个完全不同的观点：这是英国工业衰退的先兆，更大的衰退即将来临。

霍尔兹沃恩毫不犹豫地采取措施改变公司的产业结构。他先后卖掉了公司在澳大利亚的钢铁业股权和英国的传统机械公司，同时在法国、美国和英国本土创办了五家新公司。

对霍尔兹沃恩的大胆举措，许多董事提出异议，但霍尔兹沃恩不为所动，坚持"我行我素"。不久，英国工业的全面衰退果然来临，GKN 公司因早有准备，使损失降到了最低，而其他公司则纷纷倒闭。人们无不为霍尔兹沃恩的高瞻远瞩和果断举措而赞叹。

如今，GKN 公司已成为全世界开发复杂新型机械产品和应用最新技术的领头羊，霍尔兹沃恩也成为一位举世公认的企业战略家，成为英国工业界的骄傲。

现代工业社会谋求生存、发展，首先要有与时俱进的思想。随着社会的发展及时调整对策，才能不被时代淘汰。所谓谋略实际上就是长远的目光，比别人看得远，能够未雨绸缪，做出早期判断。谋略思维优劣的主要标准是看思维者的思维格局是否开阔，思维境界是否高远。因为谋略思维通常体现于竞争对抗的思维活动中，在相互谋算斗智的过程中，只有站得最高、看得最远的人，才是最后的胜利者。所以，古人云：自古不谋万世者，不足谋一时；不谋全局者，不足谋一域。

面对日益激烈的竞争现状，企业无不把创新作为安身立命的法宝。无论是技术创新、管理创新，还是企业文化创新，都离不开思维的创新。

四、常变常新不走寻常路

（一）打破一成不变的管理模式

我们经常可以听到看到这样的现象：当成功的公司面对市场环境的巨大变化时，它们常常麻木而且迟钝。面对以新产品、新技术和新战略武装起来的竞争者时，它们往往无力与其博弈，令人费解而又疑惑。

为何曾经成功的公司会走向衰败呢？经常有人认为问题在于麻痹大意，面对商业环境的迅速变化，公司无力反应，只好束手认输。但是这一解释不符合现实，在研究那些一度繁荣又在环境变迁中奋斗过的公司时，我们发现能够表明麻痹大意的证据很少。而恰恰相反，面对困境的公司管理者们总是很早就意识到威胁，并迅速对其做出积极反应，尽管这样做了，但公司仍然步履维艰。

真正的问题在于，面对困窘，公司就像一个杀毒软件，没有升级自己的程序，公司的管理者沉醉于过去创造成功业绩的管理模式，他们仅仅采用历史上被证明为正确的策略与行动，就像挖洞，他们所做的仅仅是挖得再深一点。

制度往往会僵化。公司获得最初成功的新思想被一种沉醉于现状的僵化思想所取代，当公司面对的市场环境发生变化时，过去的成功模式反而会束缚公司的进步。

成功的管理者不要急于问"我们应该做什么"？管理者首先要静下来想一想"是什么在妨碍我们"？

麦当劳就是这样一个例子，这家公司管理方式的僵化使自己对变化的市场条件反应迟钝。在20世纪90年代早期，这家快餐业巨人的经营手册有750页厚，其规定具体到每一家餐厅经营的每一个方面。多少年来，这家公司一直重视使工作过程标准化，一切活动均由总部下达指令。这使得麦当劳发展出一种成功的模式，从一个市场发展到另一个市场，确保一致性和高效率以吸引顾客并击败对手。

然而到20世纪90年代，麦当劳显得墨守成规了。消费者希望吃到有特色的食品和更为健康的食品，竞争者通过提供新的饮食品种来适应这种消费者口味的变化。然而麦当劳对变化反应缓慢，它历史上的优势——一门心思重视改进大规模生产变成了它的弱点。由于饮食品种的改变要得到总部许可，这家公司就抑制了创新，拖延了行动。直到后来，公司改变了这种旧的管理模式，才有所起色。

目前，有许多企业对管理变革普遍存在着认识误区和困惑。多数企业认为，有了问题才需要进行管理变革，更多的人则是把管理变革当成是一剂扭亏为盈的药方。事实上，管理变革的最终目的，并不仅限于扭亏为盈等短期行为，更重要的是通过变革，使企业对变化万千的外部环境做出快速的反应，以确保企业能在激烈的竞争中保持优势。因此，每个企业，不论其效益是否显著，是否在行业中成绩斐然，都需要持续性地进行变革。

因此，身为管理者，必须有勇气改变自己的思维，尝试打破自己以往的经验。环境不同了，条件也发生了变化，经验也有落伍的可能。这个时候，管理者必须有勇气跳出以往的经验形成的理念桎梏。

要想在激烈的竞争中脱颖而出，必须要定义好自己的角色，培养新的理念，以及世界先进企业的管理方式。目标要与世界接轨，制定国际化标准的经营战略。同时，要从企业自身出发，进行文化、制度、机制等方面的创新，改变旧的管理理念和方式。

1. 理念的转变

全球经济一体化，是挑战也是机遇，管理者要把目光放得长远而且实际，从以前的小市场、单一的产品供给转化为市场的多元化、产品的多样化，培养全球化的思维，自觉地将企业融入国际竞争的大环境中。

2. 管理方式的改变

企业在国际竞争中要想赢得先机，从而在竞争中争取主动，只依靠外部条件改变是不够的。增强企业竞争能力，从自身内部提高自己的软实力，也是必不可少的。这其中主要是对管理模式的改变。

新的时代，新的变化，新的机遇。管理模式要改革，要发展，但更要创新。改善管理模式在于科学正确地管理工作，在于在不改变企业宗旨的基础上实现其创新。

（二）没有永远的错误，只有改进后的正确

我常说："管理是实践而不是实施，管理不是了解而是行为。"没有现成的管理条例供你实施，管理是在实践活动中逐步改进，从而找到正确的方法。这就要求管理者在管理实践中，勇于探索，勇于犯错，勇于承担责任。有责任才有动力，有目标才有方向，有实践才能改进，有改进才能正确，只有这样企业才会一步步地走向成功。

一直引领着电子产品新潮流的索尼公司，曾在《财富》杂志年度世界 500 强排行榜上排名第 31 位。但很少有人知道，它的前身是一个街道小企业。创始人之一的盛田昭夫从零开始，历经曲折、坎坷，带着索尼一步一步地走向辉煌，最终把它做成了跨国公司。

1946 年，索尼公司的前身——东京通信工业公司成立了，这是盛田昭夫与井深大一起创建的。公司开创不久，他们就取得了新的进展。他们利用自己在物理学方面的专长，研制出了磁带录音机及磁带。这种录音机比原有钢丝录音机具备了三大优势：第一，革新了技术，使用方便；第二，录放的音质高，效果好；第三，比原来的成本大大降低低。在有关专家鉴定的时候也是好评如潮，很多人都认为这种新型录音机一定能畅销。

盛田昭夫怀着激动的心情把它推向了市场，但是结果却出乎人的意料，这种录音机不被大多数的购买者所接受。后经多方考论，原来是很多人还不清楚这种产品是干什么用的，于是，他开始大量搞推销宣传活动。他用汽车拉着产品，到公司、学校、商店以及人群聚集地去展示新产品。当用这种录音机录下人们的谈话，然后再放出来

索尼公司总部

时，所有的人无不感到惊奇万分。经过一段时间之后，购买的人却依旧很少，这是为什么呢？原来大家都有同样的感觉：这东西确实很新鲜，也很实用，不过，如果把它买来做娱乐，价格就有些贵了。

现实让盛田昭夫非常失望，他一度怀疑自己是不是错了，压根就不应该生产出这个东西，不过他还是坚持着自己的信念。有一天，一件偶然的事情却让他明白了。他在一家古玩店发现：有一个非常破旧的瓶子，在别人看来是没有什么实用价值，结果一位顾客毫不犹豫地以高价将它买下了。这件事让盛田昭夫茅塞顿开：原来不是产品的问题，是自己销售方式的问题，任何事物对于适用者才有价值，正所谓物尽所值，才能物尽其用。一定得面向能用得到它的人来推销，那样新产品才会畅销。杜拉克认为："有效的管理者能够排除任何影响他们工作的障碍。"任何人都一样，工作中没有障碍几乎是不可能的，但是有效的工作者一定能够克服困难，排除障碍。盛田昭夫无疑是这样的人。

后来，盛田昭夫偶然得知，在一些企业缺少许多速记员，有的公司的速记员不得不经常加班，于是，他马上带着自己的产品去推销，果不其然，很快就有企业大批订货了。一次成功的推销，使他开始认真地研究市场。当时的日本，学习英语的风气已经普及开来，学校很多都开设了英语课。但是当时的英语老师不多，而且学习英语要练习口语和发音，没有一种十分适合学习英语的工具。得知了这一情况，盛田昭夫和井深大针对学校的实际情况，废寝忘食地工作了几个昼夜，克服了一个又一个的难题，设计并制造了一种价格低廉、体积小、适合学校使用的磁带录音机，结果在当地的学校大受欢迎。就这样，录音机便迅速普及到全国各地的学校。销路一打开，磁带录音机成了热销货。连续的困难给了他们很多的阻力，他们的公司也一度受到质疑，但是正是这种勇于创新和探索的精神在支撑着他们，他们也因此获得了丰厚的回报。

世上没有绝对的事，谁也不是神，没有任何一个管理者能够做到万无一失。在管理过程中，要主动为自己设定工作目标，并不断地改进方式和方法。遇到问题是正常的，不要退缩，要认真思考，看问题出在哪里，然后再想出解决的办法。管理中没有绝对的正确，也不会有永远的错误，只有放弃和不断改进后的正确。

社会永不停止变革，时代永不停息进步。在商界，顾客会发生变化，市场竞争格局会发生变化，市场地位和占有份额也会发生变化，当然，企业管理也会发生变化，而且变化速度之快，常常会令企业管理者有应接不暇、无所适从的感觉。由于变化太快，过去很有名望的预测专家都失去了水准，谁也不敢对无法预测的未来妄谈什么。许多缺乏创见的企业管理者因为害怕莫测的未来而只能紧紧依附于过去。

现实中，大量的实例告诉我们，在这个瞬息万变的时代，企业面临的机遇和挑战是并存而且是势均力敌的。市场竞争的格局改变了，顾客的消费方式和选择也变了，变革本身的性质也改变了。最重要的是，变革已经成为大部分企业发展的手段，它普遍而且持续。企业之间的兼并和收购，时刻发生，同时也时刻改变着市场的结构和稳定。新材料、新技术的不断出现，顾客需求和期望的不断上升，使得产品生命周期急剧缩短。所以，现代企业要应对变革的形势必须进行文化上的变革。

应对市场带来的变化，企业要时时刻刻地想办法应对，但是同时，企业的决策本身就有一定风险性，任何人进行冒险决定都有犯错误的可能。一个企业的发展过程，就像一个人的成长，磕磕绊绊，不可能不出现差错和失败，如果失败了，就一定要承认自己的错误，并且在认真总结后吸取教训。

在企业管理中，没有永远的正确，也没有永远的神话；不会有永远的错误，也不会有永远的罪人。昨天的"异端"可能是今天的真理，昨天的"真理"可能就是今天的错误。或许你已错过，或许你的错误还没来到。但你一定要相信，在管理过程中，没有不犯错误的，关键是错了能够及时改正。

（三）良好的创新机制是创新的孵化器

良好的创新机制和制度就好像创新的孵化器一样，可以源源不断地为企业提供适应市场需要的创新。然而在现实中，许多企业虽然有了一定的自主开发手段，但由于尚未形成真正的自主创新制度，创新工作的效率极低，事倍功半。而要推进企业的技术与产品创新，就有必要建立与市场经济相适应的技术与产品创新制度。

1. 要建立适合企业自身的创新体系

大中型企业、企业集团要建立相对独立的技术开发机构；中小企业也要根据自身情况强化技术力量，可联合建立研究开发机构或以科研机构作为技术依靠，设立公司的研究与开发中心。企业还应该注意通过技术开发机构吸收拥有新知识的人才，只有拥有新知识的人才才能够开发出未来的新产品。

通常讲，很多大公司都有由多个技术中心构成的体系，总公司的研究与开发中心只进行中长期的基础和应用性研究，短期的开发性研究由其他研究与开发机构完成。一些大公司还在世界上很多国家设立了研究与开发中心，例如，荷兰菲利浦公司在法、英、荷、美、德5个国家设有7个研究中心，美国贝尔电话电报公司在美、德、法和西班牙等国均设有机构，日本的一些大企业在欧美建立了数百个研究开发基地，雇佣研究人员上万人。

2. 要采用灵活的创新管理机制

企业的科研和创新管理体制大体分为集权、分权和集权以及分权相结合三种模式。企业依据自己的实际情况，选择适合自身的创新管理体制，有利于创新工作的有序化和效率的提高。

壳牌集团是典型的集权管理模式。它根据自身跨110多个国家和地区分散经营，以石油为主体、上中下游一体化经营的特点，为集中力量搞好科研开发，减少不必要的交叉重复，实行由集团总部统一领导和管理进行科研开发的体制。集团的科研工作由作为集团主要咨询服务部门的壳牌国际研究有限公司统一归口管理。

瑞士汽巴一嘉基公司对科研工作则采取分权管理的组织形式，公司总部抓规划和方向，其他在每个事业部设有与各自专业对口的科研开发部门，实行科工贸一条龙，实践证明是行之有效的。

美国杜邦公司采取集权与分权管理相结合的科研管理体制。该公司在职能部门中设有中央研究部、发展部和工程部。这几个部门互相协作，承担了公司重大研究课题的开发和应用。杜邦公司90%的研究实验室隶属于各专业生产部门，并有较大的独立性，可在各部门产品范围内自行决定有关的科研开发问题。美国化学公司、德国赫斯特公司等大型石化公司同时采用集权与分权相结合这一研究体制。

3. 遵循科学的程序和方法

在研究开发项目过程中，为了保证项目的科学性、有效性，保证创新项目的顺利完成，企业应该有一套系统科学的程序。在这方面，国外一些大公司的经验可供借鉴。

爱立信公司研究与开发的程序为：在市场预测的基础上确定战略规划；在战略规

划的基础上发现商业机遇；进行项目可行性分析；有关部门和人员多次审定；实施通过审定的项目；在实施过程中不断检查项目是否符合市场需求。

沃尔沃公司的程序是：由研究开发、生产管理、市场销售人员根据市场、竞争对手、各国法规对产品标准的规定、新技术、新材料、新工艺的可行性等情况，共同提出产品规划；董事会批准后进入"导航研究"阶段，进一步确定产品概念，制作样品；申请支出费用，购买有关设备和材料进行试验；并在进行市场调查的基础上决定是否投入生产。在实际中，由于市场变化很快，有些研究开发项目还在实施过程中即将被淘汰，但由于有科学的创新项目立项与实施程序保障，从而大大减少了这方面的损失。

4. 要有充足的财务保障

企业要搞好技术和产品创新，始终站在创新的前沿，就必须为技术与产品创新提供可靠和稳定的资金来源。每年在财务上为技术与产品创新工作提供一定比例的准备金是非常有必要的。有资料介绍，全球500强企业研究和开发的投入占销售比例的5%以上。

为了在产品丰富、竞争激烈的家电市场中取得竞争优势，企业必须合理安排科技创新工作，要把企业的长远目标与近期目标结合起来。

建立企业创新制度，制度化的成果和经验可以从国内外成功企业中得到经验，而其实施的关键在于结合企业自身情况，灵活运用。

（四）应该积极应对，不要墨守成规

当今的商界正面临着的一个非常严峻的现实：如果你停步不前，就会失去自己的立足之地。这一点对于任何领导或企业来说都是同样的道理。如果你满足于现状，你就丧失了创新的能力，而创新是企业发展的主要源泉，具有创新头脑的管理者是不怕变革的。他们会积极应对，大胆创新。

对大部分人来说，创新、创造仍是陌生而神秘的，似乎它只是少数天才的专利。

尤其是在当今世界，创造活动已经不仅是科学家、发明家在实验室里的工作，它已经深入到普通人的生活、工作、学习之中，成为人人都可以进行的社会实践活动。

虽说经验是很好的辅导老师，但是，一个极为重要的警告是：管理者必须乐意从他们过去的选择当中去学习创新。假如他们不愿意，那么，经验充其量也只不过是一再重复的动作而已。管理者假若不能从以往的经验当中学习，当然，也有可能再创造一些成功；但同时他们也会很容易犯同样的错误，并且会一犯再犯。千万要记住，要在以往的经验基础上去创新，而非墨守成规。

很多时候，我们会回顾过去，希望能从中得到一些启示，希望能从过去的经验中提炼出一些对现在有所促进的因素。但我们处理以往情况的机制往往不适合现在的情形。因此，让以往的经验来影响我们现在的判断，或许会造成失误。

对一个成功的管理者而言，真正的力量来自在面对某一特殊情况时不以以往的习惯方式来做出回应。管理者若能抓住这样的时刻，选择主动出击而非被动回应，那么，管理者就可以引导真正积极的改变。

鲍勃·比蒙（BobBeamon）惊人的一跳，让人觉得有些突然，公众被提前告知迪克·福斯伯里（DickFosbury）创造的新奇的跳高方式。这个跳高方式是：起跳时，背对着横竿，而且是头先过竿，改变了几个世纪的传统跳法，吸引了美国观众的注意。墨西哥奥运会给福斯伯里提供了一个在世界舞台上表现其古怪的跳高方式的机会。

他没有让众人失望，在场的 80000 名观众被福斯伯里的每一个动作所吸引，跳高运动从未受过这样的关注。他的 11 名对手均用跨越式跳法，但随着福斯伯里每一跳不低于 7 英尺 3.75 英寸（2.22 米）且很少有失误，他们便一个接着一个地放弃了。奥林匹克协议声明，当第一名马拉松运动员跑进赛场时，他应该由于跑最后一圈而受到观众的关注。但是，当埃塞俄比亚的莫莫·沃尔德（Mamo Wolde）跑完最后一圈马上就要摘取金牌时，所有人的目光却锁在了福斯伯里的身上。这个来自俄勒冈州的 21 岁的小将以其独特的风格摘取了金牌，创造了新的世界纪录和个人记录。在场的观众开始欢呼雀跃起来，新的奥运英雄诞生了。

在福斯伯里参加比赛之前，跳高运动员们通常从内脚起跳，然后再跳起外脚，跃过横竿。这也可能是上世纪 50 年代以来一直风行的跨越方式。另外一个更为古老的办法就是剪式跳跃的方法，这是一种在中学里就传授得非常基础的技术。后腿跟着前腿在垂直式剪刀运动中跃过横竿，有点像 3000 米障碍赛跑中的跳栏动作。但是，福斯伯里却把这所有的一切改变了，以 J 字形跑向横竿，外面的脚先起跳，在最后一刻扭转身体，这样他的头先过竿，背部朝向竿。这对于体育界来说是一次革命性的创造。

福斯伯里在俄勒冈州（Oregon）的梅德福（Medford）长大，父母分别是卡车销售经理和秘书。他的个子很高，身材修长，通过选拔，从事了跳高这一他所喜爱的体育运动。开始时，他只学习了剪式跳跃法。之后，他的高中教练教他学习跨越式法。尽管福斯伯里学习了这种跳跃方式，但就是无法真正地领会。由此，他的教练不得不允许这个 16 岁的小运动员在 1963 年的一次运动会中重新使用剪式跳跃方式。使用跨越式，他从来就没跳过 5 英尺 4 英寸（1.63 米），但是，那天的剪式使他跳得越来越高。

随着横竿每次升高 2 英寸，他发现要跳得更高，必须本能地抬臀并把肩往后。他曾经回忆道："随着横竿越来越高，在过竿的时候我就更尽力地像躺着，不久后，我的背便直了。"这种方式使他跳过了 5 英尺 10 英寸（1.77 米）。

在随后的两年里，福斯伯里非常确定自己能够在跃过横竿的一刹那降低重心，从而跳得更高。同时，也以此来使他的跳高方式更为完美，以便他能以 90 度跃过横竿。但没有人会对此感兴趣。福斯伯里回忆道："每个人都只认为看上去很好看，很滑稽，但他永远不会取得很大的成绩。"

直到 1965 年夏季的时候，福斯伯里已经能跳过 6 英尺 7 英寸（2.02 米）的成绩了。然而，他在俄勒冈州大学的教练瓦格纳（Berng Wagner）仍然鼓励他采取跨越式跳跃方式。次年的一天，瓦格纳看到福斯伯里穿着格子花呢短裤跳过 6 英尺 6 英寸（2.0 米）的横竿时，足足比横竿高了 6 英寸。瓦格纳说："那时，我才第一次觉得他会成为一个优秀的跳高运动员。"福斯伯里放弃了跨越式跳跃，并在 1968 年以 7 英尺 3 英寸（2.21 米）的成绩进入了美国奥运代表队。但当时他在比赛中获得的第三名几乎无法证明他在墨西哥奥运会上能摘取金牌。然而，在那一刻到来时，那一跳也到来了。

"观众第一次看到我的时候，都非常敬畏我。"福斯伯里回忆说："随着从热身到比赛，随着横竿越升越高，80000 观众沉寂下来，看着我这个小将运动员，我这个外国佬，前后的摇摆，准备着跳跃。"

福斯伯里的这一跳，使当时在场的人震惊了，很多以前的传统开始动摇。美国教练约旦（PaytonJordan）说："孩子们模仿的是冠军。如果他们尽力去模仿福斯伯里，福斯伯里将毁灭整个一代的跳高运动员，因为所有的人都会将脖子扭伤。"

尽管福斯伯里胜利了，传统仍不易被抛弃。这一动作整整又花了 10 年的时间才主宰了体育界。福斯伯里在 1999 年一次接受采访时说："革命性的东西所存在的问题在于大多数的优秀运动员把太多的时间花在提高技术和动作上了，以至不想放弃。因此，他们一直在他们所知道的事物上挣扎。"

到 1980 年莫斯科奥运会时，16 名进入决赛的选手中有 13 名使用福斯伯里跳跃，没有人扭伤脖子。

福斯伯里非常重视以往的经验，不断地从过去的经验中学习，以发现真理。当他在准备迎战某一竞争对手的时候，他会想到以什么样的创新方法来击败对手。

但福斯伯里也同样知道，过度依赖过去的经验是十分危险的。上次与其他队员比赛时运用的战术，这一次不一定能用得上，因为其他队员也同样在进行着调整。

福斯伯里的成功，在于他注重在以往的经验过程中积极创新，而非停留在原来的成就中沾沾自喜，他的奥运精神值得我们学习。

创新并不是高不可攀的事情，任何一个人都有某种创新的能力。创新能力与其他能力是一样的，是可以通过教育、训练而激发出来并在实践中不断得到提高和发展的，它是人类共有的可开发的财富，是取之不竭用之不尽的"能源"。

谁要是能抓住创新思想，谁就会成为赢家；谁要拒绝创新，谁就会平庸！创新是一种态度，这种态度让你拥有无数的梦想，让你的生活变得与众不同，鼓励你去尝试做一些新的事情，从而把一切变得更美妙、更有效、更方便。

学习以往的经验，活在现在，找出昨日的启示，但要把今天当作全新的开始，持续地学习：要对明天的挑战做好准备，最好的方式就是今天不断地学习。

（五）没有强大的领导就不会有真正的创新

凡是挑战极限的事情，都无法用逻辑证明，因为以前没有先例。然而，正是有了这种不拘常理的挑战极限，真正的创新才能够诞生。因此，勇于创新的领导是最难得的领导。

珍妮·丹尼尔·德克在《变革之魂》中说道，"要想使公司发生变革的第一件事是：你必须要有足够的力量。"管理者的能量、推动力、意志都十分重要，没有强大的领导，就不会有真正的创新。那么，什么样的管理者才有利于企业的创新呢？

1. 自省

不要仅凭经验，更要听取和了解他人的想法，这是一个成功的管理者最基本的技能。创新型的领导应该善于用他人的意见来丰富和完善自己的想法，而不是拒绝别人的意见，不要仅凭自己的经验做出决定。因为不同的人对同一件事情可能有不同的体验，产生多种不同的、有效的解决方法。

善于检验你的想法。如果一个创新计划是建立在未经检验的基础上，那么，它的风险会很大，并足以使其陷入泥潭，因此，作为一个创新型的管理者，在提出创新想法的同时，更应该善于通过实践去检验它。

2. 沟通

保持交流与沟通。在创新阶段，管理者倾向于把自己闷在工作中、部门中和项目中，缺乏对组织其他部门的了解，但定期提供最新消息，保持同外界的联系很重要。如果管理者能与下属打成一片，可以更好地与下属搞好关系，可以从他们那里得到"真诚"的回报，可以与下属建立起真正密切的而不是简单的领导与被领导的关系。

抓住思想动态，而不是细枝末节。如果一个组织从管理者那里得到了不同的信息内容，人们就可能从中选出一个被认为是最好的，或者采取"逛商场"的方式去寻找最符合我们要求的答案。这就像一个孩子，从父母一方听到"不"字后，他将向另一方提出同样的问题以期得到更好的反应。组织和一个家庭的区别在于，父母双方可能每天都在交流，相互交换意见。而组织的领导们彼此之间不能做到经常接触，一些领导可能只在会议上见到对方，很少能从组织的思想动态角度交换意见。长此以往，相互冲突和不协调的现象会益发严重，因此，需要不断地进行监督和定期总结经验教训。领导层本身也应该密切关注各种变化，必须学会抓住思想动态。

与组织内各层次的人保持接触。当领导们显示出以自我为中心的意识，或做出了不正确的假定，这很少是因为他们不够聪明、不负责任或不细心。通常，公司的领导很少与公司中的其他人有垂直接触，也没有足够的时间与他们保持直接的联络。大多数领导意识到与各级员工接触能获得一些未经过滤的信息，但很少有人知道如何在不花费更多时间的情况下，能够得到他们所需要的信息。

3. 价值观

帮助员工发展新的思维和行为方式。有的管理者宣布完他们设计的创新计划、组织结构、工作方法后，认为员工会心领神会，不需要再做什么就可以确保下属的理解。实际上，员工需要时间去理解、体会、熟悉新的思维和行为方式。如果管理者不花时间去解释自己的创新思维和行动要义，下属可能永远也不会明白其中的道理，执行计划时就可能出现偏差，而如果某一部分行动与整体行动不相协调，那整个计划就可能陷入窘境。

让员工积极参与以免重蹈覆辙。创新与变革的计划开始实施时，作为管理者必须始终保持对创新活动的关注，并通过努力使员工积极参与其中。如果在工作进程中出现困难，你必须采取关键性的有效措施来保证创新与变革继续实施。重蹈覆辙将对创新与变革产生灾难性后果。如果允许员工慢慢地回到原来的老路上去，那将会使所有的创新与变革的努力失败，并使管理者失去信任。如果你不能做到使员工积极参与而导致创新活动进展不利，员工就会对创新和变革失去信心，对领导不再信任会。因此，作为管理者，如果你坚信你的创新和变革设计肯定能成功，就应长期地关注此事，并努力使员工积极参与其中，这一点至关重要。仅仅是布置、检查和偶尔听取汇报，是没有多大用处的。实际上，管理者起不到监督和促进作用是造成创新与变革失败的主要原因之一。

亲自参与并保持最佳的身体和精神状态。在推动组织的创新活动中，管理者亲自参与意味着在精神、身体和情感方面的付出。在身体、情感和精神方面保持良好的状态，是管理者的一项重要而且是必需的任务。员工希望管理者是一个成功者，他们期望管理者有解决问题的办法，能鼓励别人，能指挥全局，能在别人品头论足中调整好自己。没有人来照顾管理者，他们必须自己照顾自己。因此，作为管理者要知道怎样给予、接受和寻求精神和情感支持，以保持良好的工作状态。当我们看到领导要付出情感方面的代价时，我们就会认识到相互信任的人际关系是至关重要的。与其把在创新时付出的个人时间当作一种牺牲，倒不如把它看成是与别人增进交流的好机会，它会使管理者从中汲取营养。

价值观的考验。在价值观方面，管理者应该意识到几个问题：

（1）管理者要有足够的勇气去做自己认为正确的事。不要因为短期的经营压力而去牺牲组织长期依存的价值准则。

（2）管理者应该始终保持与员工之间的团结协作，共同面对艰难而严峻的挑战，并且能够坚决地、创造性地做到这一点。

（3）创新与变革是对过去事物的改变。员工的职位在每次变革时都岌岌可危，而在变革之后的公司，所有的职位都得到应有的承认并共同承担风险。

（4）警醒。避免滑到停滞阶段。创新与变革要取得成绩往往要持续很长时间，需要参与者投入情感、智慧和坚韧。如果参与者没有对这些方面考虑周全，那么，无论是领导者还是员工，都无法保证创新活动的顺利实施。如果这三个方面也发生和创新与变革相适应的改变，那他们就可以赢得最后的成功。

成功之后的收获阶段。管理者应该把创新变成一种制度化的行为——如果这不是一种矛盾的说法的话。下面就是要做到这一点的四种方法：

（1）不要把今天的创新方法当作圣旨，下次创新照抄照搬。

（2）密切关注外部环境的变化。当一个组织取得了巨大的成功，特别是在达到了一定的规模时，它常常会不重视竞争环境。要知道正在发生什么事情，管理者和员工都必须经常与客户交流，经常听到客户的声音。他们还必须密切注视竞争对手和潜在竞争对手的情况。

（3）听取公司员工的意见，与员工经常交流。能进行有效管理的管理者总是不断地掌握公司内部最新的发展变化情况，把握它的脉搏。

（4）补充新鲜血液。不断注入新鲜血液可以帮助组织保持创新的活力。

作为组织的管理者，在组织的创新活动中，他们应该是创新理念的塑造者、创新计划的制定者、创新行为的引导者和坚定的支持者。

（六）果断地剪除一些可有可无的"枝蔓"

人类所拥有的资源是极为有限的，将这些有限的资源充分地优化配置，使其发挥出最大的功效是每个管理者所真正希望和渴求的。然而事实并非如此，在这些极有限的资源使用上却存在着严重的管理危机。

首先，管理者在资源配置方面的严重失调而导致的不合理及浪费。其次，这些有限的资源常常会受到一些无谓的牵制不能有效地发挥其作用。这使得许多管理者不但感到力不从心，而且又无可奈何。以下我们以人力资源为例，进行说明。

企业的最大生产力就是人力资源。如何管理和利用这些人力资源是企业管理者不得不考虑的问题。在现代企业管理中，往往存在着一些人力资源过剩、人浮于事的情形，而真正能为企业创造效益的人才又凤毛麟角。因此，许多管理者疾呼，只有摒除这些可有可无的"枝蔓"，才能提高企业的效益。

美国的一家生产电器的公司，原有职工200人，可随着市场竞争的日趋激烈，这家公司的老板不得不用降低生产成本的方法，来与对手周旋。

他想，如果把一些便宜的元件购进来，当然能降低生产成本，可是，这些便宜的元件在质量上是存在问题的。你的产品质量不稳定，又如何能吸引消费者呢？就干脆从人员上做文章吧！

形势的逼迫也未必都是坏事，减员当然要从最不能为企业带来效益的人身上入手。

于是他开始了大量的人员裁减，本来组装车间原有80人，经过裁减只有40人。原来有2名车间主管、3名组长，这次只有车间主管一个人全权负责。从中层领导到员工都减少，最后只剩下120人。

通过减员之后，各部门的工作并没有因此而耽误，仍然照常运行，生产效率也不比以前差。显而易见，剪除'枝蔓'后的企业效益大增。

你应该看出了剪除一些可有可无的"枝蔓"和大面积地"减负"，对一个企业的发展起着多大的作用了吧！

因此，我们可以再深一步地想一想，在企业资源的管理上是不是所有的人员都起着同样重要的作用。人员多并不一定就能创造高效益，只有在管理上合理地安排人员，不浪费人才，才会创造更大的效益。那么，怎样才算是合理安排人员呢？

邦德尔是一个优秀的管理人才。他的管理经验非常丰富，在许多人没有意识到企业的人力资源中只有20%是最优秀的时候，他已有了先见之明。

在很早以前，邦德尔开办了一家原版音像公司，可是公司得不到长足发展，总是停滞不前。当出现这种迹象时，邦德尔就把他认为最优秀的人员留下，把剩余的人员分离出去，让副总经理、生产副经理和营销副经理组成了新公司的领导班子，他甚至把他们放在新的办公楼里，并授予特殊的权力，完全是一种自主经营的方式。

突然间，这些人都觉得自己不再是副经理，而是统管一切的主要领导，同时也感到身上的担子比过去重了。

这样一来，公司的各项工作就有了一个很大的提高，在这些人员的管理和操纵下，原版音像公司逐步发展成为全世界最大的独立录制公司。

邦德尔的原版音像公司之所以能够发展成为全世界最大的独立录制公司，主要是因为他能合理地分配人力资源，把一些多余的人员分离出去，另打江山。这样不仅使公司不会因为人员多而使效益降低，相反，经过合理的配置可以使公司的效益大增。

只有果断地剪除那些可有可无的"枝蔓"，将资源进行合理的配置，才能够让有限资源发挥出最大的效用。

（七）扁平化组织促进创新和企业发展

在企业日益重视多元化经营的今天，强调拓展业务范围、实施全球化的经营战略已经成为大多数企业寻找新的发展空间、创造新竞争力的重要手段。

很多企业的管理者都在强调"不能只认准一条路走到底"，"单向发展只会使自己的竞争优势和独特定位在竞争者的模仿超越中丧失殆尽"，企业都在寻求增加自己的业务部门。但是随着企业业务范围不断增加，业务部门迅速增多，管理者又面临着新的问题，各个不同的业务部门之间如何合理地保持既有利于部门自身发展，又有利于公司整体发展的竞争优势？

企业在发展中决定实施多元化战略，就意味着企业将要重新调整拥有的资源，对企业的组织构架重新调整，必须采取机动灵活的组织结构来同时满足不同的战略要求。

怎样才能建构一个合理的组织架构，使各个业务部门能够资源共享，充分发挥各自的优势和团体的力量？传统的金字塔型组织结构能否适应不断增加的业务发展需求？

对于任何多元化经营的企业而言，其战略都是多层次、多角度的，既要兼顾各个不同业务部门的个体发展战略，又要体现企业的总体发展战略。对于整个企业来说，在设计组织机构时要考虑的是：企业应该进入哪个行业竞争，管理部门应该如何有效管理旗下的各个业务部门。

显然，企业的管理者在设计组织结构时，完全采用过去传统企业那种垂直式金字塔型纵向组织结构，并不能适应多个业务部门平行并列发展的局面。一方面，由于高度集中式的管理，各个业务部门缺乏自主性和积极性，企业将会逐步丧失创新的活力；另一方面，位于最下面一层的业务部门之间由于缺乏必要的沟通，既不能分享宝贵的市场信息，也无法实现高效率的资源共享和相互促进，企业现有的竞争优势难以维持。尤其是当位于中间的管理层同时面对多个业务部门时，组织内部很容易出现混乱局面。信息无法准确沟通，管理者的战略不能及时传递，组织结构的弊病将会直接阻碍企业的战略实施。

企业内部各业务部门的有效沟通与合作取决于横向措施的有效实施。将业务部门无序地堆砌在一起并不能保证业务部门能共同创造巨大的合力，推动企业发展。

要想获得各业务部门之间的有效沟通和优势互补，就必须改变过去那种垂直的组织结构，建立起横向组织，也就是通常所说的扁平型组织。这一点很容易理解，完全纵向型组织的信息传递是单向的，无论是管理者传递指令还是员工的信息反馈，都必须通过中间的管理层来传递，不仅效率不高，往往还会出现沟通不力的情况。

而扁平式的横向组织结构则相对灵活得多，各个业务部门可以直接面对市场，充分考虑客户的需求，采取积极措施应对。

由于管理层的缩减，业务部门不再需要面对多级管理者，并且拥有较大的自主权，既能实现对各个业务部门的有效激励，也利于企业战略的及时准确传递。尤其值得一提的是，在横向组织中，位于各个业务部门之上的横向系统，如共享的规划部门、财务机构，还可以保证业务部门间的有效沟通。

在现代企业中，建立业务部门之间的横向联系能实现精简机构，降低成本，发挥企业整体竞争优势的效果。因此，建立起有效沟通的横向组织结构对于企业至关重要。

美国运通公司以金融服务战略为主题，采取横向措施来协调各业务部门，并强调公司的同一性和整体性。在公司内部，经理们交叉任职，建立了一个协调小组来管理各个业务部门的财务，公司在经理会上还强调了跨单元之间的统一性。NEC 公司也在其经营的相关业务中通过横向措施来获取关联，公司从事的半导体、电信、计算机和家用电器业务共享了包括研究与开发试验室、销售队伍、工厂和销售渠道在内的各种资源。实践证明，能够成功获取关联的公司并不一定要具有很大的规模，但往往能通过有效的独特定位获得竞争优势。

惠普构建横向组织促进创新和企业发展。惠普公司是美国硅谷最早的创业公司之一，也是世界上主要的计算机设计和制造商，在激光打印机和喷墨打印机设计生产方面居世界领先地位。自 20 世纪 90 年代以来，公司一直保持了高速的增长势头。

惠普激光打印机

公司之所以发展迅速，一个重要原因就是在技术创新方面一直居于领先地位。而惠普的技术创新很大程度上应该归功于企业良好的内部环境，也就是合理的组织结构。

惠普的企业文化核心之一，就是"鼓励灵活性和创新精神"，而惠普的横向组织结构为员工们充分发挥创新精神提供了有力的保证。

在公司发展过程中，惠普开始是采取分权的横向组织结构，并获得了很快的发展。分权的横向组织结构是，企业组织按产品划分为 17 个大类，每个产品部门都有一个属于自己的研究开发部，各个产品部门拥有独立运作的自主权。这种组织模式在惠普发展过程中一度发挥了重要作用，使产品创新速度得到提高。但随着企业不断发展，这种组织结构形式也造成各部门各自争取顾客，使顾客无所适从，同时还浪费了公司的资源，使整体战略定位变得模糊。

例如，惠普早在 Netscape 公司推出网络浏览器的前两年就已经研发出了浏览器，但这个产品却埋没牺牲在惠普极其分权、各业务部门相互分离的组织结构下。

针对这种状况，惠普提出全面客户服务模式，将所有的组织重组，把条块打散，把众多的部门重新整合在一起，按照客户种类和需求进行划分。重组后的组织结构中研发部门分为三个大的部门，分别是与计算机和计算机设备相关的计算系统部、与图像处理及打印相关的图像及打印系统部、与信息终端有关的消费电子产品部。由于重新划分的组织结构中，很多可以技术共享的业务部门间实现了资源共享，技术力量因为集中而得以加强，横向组织内部由于建立了有效的横向系统而实现了紧密联系，优势倍增。

这样的组织变革不仅使惠普内部现有的技术资源优势得到充分的发挥，使技术创新更加高速、高效，也促进了各个业务部门之间的沟通和联系，实现了创新活动从创

创新管理

意到技术开发、产品研制、生产制造、市场营销与服务的一体化，使惠普公司有效地维护了公司的竞争优势。

在新经济时代，面对不断变化的外部环境，高耸型、多层次的企业组织已无法应对快速变化，只有通过减少管理层次，压缩职能机构，建立一种紧凑而富有弹性的新型扁平化组织，才能加快决策速度，提高企业对市场的快速反应能力，促进组织内部全方位运转。

在现代企业中，建立业务部门之间的横向有效关联能实现精简机构，降低成本，发挥企业整体竞争优势的效果。因此，建立起有效沟通的横向组织结构对于企业至关重要。

五、技术创新的运作模式

企业技术创新受到多种因素的影响。随着经济、科技的变化发展，企业技术创新的运作模式也在发生着变化。技术创新运作模式是指在一定创新理论指导下，为完成特定的创新目标而形成的相对稳定的技术创新体系及可操作性的活动规范和运作方式，企业沿着一定的技术路线在其内部条件与外部环境相互作用的基础上所形成的相对稳定的技术创新体系，它包含了创新过程中有关创新思想和路径的确认、创新目标的选择、可操作性方案的组织实施、创新成果的应用和扩散等具体的活动规范和运作方式。不同的运作模式对企业发展产生不同的影响，并直接关系到技术创新的效果。

技术创新运作模式的类型具有多样性。按照技术创新的动力不同，可分为技术推动模式、需求拉动模式和双重驱动模式；按照参与创新活动主体的不同，可分为自主创新模式、合作创新模式与模仿创新模式。同时，本节最后部分介绍了开放式创新和网络创新两大热点技术创新运作模式。

（一）技术推动、需求拉动、双重驱动

1. 技术推动模式

技术推动模式是指由于创新主体拥有新的技术发明或发现，并利用这种发明或发现开展技术创新活动。熊彼特是该模式的最初倡导者，由于当时社会产品市场只是被动地接受产品，因此认为创新来自技术推动。J. A. Schumpeter 认为，技术创新是经济发展的主发动机，在技术创新的过程中，需求拉动是不重要的，主动权掌握在生产者的手中，即技术创新是拥有技术发明和发现的创新主体在寻找技术发明的应用过程中

完成的，同时间接地满足或者创造了某种市场需求。在这里，技术创新过程遵循一个线性模式，基础研究是起点，科学推动技术，技术创造了需求，生产制造及商业化满足需求，从而对经济产生影响。在现实的经济发展过程中，无线电、尼龙和核电站等技术创新就属于这种模式。

事实证明，大多数创新并非单靠技术推动，只有那些重大创新，即改变人们生活方式的创新是由技术推动的。然而，这样的创新毕竟很少，现在国内外R&D创新关系的实证研究也表明，R&D投入越多并不一定产生的创新就越多。科技投入的同时，必须注意创新过程的组织方式，否则会造成科技成果等待转化的问题，缺少市场导向的成果，存在没有商业价值或距工程化要求太远的风险，从而导致科技投入越大，造成的损失就越大。

2. 需求拉动模式

需求拉动模式是指由于客观存在的需求导致创新主体开展技术研究，并应用技术成果从事技术创新活动。倡导这一模式的代表人物是施穆克勒。他通过研究19世纪上半叶到20世纪50年代美国铁路、炼油、农业和造纸工业等的投资、存量、就业和发明活动，发现投资和专利的时间序列表现出高度的同步效应，投资序列往往趋向于专利序列，相反的可能性则较少。据此，施穆克勒认为通过外部事件、外部需求来解释技术创新比起用发明过程更好。施穆克勒在《发明与技术增长》一书中，提出发明创造受外部市场需求的引导和限制。随着社会、经济与技术发展一体化的加强，近代的众多技术创新都属于这种模式。

在需求拉动模式中，需求主要来自社会需求和生产需求，两者推动了技术创新活动的开展，即由于市场存在的客观和潜在需求，创新主体着手进行研究开发，通过创新活动的开展最终来满足市场需求。社会产品的日益丰富，造成企业间竞争加剧，市场需求在创新中的作用被高度重视。

3. 双重驱动模式

双重驱动模式强调技术创新是由技术和市场双重因素驱动而发生的，即创新主体在全部拥有或者部分拥有技术发现或发明的条件下，受到外部市场需求的诱发，并由此展开技术创新活动。经济与技术的发展使得技术创新活动变得越来越复杂，其中所涉及的因素也越来越多。单纯依靠技术拉动或单纯依靠市场需求推动的技术创新活动已经越来越少，而由两种动力结合所引起的技术创新活动不断增加，由此产生了"双重驱动模式"。N. Rosenberg 在 *Inside the BlackBox* 一书中断言，"创新活动由需求和技术共同决定，需求决定了创新的报酬，技术决定了成功的可能性及成本"，强调了技术推动和市场拉动的综合作用。

市场与技术合力驱动型创新改变了传统的从纯科学研究到销售的线性过程，也更新了以市场需求、销售作为技术创新起点的模型，其强调的重点是科技与市场在创新过程中共同作用下所形成的合力作用。在加拿大，研究者通过一项对九百多个企业的调查发现，靠技术推动的技术创新占 18%，市场需求推动占 26%，而靠双重推动则高达 56%。双重推动模式强调把技术与需求综合考虑，认为技术创新是在科学技术研究可能得到的成果和市场对此需求平衡的基础上产生的，即技术机会和市场机会合成的结果，导致了技术创新的开展。

（二）自主创新、合作创新与模仿创新

1. 自主创新模式

自主创新模式强调创新主体以自身的研究开发为基础，通过自身的努力取得技术的进展或者突破，实现技术成果的商品化、产业化和国际化，从而获取商业利益。自主创新模式使本系统（国家、产业或企业）得以掌握不易被他人模仿的核心技术，进而提高核心竞争力。

自主创新模式具有三个特点：

技术突破的内生性。企业自主创新指企业必须拥有其中核心技术的自主知识产权。核心技术或主导技术必须是由企业依靠自身力量独立研究开发而获得的。

市场开发的率先性。率先性是自主创新所追求的目标，新技术成果具有独占性。自主创新企业的产品率先进入市场，领导本行业或相关行业的标准和技术规范，对跟进者形成技术锁定，从而能够稳固其在行业中的核心地位。

知识资本的集成性。企业通过整合内部和外部各种创新所需的资源，自主创新提供知识和能力上的内外部支持力量。这是自主创新成功的基础和必要条件。

自主创新作为率先创新，具有一系列的优点：自主创新的成果一般都属于创新企业内部所有，这使得技术创新主体能够在一定时间内掌握与控制某项核心技术，为创新企业带来先发优势，在竞争中占据有利的地位，同时有助于树立良好的企业形象；二是在创新的开发与实施过程中，创新企业内部积累与掌握了丰富的产品生产开发与组织管理经验，为后续的生产经营、市场开拓以及新产品开发奠定了扎实的基础；三是在一些技术领域的自主创新往往能够引发一系列的技术创新，带动一批新产品的产生，推动新兴产业的发展；四是由自主创新开发出的新产品初期在市场都占据垄断地

位，可以使企业获得超额利润，同时也能够率先与供应链的上下游各方建立稳固的关系。

自主创新同时也有自身的缺点：首先，通常新技术领域的探索都具有较大复杂性，因此要求企业必须具备雄厚的科研开发能力，同时需要巨大人力、物力、财力的投入，加之研发周期一般都比较长，创新主体所面临的风险较大。其次，自主创新企业在市场开发与前期的消费观念、产品概念等的导入上也需要投入大量的资源，这具有很大的外溢效应，市场开发的收益很容易被其他跟随者无偿占有。最后，在一些法律不健全不完善的地方，知识产权也一直是困扰技术领先者的一个问题。

2. 合作创新模式

合作创新模式是指创新主体根据自身的发展要求自由寻找合作伙伴的技术创新模式，参与合作的各方在此过程中实现优势互补，通常所采取的形式有企业间与科研机构、高等院校之间联合开展创新、制造商与供应商合作、同业竞争者之间的合作等。企业采用合作创新模式主要目的在于：分担研究开发成本、分散风险；获得研究与开发的规模优势；促进企业间知识的流动，获得企业范围以外的技术专长；企业合作伙伴间的资源共享和能力互补；快速获得新技术或市场。由于全球科技创新步伐的加快以及技术竞争的日趋激烈，单个企业所面临的技术问题的复杂性与技术开发的高风险性等问题日益突出，因此许多企业都普遍采用了合作创新的模式。

合作创新模式主要具有以下特征：创新主体的多元化，即创新活动是在不同的主体之间共同进行的；合作形式多样性，既有资金与技术的合作，又有技术与技术的合作，也有人员交流等。由于合作创新是一种有多个创新主体共同合作进行技术创新的模式，因此它有利于不同主体实现资源共享、优势互补与成果共享。其次，合作创新能够大大减少创新成本，缩短创新时间，提高创新的效率，从而增强企业在市场上的竞争地位。再次，合作创新能够使得所有参与各方分散创新风险，有利于鼓励更多的企业到创新活动中来。企业参与合作创新不仅仅是出于技术的目的，还有开拓市场的目的。与市场进入相联系的合作动机包括：拓展产品范围，开发新产品进入新的市场；实现市场的国际化、全球化扩张；影响市场结构，减少竞争，通过合作与其他联合体抗衡提高竞争地位。

合作创新涉及多个创新主体，因此在合作过程中要就创新的目标及项目达成一致，需要耗费大量的时间搜集信息、谈判并最终达成契约。同时在内部的管理上也存在很大的困难。另外，创新主体的多元化，使得单个企业不能独占创新成果：企业间的合作很可能为将来培养了一个潜在的竞争对手，而与科研单位、高等院校的合作又涉及技术转让等方面的问题。

3. 模仿创新模式

模仿创新是指创新主体通过学习模仿领先创新者的成果与方法，引进、购买或者破译领先者的核心技术和技术秘密，并在此基础上进行改进完善的做法，模仿创新是一种被各国企业所普遍采用的创新模式。日本是模仿创新的典范，松下、三洋电机等公司都依靠模仿创新取得了巨大的成功。模仿创新是建立在模仿的基础上，对于现有的技术或工艺进一步的完善和开发，如生产流程的改善、功能的添加以及品质的提高等，它在本质上也是一种创新活动。包括两种方式：其一，完全模仿创新，即这是对市场现有产品的仿制。一项新技术从诞生到完全使市场饱和是需要一定的时间的，所以新技术诞生并投放市场后，会存在一定的市场空间，使得技术模仿成为可能。其二，模仿后再创新，即对率先进入市场的产品进行再创新。具体而言，是指企业通过学习模仿率先创新者的创新思路和创新行为，吸收成功的经验和失败的教训，在他人的基础上进行改进和完善，生产出在性能、质量、价格方面富有竞争力的产品与率先创新的企业竞争的行为。

模仿创新由于是仿制而不是全新的创造，因此企业可以在率先创新者的技术成果的基础上，吸取前者开发过程中的经验与教训，有效降低了成本与风险，研发时间相对也较短。此外，模仿创新通常都是在率先创新者的产品投入市场之后进行的，因此在创新过程中可以根据产品等的市场表现状况，有针对性地对原有的产品与技术等进行改造，因而在产品成本和性能上也就具有更强的市场竞争力，成功率也就更高。

同其他的创新模式一样，模仿创新业具有自身的缺点，其中最突出的就在于它的被动性。由于模仿创新者在技术开发方面缺乏超前性，对于技术创新的投资也相对较少，因此在技术能力的积累上存在一定的差距。同时，一味被动地追随使得模仿创新者在新的市场契机到来时，只能等待率先技术者，因而损失了市场机会，无法与先导者平分秋色。另外，模仿创新者还容易受到进入壁垒的制约因素，从而限制了创新的实施效果。这主要表现在两个方面：一是自然壁垒，即跟随者一般无法获得相关的核心技术，另外的一方面来自法律和制度等方面的障碍，如专利保护制度就被率先创新者利用作为阻碍模仿创新的手段。早期生产盒式磁带的 TCL 公司就是这种战略的很好实践者。韩国的 LG 和三星也都经历了从模仿创新到自主创新的蜕变过程，从当初名不见经传的小公司发展成为今天各自产业内的佼佼者。在短短几十年的发展，三星公司已经可以与索尼相提并论。这种做法不仅使它们汲取了先导企业的经验教训，避免大量的技术风险与商业模式等的失误，同时也省去了大量研发经费和人力时间，最有效地利用全行业的创造智慧。

4. 三种模式的比较

将自主创新、合作创新和模仿创新三种模式进行比较分析，可以发现三者各有利弊，具体比较结果如下表所示。

自主创新、模仿创新和合作创新模式的比较

比较内容	自主创新	合作创新	模仿创新
自身资源	高	一般	低
外部资源利用	低	较多	高
技术创新成本	高	一般	低
技术创新风险	大	一般	小
技术成熟度	低	低	高
新技术控制度	强	一般	差
应对市场变化能力	一般	强	差
竞争优势增幅	显著	明显	少

（三）开放式创新与网络创新

1. 开放式创新

在知识经济时代，企业仅仅依靠内部的资源进行高成本的创新活动已经难以适应快速变化的市场需求以及日益激烈的企业竞争。开放式创新正是在这种背景下逐渐成为企业创新的主导模式。开放式创新模式由美国学者 Heory Chesbrough 提出，即当企业着眼于发展新技术时可以基于特定的企业模式，利用企业内部和外部两条市场通道将企业内外部所有新创意集成起来创造价值，同时建立起相应的内部分享机制，即强调外部知识资源对于企业创新过程的重要性。例如，软件开发中"开放源代码"的做法就属于典型的开放式创新思想。

Joel West 和 Scott Gallagher 认为开放式创新模式主要有四个特征：创新环境的开放性、创新主体的开放性、创新资源的开放性、创意开发的开放性。例如太阳微系统公司（SUN）的创意主要来源于著名大学的实验室，其工作站微处理器来源于斯坦福大学的研究成果，操作系统来源于加州大学伯克利分校开发的 UNIX 系统，图形界面软件系统来源于麻省理工学院开发的 XP Window。通过这种"拿来主义"的组合创新策略，SUN 公司比 IBM、HP 等公司在工作站方面的研发投入要少得多，却获得了更强的竞争力和市场地位。

在开放式创新环境下，企业不必遵守必须拥有自己的创新，然后进一步开发、研制新产品和推向市场，并且自己分销、提供服务和资金以及技术支持等"自己动手"的套路。企业必须彻底进行改变"关注企业内部"的做法。在开放式创新模式中，企业可以同时将内部和外部创意统一于一个组织结构或系统内，同时使用内外部创意来创造价值。

开放式创新模式又称漏斗式创新模式，其简单而清晰地描述了企业实施开放式创新的过程。图中虚线描述企业边界，意指企业边界模糊，而不像封闭式创新那样将企业创新过程牢牢禁锢在企业内部。由图可见，创新仍然主要来源于企业内部的研发过程，但是部分创新在研究阶段或开发阶段从企业内部渗透出去，同时企业部分创新来源于企业的外部。这里创新渗出的途径主要有企业雇员创立新的企业、外部专利权转让或者员工离职等，而渗入企业的创新主要途径有技术购买与人才吸收等。

通过与封闭式创新模式进行对比，可以进一步了解企业开放式创新的内涵和特点，下表对这两种创新模式的基本原则和主要特征进行了详细的对比，从中可以看出两种创新模式其实是相对的两个极端。通过基本原则的比较和分析，也可以归纳出两者明显的特点差异。封闭式创新的特点是：主要依靠内部创意、劳动力流动性低、风险投资少、新创企业很少且力量薄弱，并且大学等机构的影响力不重要。开放式创新的特点是：外部创意多、劳动力流动性高、风险投资积极、新创企业数量众多并且大学等机构的影响力很重要。

开放式创新与封闭式创新基本原则比较

封闭式创新的基本原则	开放式创新的基本原则
本行业里最聪明的员工为我们工作	我们需要和企业内外部的所有聪明人合作
为从研发中获利，我们必须自己进行发明创造、开发产品并推向市场	外部研发工作可以创造巨大的价值，而要分享其中的一部分，则必须进行内部研发
如果我们自己进行研究，就能最先把产品推向市场	不是非要自己研究才能从中获利
最先把创新商业化的企业将成为赢家	建立一个更好的商业模式要比贸然冲向市场好得多
如果我们创造出行业中最多最好的创意，我们必将胜利	如果我们充分利用企业内外部所有好创意，必将胜利

封闭式创新的基本原则	开放式创新的基本原则
我们必须控制知识产权，这样竞争对手就无法从我们的创意中获利	我们应当通过让他人使用我们的知识产权而从中获利，同时应当购买别人的知识产权，只要它能提升我们的商业模式

　　开放式创新的本质是外部创新资源的获取和利用，通过内外部创新资源的整合和利用，提高创新绩效。在创新过程中与外部组织的互动获取新的科学技术知识尤其重要，利用外部知识、整合企业内外创新资源的能力成为创新能力的关键组成部分。

　　2. 互联网创新

　　关于网络创新，目前尚未形成统一的定义和概念。网络创新模式中的"网络"基本包含依附于计算机的互联网网络和创新研究新领域中的企业间创新网络两种。本章中重点介绍互联网创新模式，关于企业间网络创新的内容详见第六章。

　　互联网已经以其独特的优势成为大众传媒中的主力军，网络传播已经渗透到我们生活的方方面面。在这个高速的信息化时代，电子商务、电子银行、虚拟学习、远程医疗等新事物不断兴起；电信业、制造业、服务业等各行业发生了巨大变革，整个社会经济结构从以工业为中心逐渐转向以信息产业为中心，政治结构从金字塔形转向网络形；人们的生活空间变得更加宽广，人们意见的表达也在互联网的推动下日益自由，如近年来广泛兴起的博客、播客文化，在一个虚拟的、无限的平台里，自由的个体实现着自己的个人价值和社会价值。

　　互联网的传播威力震撼着越来越多的网民，搜索引擎通过关键字统筹处理信息并分类显示的创新模式如雨后春笋般发展起来。百度、Google 的通用搜索模式所涵盖的信息量大、查询不够精确、深度也有所不及，在这种发展状况下搜索引擎针对性地做出了领域细分，垂直人脉搜索引擎就是针对特定领域、特定人群的特定需求而提供的网络服务创新模式。垂直人脉搜索作为一种互联网 SNS 社交平台的创新模式，以其"专、精、深"的特点对真实的网络人群进行分类处理与垂直搜索。浓厚的行业色彩为各界商务人士匹配与其产品或服务供求互补的高端人脉资源，有效促进交流与合作。人脉搜索帮助企业及个人不断扩大影响力，使商务关系有效得到在线延伸与拓展，并将互联网应用技术推向了商业化领域的又一个高潮。垂直人脉搜索既突破了互联网的创新模式，也为中小企业拓展了一条全新的营销渠道，将在线商务价值垂直化、专业化，开创了互联网市场经济发展的新纪元。

　　网络社交成为新潮的互联网创新商业模式，从历史维度看，它更是一个推动互联网向现实世界无限靠近的关键力量。目前，社交网络涵盖以人类社交为核心的所有网络服务形式，社交网络使得互联网从研究部门、学校、政府、商业应用平台扩展成一个人类社会交流的工具。例如，国外有名的 Facebook、Twitter 等社交网络，国内流行的如人人网以及博客、微博等形式。现在网络社交更是把其范围拓展到移动手机平台领域，借助手机的普遍性和无线网络的应用，利用各种交友、即时通信、邮件收发器等软件，手机也成为新的社交网络的载体。

计算机操作系统软件 Linux 是互联网创新的一个典型案例。Linux 操作系统软件实际上是由大量的志愿者软件设计师组成的网络开发出来的自由软件，该网络组织是有名的计算机虚拟组织之一。1991 年，Linus Benedict Torvalds 首先提出要开发一套自由操作系统来对抗 DOS/Windows 系统的垄断，这个提议得到了广大软件设计师的支持。在众多智慧集结下，Linux 系统的代码从 1991 年的 1 万行发展到 1998 年的 150 万行。Linux 系统的成功开发充分利用了互联网。首先对外开放的源代码可使世界各地的开发者和用户检查这个软件，快速地找到并修改其错误；其次，最终用户可以按照自己的意愿自定义软件，有特殊需要的用户也可以完全按照认为合适的方式指定自己的Linux；最后，互联网提供的快捷沟通有效防止了重复发明，通过共享源代码和思想节省了很多工作量。Linux 计算机操作系统吸引了大量的用户，截止到 1998 年全球用户达到 750 万，四十多个国家中拥有 300 个用户团体，占领了 17% 的服务器市场份额，到 2006 年，Linux 在桌面市场的用户数量增加了一倍多。

六、破坏性创新

（一）破坏性创新的内涵、类型与特点

1. 破坏性创新的内涵

破坏性创新（Disruptive Innovation），也称颠覆性创新，是哈佛商学院教授克莱顿·克里斯坦森（Clayton M. Christensen）通过对磁盘驱动业、挖掘机制造业、钢铁制造业、连锁业、计算机和打印机工业、电动马达制造业、摩托车和逻辑电路系统工业、会计软件、胰岛素工业和电气汽车工业 10 多个产业史的研究，将技术创新与市场创新成功融合在一起，从而在其 1997 年出版的经典著作《创新者的窘境：当新技术导致大企业失败时》（The Innovator'S Dilemma：When New Technologies Cause Great Firms to

Fail）中首次正式提出的创新概念。

克里斯坦森认为，破坏性创新是大企业失败的主要因素，如何识别和管理破坏性创新就成为大企业必须考虑的问题之一。克里斯坦森破坏性创新理论框架的构建，有效地破解了"公司追求新增长的努力为什么会导致失败"这一著名的"亚历山大难题"，并由此成了技术创新研究领域的重要的新范式。

根据创新对现有主流市场的影响，克里斯坦森以创新的环境（Context）为基础，将创新的类型区分为满足高端市场（Upmarket）需求的维持性创新（Sustaining Innovation）和满足低端市场（Downmarket）需求的破坏性创新（Disruptive Innovation）。

克里斯坦森认为，大多数新技术都会推动产品性能的改善，这些技术称为"维持性技术"。其中，一些维持性技术可能不具有连续性，或者在本质上具有突破性，而其他一些则在本质上属于渐进性技术。特定行业的大多数技术进步本质上都有维持性。维持性技术的共同点就是，它们都是依据主要市场的主流消费者一直以来所看重的性能层面来提高成熟产品的性能。这类对现有主流市场上产品性能改进做出贡献的创新就称为维持性创新。康柏公司（Compaq）早期采用英特尔的 32 位 386 微处理器，来代替 16 位 286 微处理器，就是一项维持性创新。美林证券（Merrill Lynch）推出现金管理账户（Cash Management Account），允许客户填写支票支取自己权益账户里的钱，这也属于维持性创新。这类创新虽然不乏突破性，但它们是通过对原有产品和服务进行改进来留住最佳客户的。

破坏性技术则给市场带来了与以往截然不同的价值主张。它并不旨在向主流市场上的现有消费者提供性能质量更好、功能更强大的产品或服务，而是通过引入在性能质量上与现有成熟产品或服务相比尚不够好的产品或服务，或提供更为简单、便利与廉价的产品或服务，吸引处于边缘市场上的消费者（通常也是新消费者）。在克里斯坦森看来，这类发端于非主流低端市场或新市场且对现有市场领导者的竞争优势起破坏性作用的创新称为破坏性创新。例如，相对于哈雷—戴维森公司和宝马公司制造的大马力公路摩托车，本田公司、川崎公司和雅马哈公司在北美洲和欧洲推出的小型越野摩托车算得上是一种破坏性技术；晶体管相对于真空管是一种破坏性技术；保健机构相对于传统的医疗保险商也是一种破坏性技术。在不远的未来，相对于个人计算机硬件和软件供应商，互联网工具即可能成为一种破坏性技术。

需要注意的是，克里斯坦森破坏性创新中的"破坏"是一个相对的概念。对一家公司具有破坏性的创新可能对另一家公司却具有维持性的作用。例如通过互联网直接销售产品对戴尔的电话直销模式而言是维持性创新，而对康柏、惠普和 IBM 的销售渠道来说则是破坏性的。

在克里斯坦森破坏性创新理论的基础上，国内外许多学者也从不同的角度出发，提出了对破坏性创新的见解。本书选择其中较有代表性的几种按时间顺序整理如下，可以从中了解这一研究的进展并对比各人观点的侧重点。

在国外学者中，Jeffrey Funk（2001）认为，破坏性创新会牺牲部分产品性能而在其他性能上予以加强，以吸引新市场上的消费者。Kenagy（2002）认为，破坏性创新是一个战略工具，是观察成功和失败的新方法，同时也是审视企业更好地为增长和扩张服务的视角。Thomand 和 Lettice（2003）认为，破坏性创新是一项成功的开拓性产品、服务或商业模式，它能有效地改变主流市场的需求，破坏以往的市场竞争结构。Erwin Danneels（2004）认为，破坏性创新是通过改变企业竞争所遵循的性能衡量标准，从而改变竞争基础的技术。Paap 和 Katz（2004）认为，破坏性创新不仅仅是一种破坏性技术，同时也是一种对原有商业模式的颠覆，如果企业受到主流市场客户的导向而不能适应新的模式，它将失去下一轮竞争的契机。Markides（2006）认为，破坏性创新包括商业模式创新和重大技术创新，它开创新的市场，也给企业管理带来巨大的挑战。

最近几年来，破坏性创新理论也逐渐引起了我国理论界的重视，许多研究者对破坏性创新的内涵进行了系统、深入的探究。陈劲（2002）认为，破坏性创新是基于破坏性技术的创新，是那些在不是企业主流用户的需求性能改进轨道上进行改进的创新，也可能是暂时不能满足企业主流用户需求的创新。宋建元（2005）认为，破坏性创新是企业在所提供的技术性能供给超过用户需求的条件下，偏离主流市场用户所重视的属性，引入低端用户看重的属性或属性组合的产品或服务，通过先占领低端市场或新市场，再逐渐破坏和取代现存主流市场的产品或服务的创新。孙启贵（2006）认为，破坏性创新是指通过推出一种新型的产品或者服务而创造全新的市场，其产品往往比主流市场已定型产品的性能要差，一般比较便宜、更加简单，功能新颖、便于使用，这些都是新用户喜欢的特性，所以全新的市场能够开拓出来，此类创新对已经形成市场份额的企业具有破坏性。

从上述定义中发现，虽然各研究者的侧重点各有不同，但基本都包含以下几点内容：一是破坏性创新基于新的价值结构，为非主流市场中的新兴客户或低端客户提供不同于以往的价值体验；二是随着创新的深入，破坏性创新将向主流市场延伸，逐步侵蚀市场份额，替代原有的技术或商业模式；三是破坏性创新改变了行业的商业模式和竞争规则，企业受客户导向制约不能及时调整战略。这些特点从市场角度反映了破坏性创新的本质。破坏性创新往往基于新的技术轨迹，采用非连续性技术，要求企业具有全新的能力。

综上所述，本书可以归纳出破坏性创新的定义如下：破坏性创新是指基于市场需求轨道与技术改进轨道，从未被满足的边缘消费者或低端市场出发，通过开拓新的技术、产品、服务、过程或商业模式，或者通过提供不同于原有技术产品的价值组合和性能组合，满足低端用户价值需求，实现向原有主流市场逐步侵蚀、并最终取代原有技术、破坏市场原有竞争规则、颠覆市场结构的创新。

破坏性创新概念的提出为企业的竞争发展提供了新的思路。竞争的基础不再仅仅是技术和产品，而可能是具有创造性的、能整合一系列创造性能力要素的业务设计。

2. 破坏性创新的类型与特点

克里斯坦森的破坏性创新理论认为，破坏性创新可分为新市场破坏（New-Market Disruptions）性创新和低端市场破坏（Iow-end Market Disruptions）性创新两种。

（1）新市场破坏性创新

新市场破坏性创新是指将"不消费"（Non-consumption）的群体作为日标客户，去创造一个新的价值网络的破坏性创新。人们试图达到某一目的，但由于现有的产品太昂贵或是太复杂，此时出现的就是"不消费"。于是，这些人就可能不去涉足这个市场，不去购买需要的物品，或以其他比较麻烦的但更便宜的方式买到。这种类型的"不消费"就是一个增长的机会。如果一种创新瞄准的是这样一类顾客群体，他们过去因为缺乏资金和技术而无法购买和使用该产品，而这种新产品正满足了这些人的需求，这就是新市场破坏性创新。

佳能（Canon）和施乐（Xerox）在复印机产品的竞争是新市场破坏性创新的典型案例。20 世纪 80 年代早期，Xerox 几乎独占了整个复印机市场，但由于 Xerox 的复印机造价昂贵，操作复杂，复印文件必须到公司的影印中心，交由专业的技师来执行。由此，Canon 则针对大众市场，设计出操作简便、造价低廉的小型复印机。虽然其复印质量不如 Xerox 的产品，但其低价且操作简单的特质，使得许多采用 Canon 产品的小型专业复印店开始出现，并成功地吸引了一些对复印质量要求不高、追求方便的消费者。小型专业复印店的市场打开后，Canon 不断改善产品功能，使其与施乐的大型复印机越来越接近，最后当 Canon 的产品质量足以进入企业市场时，Xerox 却无法设计出和 Canon 产品一样操作简便且低价的产品，只好退出市场。

新市场破坏性创新的另一个经典案例就是娃哈哈的"非常可乐"。在非常可乐之前，我国广大的城镇和农村消费者很少购买"可口可乐"或"百事可乐"，一方面是价格的原因，同时也由于两个知名可乐企业并未将城镇和农村作为值得关注的市场。

而娃哈哈则以"足够好"但"价格低得多"的"非常可乐"服务于低端市场，并且获得可观的利润回报，从而在我国的可乐市场上占有了一席之地，并成功地将世界两大可乐巨头企业"可口可乐"和"百事可乐"逼入"创新者的窘境"。

虽然面向新市场的破坏性产品一开始要在它们独有的价值网络中面对没有客户的局面，但一旦这些产品的性能得到提升，最终还是会吸引原有价值网络中一些客户，从低端客户开始，把客户逐渐吸引到新的价值网络中来。

基于新市场破坏的创新者更富颠覆性，也更令市场领导者防不胜防。首先，新市场破坏性创新者针对不同层面的需求进行竞争，其结果是吸引一群尚未消费的客户进行消费。因为不易察觉，所以，市场领导者在开始时不会因为新进者的吸引而流失客户，也不会感到威胁和痛苦或引起警惕，但等破坏性创新走到终极阶段时，他们才意识到为时已晚。其次，即使市场领导者察觉到新市场破坏性创新者的存在，并试图推出相似的产品与之竞争，也会因为新产品不符合现有客户的需求或因为新产品的起始市场规模太小，而被内部资源配置系统所困。再次，即使新产品计划顺利通过，还有可能因为不了解这群新客户群的需求，生产出不符合需求的产品而滞销。最后，即使克服了前述种种困难，新产品还有可能因为销售成长速度不如预期而遭到裁撤的命运。

新市场破坏性创新主要有以下三个特点：一是创新的关注点是过去由于缺乏资金或技术而无法完成的工作。这种创新往往是给人们直接提供新的产品和服务，而这些产品和服务在主流市场上往往是昂贵的。二是创新所针对的是那些喜欢简单产品的顾客。相应，企业向市场提供的是技术上简单易懂的、易于操作使用的产品。三是创新能帮助顾客更简单、更有效地完成他们正努力试图完成的工作。

（2）低端市场破坏性创新

低端市场破坏性创新是指根植于原有或主流价值网络中的低端市场，以微薄的盈利对服务要求最低的市场发起攻击的破坏性创新。这类创新主要针对那些非主流市场上需要低端产品和服务的客户，通过改善企业的产供销和服务流程，以最低的成本提供质量和性能可以被接受的适应性产品。

基于低端市场破坏的新产品开发注重根据主流市场低端产品对传统性能的衡量标准，以消费需求低于主流市场低端产品性能的客户为目标，一方面使制造出的产品足够好，另一方面通过赢得大公司不太关注的那一部分客户来赚取利润。例如，戴尔计算机采用直销零售、按单制造及低成本，以低端破坏者的身份击败了康柏、IBM 和惠普公司。因为戴尔面对的客户要求的计算机性能不必像 IBM 那么高，可靠性也可以稍微次之，但便利性和价格却在客户可以接受的范围内，从而打开了市场。我国东软集团成功进入医疗仪器领域，也是得益于在低端市场的颠覆性创新。凭借其在信息技术方面的优势，东软针对中国市场开发了质量和性能足够好而价格优惠的设备，为大量客户提供了原本可望而不可即的产品（CT机）。与此相反，该公司曾经开发了技术更高超、扫描质量更优异的产品（CT机），但由于要求病人接受更长时间的扫描而受到抵制，该产品最终以市场失败而告终。还有，我国微波炉行业的领先者格兰仕也是低端市场破坏性创新的典例。

低端市场破坏性创新者常常实施低价策略，因为他们的产品主要是针对"不消费"客户群的需求而设计的，而这群客户不消费的原因就是现有市场领导者产品的价格过高。由此，新市场破坏性创新者为了吸引这群不消费的客户，就会设计出低价格的产品。这种同时带有低价特征的新市场破坏性创新者，最终必然造成那些基于低端市场破坏性创新的市场领导者陷入困境。

低端市场破坏性创新的特点主要有两个：一是现有的产品达到足够好的程度；二是能创造出不同的商业模式，而这种破坏性创新的商业模式主要由利润很低但净资产很高的成本结构、运作过程和分销系统构成。

（二）破坏性创新的模型

克里斯坦森在《创新者的窘境：当新技术导致大企业失败时》一书中通过研究磁盘驱动业，定义了破坏性创新的三个关键要素，构建了破坏性创新模型的基本框架。为了验证该模型的有效性，他进一步研究了其他九种不同的行业，结果证实了该理论具有广泛适应性。

第一，每个市场上都存在一个消费者可以利用或吸收的提升空间，围绕着这一中位线存在着一个消费分布，通过右边的分布曲线来表示。位于中位线上面或分布曲线上端的高端消费者或最挑剔的消费者群可能永远不会对市场上可以得到的最好的产品感到满意，而位于中位线下面或分布曲线下端的低端消费者群或并不是特别挑剔的消费者群，则很容易对较低性能的产品或者为稍许的改进而感到相当满意。缓慢上升的虚线代表了"够用刚好"的技术，它正好能满足现有主流消费者的需要，同时也表示消费者所能够利用和吸收的产品性能轨迹。

第二，每个市场上都存在完全不同的技术改进轨道。由于技术进步的速度总是会超越相应级别的消费者使用能力，企业生产出的那些定位于主流消费者需求的产品，实际上就有可能超出了这些消费者的使用能力。表现在市场供应与需求轨道上，就是开发出比竞争对手更好的产品以获取更高的售价和更大的利润率的过程中，供应商通常"过度满足"了市场的需求：他们为消费者提供的产品超出了消费者的实际需求或消费者最终愿意支付的价格。图中处于较低位置的那条实线代表破坏性创新的技术进步轨迹，同时也意味着，尽管目前破坏性技术或产品的性能质量可能低于消费者的需求，但它们日后可能也会发展成为同一市场上具有竞争力的破坏性技术或产品。

第三，维持性创新总是以挑剔的高端产品消费者为目标，为其提供超越当前市场水平的更优秀的产品。这种维持性创新有的来自领先企业的渐进性创新，有的来自突破性创新。而破坏性创新则更倾向于以现有市场的低端或不消费者为目标，通过引入稍逊一筹的产品或服务来"破坏"和重新定义现有的市场竞争格局。

从克里斯坦森的破坏性创新模型不难发现，破坏性创新与维持性创新遵循着不同的技术发展路线，同时破坏性创新发展初期所针对的目标顾客群与维持性创新有所不同，但随着技术的进步，破坏性创新最终会侵蚀当初维持性创新的目标消费者群体。

（三）破坏性创新的策略与路径

1. 破坏性创新的策略

破坏性创新的实施策略主要可以从技术、产品、市场与竞争四个层面展开。

（1）技术层面。破坏性创新并不要求从一开始就要比现行技术更完善或向消费者提供更高的溢价，而主要是通过提供部分消费者重视的新的价值结构，进而实施技术性能改进，使破坏性创新有机会侵蚀旧技术的领地。

（2）产品层面。破坏性创新应具备初始阶段的低端性或简便性，以及价值网络低端顾客的导向性。因为初始低端性能使得它被主流市场中实力强大的在位者忽略，从而使得新进入者能够避开现有高端市场的竞争而成长壮大。技术产品的简便性使得创新的潜在接受者范围更广并降低生产成本，从而让更多的人能够用得起，并有助于创新的市场扩散。低端性和简便性实际上指出了破坏性创新生存和发展的市场基础。

（3）市场层面。为了维持高额利润和正常的股价，主流市场的领先者一般会向高利润的高端市场挺进。因此，破坏性创新者所应采取的策略就是选择市场领先者所不愿意进入的低端市场或不太重要的边缘市场。在这样的市场空间中，在位企业不会将过多的注意力投入其中，有时为了提高企业的整体利润水平，往往也会主动放弃这些边缘市场。

（4）竞争层面。破坏性创新在市场方面的特性决定了其具有相当的"非竞争性"。此处的非竞争性与经济学中常见的公共产品的"非竞争性"内涵不同，指的是破坏性创新（无论是新市场破坏性创新还是低端市场破坏性创新）不会与现有主流市场的竞争者争夺用户，而是通过满足新的现有主流产品的"不消费者"来求得生存与发展。由于不存在直接的竞争关系，因此在位企业会忽视或者容忍后发企业的生存和发展。只要破坏者还在继续挺进，并与高成本的被破坏者争抢利润，产品价格就会不断降低。而当破坏性技术发展到一定程度、新产品的性能得到提高并开始吸引现有主流市场的顾客时，主流市场上的领先者却发现此时其已被陷入了"创新者的窘境"之中。

2. 破坏性创新的路径

破坏性创新的本质在于以新兴的、更便宜、更简便的技术取代现有的主流技术，这也是破坏性创新的重要原动力。低端市场破坏性创新主要侧重于商业模式与产品的创新，新市场破坏性创新则是在简易性与价格上的创新。

企业可以采取的破坏性创新的路径主要有以下六种：

（1）破坏性的技术。同样的技术应用于不同的市场，会产生截然不同的市场效果。这里所说的破坏性技术主要是指立足于现有技术，通过寻找适合于发挥该技术特点的市场，让颠覆性的技术创新在利基市场（被市场中占有绝对优势的企业所忽略的某些细分市场）或边缘市场首先得到应用，从而产生破坏性创新效果的技术。例如，环保电动跑车"Tesla Roadster"就以敞篷跑车的瞬时加速爆发力（从静止加速至时速 96km 仅用 4s 的时间）为号召力，售价 98950 美元，吸引了美国加利福尼亚州一些喜欢环保的富豪们，如前州长施瓦辛格等。而相对于个人计算机硬件和软件的供应商，"互联网工具"可能也会成为一种破坏性技术。

（2）破坏性的产品。破坏性的产品或服务能以更佳的性能或更低的价格取代已有的相似的产品或服务。例如索尼把原有的卡带录放机的喇叭取掉，让消费者把它挎在腰上，将微小的喇叭塞进耳朵里，为其创造了数以亿计的销售神话。又如携程旅行网与首都旅游集团联合投资的经济型连锁酒店如家，在短时间内就跻身"中国饭店集团十大影响力品牌"，平均入住率高达 90% 以上。如家并没有特别在意宾馆的地段，也不十分讲究房型和整体建筑的结构，更没有华丽的服务设施和餐饮一条龙服务。如家针对的就是那些已经厌倦了星级酒店烦琐而用处不大的服务设施、期望简洁高效的服务模式的商旅客户。这也就是所谓破坏性创新的精髓所在。

（3）破坏性的商业模式。破坏性创新不仅仅包括技术上的革新，还应囊括商业模式的创新和客户价值提供方式的创新。例如，人们很难从沃尔玛超市的经营中发现重大技术创新的影子，但其创始人山姆·沃尔顿（Sam Walton）却创造了一种全新的商业模式"天天平价"，并尽最大努力削减成本。这种商业模式改变了传统零售业通过店址、购物环境、品牌等竞争的基础，颠覆了行业竞争的既定框架，使沃尔玛后来居上，成为全球零售业领袖。

（4）功能组合的创新。当年的数码相机挑战传统相机是典型的应用新技术进行破坏性创新的案例。如今带摄像功能的手机简单（小摄像头+手机）、低质（像素低、成像质量差）、便捷（方便使用，随时随地）、低廉（比手机价格略高一点儿，远低于数码相机价格），迫使低档的数码相机退出市场，数码相机厂家只有不断推出更高像素的高技术、高质量产品才能赢得消费者。

蒙牛通过"虚拟联合"模式成功地实施了对伊利的破坏性创新，就是一个通过功能组合获得成功的例子。1999年，牛根生从巨头伊利集团出走，不久即在同城创办蒙牛。这时候的伊利已上市三年，财大气粗，在中国乳品市场名列前茅，"无工厂、无奶源、无市场"的蒙牛在这种竞争局面下如果按照常规方式做企业只有死路一条。面对自身的"三无"状况，牛根生提出"先建市场、后建工厂"的逆向经营模式，通过虚拟联合，为合作方出标准、出技术、出品牌，运作了国内8个困难企业，盘活了7.8亿元资产，使蒙牛品牌迅速辐射全国。

（5）客户市场细分。不同的区域或细分市场具有不同的特性，从而对新产品的市场反应出现差异。市场规模大小、区域文化、地理特征、消费者的生活习性、经济发展水平等，都会对目标市场的消费者的行为特性产生影响。史玉柱在脑白金上的成功演绎就是一个通过市场细分实现破坏性创新的例子。一些记忆力衰退的中老年消费者，很少专门去医院购买药品或者治疗，在脑白金出现以前，这些人属于"不消费者"。也就是他们并不购买延缓记忆力衰退的药品和治疗。而脑白金提供了一个简易而且效果也不差的方式，满足了这些人的基本需求。

（6）开拓边缘市场。破坏性创新者并不与在位者争夺现有用户，而是通过满足现有主流产品的"不消费者"来求得生存与发展。进入市场之初，破坏性创新者所提供的产品性能或许会低于维持性创新产品，因此，比亚迪的DM电动汽车最开始的一批客户更有可能是针对北美洲、以色列等地的那些拥护环保的消费者。

七、生产流程创新

（一）企业内部价值链与生产流程

企业内部价值链是战略层面的企业创造价值活动的链条，是企业各种作业支持实现价值目标的过程的抽象表示，是从价值角度入手，重点研究价值目标和增值方式；生产流程是操作层面的企业创造价值活动的链条，具体反映企业的实际运行过程，是从客观的角度出发，重点研究各种作业及其相互间的联系，主要目标是低成本、高效率地实现各种具体的价值创造活动，从而使企业在实际运作过程中能更为有效地实现企业的战略规划，从而实现企业的竞争优势。可见，价值链分析要以生产流程为基础，而生产流程分析则以价值链为指导。

1. 企业内部价值链

迈克尔·波特（Michael Porer）1985 年在他的著作《竞争战略》中提出价值链（Value Chain）的概念。他认为，企业是其产品在设计、生产、销售、交货和售后服务方面所进行的各项活动的聚合体，企业的价值链就是这些内容各异的生产经营活动通过它们相互之间的联系，形成价值的动态过程。企业的价值活动有两类：基本活动和辅助活动。

1. 基本活动

（1）内部后勤。它是指与原材料接收、存储和分配相关联的各种活动。

（2）生产作业。它是指与将各种投入转化为最终产品相关联的各种活动。

（3）外部后勤。它是指与最终产品集中、仓储和发送给买方相关联的各种活动。

（4）市场营销。它是指与提供买方购买产品的方式和引导它们购买相关联的各种活动。

（5）服务：它是指因购买产品而向顾客提供的、能使产品保值增值的各种服务，如安装、维修、零部件供应等。

2. 辅助活动

（1）采购。它是指购买用于企业价值链各种投入的活动，而不是外购活动本身；它不仅包括内部后勤的采购活动，也包括各项活动所需的原材料、易耗品、机器设备、办公设备和建筑物等。

（2）技术开发。每项价值活动都包含着技术成分，无论是技术诀窍、程序，还是在工艺设备中所体现的技术。技术开发由一定范围的各项活动组成，这些活动可以被广泛地分为改善产品和工艺的各种努力，技术开发可以发生在企业多个部门中。

（3）人力资源管理。它是指与各种人员的招聘、培训、评价以及工资、福利相关联的各种活动。它不仅对单个辅助活动起作用，而且支撑着整个价值链。

（4）企业基础设施。它由大量活动组成，包括总体管理、计划、财务、会计、法律、政治事务和质量管理等。它与其他辅助活动不同，不是通过单个活动，而是通过整个价值链起辅助作用。

企业的内部价值链通常是由上述各种活动组成的，这些活动有着完全不同的经济效果，对竞争优势的确立起着不同的作用，应该加以区分，权衡取舍，以确定核心和非核心活动。

这些活动只有从彼此的独立状态转变为在经营活动中相互联系且为企业创造价值时，才表现为价值链。因此，价值链分析一要明确活动单元，二要分析各种活动的联系。这种联系以整体活动最优和协同这两种方式给企业带来优势。通过价值链分析就可以发现，企业的优势既来自构成价值链的单项活动本身，也来自各项活动之间的联系。

2. 生产流程

（1）生产流程的含义

所谓生产流程，是指产品从原材料到成品的制造过程中要素的组合，即从原材料投入到成品产出，通过一定的设备按顺序连续地进行加工的过程。例如做五金件，可能需要先购买铜，然后经过拉伸、下料、热处理、冲压、焊接、酸洗，最后组装、包装；可能还要涉及领料、日报记录、工艺记录、检验等。这些内容有的必须有先后，有的则可以穿插在其他内容之间。在这个过程中，有供应商（原材料提供者）、输入（原材料）、输出（成品）、过程（生产作业过程）、接收者（仓库）。这些要素在一起就构成了流程，上述内容就是一个典型的五金件生产流程。

（2）生产流程的构成

生产流程并不是固定不变的，生产过程中所采用的设备、工艺、生产组织形式以及生产路线，可由各种不同的方式来组成。如何提高生产效率，关键在于对现有流程加以分析及检查，找出其中不合理之处，采取一定措施，通过反复分析、比较，加以改进。即使最简单的流程，其相关因素也很多，而且很复杂。因此，要改进生产流程，必须首先把它分解成为各个部分或要素，分开来进行单独考虑。

在通常情况下，生产流程由四个部分构成，即作业（加工）、检验、搬运和停滞。生产对象在整个生产流程中反复经过这四种活动，在形态、空间、时间上从原材料转换成目标产品。

①作业（加工）。它是指有目的地改变一个物体的物理或化学特性，或指与另一个物体相互装配、拆卸，或指为另一个作业（加工）、检验、搬运或停滞作安排或做准备，有时也指接发信息、计划或做核算工作等。以机械制造业为例，其作业或加工的种类包括变形、切削、焊接、处理、涂料、装配、辅助作业等。

②检验。它是指在生产流程中对加工零件或成品，对比已定的标准，利用一定的手段，以达到对外保证产品质量、对内减少废品损失的目的。检验方式包括检验项目、检验人员、检验时间、检验地点、检验数量。

③搬运。它是指在生产流程中对生产对象作空间的移动，将指定的生产对象在必要的时间内，以经济、安全的方式，运至需要的地方。搬运必须满足安全、及时、经济和保质保量四个方面的要求。搬运方式的选择需要考虑诸多因素，诸如搬运对象、搬运空间的变换、搬运设备等。

④停滞。它是指在生产流程中，生产对象的形态或位置并不改变，仅有时间的改变。停滞的发生往往是由加工与搬运能力的不平衡，工序间的能力不平衡，材料供应与计划的加工不协调，零件供应与总装要求的不协调，以及设备调整、生产事故、计划变更等原因所造成的。停滞可分为正式的储存和临时的存放两种。停滞的正面作用是可以起到稳定生产、调整时间差异的缓冲作用，负面作用则是延长了生产时间或使在制品增加。

（二）生产流程创新的概念及类型

生产流程创新是指对原有生产流程的变革。它既包括对原有生产流程的微小、渐进性改变，也包括对原有生产流程重大的、激进性改革。生产流程创新也称为生产流程再造，即根据市场需求变化的要求，在新的劳动分工的基础上，对生产流程进行重新设计。生产流程创新是现代企业提高竞争能力的重要途径。

生产流程创新有两种主要的类型，系统化改造法（Systematic Redesign）和全新设计法（Clean Sheet Approach）。

系统化改造法是以现有流程为基础，通过辨析、理解现有流程，创建提供所需产出的新流程。通常采用消除浪费、简化和整合任务以及自动化等适当的活动，完成重新设计工作。系统化改造法的优点在于可以通过积累实现改变，故对企业正常生产流程干扰小，取得收效较快，且风险较低。当在大范围基础上应用时，这种渐进式方式能够使企业绩效显著改善。例如，许多欧洲汽车配件厂商转向为本田、丰田、日产等公司供货后，即通过在企业中引入 JIT 方法，生产率和质量都取得了很大改进。这些公司多数经历的都是大规模渐进改善，通过实行上百个小变革，积累而呈显著的绩效改善。这些公司不仅改进了绩效，而且通过持续改进，保持了不自满、不丧失竞争锐气的态度。

全新设计法则从流程所要取得的结果出发，逆向倒推，从零开始设计新流程。全新设计法的优点是抛开现有流程中所隐含的全部假设，从根本上重新思考企业开展业务的方式。这种方式提供了绩效飞跃的可能性，使得所求结果成倍地改变。为使目标得到几倍甚至几十倍的改进，必须以完全不同的方式做事。"全新设计"除了得到全新的流程外，还会带来改变产品的结果。

在实践中，大多数情况是结合使用上述两种方法，系统化改造法多用于短期的改进，而全新设计法则多用于长期的改进。

（三）生产流程设计与选择

生产流程创新的目的在于增加顾客价值或者创造顾客价值。鉴于流程创新两种不同的方法，相应的生产流程设计与选择也不同。

（一）系统化改造

系统化改造法中生产流程的设计与选择的重点，就是消除以往生产流程中的非增值活动和调整核心增值活动，可以称之为 ESIA 四步工作法，即清除（Eliminate）、简化（Simplify）、整合（Integrate）和自动化（Automate），如下表所示。

四步工作法

步骤名称	工作
清除	过量生产、等待时间、运输、加工、缺陷/返工、重复、检验、协调
简化	表格、程序、沟通、技术、其他问题区域
整合	工作、团队、顾客、供应商
自动化	脏活、难活、累活、乏味的工作、数据采集、数据传输和分析

1. 第一步：清除非增值活动

流程中所有的非增值活动都应该被清除掉。例如：

（1）过量生产。无论哪个行业，超过需要的生产都是严重的浪费，过量的生产会导致库存增加，使企业受损，也不会增加顾客价值。

（2）等待时间。等待时间是指在生产过程中对所需人员或物料的等待时间，由各种原因引起的该等待时间只会降低生产的效率，增加成本，不会为顾客带来价值的增值。

（3）运输。由于资源禀赋的问题，一些企业常常把生产环节安排在偏远的地区甚至是不同的国家，但由此而带来的成本也是要考虑的。此处成本不仅仅是产品造成的，人员的转移成本会包含其中。

（4）加工。要辨析现在的加工程序是否必要，是否会带来价值的增值，是否可通过改变设计来弥补。

（5）缺陷/返工。由于缺陷导致返工是不必要的环节，质量是生产出来的，不是检验出来的。且大多数情况下的返工很难做到与原有生产线上出来的合格品一模一样，关键要查明造成返工的原因，而不是关注返工活动本身。

（6）重复。合理任务的执行都是增加价值的，但重复的任务只能带来成本的增加而无利于价值增值。

（7）检验。要正确审视组织过多的检验环节和由此而生成的庞大的管理层次和管理岗位，该环节有很大的重新设计的余地。

（8）协调。协调与前面的检验有相似的作用，尽管适度的协调对组织有益，但有些环节本来就配合密切，完全可以省略协调工作。福特公司就是通过大幅度削减那些配合密切的步骤并引进自动化，使得应收款部的人员减少了75%。

通过以上分析可以看到，以前组织认为理所当然存在的很多步骤实际上都是非增值步骤，而应该清除。

2. 第二步：简化必要的活动

清除了流程当中不必要的环节后，要对流程中必要的环节进行分析，找出过于复杂的活动领域，并予以简化。例如：

（1）表格。表格设置是否科学简单，可以从填表人的反应中得以证实，简化表格有助于避免填表人在填表时询问填表注意事项的时间浪费。

（2）程序。简化那些对于工作人员来说过于复杂和难以理解的程序，因为某些程序会导致员工不能准确地执行。

（3）沟通。在沟通中可以避免使用抽象、深奥的专业术语，避免由于理解的困难所导致的沟通低效。

（4）技术。企业所使用的技术并不是难度越高越好，而恰恰相反，对低技术能解决问题的环节避免使用高技术可能更有利于创造价值。

（5）其他问题区域。一般来说，有问题的地方就会有简化的机会存在，可向员工甚至是消费者了解他们所看到的问题，以寻找原因简化它。例如，某个流程有一项令员工讨厌和称之为"脏活"的工作在重新设计中如被取消，常常是因为人们发现可以用比原料成本还低得多的价格就可以买入这项任务的产出结果。由此，直接购买需要的产品常常会使任务的完成更为简单。

3. 第三步：整合任务

实施必要的任务简化后，接着就是对它们进行整合。例如：

（1）工作。有时可以把几项工作合并交与一人处理，而不是把它分散交由多人处理。由此即可节约时间且降低工作在不同人之间交接中的失误。

（2）团队。合并专家组成团队，有助于弥补单个员工无法完成任务的不足。

（3）顾客。将自己的工作渗入到顾客组织的流程。例如强生公司与沃尔玛百货公司进行整合，它们根据需求预测，将产品直接送到沃尔玛商场的货架，沃尔玛只需根据账单付款就行。这种方式的整合通常称为增值服务，即在所购基本产品之外为顾客带来增值的附加服务。增值服务现在越来越流行，很多公司用这种方法保住顾客，以抵挡竞争对手的入侵。

（4）供应商。制造业中的准时制方式意味着供应商和制造商必须在多方面共同工作。整合甚至可以做到同步交送，即供应商按照顾客装配作业计划要求的顺序，进行生产和零部件交接。

4. 第四步：部分流程任务自动化

在清除、简化、整合之后的流程中，应根据需要对部分环节实行自动化。自动化会带来高效率，但这种高效率只建立在没有问题的流程中，并且自动化也可能会伴随着高成本。例如，比亚迪的流程再造正说明了这一点。通常，企业可在脏活、难活、累活、乏味的工作、数据采集、数据传输和分析等方面进行自动化。

（二）全新设计

全新设计意味着对原有流程的根本性变革，首先要回答"5W1H"问题：

（1）什么（What）？要明确顾客的需求是什么，要分析出顾客可能的需求是什么。不仅要增加顾客的价值，还要把目标放在创造顾客价值上来。

（2）为什么（Why）？要明确为什么企业要满足这些需求，这些需求与企业的战略目标是否一致。

（3）在何处（Where）？落实实现目标的地点，即需要企业提供满足需求的服务是在顾客家里、商业区里，还是其他地方。

（4）在何时（When）？辨析时间范围，什么时间需要企业满足顾客的需求？

（5）谁来做（Who）？具体的操作人员是谁？

（6）如何（How）做？具体实施的方法是什么？如何实现各项任务？

当"5W"问题解决后，"1 H"问题即成为关键。那么，如何设计出所需的新的流程呢？由于全新设计不同于系统化改造，所以流程设计的步骤也不相同，系统化改造是在原有流程的细节上进行改革，全新设计往往要舍弃原有流程，具体步骤如下：

1. 第一步：审视原有流程

根据企业拟提供的服务审视原有流程，辨识出哪些环节可以保留，哪些环节应予以剔除。理解现有流程的最有效方法是将它画成图，流程图有助于流程易于阅读和理解。现在流程图得到更为广泛的应用，已不再是制造系统专家的专用工具。

2. 第二步：瞄准标杆和寻求创意

针对需求和要得到的结果，瞄准标杆（其他企业已采用的成功的流程）或者通过集思广益和奇思妙想来寻求创意。该过程要从顾客的角度出发，是创造顾客价值的过程。

3. 第三步：设计新流程

在这一阶段，对集思广益出来的流程思路的细节进行探讨。坚持全新设计的立场，将思路转变成设计，确保不会回到传统的做事方式上。

4. 第四步：检验

新流程设计出来之后，应通过模拟它在现实中的运行对设计进行检验。这可运用系统改造法中的 ESIA 四步工作法，以验证新的流程是否是高效的。只要新设计的流程能够处理好大多数事例，就应该认为它是可行的。

八、工艺创新

（一）工艺创新的概念及类型

根据创新对象的不同，技术创新可分为产品创新和工艺创新。

1. 工艺创新的概念

工艺创新（Process Innovation）又称过程创新，是指产品生产技术的变革，包括新工艺、新设备、新的生产组织及管理方式的变革。它包括在技术较大变化基础上采用全新工艺的创新，也包括对原有工艺的改进所形成的创新。例如炼钢工艺中的氧气顶吹转炉工艺的采用就是对平炉工艺的全新工艺创新；在生产过程中大量采用微机控制、节能降耗的工艺改进，并未改变基本工艺流程和方法，也是工艺创新，也能产生良好的经济效益。工艺创新的过程大体上可分为工艺研发阶段和由研发环节转移或导入制造环节的工艺创新两个阶段。

2. 工艺创新的类型

根据创新活动的目的及中心内容，工艺创新可分为以下类型：

（1）保障新产品生产的配套性工艺创新。企业开发的新产品在性能、结构、外观和所用材料等某一方面或几个方面与老产品有所不同，新产品的生产一般不可能完全沿用老产品的生产工艺。为保障新产品设计能在生产过程中得以实现，为市场提供合格的产品，就需要配套的工艺创新。

（2）改善生产工艺条件的配套性工艺创新。如果企业现有产品的设计是合理的，但由于生产工艺落后，生产出来的产品质量不高或者生产效率较低，那么这时就要实施提高产品质量等级品率的工艺创新，或是围绕提高产品生产效率、生产批量而实施工艺创新。

（3）围绕节约资源、降低成本的工艺创新。自然资源日益匮乏，通过改进原有工艺，科学、合理、综合、高效地利用现有资源，或是采用新工艺、开发利用新的资源，有助于企业降低物耗、能耗，降低产品成本。

（4）围绕有益于环境的工艺创新。低污染或无污染日益成为社会对企业生产及其产品越来越突出的要求，通过工艺创新，企业可以减少生产过程的污染，提供无污染的产品。

（5）流程性工业居主要地位的工艺创新。在化工、造纸、冶金等流程性工业，工艺创新是居主导地位的技术创新形式。换言之，这些行业的技术创新中工艺创新占有较大比例，有时产品创新是由工艺创新引发并促成的。例如，20 世纪 50 年代以来我国钢铁工业的技术创新多是如此。没有工艺创新，就不可能有新品种的钢材的创新。

（二）工艺创新的策略

1. 根据目标划分的工艺创新策略

（1）市场导向策略

市场导向策略是指新工艺的开发必须满足市场需求。工艺创新是产品创新的保证，如果新工艺生产的产品无法被市场化，或者不符合市场的需求，那么就不能获得经济收益，无论这个新工艺有多么先进。市场导向策略的实施可通过以下步骤来实现：①市场调研，确定工艺创新方向；②调查国内外先进工艺方法和原则，制定工艺创新的方案；③工艺创新方案的分析、评价和选择；④新工艺方案的实施和监测；⑤新工艺方案实施的反馈，进行相应的调整和总结。例如，国内著名企业洁丽雅通过实施以市场为导向的工艺创新，生产出了诸多新材料、新物料，在市场上获得了声誉，并申请了30款专利。

（2）技术导向策略

技术导向策略是指利用社会上的新技术或本企业原有的技术去开发新工艺。在一定的技术基础上开发新工艺，能够使企业少走弯路，降低企业进行工艺创新的成本。企业都希望以最少的投入获得最大的产出和经济收益。工艺创新与产品生产过程密切相关，在企业原有技术优势上开发的新工艺，能够保持企业工艺创新的持续性，避免新工艺与原有产品生产的脱节，同时有利于企业的长远发展。例如国内著名钢铁企业宝钢集团，实行小批量、多品种的柔性生产工艺创新（敏捷工艺设计和制造），促进了工艺改进和创新。

（3）资源导向策略

资源导向策略是指利用企业所在地的已有资源或新发现的资源进行工艺创新。自然资源具有稀缺性，为了提高各种资源的利用率，降低生产成本，保护环境，可以通过采用新的工艺并运用这些资源来获得发展。例如景德镇的陶瓷工艺、浙江黄岩竹纸手工制造工业、大连的贝雕制作工艺、青田的石雕工艺等。

（4）综合导向策略

综合导向策略是指综合技术与市场的优势进行工艺创新。这是被普遍接受的工艺创新方法导向，也是最高水平的工艺创新。将市场和技术相结合，进行工艺创新，生产出满足市场需求的产品，降低生产成本，使产品成功商业化，获取显著的经济效益。现在众多企业尤其是制造企业，采取的工艺创新都是综合导向策略。

2. 根据方法划分的工艺创新策略

（1）创造策略

企业利用新原理、新技术开发新工艺，并且国内外市场上还没有类似的工艺。例如杜邦公司研发的人造橡胶和锦纶等新工艺、帝国化学公司生产聚乙烯等的新工艺等。

采用创造策略能使企业拥有优先自主权，掌握核心技术，增强竞争力，很快占领市场。

（2）模仿策略

根据市场预测及企业自身的能力，选择市场上已有的生产工艺进行模仿或稍加改进。采用模仿策略，可使企业很快掌握新产品和新技术，使后发创新者的创新内容、质量、等级比率先创新者更高一筹。同时节省创新所需的人、财、物资源，无需对创新链的全部阶段投入资源，减少创新链前期的风险损失，将节省的资源有效地投入到其他创新链环节，使创新的投入产出比胜过率先创新者。据统计，日本在第二次世界大战后的 15 年间，其工业增加值中有 22% 是从引进工艺技术得来的，相当于引进费用的 10 倍。韩国也是通过模仿，迅速改变了落后面貌，一跃进入了新兴工业化强国之列。

（3）复合策略

复合策略是指把创造和模仿结合在一起的工艺创新。这可分为两种情况：一种是先通过模仿，对他人已有的产品和工艺进行创新，创造出新产品和新工艺，且比原有的产品工艺更胜一筹；另一种情况是新工艺的一部分是自己创造的，剩余部分是模仿他人的。

此外，根据新工艺推出的时机，工艺创新策略又可分为抢先策略和跟随策略等。

（三）产品创新与工艺创新的协调

实践中有时会出现重视产品创新而忽视工艺创新的倾向。企业为使自己的产品早日进入市场取得较大利益，首先应把资源投向产品创新，尤其在资源不足的情况下更应如此。我国企业历来有"以产品为创新龙头"的理念，往往把工艺创新看作是次要的。只有在生产过程中需要工艺设备时，企业才去"攻关、移植或引进"。但是美国生产率促进委员会的研究结果表明：这种重产品创新轻工艺创新的做法是不科学的。据统计，在 20 世纪中后期，美国企业产品创新投入与工艺创新投入的比例为 2∶1，日本企业产品创新投入与工艺创新投入的比例为 1∶2，德国企业产品创新投入与工艺创新投入的比例为 1∶4。美国生产率促进委员会认为，美国大部分产业和企业在 20 世纪 80 年代的世界竞争中之所以被击败，原因之一是技术创新上的失衡，工艺创新落后于产品创新，使其产品在质量、价格、效能上落后于日本与德国企业。

客观地看，产品创新与工艺创新的协调是技术创新形成效益的基础，是保证企业持续竞争优势和长期持续发展的基础。因而研究产品创新与工艺创新的协调是创新研究的重要内容。

传统的工艺创新与产品创新的关系是以产品为龙头，即产品创新推动模式。在这一模式下，工艺创新源于产品创新，后于产品创新。产品创新是市场拉力和技术推力综合作用而成的。

现在所讲的产品创新与工艺创新的协调模式与传统模式不同，强调工艺创新是企业战略和产品创新的双重作用结果。在这一模式下，产品创新不仅受制于市场、技术的作用，也受目前企业工艺创新状况的制约。这一模式认为工艺创新也可源于企业战略，先于产品创新，工艺创新与产品创新的先后次序取决于企业的发展状况。

值得关注的是，一些在工艺创新与产品创新的组合上有较好认识的企业，正是运用这种模式，坚持多层次工艺创新的有效结合，促使企业技术创新能力和创新效果的提升。故有企业和学者认为，恰当理解技术创新中产品创新与工艺创新的相互作用，是保证产品创新与工艺创新协调发展的重要前提。在新的工艺创新观下，企业将更注重于能力的提高，由此有助于企业历练出较强的技术吸收能力，从而更能适应于多变的环境。

九、商业模式创新

（一）商业模式与商业模式创新

1. 商业模式的概念

商业模式（Business Model）一词最早出现在 20 世纪 90 年代中期，随着互联网在商业领域的普及应用而开始流行，其内涵也扩大到企业管理各个领域的广阔空间。

商业模式为许多理论研究者所关注，他们都试图解释商业模式背后隐藏的规律，但由于研究视角和目的的不同，对其内涵有着不同的理解和界定，得出的结论也不尽相同，甚至关于"Business Model"的译法也各有所异，如商务模式、盈利模式等。由此，目前国内外对商业模式的研究尚未形成一个统一的、较为完整的理论框架，以下是一些具有代表性的界定，归纳起来大致可以分为三类：

（1）盈利模式论

此种理论从企业运营的角度切入，认为商业模式就是企业的运营模式、盈利模式，即企业如何因应环境变化，合理配置内部资源，进而实现盈利的方式。例如：

王波、彭亚利（2002）认为：“商业模式可以有两种理解：一是经营性商业模式，即企业的运营机制；二是战略性商业模式，是指一个企业在动态的环境中怎样改变自身以达到持续盈利的目的。”

迈克尔·拉帕（2004）认为：“商业模式就其最基本的意义而言，是指做生意的方法，是一个公司赖以生存的模式、一种能够为企业带来收益的模式。商业模式规定了公司在价值链中的位置，并指导其如何赚钱。”

（2）价值创造模式论

此类理论主要从价值创造的视角来考察商业模式，认为商业模式就是企业创造价值的决定性来源。例如：

阿米特和左特（2000）认为：“商业模式是企业创新的焦点和企业为自己、供应商、合作伙伴及客户创造价值的决定性来源。”

Petrovic 等（2001）认为：“商业模式是通过一系列业务过程创造价值的商务系统。”

马格利·杜波森等（2002）认为：“商业模式是企业为了进行价值创造、价值营销和价值提供所形成的企业结构及其合作伙伴网络，以产生有利可图且得以维持收益流的客户关系资本。”

阿福亚赫（2003）认为：“商业模式是运用企业资源，以在特定的时间、以特定的方式、执行特定的活动为目的，明确为了创造卓越的客户价值，并确立企业获取市场价值的有利地位的各种活动。”

（3）体系论

此类理论研究视角比较宽泛、全面，强调了商业模式的综合性，能够从各个维度更系统地诠释商业模式的实质，认为商业模式是一个由很多因素构成的系统，是一个体系或集合。例如：

马哈迪温（2000）认为：“商业模式是对企业至关重要的三种流量——价值流、收益流和物流的唯一混合体。”

托马斯（2001）认为：“商业模式是开办一项有利可图的业务所涉及的流程、客户、供应商、渠道、资源和能力的总体构造。”

罗珉、曾涛和周思伟（2005）认为：“商业模式是一个组织在明确外部条件、内部资源和能力的前提下，用于整合组织本身、顾客、供应链伙伴、员工、股东或利益相关者来获取超额利润的一种战略创新意图和可实现的结构体系以及制度安排的集合。”

袁新龙和吴清烈（2005）认为：“商业模式可以概括为一个系统，它由不同部分、各部分之间的联系及其互动机制组成；它是指企业能为客户提供价值，同时企业和其他参与者又能分享利益的有机体系；它包括产品及服务流、信息流和资金流的结构，包括对不同商业参与者及其角色的描述，还包括不同商业参与者收益及其分配的划分。"

虽然对于商业模式的概念有不同解释，但人们普遍认同商业模式概念的核心是价值创造。因此，商业模式是企业价值创造的基本逻辑，即企业在一定的价值链或价值网络中如何向客户提供产品和服务、并获取利润。

综上所述，本书将商业模式定义为：为了实现客户价值最大化，把能使企业运行的内外各要素整合起来，形成一个完整的、高效率的、具有独特核心竞争力的运营系统，并通过提供产品和服务使系统持续实现盈利目标的整体解决方案。

所有成功的大企业都是从小企业秉持成功的商业模式一步步走过来的。无论是沃尔玛，还是可口可乐，这些企业的成功其实说明了这样一个道理：无论是什么企业，只要能找出有效的商业模式并能加以运用，就能成功。

2. 商业模式创新的概念

商业模式创新的概念可以追溯到熊彼特的技术创新概念。熊彼特意义上的广义的技术创新囊括了产品创新、工艺创新、市场创新、资源配置创新和组织创新等，几乎涉及了企业管理的所有方面的创新。其中市场创新、资源配置创新和组织创新可以纳入商业模式创新的范畴，因为它们有别于产品创新和工艺创新这两种与产品的生产技术直接相关的狭义的技术创新。

现有的研究者对商业模式创新多从以下两个方面来界定：

（1）从客户价值角度出发定义商业模式创新。这些研究者认为商业模式创新是营造出新的优于现有方法的为客户解决问题的方案。需要明确的是，商业模式创新是企业系统的整体变革，追求的是在未来竞争环境下的与众不同而并不是简单的技术创新或产品创新。

例如，Mitchell 指出，商业模式创新的目标是以最合适的方式提供给客户产品或服务，并剔除客户不要的内容；该过程可以发生在各个经营环节，包括客户服务、市场营销、广告或公司与客户的交互方式等。

Michael Morris 等曾经指出，商业模式具有生命周期，它应包括规范期、强化巩固期、适应期、修正期和再造期；企业的商业模式将从基础层向特有层、规则层演进，而且随着企业环境的变化，商业模式必须面临调整。

Magretta 将商业模式创新与价值链理论结合，认为新的商业模式都是对现有价值链的调整，也即对价值链中的两类基本活动（一类是与制造有关的商业活动，另一类是与销售有关的商业活动）的创新。

（2）从商业模式的构成要素来定义商业模式创新。Mitchell 和 Coles 从商业模式构成的基本要素"5W2H"等方面来理解商业模式创新的本质，即从商业模式的利益相关者（Who）、所提供的产品或服务（What）、何时提供（When）、哪里提供（Where）、企业存在原因（Why）、交易方式（How）及价格支付（How much）七个要素来界定商业模式创新。

根据商业模式构成要素的变化波及的范围和程度，将商业模式分为改进、变革和创新。在这七个要素中，仅某一要素的变化能显著增强一个公司的当前表现及销售、利润和现金流、竞争力的方式，被称为商业模式改进（Business Model Improvement）；至少包括四个商业模式构成要素的改进，称为商业模式变革（Business Model Replacement）；而那些全新的或行业内未曾应用过的商业模式的变革便是商业模式创新（Business Model Innovation）。

当然，商业模式改进和变革间的边界是模糊的，Mitchell 等的划分实际上是表明商业模式变革或创新涉及多个要素的协同变化。例如，Mitchell 等认为，并非所有商业模式的变化都形成商业模式创新，如果商业模式更新能以前所未有的方式提供产品、服务给客户或最终的消费者，那么它才是真正意义上的商业模式创新。

综上所述，本书认为，商业模式创新是指把新的商业模式引入到社会生产体系，并为客户和自身创造价值。新引入的商业模式，既可能在构成要素方面不同于已有的商业模式，也有可能在要素间关系或者动力机制方面不同于已有的商业模式。

eBay 的点对点、基于网络的市场，苹果的 iPod/iTunes 平台，宜家家居自我组装家具的模式，戴尔的定制计算机服务，宝马 MINI Cooper 跑车的个人定制服务，这些都是为客户和股东创造新价值的商业模式创新的例子。它们已经跨越了单纯的产品和技术创新，而是以一种持续的盈利方式，通过推动公司从一个或多个维度来创造财富。

3. 商业模式创新的兴起

商业模式创新作为一种新的创新形态，其兴起和发展与 20 世纪 90 年代中期计算机互联网在商业世界的普及应用密切相关。互联网是一种具有创造性破坏特点的媒介技术，它有许多特性，如无处不在、消除时间的局限、具有无限的虚拟容量、减少了信息不对称性、降低了经济及社会活动的交易成本等。正由于这些特性，互联网的出现改变了基本的商业竞争环境和规则，标志"数字经济"时代的来临。

互联网使大量新的商业模式实践成为可能，一批基于它的新型企业应运而生，如

Yahoo、Amazon 及 eBay 等在短短几年时间内即取得了巨大发展，一些人甚至随即成为百万、亿万级富翁。这些企业的赚钱方式明显有别于传统企业，商业模式一词即开始流行。

这些基于互联网的新型企业的出现，对许多传统企业也产生了深远的冲击与影响。如 Amazon 仅用短短几年，即发展为世界上最大的图书零售商，给传统书店带来了严峻的挑战。1998 年后，美国政府也因此甚至对一些商业模式创新授予专利，以给予积极的鼓励与保护，商业模式创新即开始受到越来越多的重视。

进入 21 世纪后，商业模式创新已不局限于互联网领域，而是逐渐扩展到了其他产业领域。尽管随着 2001 年前后互联网泡沫的破裂，许多基于互联网的企业纷纷倒下，但一些具有良好商业模式的 IT 企业却依然保持很好的发展态势。于是，商业模式创新愈发得到了业界的重视。人们普遍认识到，在全球化浪潮冲击、技术变革加快及商业环境变幻莫测的时代，决定企业成败最重要的因素不是技术，而恰恰是它的商业模式。

2003 年前后，创新并设计出好的商业模式成了业界关注的焦点，引起了前所未有的重视，商业模式创新也被认为能带来战略性的竞争优势，是企业必须具备的创新能力。

据有关机构 2006 年对 IBM 在全球 765 个公司和部门经理的调查，它们中有近 1/3 把商业模式创新放在最为优先的地位，而且相对于产品或工艺创新者来说，商业模式创新在过去五年中更有效地导致了利润增长率比竞争对手更出色。

（二）商业模式创新的特点

产品生命周期越来越短意味着再伟大的技术都不能使企业获得永久的利润。从这个角度来说，创新并不仅仅包括技术和 R&D，还有商业模式。特别是，商业模式创新的力量能确保企业持续屹立于特定产业之中，一些技术产业中的企业，如 Infosys、eBay，它们的商业模式创新对于占领市场和持续赢得竞争优势发挥了重要作用。此外，有效的商业模式有时能够击败较好的创意或技术，如零售业的沃尔玛（Wal-Mart）、计算机业的戴尔（Dell）、航空业的西南航空（Southwest Airlines）。相对于狭义的技术创新，商业模式创新有自身的特点。

1. 更关注客户

商业模式创新更注重从客户的角度来思考企业的行为，视角更为外向和开放。商业模式创新的出发点就是如何从根本上为客户创造并传递价值。因此，它思考的逻辑起点是客户的需求和满意，根据客户需求来考虑如何有效满足其欲望。与一般技术驱动型的技术创新不同，商业模式创新即使涉及技术，也更多的是考虑技术的经济因素，即考虑技术所蕴含的经济价值及经济可行性，而不是纯粹的技术特性。

2. 更系统且更具根本性

商业模式创新不是单一因素的变化，常常涉及商业模式多个要素同时的变化，需要企业组织较大的战略调整，是一种更为集成的创新模式。商业模式创新往往伴随产品、工艺或者组织的创新，反之，产品、工艺或者组织的创新却未必足以构成商业模式创新。由此可见，特定商业模式的创新由于具有更大的系统性和根本性，极有可能开创新的可盈利的产业领域。

小故事：零售商中的另类——全食超市

为了服务"健康生活"型顾客，约翰·麦基（John Mackey）1978 年在美国创建了全食超市（Whole Foods）。它主要销售有机天然绿色食品，在竞争空前激烈的零售商品市场中，成为美国平方米面积利润最丰厚的食品零售商，是"美国成长最迅速的大型零售商"，这些成就与全食超市新型的商业模式密切相关。

全食超市开创了许多新的商业理念与实践。在这家公司，与传统超市运作截然不同，员工自己决定商品品种及库存，而不是管理人员在办公室决策；员工的工作压力来自身边的同事而不是老板，每隔四周，全食超市都会计算每个门店各个团队每单位劳动时间创造的利润，绩效超过一定额度的团队将获得资金，没有一个团队愿意成为落后者，都备受鼓励地努力工作；应聘者的去留不是由公司管理者决定，而是通过四周试用，由团队成员投票确定，必须获得 2/3 以上团队成员的赞成票，才能获得全职

约翰·麦基

岗位；全食超市认为关键决策问题应当由那些受该决策结果影响最大的人做出；收益的分配遵循"钱从哪儿来则往哪儿去"的原则，规定高管的最高薪水限额不得超过普通工平均薪水的 19 倍，非管理人员控制公司 93% 的股票期权份额；就是商品说明也非常独特："罗西是一只生活在有机农场的鸡，她的一生在加利福尼亚州葡萄美酒之乡的定制鸡舍中度过，鸡舍通风、采光良好，陶质的地面上铺有干净的谷壳。她生前不

是悠闲地啄食黄澄澄的玉米粒，就是在鸡舍外的院子中散步，从来没用过抗生素或生长激素。她天天过着幸福的生活，直到被送进屠宰场，经过一道道工序，变成了摆放在全食超市冰床上的精美袋装鸡肉"。在全食超市，几乎每一样食品都附有类似的小故事。这里的食品品种齐全，新鲜味美，但价格也比别家高出许多。

目前，"健康生活"型顾客占全食超市顾客总数的2/3，不过愿意为新鲜产品额外付费的购物者增长非常迅速。由于全食超市对顾客健康生活方式的吸引力，它一直保持盈利。麦基相信："我认为，今天全食超市的行事方式，就是20年后每一个人的行事方式。'一站式'购物的观念将会慢慢淡去。"

3. 更具战略性

传统的创新形态一般仅能带来企业局部的效率提高、成本降低。而商业模式创新往往表现为企业整体效率的提高和成本的降低，具有良好的战略性，能在激烈的竞争中为企业获得决定性的竞争优势。同时，商业模式创新也往往具有更长的持续性，能给企业带来长期的战略性竞争优势。

小故事：用商业模式创新赢取战略优势——西南航空公司

航空服务从产生开始就被视为一种高价格、高舒适性的服务，但公司间的竞争也很激烈。20世纪70年代美国西南航空公司成立以来，创新地推出的廉价航空服务更是大受欢迎，从而树立了该公司在竞争中的战略优势，并一直持续至今。

例如，为了节省费用，西南航空开业初期就采取了全新的商业模式——廉价航空服务：它不通过旅行社或中间代理商销售机票，而是直接面向国内个人和公司旅行者零售短途、点对点、直达、高频次的航空服务；不设立专门的机场后勤部门，而是把所有机修包给专业机修公司；使用单一机型节约了飞机维修费用；不设头等舱，机舱全部采用普通座椅等；强调准点到达、愉快的旅途、持续保持低价格。

虽然西南航空的这种模式机票价格较低，但由于成本更低，它仍然能持续获取良好的利润。这使它保持数十年的持续增长，甚至在"9·11事件"给航空业以沉重打击之后也依然如旧。据美国高盛集团公布的研究报告显示：2001年，美国各大航空公司股价指数（不包括西南航空）跌幅接近50%，但西南航空公司的股票价格则比"9·11事件"前上升了12%。由此不难看到该公司商业模式创新的价值所在。当然，商业模式创新也是需要特定条件的。

（三）商业模式创新的内在要求

企业是商业模式创新的主体，要进行商业模式创新企业应具备哪些内在特征呢？从不少企业的实践来看，成功的商业模式创新通常都具有一些共同之处，这或许可被认为是商业模式创新的内在要求。

1. 成功的商业模式创新要能提供独特的价值

有时候独特的价值可能是新的思想，但更多的时候独特的价值是提供全新的产品或服务、开创新的产业领域，或以前所未有的方式提供已有的产品和服务的独特性的组合。这种组合要么可以向客户提供额外的价值，要么是客户能用更低的价格获得同样的利益，或者用同样的价格获得更多的利益。例如，前文所讲的全食超市，专营有机绿色食品，服务"健康生活型"顾客，开拓了新的客户群。亚马逊卖的书或许与其他零售书店并无多大差异，但它卖书的方式、方法不同于传统书店。西南航空提供的也是航空服务，但它提供服务的主要内涵及方式不同于其他航空公司。

2. 成功的商业模式创新要有多个要素不同于其他企业的商业模式

客观地看，胜人一筹的商业模式多数是他人难以模仿的。企业通过确立自己的与众不同，来提高实施同一商业模式的进入门槛，从而保证利润来源尽可能地不受侵袭。例如直销模式，人人都知道其如何运作，也都知道戴尔公司是此中翘楚，而且每个公司都可以模仿戴尔的做法，但却很难获得与戴尔相同的业绩。因为戴尔商业模式创新中有其他企业难以模仿的要素，即戴尔文化。又如，全食超市在经营理念、决策机制、薪金分配，对顾客的理解等商业模式中的关键要素都不同于传统超市。亚马逊相比传统书店，有产品选择范围广、通过网络销售、在仓库配货运送等特点。西南航空也在多方面，如提供点对点基本航空服务、不设头等舱、只使用一种机型、利用不拥挤机场等，不同于其他航空公司。

3. 成功的商业模式要有成本、盈利能力等独特竞争优势

例如，全食超市不以盈利为主要目的，但平方米面积盈利却是最丰厚的。网络书店亚马逊短短几年即成为世界上最大的书店，数倍于竞争对手的存货周转速度给它带来了独特的竞争优势，消费者购物用信用卡支付通常 24h 内到账，而亚马逊付给供货商的时间通常是收货后的 45 天，由此它可以无利息地将客户的钱白用一个半月。美国西南航空公司的利润率连续多年高于全服务模式的同行，如今美国、欧洲国家、加拿大等国内中、短途民用航空市场，一半已逐步被类似于西南航空那样采用低成本商业

模式的航空公司所占领。

（四）如何进行商业模式创新

在一个日益由速度和差异化决定企业成败的社会里，独特的商业模式将成为企业不断寻找生存和发展空间的较佳手段。选择了有良好市场前景的商业模式，必然有助于企业的运营和发展。例如，著名的沃尔玛、戴尔、耐克以及中国的苏宁、分众传媒等企业，都是选择了成功的商业模式而快速发展的典例，每个成功的企业背后都有其特色的商业模式。

1. 商业模式创新的过程

和其他创新类型，商业模式创新也会经历产生、扩散的过程，经历原始创新、被模仿、再创新的生命周期阶段。处于不同阶段的商业模式创新，其过程特点及设计是不一样的，这也是进行商业模式创新时需要考虑的。

（1）商业模式的原始创新

如果以前所未有的商业模式为客户提供价值，这种商业模式创新就是原始创新。它既可以发生在既存企业，也可以伴随着新生企业或者新一代企业家的成长而发生。例如，在互联网热潮时，创业者凭着只有几页纸的商业计划书和有吸引力的商业模式就可以获得成百上千万元的风险投资。似乎传统的经营要素（如产品、服务、技术）都显得不那么重要，恰恰是独特而新颖的商业模式得到了投资者的青睐，这种基于互联网的新型商业模式把一批网络公司和它们的领导者推上了事业的巅峰，也成就了一批白手起家的财富英雄。

（2）商业模式的模仿创新

并非所有的商业模式创新都是原始创新或者需要原始创新，也可模仿创新，即对他人既有模式进行变革发展。模仿程度可以有所不同，有的模仿程度比较高，有的则需要或实际进行一定程度的变革。从模仿对象看，可以是模仿其他国家或地区的原始商业模式创新，也可以是模仿国内同行业或其他行业中领先的商业模式。近十余年来，我国商业界进行了商业模式创新的积极探索与实践，取得了显著成效。例如连锁型超市的发展，产生了国美、苏宁等流通业巨头；互联网在我国的应用，产生了腾讯、阿里巴巴、百度、新浪等新型企业。这些企业大多借鉴国外已有的成功的商业模式或自己新创了商业模式。

（3）商业模式的持续创新

没有一种商业模式适合于所有企业，也没有一种商业模式永不过时，企业需要阶段性地持续创新商业模式。在全球化时代，企业面临着越来越为激烈的竞争，特别是来自国外的竞争，竞争对手比以往更为频繁地推出新的产品和服务，相应也需要商业模式的创新，以促进企业取得先于竞争对手的优势，或避免竞争对手抢先。当然，可能许多公司并不需要或不应该经常改变它们的商业模式，或者说它们的商业模式可能在相当长的时间范围内都是有效的，如沃尔玛。这些企业不经常改变和创新它们的商业模式的原因是多方面的，诸如企业领导者受到自身能力和认识的约束，或者商业模式创新周期可能超过其任期，这就有可能导致他们缺乏商业模式创新的动力。

2. 商业模式创新的途径

商业模式创新的途径必须是可操作的，并且应能够产生充分增长的、比竞争对手更具有优势的销量、收入和利润。企业的商业模式创新要以为顾客创造并传递价值为中心，以企业盈利和发展为目标，以行业中主要竞争对手的定位为依据，以整合企业价值链条为主要内容。即企业要在对顾客需求准确了解的基础上，采用有别于竞争对手的独特的商业模式结构，对企业原有的价值链进行整合，这个过程就是商业模式创新。基于此，商业模式创新的一般途径是：

（1）定义目标客户

商业模式创新是以关注客户价值为起点的，对客户价值的关注和满足是商业模式创新为企业带来持续盈利和竞争优势的关键。定义目标客户必须建立在对客户需求的准确了解之上，仅仅依靠传统的市场研究方法是不够的，更重要的是与客户进行直接、有效的沟通，对客户需求进行动态的跟踪和分析。鉴于客户的需求是不断变化的，企业需要持续研究客户新的需求，帮助企业更好地服务于客户，并发现新的市场机会，获取潜在的利润，以从根本上创新企业的商业模式。

例如，中国民营航空公司——春秋航空避开了与大航空公司的竞争，做出了特别的客户定义，抓住了观光度假旅客和中低收入商务旅客的需求，仅仅对客户提供最基本的服务，如在飞机上仅提供一瓶免费的矿泉水等，以此来实现降低机票价格"省之于旅客，让利于旅客"，创造了国内唯一的"廉价航空"商业模式。

（2）提供特别的产品或服务

产品或服务创新的推出常常意味着新市场的开辟和创造。从历史上商业模式的创新与产业演化的关系看，商业模式创新最初常是以创新产品或服务的出现为起点的，因为它是产业产生、发展的起点。无独有偶，迈克尔·波特（1985）在《竞争优势》中提出，如果一个企业能够提供给顾客某种具有独特性的东西，那么它就具有了有别于其竞争对手的经营的新异性。产品的差异化是竞争优势的一种重要来源，提供特别的产品或服务的商业模式是难以模仿的，能够为顾客创造独特的和附加的价值，有助于更有效地保护企业的利润流。

例如，国内最大的葡萄酒生产商之一——张裕公司率先在国内建立了酒庄，在庄内种植优良的葡萄品种，使用传统酿造工艺生产出名贵的"酒庄酒"。酒庄以欧式园林风格设计，吸引了大量顾客参观，并在现场出售葡萄酒。张裕公司还设立了国内首个酒庄俱乐部，产品的差异化使张裕转变为"酒庄文化"的商业模式。

（3）渠道创新

渠道创新也是商业模式创新的重要途径。渠道创新是指直销、中间商或单一、多渠道，互联网络、实体店铺等销售渠道的创新。渠道的调整和改变，最终目的是增加对目标顾客的覆盖率，从而使顾客更为便捷、经济地得到所需的产品和服务，进而创造更多的客户价值。

例如，戴尔消除了分销商环节，创造了直销商业模式。他们通过电话、邮件、互联网等与顾客直接接触，掌握第一手顾客需求和反馈信息；根据顾客的要求定制计算机，打造了整合采购、装配、输出的高效地运转链条，将计算机送到顾客手中。戴尔的直销模式去除了中间商所赚的利润，降低了成本，取得了巨大的竞争优势。又如，今天的电子商务对传统的商业运作过程和方式也产生了巨大影响，企业可以通过互联网与顾客接触，完成交易，这既有助于了解顾客的需求，也简化了顾客的购买过程，为企业和顾客双方节约了大量费用。

（4）改变收益方式

以改变收益方式为商业模式创新的主要途径，主要是指以产品销售、服务销售、销售价格、销售量、利润率等收益因素的变化为样式的创新。灵活改变收益方式中的这些要素，可以刺激顾客的消费欲望，增加购买，或者提高单位产品的收入。企业通过改变收入方式，与竞争者形成差异，往往也会获得新的利润来源。

例如，连锁快餐企业麦当劳，令人惊讶地有90%的收入来源于房地产，麦当劳将租来的房产转租给加盟店，再通过赚取租金差额来获得大量利润。又如eBay等市场创造者，通过免会员费的方式，建立网络上买卖者的社区，一旦这样的社区建立起来了，它又可以促成拍卖交易，通过收取会员费或佣金等来获得收入。

（5）发展独特的价值网络

以发展独特的价值网络为商业模式创新的主要途径，是指在创造并提供价值的过程中，企业与其他企业的网络联系、交易联系、合作关系的创新。在高度竞争的环境中，价值和利润频繁地在产业价值链中移动，企业需要在考虑利润产生环节和自身实力的基础上，在价值链中选择合理的环节位置，发展与供应商、分销商、合作伙伴的联系，发挥协同效应，形成共同为顾客创造并提供价值的网络。这种包含独特联系的价值网络会给企业带来难以模仿的竞争优势，故它已成为企业商业模式创新的重要思路。

例如，在全球家电产业链中，格兰仕自己给自己的定位为"全球名牌家电制造中心"，为国外知名企业进行微波炉贴牌生产，不断积攒实力，实现了超大规模和专业化生产，极大地降低了产品成本。同时，在国内，格兰仕以自有品牌为主，专注于研发和制造，将物流外包给专业公司，采用区域独家代理的经销商制度。格兰仕在价值链中选取了更加有利于自己的定位，发展出独特的价值网络，创造了"低成本生产"的商业模式，将微波炉做到了全球市场占有率排名第一的位置。

3. 商业模式创新设计的步骤

商业模式是企业面向未来（一般是 5～10 年）的战略设计和规划，故创新商业模式一定要结合和考虑企业自身的运营能力和整合能力，有针对性地创新商业模式。同时，商业模式的创新设计也不是一蹴而就的，而是一个反复矫正、动态调整的过程。

第一步，战略分析与定位。企业战略的核心命题就在于选定一个企业可以据为己有的位置，而定位是战略的核心，同时也是构建一个企业优秀的商业模式的起点。企业商业模式的创新设计首先要以企业的战略分析与定位作为基础，在进行产业结构分析和产业链竞争博弈分析的过程中，明确企业自身的战略角色和定位，确定业务范围并寻求产品在市场中的最佳定位。

第二步，外部价值网络设计，分析和把握客户需求以锁定目标客户。以企业拥有的核心资源和核心竞争力为基点，延伸扩展客户价值，设计市场锁定的方式，营造强有力的客户关系锁定模式。实现成功的价值链的一个不可或缺的活动就是锁定目标客户。识别和确定目标客户，意味着企业必须创造性地"重新划分"已有的客户群，即识别和满足新的或潜在的客户需求或掌握客户未被满足的隐性需求，从产品创新转变到发现新的需求。发现新的需求的核心就是发现和挖掘客户的潜在需求，从而才有锁定目标客户的后续过程。

第三步，内部价值链与外部价值网络的整合。在前两步基础上，企业即可进行内部价值活动与外部价值活动之间的整合与优化，以求战略性商业模式与运营性商业模式的协调一致。对企业内部价值链上的能力要素进行有效整合，以创造更具竞争力的价值链产出，并根据外部价值网络的演变与内部条件的变化进行动态性的商业模式创新。

第四步，战略绩效评估与反馈。企业商业模式创新的形成和运行是一个动态的过程，是一个企业能力与市场变化相匹配的过程，同时也是企业商业模式不断优化、完善的过程，这就决定了商业模式创新设计是一个循环提升的过程。换言之，企业商业模式创新的价值实现要通过反馈的方式对商业模式中某些要素的变革与完善提供方向，同时其他商业模式要素的变革与完善也会进一步促使商业模式创新价值的根本实现。

十、市场开拓创新

小故事：利基一词的由来，从天主教神龛走进哈佛课堂

菲利浦·科特勒（Philip Kotler）曾经说过，"随着市场的零碎化和消费者意志的强大，未来属于利基品牌。""利基"是英文名词"niche"的音译，意译为"壁龛"，有拾遗补阙或见缝插针的意思。它来源于法语，法国人信奉天主教，建造房屋时常在外墙上凿出一个不大的神龛，以供放圣母玛利亚。它虽然小，但边界清晰，洞里□□坤，因而后来被用来形容大市场中的"缝隙市场"。在英语里，它还有一个意思，是悬崖上的石缝，人们在登山时，常常要借助这些微小的缝隙作为支点，一步步向上攀登。20世纪80年代，美国商学院的学者们开始将这一词引入市场营销领域。

利基市场通常是指向那些被市场统治者即有绝对优势的企业忽略的某些细分市场。在利基市场战略中，企业可选定一个很小的产品或服务领域，集中力量进入并成为领先者，从当地市场到全国再到全球，同时建立各种壁垒，逐渐形成持久的竞争优势。

今天中国的企业，尤其是中小企业，基于成长环境的变化和自身弱小的特征，参与市场竞争的能力较弱。在这种情况下，中小企业可以选择被大企业忽略或大企业不屑于开发的某些狭小的利基市场进行市场开拓，在"夹缝中求生存"。上海分众广告公司专业策划楼宇电视广告，楼宇电视广告在整个广告市场份额较小，属于典型的利基市场，但该公司却凭借专一的项目服务，占据了全国主要城市98%的楼宇电视广告市场份额，获利颇丰。这说明，固然中小企业能力和资源有限，但如采用利基战略，集中有限能力和资源，则在有限的范围中，也有可能形成局部市场的相对优势。这是典

型的以弱制强的有效途径。

（一）什么是利基市场

1. 利基市场的定义

一般认为，利基市场（Niche Market）是指高度专门化的细分市场，这个市场不大，但通常被大企业所忽视，而且该市场常常没有得到令人满意的服务。菲利普·科特勒曾经指出，利基市场是一个小市场并且它的需要没有被服务好，或者说"有获取利益的基础"。通过开发利基市场，企业可以集中力量于某个特定的目标市场，或严格针对某个细分市场，或重点经营一个产品和服务，进而创造出独特的产品和服务优势。

在市场竞争中，一些企业专注于市场的某一细分环节，它们不与强势企业正面竞争，"不拿鸡蛋碰石头"，而是通过专业化经营见缝插针地占据有利的市场位置，在确定利基市场后往往是用更加专业化的经营来获取最大限度的收益，以此为手段在强大的市场夹缝中寻求自己的出路。这就是开发利基市场的典型情况。

2. 利基市场的类别

一般说来，利基市场可分为以下五种类型：

（1）自然利基市场

自然利基市场是指企业在竞争中自然留下的空隙市场。为了追求规模经济效应，大企业一般采用少品种、大批量的生产方式，这就自然为中小企业留下了很多大企业难以涉及的"狭缝地带"，这些"狭缝地带"即为自然利基市场。

（2）协作利基市场

协作利基市场是指基于企业间的协作关系而产生的市场。对于生产复杂产品的大企业来说，不可能使每道工序都达到规模经济性的要求。大企业为了谋求利润最大化或节省成本，避免"大而全"生产体制的弊端，而与外部企业进行协作，这种协作关系即为中小企业提供了市场机会。

（3）专利利基市场

专利利基市场是指企业由于拥有专利技术而形成的保护市场。拥有专利发明的中小企业，可以运用知识产权来防止大企业染指自己的专利技术而向自己的产品市场渗透，从而在法律保护下形成有利于中小企业成长的专利利基市场。

（4）潜在利基市场

现实中，常有一些只得到局部满足，或根本未得到充分满足，以及正在孕育即将形成的社会需求，这就构成了潜在的市场需求空间。这些潜在的市场需求空间构成了潜在利基市场。

（5）替代利基市场

替代利基市场是指竞争者在满足某些领域的消费者需求时，所采取的方式与消费者的预期存在差异，这即是其他企业可得的可取而代之的机会市场。

［小案例］1997年，奔驰公司设计生产了一款只有141英寸、82马力的迷你型轿车A140，它是专为居住在欧洲古城的消费者量身定做的。那些历史悠久的欧洲古城，街道十分狭窄，传统的奔驰轿车在这些街道中掉头十分困难。生活在这些古城的欧洲"绅士"品位很高，都选择高档品牌的产品。于是，专门为这部分"小众"生产的奔驰车诞生了。这款车为奔驰又赢得了巨大利益。

（二）利基市场的特征

理想的利基市场通常具有以下特征：

1. 市场容量：具有一定规模和购买力，能够盈利

产品市场狭小，但地域市场宽广。从市场规模来看，利基市场是足够小的，不会引起大企业的关注和兴趣；但同时它又是足够大的，隐藏着较大的市场需求和购买力，能够满足企业的成长需要。

2. 需求特性：具备持续发展的潜力

具有明确的或潜在的市场需求，市场有成长潜力，不会短期萎缩。由此，企业一是要保证进入市场后能够建立起强大的壁垒，使其他企业无法轻易模仿或替代，或是可以通过针对性的技术研发和专利，引导目标顾客的需求方向，引领市场潮流，以延长企业在市场上的领导地位；二是这个市场的目标顾客将有持续增多的趋势，因为利基市场还可以进一步细分，企业便有可能在这个市场上持续发展。

3. 市场竞争较小：大企业看不上，小企业做不尽

市场较小，差异性大，一些大企业往往无暇或无意服务该市场，或看上但不会投入，或有投入但不会全力投入。而一些小企业或者由于决策人的能力有限看不到这个市场，或者看到了但由于缺乏战略眼光也不愿投入，或者想做但由于缺乏实力做不好，或者已经做了但缺乏专注和执着的精神而无法持续做下去。

4. 量力而行：企业拥有的能力和资源足以对该市场提供领先性的优质产品或服务

小企业所掌握的资源必须能与该市场的需求相适应，保证企业可以及时、有效地

为其潜存顾客提供满意的商品或服务。这就要求企业审时度势，不仅要随时测试市场，了解市场的需求，还要清楚自身的能力和资源状况，量力而行。这也要求产品生产技术的变革速度不是太快，"创造性破坏"出现的周期较长，企业用在研发上的投资不会很大。例如，制药行业中的许多药品是利基性的，但研发投资过大，其市场不适合作为利基市场来开拓。

5. 地域特点：全球范围内的普适性

理想的利基市场还具有全球范围的普适性特征。一般来说，全球通用的产品主要有两类：一是工业生产用的中间产品；二是个人/机构使用的日常用品。这样的产品在全球都会有客户，与民族性基本无关，如拉链、手机电池、万向节、指甲钳等。

小知识——小企业应尽力保护利基市场

利基市场具有的利润高、增长快、进入该类市场的企业容易形成核心竞争力强的特点，早已引起了许多原先轻视利基市场的大公司的注意。越来越多的大公司在竞相划小业务经营单位，服务于各类利基市场。因此，中小企业在享受利基市场带来的好处时，还要时刻准备保护自己开发出来的利基市场。在经济全球化日益深入的时代，特别是中国加入 WTO、中国——东盟自由贸易区建设等，都为我国企业面向全球市场发现、挖掘利基市场提供了良好的机遇。

（三）利基市场战略

利基市场战略是指企业为了避免在市场上与强大的竞争对手发生正面冲突，而选取被大企业忽略的、需求尚未得到满足、力量薄弱的、有获利基础的小市场作为其目标市场，通过专业化经营、提供差异化的产品来占领市场、获取利益，进而求得生存与成长的发展战略。利基市场战略是一种边缘战略，即在市场细分的基础上确定自己的发展空间；同时，利基市场战略也是一种创新的策略，只有通过创新才能实现自己的价值。利基市场战略是中小企业避免恶性竞争、获取高额利润的重要途径。

1. 利基市场战略的基本原则

（1）避实击虚——不与大企业/强者展开硬碰硬的直接竞争，而是选择其忽视、不愿做或不会全力去做的业务范围为"战场"。

（2）局部优势——坚持"单位空间内高兵力比"的原则，集中全力于某个狭窄的业务范围内，在某个局部形成相对于强大者的优势，进而努力成为第一。

（3）集中原则——利基战略要求企业将资源集中于利基业务，集中于战略目标。

（4）根据地原则——在某地域市场获取第一并巩固之后，再向其他地域市场扩展，集中全力成为第一之后再扩展，如此持续下去，最终即可由各地的根据地组成一个大的根据地。

2. 利基市场战略的实施

利基市场战略的实施主要有以下四个步骤：

（1）寻找利基

寻找利基是应用利基市场战略的关键环节，选准利基是利基营销战略的起点。明确缝隙产品，找到特殊的客户群，发现利基市场可以有以下三种思路：

①拾遗补阙，填补市场空白。"有能力发现和填补尚未受到充分服务的市场"是2004年沃顿商学院评选当代全美25大企业领袖时最重要的标准之一。索尼公司董事长盛田昭夫在20世纪60年代曾创立了著名的圆圈理论：在无数的大圆圈与小圆圈之间，必然存在一些空隙，即仍有一部分尚未被占领的市场。"空隙"市场由于产品服务面比较窄，市场容量不大，大企业因不能形成规模生产而不愿插足该领域，这便使中小企业既可扩大市场占有率，又可扩大收益率。中小企业只要看准机会，立即"挤"占，就可能形成独特的竞争优势。

②挖掘需求，开辟全新市场。并非所有的利基市场都在大圆圈和小圆圈之间。一个成功的企业不仅能够识别消费者的现实需求，而且能够发现消费者潜在或深层的欲望，创造新需求，开辟出全新的市场。开辟全新市场可以通过识别出萌芽中的潜在需求，也可以以崭新的方式向现有市场提供产品和服务，而更大胆也更有回报的一种方式是创造市场。例如，20世纪50年代，没有人对索尼随身听和3.5英寸磁盘有需求，然而索尼却在盛田昭夫的率领下成功地开发了上述产品。"我们并不服务市场，而是创造市场。"盛田昭夫的这句名言是索尼营销哲学的最好概括。

③攻击弱点，取而代之寻找竞争对手弱点，就是利用竞争者在满足该领域消费者需求时所采取的手段和方法与消费者最高满意度之间存在的差异，即消费者期望与现实的差距，这正是可取而代之的市场机会。迈克尔·波特说："最好的战场是那些竞争对手尚未准备充分、尚未适应、竞争力较弱的市场。"对竞争对手弱点的利用，寻找被强势者忽视的消费人群，攻击对手，并取而代之，就成了利基企业寻找利基市场的又一策略。例如，指甲钳在人们生活中是一个极为普通的产品，在梁伯强创立圣雅伦指甲钳之前，国内已有五家知名的指甲钳生产厂商，但中国的指甲钳经常是用了两天就剪不动了，很难满足消费者的需要。针对指甲钳的质量问题，梁伯强进行了大量的市场调研，然后聘请多位专家对指甲钳刃口进行创新，改进产品质量，最终成为"中国

指甲钳大王"。

（2）进入利基市场

①战略设计。企业在设计利基市场战略时，渗透战略是被普遍采用的一种方法。渗透战略的理论逻辑是通过缓慢但不断增长的销售来逐渐扩大市场份额，依靠相对应的营销努力构筑有利的市场地位。一旦构筑了利基市场的领导地位，利基营销者的市场表现就会出现良好的发展态势。渗透战略的实质在于缓慢的增长和相对小的市场影响力在竞争中不会引起对手的注意。当在无声无息中成为利基市场的领导者时，由于在局部市场的绝对市场份额所建立起的强大壁垒，竞争对手即难以对利基企业构成威胁，而利基企业仍可通过复合利基战略拓展利基市场。

②利基战略的营销组合。

（A）独一无二的产品策略。利基营销战略就是要独辟路径，寻找自己的利基市场，根据利基市场特殊的顾客需求，开发具有独特性能或专门化的产品满足顾客需要，不断地进行技术创新，开发新产品或新功能，满足利基市场发展的需要。

（B）市场撇脂价格（Market-skimming Pricing）战略。市场撇脂价格战略可能会伴随着渗透战略同时出现。由于利基营销者更为清楚地了解目标顾客群，能比其他企业提供更符合顾客需要的产品和服务，提供更高的产品附加值，所以可以索取更高的价格。

（C）"专门化"的分销渠道。中小企业在选择利基营销渠道时，应选择"扁、平、快"的专门化分销渠道。这一是因为中小企业市场资源有限，二是目标顾客群相对集中，三是具有独特功能或专门化的产品。当然，这也有利于中小企业集中企业资源，与顾客充分沟通，保证渠道畅通，提高渠道效率。例如，薇姿（VICHY）一直选择并坚持"全世界只在药房销售"的市场策略，目前已成为全球药房销售名列第一的化妆品品牌。

（D）非常规的利基式的推广策略。利基企业的产品和顾客都不同于一般的企业，具有专门化和特定化的特质，所以，采用促销策略时也应"与众不同"。中小企业可抓住利基市场的特征，将广告或市场营销活动设定在特定的消费群身上，制造差异化，这既可降低促销成本，又能减少与其他企业的竞争，更有利于将产品和服务的信息传递给目标消费者。

（3）扩大利基市场

①复合利基战略。复合利基战略即从广度上拓展利基市场，是指企业在一个利基市场站住脚找到了市场立足点以后，可继续利用现有的能力和资源，向不同的市场提

供产品，开发新的类似的利基市场。当然，这需要企业持续的技术创新和保持对市场敏锐的观察，以保持利基选择的正确性。选择这种发展战略，企业的利基成长过程就可以成为一个循环体，有效利用企业的各种资源，降低经营风险，保持持续的成长和发展。

②深入利基战略。深入利基战略即从深度上拓展利基市场，就是要针对顾客提供有附加价值的产品或服务，努力增加新的产品项目，实施交叉销售，迎合更多具有特殊需要的市场购买者的偏好，扩大顾客资源，提高市场忠诚度和市场占有率，在满足狭窄市场中的进一步需求中获得较高的边际收益，在品牌和客户满意引导的重复销售中赚取利润。

（4）保护利基市场

在利基市场中，竞争对手相对较少，但利基市场高额的利润和市场潜力会吸引其他竞争对手来抢夺利基市场，这也是利基市场营销的主要风险。所以，我国中小企业作为市场利基者，必须采取措施，积极捍卫利基市场。

①树立差异化优势。利基战略的实质是差异化战略，而最具竞争优势的差异化是那些竞争对手模仿起来难度很大或者代价高昂的途径。利基企业可以在以下四个方面保持并加大这种优势：一是产品的差异化，即从产品的质量、产品款式等方面来实现差异化；二是服务差异化，向目标市场提供与竞争者不同的优质服务，企业的竞争力越能体现在顾客服务水平上，市场差异化就越容易实现；三是企业员工的差异化，人员素质的高低也会影响企业的竞争能力；四是品牌形象的差异化，在市场竞争日益同质化的今天，塑造特殊的品牌形象也能形成差异化优势。

②以技术创新构筑竞争壁垒。虽然利基企业的实力一般较弱，技术研发的实力未必很强，但利基企业占领利基市场后，完全是站在引领利基市场发展的位置，又对市场动向把握准确，再加上一定的技术研发经验积累，在技术创新上完全可以比后进的企业更具优势。同时，也可充分利用专利等法律等武器，合理提高竞争壁垒，有效保护企业知识产权和约束员工有违商业道德的行为，构筑企业健康运营的法律屏障。

（3）有效而牢固的客户关系。利基企业与客户之间往往可以建立紧密的关系，这种紧密的关系是利基企业捍卫市场地位的主要手段。由于利基企业专门为利基市场提供产品和服务，更加了解顾客的需要，可以完全满足顾客的需求，使顾客得到更多的让渡价值，达到客户满意，使忠诚顾客重复购买，排斥竞争对手，进而有效捍卫利基市场。

十一、营销创新

（一）营销理论的发展

1. 市场营销概念

人们对市场营销（Marketing）有着不同的理解和解释。例如，从动词层面理解，可认为市场营销是指企业的营销活动或行为，这时称之为市场营销或市场经营；也可从名词层面理解，认为市场营销是指研究企业的市场营销活动或行为的学科，称之为市场营销学、营销学或市场学等。

借鉴美国市场营销协会（American Marketing Association，AMA）的定义：市场营销是指创造、沟通与传送价值给顾客，及经营顾客关系以便让组织与其利益相关人受益的一种组织功能与程序。管理大师菲利普·科特勒认为：市场营销是指个人和集体通过创造并同他人交换产品和价值，以满足他人需求和欲望的一种社会和管理过程。这个定义强调了营销的价值导向。不难看到，不管如何定义市场营销，市场营销理论和实践一直随着时代的发展而发展，且具有鲜明的时代特征。

2. 市场营销发展的四个阶段

（1）初始阶段（19世纪末~20世纪30年代）

在工业化初期，市场需求旺盛，社会产品供应能力不足。消费者由于收入低更青睐廉价产品。此时，企业的精力主要集中于提高生产力和扩大生产分销范围、增加产量、降低成本。因此，人们较多地关注企业的生产，而不注重市场形势的变化。但随着时间的推移，市场上的消费者开始喜欢质量更高、功能更多，或是具有某种特色的产品，企业也随之致力于提高产品质量和功能，并不断精益求精。

在此阶段，市场营销学开始在美国创立，但当时的市场营销仅限于简单的广告和商业网点设置等活动，而系统的市场营销的理论、概念、原则还没有出现，理论研究也还没有引起社会和企业界的普遍重视。

（2）应用阶段（20世纪30年代~20世纪50年代）

在此阶段，由于受经济危机的影响，消费者购买欲望与能力大大降低。而在市场上，面对堆积如山的滞销货物，企业不得不将重心放到市场销售中，开始积极进行广告宣传和促销活动，以说服消费者购买企业滞销的产品或服务。

在这种形式下，市场营销开始受到企业的充分重视。例如，美国企业开始大规模运用市场营销学来运营企业，打开海外市场，欧洲国家也纷纷效仿。1931年美国市场营销协会成立，宣讲市场营销学，广泛吸收学术界与企业界人士参加。市场营销学开始从大学讲台走向社会，引起企业界的广泛重视。

（3）飞速发展阶段（20世纪50年代~20世纪90年代）

由于第三次科技革命兴起，科技极大地推动了社会生产力的发展。加上第二次世界大战后许多军工企业转向民用市场，社会产品大量增加，市场竞争开始激化。面对着琳琅满目的新产品、新服务，消费者有了更多的选择。此时，企业逐步开始有计划、有策略地制定营销方案，希望能正确且快捷地满足目标市场客户的欲望与需求，以达到挤压竞争对手、实现企业效益的目的。

与之对应，市场营销学也得到了飞速发展。企业过去认为市场营销就是推销产品的观念被打破，现在意识到市场营销更多的是通过各种手段了解、掌握消费者需求，进而引导企业生产出更加符合消费者需求的商品或服务。这也使市场营销学有了更为明显的管理学导向。

（4）新发展阶段（20世纪90年代至今）

随着经济全球化的发展，以及信息技术等新兴技术的兴起与发展，基于新技术的产品和服务层出不穷，世界范围内的竞争日益激烈，企业的竞争面临着更大、更具突变性的市场环境。于是，基于新技术、基于互联网的众多新的市场营销模式应运而生，这也极大地推动了市场营销理论和实践的发展，使市场营销进入了新的时代。

近年来，随着全球人口数量膨胀、资源短缺等问题日趋严重，一种"以社会公众的长期福利作为企业目的和责任，提倡企业社会责任（CSR）"的概念开始植入市场营销之中，这是对传统市场营销观念的补充和修正，也是市场营销发展的新趋势。

（二）基于互联网的营销模式

随着互联网技术的迅速发展与应用，消费者的行为方式发生了新的变化。例如，消费者搜寻产品信息的途径、购买决策制定的方式、购买地点和购买时间的选择等也随之发生了重大变化。消费者可以以更为主动的方式与商家进行互动，来代替以往被动地接受"广告轰炸"的情况，消费者对新产品接受和淘汰的周期越来越缩短、购买需求越来越趋向于个性化和定制化、购买决策的依据已大大超出了产品质量和价格等传统因素。

创新管理

此时，生产厂商在营销传播模式、广告投放等方面也发生了翻天覆地的变化：Web2.0 技术、移动营销和移动博客、RSS 新闻传输等也悄然兴起并逐渐被广泛接受。在新的技术的支持下，营销模式表现为更具便利性、互动性和灵活性，基于新技术的营销模式也层出不穷，下面介绍几种新型的网络营销模式。

1. Web2.0 的网络营销模式

相对于 Web1.0 而言，Web2.0 是新一类的互联网应用的统称，其内容更丰富、联系性更紧密、工具性更强大。'Web1.0 主要是将信息和知识通过商业的力量放到网上，而 Web2.0 则是将这些知识通过互联网用户的主动参与有机地组织起来。例如，现在比较流行的博客、贴吧、搜索引擎等就是 Web2.0 的典型。

从营销角度来看，Web2.0 的核心价值在于其互动性。与 Web1.0 相比，Web2.0 的网络营销在营销模式、目标受众、价值导向、传播方式等各个方面都有了新的突破，例如，Web2.0 下的互动营销广告、体验视频、游戏、搜索广告、社区广告等更具互动性的营销方式极大地提高了消费者对知名品牌的认知度和认同度。

以旅游行业为例，以 Web2.0 技术为基础的旅游信息搜索引擎、旅游网络社区、旅游博客、旅游维基等为消费者带来了极大的便利。面对网上浩瀚的旅游信息，消费者可以利用专门性的旅游网站或旅游搜索引擎，如去哪儿网（Qunar.com）、搜驴（Chinaevery.com）等在短时间内获得所需信息。旅游者可以方便地比较酒店、机票、旅游线路、旅游交通等服务，较之过去通过电话咨询旅行社的方式等节省了大量时间和精力。旅游者可以通过旅游网络社区获得网友提供的各地餐馆的口味、特色、价位及评分等级等内容。旅游网络社区内容都是消费者自发提供的，这种口碑传播方式具有更高的可信性，对旅游者具有很强的引导性和影响力。

Web2.0 技术可以让营销变得更具创意性、互动性、灵活性、立体性和整合性，让企业与消费者之间实现更多的互动，创造更好的体验机会。在这种模式下，企业更应保持对新兴事物的敏感性，关注消费者的切身感受和实在利益，为企业赢得更多的市场及更丰厚的回报。

2. 移动营销

近年来，我国手机市场发展迅猛。截至 2008 年 1 月，我国移动电话数量为 55576.9 万部，每 100 人中就有 43 人拥有手机。移动营销的中介是 WAP 站点。以空中网、移动梦网为代表的 WAP 站点具有强大的互动性。截至 2009 年 12 月，中国 WAP 用户总数已接近 2 亿人，具有独立域名的 WAP 站点数量约为 50 万个，WAP 网页数量约为 15.6 亿个。移动互联网产业的迅速发展极大地推动了移动营销的发展。

传统的移动营销方式是手机广告，如短信、彩信、彩铃、WAP 站点广告等。目前手机广告正逐步走向成熟，其丰富多变的表现形式也日渐被消费者所喜爱。此外，随着手机互联网的发展，一种基于网络博客、可拍照智能手机与移动互联的微型博客（MicroBlog）正在兴起，这是一个基于手机用户关系的信息分享、传播以及获取平台，用户可以通过 Web、WAP 以及各种客户端组建个人社区，随时更新信息，并实现即时信息分享。这种使用手机随走随写、随录、随拍、随发、随读包括文字、图片、视频和音频等各种信息的新型平台给手机生产厂商、销售商等提供了新的营销渠道。

3. RSS 营销模式

RSS（Really Simple Syndication）的英文直译有"实在简单的内容聚合"的意思，它是一种以 XML 为格式基础的内容传输系统，方便读者直接在 RSS 阅读软件上即时看到所订阅的文章。利用 RSS，互联网用户可以不用再一个一个网站或网页地浏览，只要将他所需内容订阅在一个 RSS 阅读器中，这些内容就会自动地出现在阅读器里，他也不必为了一个急切知道的消息而不断地刷新网页，因为一旦有了更新，RSS 阅读器就会自动通知他。

基于 RSS 的营销模式，就是在 RSS 的定制新闻中插入企业广告，更确切地说，将企业要传播的广告内容做成 RSS 新闻传播给用户。用户可以根据自己的兴趣和偏好，订阅各种各样的 RSS 新闻，只要是自己想知道和了解的知识或信息，都可以从 RSS 提供的聚合新闻中方便地获取。例如，某个用户订阅了"高尔夫"的内容，那么每条信息下面都会精准地出现一条高尔夫相关产品的广告，从高尔夫球杆到会员卡，从高尔夫球场到服装等。由于用户订阅新闻的行为是主动的，各种广告信息也是在用户感兴趣、心情愉悦的状态下接收的，这样就会使营销信息的传递更具高效性。同时，越来越多的 RSS 支持站点开始注意对读者反馈信息的搜集，这为企业与消费者进行一对一的互动搭建了良好的平台。

（三）网络营销策略

网络营销是利用计算机网络、现代通信技术以及数字交互式多媒体技术，来实施营销活动，以更有效地促进个人与组织之间交易活动的实现。网络营销是一个广泛的概念，它包括新时代的传播媒体互联网、未来的信息高速公路、数字电视网、电子货币支付方式等。网络营销贯穿企业经营的整个过程，包括市场调查、客户分析、产品开发、生产流程、销售策略、售后服务、反馈改进等环节。

1. 网络营销产品的分类

在网络上销售的产品，按其物理特点可分为两类：实体产品和虚拟产品。

（1）实体产品

实体产品是指具有物理性状的物质产品。在网络上销售实体产品的过程与传统的销售方式有所不同。不同于传统的面对面的买卖方式，网络上的互动式交流成为买卖双方交流的主要形式。消费者通过卖方的网站考察其产品，通过填写表单表达对产品品种、质量、价格、数量的选择；而卖方则将面对面的交货改为邮寄产品或送货上门。

（2）虚拟产品

虚拟产品一般是无形的、数字化的，即使表现出一定形态也是通过其载体体现出来，但产品本身的性质和性能必须通过其他方式才能表现出来。网络上销售的虚拟产品可以分为软件和服务。软件包括计算机系统软件和应用软件，服务可以分为普通服务（音乐、影视、网络交友、远程医疗、航空和火车订票、饭店旅游预约、计算机游戏等）和信息咨询服务（法律咨询、股市行情分析、资料库检索、电子报刊等）。

2. 网络营销产品的特点

目前适合在互联网上销售的商品通常具有的特性表现在以下几方面：

（1）产品性质

由于大多数网民有较高的文化层次，因此网上销售的产品最好有一定的知识含量。一些信息类的产品，如图书、音乐等比较适合网上销售。

（2）产品质量

网络的虚拟性使得顾客可以突破时间和空间的限制，实现远程购物和网上直接订购，这使得网络购买者在购买前无法尝试或者只能通过网络来判断产品的质量，所以企业要有较好的网上销售业绩，树立良好的品牌非常重要。

（3）产品式样

通过互联网营销的产品要符合销售的国家或地区的风俗习惯、宗教信仰和教育水平。同时，网络营销产品的式样还必须满足购买者的个性化需求。

（4）产品品牌

在网络营销中，一方面，要使网络上浩如烟海的信息吸引浏览者的注意，企业必须拥有明确、醒目的品牌；另一方面，由于购买者可以面对很多选择，对网上的销售无法进行购物体验，因此，购买者对品牌比较关注。

（5）产品价格

互联网作为信息的传递工具，初期是采用共享和免费策略发展而来的，网上用户比较认同网上产品的低廉性；另外，由于通过互联网络进行销售的成本低于其他实体渠道的产品，故在网上销售产品一般采用低价位定价。

3. 新产品网络营销 4P 策略

（1）产品或服务

互联网除了能充分显示产品的性能、特点和质量外，还能对个别需求进行一对一的营销服务。企业要根据消费者对产品或服务的特殊要求提供产品或服务，最大限度地满足其需求，具体表现在以下几方面：

①提供消费者之间、消费者与企业之间的互动社区，借以了解消费者的需求和市场趋势，作为产品或服务开发的参考依据。

②建立网上消费者意见反馈区，了解消费者对产品或服务特性、质量、包装和样式的意见，以协助企业产品的开发改进。

③建立网上自助设计区，让消费者自行设计产品或服务。

（2）价格

网络定价要按照企业的目标市场战略和市场定位战略的要求进行。网络交易成本低廉，但因交易形式的多样化，其价格弹性较大。由于网络交易双方能够充分互动沟通，企业可以完全地掌握消费者的购买信息，因此，企业应该更加以理性的方式制定价格战略。具体可以采取以下方法：

①消费者可通过网络价格查询功能货比三家。因此，企业一定要在对其他企业站上相关产品的价格和竞争情况进行认真调研的基础上，合理估计企业产品在消费者心目中的形象，确定产品的价格。

②开展网络会员制，依据会员以往的交易记录与偏好，给忠诚的消费者以一定的折扣，鼓励消费者进行网上消费。

③建立网络议价系统，与消费者直接在网上协商定价。

④建立自动调价系统，可以依季节、市场供需形势、竞争产品价格变动、促销活动等自动进行调价。

（3）分销

网络直接接触消费者个人并直接接收订单，这种直接互动与超越时空的购物方式无疑是分销渠道的一场革命。

①设立虚拟商品橱窗，虚拟橱窗不占空间，24h 全天候服务，服务全球顾客，这样的优势非一般有形商店可以比拟。

②与其他相关企业的相关产品共同在网络上进行展销，消费者一次上网便可饱览

各种商品，从而增强网上消费动机。

③灵活的付款方式。在互联网技术的推动下，企业可以依赖金融机构专业信息优势，针对不同用户采取灵活的付款方式，为消费者提供便利。例如，货到付款、支付宝、银行卡转账等方式。

（4）促销

网络促销具有一对一、以消费者为导向的特点，但具有一定程度的被动性，因此如何吸引消费者上网，并提供具有价值诱因的商品信息是企业面对的一个重大挑战。

①企业可以通过网络广告介绍产品或服务，展示企业的经营理念、企业文化和售后服务等方面的内容，从而树立企业形象，提到企业的知名度。

②利用网络聊天、电子邮件、博客、网络社区等方式与消费者进行跨越时空的沟通，实现低成本促销。

③利用网上竞猜游戏、提供网上购物折扣券等诱导工具，增强消费者上网搜寻及购买产品的意愿。

（四）品牌战略

1. 品牌的定义

20 世纪 90 年代以来，越来越多的企业意识到了品牌的重要性，品牌意识已深入人心。那么究竟品牌到底是什么？广告专家约翰·菲利普·琼斯（J. P. Jones，1999）对品牌的界定是：品牌即能为顾客提供其认为值得购买的功能利益及附加价值的产品。

美国市场营销协会与著名营销专家菲利普·科特勒都将品牌定义为：品牌是指一种名称、术语、标记、符号或设计，或是它们的组合运用，其作用是借以辨认某个销售者或某个群销售者的产品或服务，并使之与竞争对手的产品和服务分开来。

2. 品牌战略的定义

著名品牌专家余明阳在其著作《品牌学》中对品牌战略的定义是：品牌战略就是指企业为了提高自身的市场竞争力，通过对外部竞争环境的现实状况和未来趋势的分析，根据自身条件，在品牌战略思想的指导下，围绕产品所进行的关于品牌塑造和未来发展的一系列长期的、带有根本性的总体发展规划和行动方案。

品牌是存在于消费者心目中的一种资产，品牌战略就是在消费者心目中的一种投资战略，即一个消费者比较能接受、与产品组合有关的品牌投资和管理框架。品牌战略解决的是品牌战略层问题，即为品牌的建设与管理确立指导方针与基本原则，而非确定诸如产品、价格、广告媒体等战术性因素。品牌战略最重要的任务是明确企业拥有的品牌之间的关系，进行品牌和产品之间的组合，确定品牌的市场定位，以及塑造品牌的独特个性。

3. 新产品的品牌战略

按照创新方式和创新程度的不同，一般新产品大致可以划分为以下六种类型：①完全新产品，即以前从未出现过的产品，可以创造出新的市场；②新产品线，即市场上已有成熟产品，但对特定公司来说是第一次引进；③现有产品线延伸，即在产品线中引入新的型号；④现有产品改进，即对现有产品在性能上改进，并取代现有产品；⑤现有产品重新定位，即将现有产品定位到新的细分市场群和地区；⑥成本改进，即用更低的成本来达到与现有产品类似的性能。

对后三种新产品，不一定会涉及品牌战略。这些新产品通常会沿用现有的品牌名称，虽然有时候会用一个副品牌来表示产品的变化，如显示产品的升级或者不同的型号。品牌战略主要涉及前三种新产品，不同类型的新产品必须以不同的方式进行管理，使用恰当的品牌战略，才能增强市场成功的机会。新产品的品牌战略包括以下几种：

（1）品牌延伸战略

品牌延伸是指把一个现有的品牌名称应用到一个新类别的产品上。它并不是简单地借用表面上的品牌名称，而是相关种类的若干系列产品可以拥有一个品牌。一项研究显示，过去十年来的成功品牌有 2/3 是属于产品延伸，而不是新品牌上市。因为当消费者的经验与知识越丰富、越有自己的独特见解时，要上市新产品或改变消费者认知的代价就越昂贵。同时，在科技越来越发达的今天，要创造出产品或服务的实质物理性差异越来越困难。因此，当企业发展到一定阶段时，扩大产品线进行品牌延伸是顺理成章的事情。

（2）联合品牌战略

联合品牌是指两种或两种以上的企业品牌，通过相互联合，相互借助而形成的一种独特的品牌。其中一种品牌可以借助于其他一些品牌来丰富自己品牌的内涵，以实现"1+1>2"的效应。联合品牌战略优势主要表现在：更好地表明产品的品质或特性；实现优势互补与资源共享；更好地提高品牌的知名度。

（3）口碑效应战略

口碑效应是指企业的产品和服务信息在各种消费群体成员之间的交流活动，即"一个满意的消费者是你最好的推销员"。尽管各式各样的商业广告充斥电视、报纸，消费者更多地还是从朋友和邻居关系中寻找更为专业的建议，因为他们认为私人关系比商业来源更值得信赖。尤其是在有假冒伪劣商品、虚假广告的情况下，消费者必然将信息的可信度作为接受与否的首要条件。口碑效应是提高企业形象力、进而影响消费者购买决策的重要工具。在同类产品之间技术差异越来越小的情况下，一个企业在社会公众面前的道德形象，往往成了竞争成败的关键因素。消费者对某一品牌、某一企业的赞誉，进而在周围群体中的传播形成口碑效应即成为其他任何方式所不能替代的途径。

（4）沟通战略

品牌是活在消费者心中的，同样，新品牌的建立也是在企业与消费者之间互动的过程中完成的。因此，适时与消费者进行互动沟通，让品牌内涵植于消费者的内心，是新产品品牌策略的又一重要途径。故品牌经营者应当以市场需求为中心，站在消费者的角度为他们着想。品牌价值体现在如何为消费者提供更大的利益上。客观地看，只有征服消费者的品牌，才能永葆青春。

总之，品牌是时代的标签，无论是品牌形式，如名称、标志等，还是品牌的内涵，如品牌的个性、品牌形象等，都是特定客观社会经济环境条件下的特殊产物。社会的变化和时代的发展都要求品牌的内涵和形式不断变化，经营品牌从某种意义上说就是从商业、经济和社会文化的角度对这种变化的认识。如果一个品牌缺乏创新，必然会给人以落伍和死气沉沉的感觉，并可能承担品牌的市场份额被其他品牌侵占的风险。所以说，品牌创新是品牌自我发展的必然要求，是克服品牌老化、使品牌生命不断得以延长的最佳途径。

（五）体验式营销

在品牌和信息一统天下的时代，传统的"特色与功效"的营销方式惨遭出局的厄运，而品牌社会一个全新的营销概念——"体验式营销"即应运而生。现今的消费者视产品特色与功效、产品质量和健康的品牌形象为理所当然，他们想要的是能刺激他们的感觉、心灵和大脑的产品，他们能参与其中，能将这些产品融入自己的生活方式之中。一家公司能否提供消费者渴望的体验，能否运用信息科技、品牌、统一的通信和娱乐达到此目的，这将在很大程度上决定它在21世纪全球市场的成功。

1. 体验式营销的内涵

所谓体验，就是指个体对某些刺激产生回应的个性化的感受。体验通常是由于直接观察或参与、与外界产生心理上的互动而形成的，是人们内在的个性化、差异性的反应。因此，任何两个人对某个事件的体验都不可能完全相同，因为它是人们内在心理状态与外界刺激形成互动的结果。

体验式营销，根据伯德·施密特（Bernd H. Schmitt）博士在他的《体验式营销》一书中的定义，就是指企业以商品为道具，以服务为舞台，围绕消费者创造出值得回忆的活动。它是站在消费者的感观（Sense）、情感（Feel）、思考（Think）、行动（Act）、关联（Relate）五个方面，重新定义并设计营销的思考方式。

这种思考方式突破了传统"理性消费者"的假设，认为消费者是理性与感性兼具的，消费者的所有消费行为以及他们在消费前、消费时、消费后的体验，都应作为企业为消费者提供难以忘怀的体验的目标。

2. 体验式营销的特点

体验式营销的出现说明商家不仅要重视商品本身的使用价值，更要重视商品所延伸的内涵，这才能更好地增加消费者价值，促进产品的销售。在物质极大丰富的今天，不少人对价格已变得不再敏感，产品或服务所带来的心理效应将占据越来越为重要的位置，精神需求将逐步超越物质需求而成为人们的主导性需求。体验式营销有以下特点：

（1）注重消费者的体验

体验来自某种经历对消费者感觉、内心和思想的触动。它把企业和品牌与消费者的生活方式相连，赋予消费者的个体行为和购买时机更为广泛的社会意义。体验所带来的感观、感受、认知、行为和关系价值将取代传统的功能价值。

（2）体验消费情景

企业要通过各种手段和途径来创造综合的效应，以增加消费者的消费体验；不仅如此，还要跟随社会文化消费趋势，思考消费者所表达的内在的价值观念、消费文化和生活的意义。消费者购物前、中、后的体验已成为增加消费者满意度和品牌忠诚度的关键决定因素。故企业对营销的思考要通过综合考虑各个方面来扩展其外延，并在较广泛的社会文化背景中提升其内涵。

（3）营销手段具有创造性

体验式营销使用的方法和手段与传统营销不同，具有多变性。体验式营销人员从不固守某种方法，而是因具体情况而异，先大胆设想，以后再考虑其可靠性、有效性和复杂性。这些方法不是适用于所有对象的标准方式，一切皆取决于要实现的目标。

（4）需要高素质的营销人员

为了满足消费者的需求，体验式营销要求营销人员充实其原有的职能，他们不仅

创新管理

是产品信息的传递者，具备帮助消费者解决问题、为消费者提供解决方案的能力，而且还要给消费者带来额外的体验价值。因此，不少企业营销人员对消费者的作用正转移到为消费者提供全方位的服务上，他们越来越重视市场营销与艺术营销的结合。

3. 验式营销的意义

在产品和服务同质化的今天，消费者要求企业提供更高层次的特色产品，企业仅仅依靠提供物美价廉的产品和周到的服务已经难以保持长久的竞争优势。而体验式营销正是以体验作为一种可销售的商品来吸引消费者的。

(1) 体验式营销有利于消费者对产品的了解

在传统的营销环节中，消费者只能通过销售人员的介绍或是通过产品说明书了解产品的性能、品质。这种做法一方面十分抽象，特别是高科技产品性能复杂，普通消费者只能根据介绍和模糊询问进行产品间的比较。另一方面，消费者在选购过程中，因为没有直观的感受，难免会对产品品质产生种种怀疑，在买还是不买的问题上犹豫不决。而在体验式营销中，消费者可以与产品零距离接触，通过亲身体验对产品的操作、性能进行了解，轻松地找到自己喜爱的产品类型。

(2) 体验式营销有利于提高消费者的忠诚度

除了行业龙头企业，大多数企业的同类产品在品质和服务上相差不大，而体验式营销能把体验也变成一种商品，使消费者觉得产品品牌是鲜活的、多样化的、触手可及的。这样有助于企业新产品的迅速推广，形成区别于其他产品的鲜明特色。这种体验会给消费者留下值得回忆的感受，使消费者有可能再次购买本企业的产品。这不仅有利于培养忠诚消费者，而且也是企业一种强有力的竞争优势。

(3) 体验式营销有利于提高企业的经济效益

当消费者被企业提供的体验所感动时，他们即有可能乐于为这种体验付出更高的价格。例如，当咖啡被当成"货物"贩卖时，1磅仅可卖300元；而当被包装为"商品"时，一杯就可卖到一二十元；如果再加入了"服务"的性质，在咖啡店中出售，一杯最少可卖到几十元甚至上百元。当咖啡成为一种香醇与美好的体验时，则这杯咖啡的价值更会数倍上升。可见，增加产品的"体验"含量，能为企业带来可观的经济效益。

4. 新产品如何进行体验式营销

在实践领域，体验式营销的理念与模式已被很多企业所应用，如餐饮业的星巴克，旅游业的迪士尼，IT业的微软、索尼、联想，家具行业的宜家家居，房地产行业的万科等众多企业，都在上演着体验或体验经济的活剧。体验式营销也因此成为它们增加品牌价值、树立公司形象、吸引消费者和增加消费者忠诚度的有力武器。

企业怎样就新产品开展体验式营销，这可以从以下几方面着手：

（1）向消费者提供体验性产品和体验性服务

在产品和服务中附加体验是开展体验式营销常用的方法。企业首先应确保自己的产品和服务具有基本功能，然后根据消费者潜在的心理需求和情感需要，结合消费者使用产品和享受服务过程中的感觉和感受，有针对性地来为消费者开发、设计和销售更具"人性化"和"灵性"的产品和服务，以此来满足消费者的体验需要。只有这样才能使消费者觉得厂商是真的理解、关心和尊重他们的，从而提高消费者的满意度和忠诚度。例如，风行不衰的芭比娃娃，正是厂商在充分研究消费者情感需求的基础上开发出来的"人性化"产品；又如，俄罗斯的酒瓶盖子会唱歌，索尼公司生产的玩具狗会与人交流；再如，新加坡航空公司在服务上大做文章，它以带给乘客快乐为主题，制定了快乐手册，规定了空姐该如何微笑，以及用什么样的音乐、营造什么样的情境能够"创造"快乐，从而给乘客留下了全新的飞行体验。

（2）营造消费情景，强化消费者体验

消费者的购买行为或消费过程是在一定的空间场景中进行的。因此，营销人员除了应考虑在产品或服务中附加体验外，还要注意到购物场所和消费场景的布置对增加消费者体验的直接影响。欲营造出有感染力的消费情景，企业必须在对消费者心理需求进行调研的基础上，拟订一个"体验主题"，围绕这个"体验主题"运用各种手段和途径（诸如娱乐、店面、人员、环境等），来形成一种综合的氛围，使置身于其中的消费者能够与周边环境发生"情感共振"，进而获得深刻难忘的体验。

（3）通过广告传播体验

作为一种有力的促销工具，广告在企业开展体验式营销过程中是不可或缺的。今天人们大部分"生活在空气和广告里"，为了扩大产品的销售量，企业之间展开了广告战。面对强大的广告攻势，体验式营销者就需要别出心裁，另辟蹊径，打破传统广告对产品效能、质量和价格的宣扬，创造性地把"体验"作为广告的价值诉求点，使广告不再是简单地向消费者推销产品或服务，而是在向他们传递一份新奇的感觉、一份快乐的心情，甚至是一份扣人心弦的体验，这就有可能增加广告的灵性，给受众留下更为深刻的印象。

（4）加强消费者对品牌的体验

现在是一个品牌竞争的时代，企业与企业之间、产品与产品之间的竞争更多地表现为品牌之间的较量。品牌在传统意义上被认为是产品特色、功能和质量的体现，是企业借以向消费者传递承诺的载体。事实上，品牌在深层次上是对人们心理和精神层面诉求的回应，意味着为消费者提供并改善体验的感觉。品牌的价值在很大程度上是消费者体验的价值，甚至可以说"品牌＝体验"。

例如，"动感地带"是中国移动 2003 年针对"动感时尚一族"在全国范围内推出的第一个品牌。这一品牌自推出开始，便在市场引起强烈反响，知名度和销售量迅速攀升，用户逾越千万，它的成功便得益于它以用户体验和个性特点作为切入点。

（5）创造全新的体验业务

企业要尊重消费者所追求的生活方式，即要通过将公司的产品或品牌演化成某一种生活方式的象征甚至是一种身份、地位识别的标志而达到吸引消费者、建立稳固的消费群体的目的。每个人都有自己认同和向往的生活方式，日渐富裕和忙碌的人们越来越渴望拥有一份不同凡响的生活方式体验。例如，在节假日里，人们纷纷放下工作，以各种方式尽情地享受生活。他们或回归自然，享受一份难得的宁静；或追求刺激，尽情地释放自我；或陪伴着亲人朋友，体验着人间真情。特别是，随着社会的发展，不少人越来越不愿意用鼠标的点击来代替购物过程中的乐趣，因此体验式营销有着无限广阔的前景。相应，企业应竭力为消费者提供尽可能美好的体验。

十二、服务创新

小故事：蓝色巨人的转型——由制造商到服务商

国际商用机器公司（IBM）作为全球著名企业之一，其技术的卓越、质量的可靠、服务的良好，构成了 IBM 品牌的精髓。然而，这一品牌精髓也有一个演化的过程。

历史上，IBM 一直将自己定位为"硬件制造商"。但进入 20 世纪 90 年代后，随着硬件等传统支柱产品进入衰退期，IBM 陷入了前所未有的困境。仅 90 年代最初三年，IBM 就亏损了 160 亿美元，1993 年单年亏损高达 81 亿美元，公司濒临破产边缘。同年 4 月 1 日，郭士纳出任 IBM 公司 CEO，在他的率领下，IBM 开始了"从制造商向服务商"的转型，即由一家主要提供 IT 硬件和软件的厂商，转向面向 IT 业的服务商。

自 1997 年起，IBM 在全球有了一致的品牌形象——IBM 全球服务体系（IBM Global Services, IGS）。IBM 全球服务体系的内容非常丰富，包括产品维护与专业系统服务、网络综合布线系统集成、独立咨询顾问、培训教育、系统整合、委托服务外包等，囊括了几乎 IT 信息系统服务的所有领域。有数字显示，IBM 服务的营业收入 1995

年不到 50 亿美元，但 1997 年后在全球一致的品牌下，2000 年即达到 332 亿美元，占 IBM 全部营收的 1/3，是 IBM 增长最快的部门。2001 年，IBM 在服务上拿到的合同金额为 800 亿美元，超过了 2000 年的 600 亿美元。至此，IBM 已由制造商成功地转型为全球最大的服务商。转型后的 IBM 公司坚守一个基本信念：尊重每一个人，提供最佳的服务，追求卓越的工作。正如 IBM 的广告说的那样：IBM 就是最佳服务的象征。

目前全球经济越发明显地呈现出"服务经济"的特征。在欧洲国家不少国家，服务业产值占 GDP 的比重已达到 60%~80%。例如，德国、法国 1997 年服务业产值占 GDP 的比重已分别达到了 69.9%、71.5%，美国在 1997 年也达到了 71.4%。服务业已在经济发展中处于主导作用，越来越多的企业关注服务创新，以提高服务生产和服务产品的质量及效率。

（一）服务及服务的特征

20 世纪 70 年代后，随着服务业产值在西方经济中的比重不断上升，理论界开始逐渐关注服务经济的研究。学者们对服务的内涵做出了很多界定，例如，Sasser 认为，对服务和产品的定义应建立在其本身性质的基础上，服务是无形的、易逝的，是一个过程，生产和消费同时或几乎同时进行；Gronroos 认为，服务是具有或多或少的无形性特征的一种或一系列活动，通常发生在顾客和服务员工、物资资源或服务供应商之间的相互作用过程中；Fitzsimmons 认为，服务是一种顾客作为共同生产者的，随时间消逝的、无形的经历。从这些定义中可以看出服务具有一些共性特征。

（1）无形性。与一般产品不同，服务更多体现为一种"无形化"的过程和行为。菲利普·科特勒区分了从纯产品变化到纯服务的四种类型；Shostack 提出从高度有形到高度无形的产品（或服务）的连续谱，指出市场上提供的产品或服务都包含有形和无形的成分，只是程度有所不同。从中可以看出，服务的无形性是个相对概念，"服务产品"相对一般产品具有更大的无形性，在 Shostack 的连续谱上，无形成分越大，越体现出一般意义上的服务特征。

（2）生产、销售和消费的同一性（不可分离性）。由于服务是个"无形"的过程，这个过程是由服务企业和顾客共同完成的，因此，大部分学者都认为服务的生产、销售和消费实际上是同一个过程，不可分离，顾客和企业员工必须同时参加才可能完成特定的服务过程。该特征是由服务的无形性所决定的，在有形产品到无形服务的连续谱上，完全有形的产品在生产、销售和消费上可以完全独立地进行，而越是无形的产品（服务），其生产、销售和消费越趋于同一性。

（3）品质差异性、不可储存性等其他特征。一些学者还提出了许多服务的其他特征，如佩恩、Gronroos 等人提出的"品质差异性""不可储存性""核心价值在买卖双方接触中产生""无所有权转让"等特征。

这些特征在很大程度上是由服务的无形性以及生产、销售和消费的同一性这两个特征决定的。因此，可以将服务的无形性以及生产、销售和消费的同一性称为服务的核心特征，其他由其决定的特征称为外围特征。尽管不同的服务千差万别，但服务作为一个"行动、过程和表现"，无形性和同一性却是其最根本的核心特征，这也是服务区别于一般商品的根本之处。

（二）服务创新的概念

自熊彼特在其 1912 年的《经济发展理论》一书中提出"创新"后，创新的概念经过了不断地丰富与发展，已成为当代最重要的科技与经济密切结合的概念之一。长期以来大量针对制造业技术创新的研究，使得人们在提及创新时会自然而然地将创新的范畴局限于技术创新的狭隘领域，这使得创新被深深打上了"技术"的烙印。客观地看，创新研究领域是一个动态演变的领域，其特性和作用范畴也处于不断变化之中，只有创新研究领域真正将服务业都包含进来，才可能更为全面、深入地描述创新的特性及其使用范围，才有助于人们更深刻地理解当前全球化和知识经济背景下技术与服务的融合与互动增强的趋势。

服务创新是一个相当宽泛的概念。所谓宽泛，是指服务创新活动发生的范畴不只局限于服务业本身，其他产业和部门中也同样出现大量的服务创新。服务创新的发生范畴可以划分为三个层次：服务业、制造业和其他工业、非营利性的公共部门。因此，可以从广义和狭义两个层面对服务创新的概念进行界定。从广义上讲，服务创新是指一切与服务相关或针对服务的创新行为与活动；从狭义上讲，服务创新是指发生在服务业中的创新行为与活动。综上所述，可将服务创新定义为：提供服务的部门为提高服务质量和创造新的价值而发生的服务要素变化，对服务系统进行有目的、有组织的改变的动态过程。本节着重探讨服务业的创新，因为服务业本身创新活动的出现更为频繁和丰富，而它也是理解其他部门服务创新的基础。

（三）服务创新的意义

1992 年，台湾宏碁集团创办人施振荣先生提出了著名的"微笑曲线"（Smiling Gurve）理论。施振荣用一个开口向上的抛物线来描述计算机制造流程中各个环节的附加值，由于图形类似微笑的嘴型，因此被称为"微笑曲线"。左边是研发，属于全球性的竞争，右边是营销服务，属于区域性竞争，中间是生产加工环节。"微笑曲线"强调企业未来应该朝曲线两端发展，左边即加强自主知识产权的研究开发，右边即加强以客户为导向的营销服务，产品的制造甚至可以完全外包出去。例如，宏碁集团据此成功实现了转型。老宏碁的业务一分为三，转型后的宏碁专营微笑曲线的两端。2004 年年初，宏碁成为全球第五大 PC 生产商。

施振荣

如果用微笑曲线来考察我国在整个国际分工体系中的地位，就可以清楚地看到，以制造加工业为例，我国的产业结构恰好处于微笑曲线下颚处的附加值最低的部分。特别是在劳动密集型的产业中，如纺织、服装、日用品等，以及主要以劳动密集型为主的组装加工业领域中，如家用电器、计算机零部件等领域，我国可以说已成为"世界的工厂"，但这个"工厂"的利润率却微乎其微。因为一般而言，处在微笑曲线两端的产业利润率在 20%~25% 之间，而处在中间的加工生产产业的利润只有 5% 左右。以美国市场上流行的芭比娃娃为例，该玩具是中国苏州企业贴牌生产的，这个娃娃在美国市场上的价格是 10 美元，但在中国的离岸价格却只有 2 美元。这 2 美元还不是最终利润，其中 1 美元是管理费和运输费；剩下的 1 美元中，0.65 美元用于支付来料费用，最后剩下的 0.35 美元才是中国生产企业所得的利润。又如，温州生产的打火机，卖到欧洲只要 2 欧元一只。但同样的打火机外国人买回去贴上牌子再拿到欧洲去卖，价格却在 20 欧元以上。

要改变在国际分工的被动、劣势地位，我国的企业必须向微笑曲线的两端发展。一是向产业链下游衍生，通过服务创新开拓国内消费市场。我国有 13 亿多人口，一旦能够有效启动内需，市场将十分庞大。二是向产业链上游衍生，加强研发，加强自主创新能力。当前，研发环节已经得到很多大企业的重视。例如，华为公司 2008 年国际专利申请量为 1731 件，首次成为全球第一大国际专利申请公司。但企业对服务这一环节，特别是服务创新却往往重视不够。因此，加强服务创新，通过服务创新扩大企业利润空间，树立企业品牌，提高现代服务业在经济结构中的比重，这对推动我国企业的持续发展以及我国经济的转型具有十分重要的战略意义。

小知识——什么是 KIBS？

"知识密集型服务业"（Knowledge Intensive Business Seryices）缩写为 "KIBS"。它最早于 1995 年由欧盟提出，是指集那些技术密集、人才密集及知识密集为一体的、高附加值的服务业。目前在欧美发达国家，在 GDP 中服务业的比重已经超过了 70%。而知识密集型服务业则是服务业中比重最大、增长最快的一块。另外，由于它对其他行业的发展具有非常强的促进作用，所以得到各国政府的优先关注及支持。根据国际上比较普通接受的分类方法，知识密集型服务业包括以下 12 大类别：金融服务业、流通服务业、通信媒体服务业、医疗保健及照顾服务业、人力培训服务业、休闲服务业、文化创意服务业、设计服务业、信息服务业、研发服务业、环保服务业、工程顾问服务业。

（四）服务创新设计——服务蓝图

近年来，发达国家已经把质量管理和质量保证的重点由制造过程向产品生命周期的两翼，即开发设计和销售服务过程转移。然而和有形产品相比，由于服务具有无形性、不可分离性等特征，难以像有形产品那样可以用图样、规格对其质量特性进行描述，从而在一定程度上给服务设计及设计质量保证带来了困难。20 世纪 80 年代，美国学者 Lynn Shostack 和 Jane Kingmam Brundage 等人将工业设计、决策学、后勤学和计算机图形学等学科的有关技术直用到服务设计方面，服务蓝图法（Blueprinting Technique）就应运而生了。

1. 服务蓝图的内涵

服务蓝图是一种准确描述服务体系的工具，它借助于流程图，通过持续地描述服务提供过程、服务遭遇、员工和顾客的角色以及服务的有形证据来直观地展示服务。经过服务蓝图的描述，服务被合理地分解成服务提供过程的步骤、任务及需要完成任务的方法。服务蓝图直观上同时从几个方面展示服务：描绘服务实施的过程、接待顾客的地点、雇员的角色以及服务中的可见要素。它提供了一种把服务合理分块的方法，再逐一描述过程的步骤或任务、执行任务的方法和顾客能够感受到的有形展示。

2. 服务蓝图的构成

服务蓝图由顾客行为、接触员工行为（前台）、接触员工行为（后台）和支持过程四个重要部分构成。

一是顾客行为部分。它包括顾客在购买、消费和评价服务过程中的步骤、选择、行动和互动。这一部分紧紧围绕着顾客在采购、消费和评价服务过程中所采用的技术和评价标准展开。

二是接触员工行为（前台）。这即那些顾客能看到及能接触到的服务人员表现出的行为和步骤，这部分则紧紧围绕前台员工与顾客的相互关系展开。

二是接触员工行为（后台）。这即那些发生在幕后支持前台行为的员工行为，它围绕前台员工的活动而展开支持。

四是支持过程部分。它包括内部服务和支持服务人员履行的服务步骤和互动行为。这一部分覆盖了在传递服务过程中所发生的支持接触员工的各种内部服务、步骤和各种相互作用。

这四个主要的行为部分可以由三条水平的分界线分开。

第一条分界线是外部相互作用线，表示顾客与企业间直接的互动。一旦有一条垂直线穿过该分界线，即表明顾客与企业间直接发生接触或一个服务接触产生。

第二条分界线是极关键的可见性线，这条线把顾客能看到的服务行为与看不到的分开。看蓝图时，从分析多少服务在可见性线以上发生、多少在可见性线以下发生入手，即可以很轻松地得出顾客是否被提供了很多可见的服务。这条线还把服务人员在前台与后台所做的工作分开。例如，在医疗诊断时，医生既进行诊断和回答病人问题的可见或前台的工作，也进行事先阅读病历、事后记录病情的不可见或后台的工作。

第三条分界线是内部相互作用线，用以区分服务人员的工作和其他支持服务的工作和工作人员。垂直线穿过内部相互作用线代表发生内部服务接触。

值得一提的是，绘制服务蓝图的常规并非一成不变，因此所有的特殊符号、蓝图中分界线的数量，以及蓝图中每一组成部分的名称都可以因其内容和复杂程度而有所不同。当深刻理解蓝图的目的、并把它当成一个有用工具而不是什么设计服务的条条框框时，所有问题就迎刃而解了。

十三、人力资源管理创新

人力资源是企业中唯一不断增值的资源，必须加强开发和管理。目前的人力资源管理往往侧重于人员招聘、员工合同管理、考勤与绩效评估、薪酬与培训等与公司内部有关的事项，忽略了人自身价值的实现和对市场与顾客的关注。而随着知识经济时代的来临，以及环境的动荡、竞争的激烈和顾客需求的变化，越来越多的企业发现，仅有良好的生产效率、足够高的质量，甚至灵活性已不足以保持市场竞争优势。人力资源管理创新正日益成为企业生存与发展的不竭源泉和动力。

（一）人力资源管理创新的概念

人力资源管理创新即创造一种新的更有效的人力资源整合模式，这种新的模式既可以是从全方位有效地整合组织人力资源，以实现组织目标和尽到组织责任的全过程管理，也可以是具体人力资源的管理方法和目标制订等方面的细节变革。从影响力的层次上讲，人力资源管理创新可分为理念、理论和方法三个层次。

人力资源管理创新是在一个企业组织内，适应时代发展和客观要求，创造一种高成效地培育、开发、调动组织成员工作能力和工作积极性、自觉性、创造性，以及处理、配置、协调、整合企业与人、人与事关系的新理念、新开发管理方式，以更高地实现组织目标为目的的一系列创造性的人力资源开发管理活动。

（二）人力资源管理创新的内容

人力资源管理创新主要包括以下五种情况：

1. 管理理念创新

各企业都已认识到未来市场中稀少的资源不再是金融资本，而是优秀的人才，人力资源是企业的第一资源。人力资源管理理念也应随之创新，并加以有效实施。

（1）"以人为本"，重视和尊重人力资源的个性差异，实行个性化和人性化的人力资源管理策略。把员工的个人价值与企业的价值融为一体，创造有利的学习条件与工作环境，让员工的智慧、才能和个性得到全面发展和充分的施展。企业人力资源管理中顺应人性、尊重人格、激发员工的主动精神和创造潜能，充分尊重人的价值，最大限度地调动和发挥人的积极性。

（2）"可持续发展"，努力使组织和人力资源之间形成职业发展的劳务关系，从而实现合作与双赢。

（3）"不求所有，但求所用"，组织应充分利用各种社会人力资源来扩大和增加组织的价值。

2. 组织结构创新

组织可以通过设置一种新的组织结构来更有利地发挥人力资源的作用。传统的组织结构如直线式、职能式、直线—职能式、事业部式、委员会式和矩阵式等，在信息技术高速发展的环境中，扁平化和虚拟化这两种创新组织结构更应受到重视。

3. 培训机制创新

企业的人力资源部不单单是把新员工招聘进企业就算完工，在人力资源管理活动中，对员工的培训也是至关重要的一部分。培训对象也不仅仅局限于新员工，针对老员工也要建立一套培训项目，以促进老员工知识更新。在知识经济条件下，科学技术日新月异，人力资源的知识技术如果得不到及时的补充和提高，就会跟不上时代的发展。培训的实施更注重员工学习的满意度，会根据各员工实际情况制订相应的培训计划。培训机制不断发展，人力资源管理不断致力于将企业建设成学习型的组织。

4. 激励机制创新

激励是企业人力资源管理的核心，是吸引人才、留住人才的重要手段。行之有效的激励机制，能够把企业员工的工作热情和潜能充分调动和挖掘出来，极大地鼓舞企业员工干事创业的士气，推动企业的发展和壮大。如何创新激励机制，从而吸引优秀人才、激发人才的能量、充分发挥人才的积极性和创造性、为企业创造出更大的价值，这是企业必须解决的重要问题。

（1）薪酬激励。薪资报酬是激励员工的基础，要搞好薪酬激励，关键是科学地设计好企业员工的薪酬结构。要根据不同类型的人员制订科学的岗位职责，并按岗位所承担的责任及所需素质要求确定其基准工资，然后根据岗位职责设计考核标准，并按照考核结果确定该岗位责任者的实得工资。把员工的薪酬与绩效挂钩，从而更好地激励员工的积极性。

（2）产权激励。以企业的股票或企业股票期权为主要方式，对员工实行产权激励。把员工的个人利益与企业的经营效益联系起来，让他们感到个人利益与企业整体利益息息相关，愿意为企业整体利益服务。

（3）奖惩激励。企业要对员工的行为表现做出正确的评价，充分肯定和赞扬员工的工作成绩，并给予一定的奖金，以激发员工的荣誉感和积极性。对有失职行为，损害企业利益的员工，要及时进行批评教育，并给予适当的惩罚。

（4）福利激励。企业的领导者要关心员工的生活福利，根据企业的经济效益，制订有关福利待遇的发放标准，确保员工生存与安全的需要，激励员工为企业多做贡献。

（5）理念激励。企业要加强思想政治教育工作，引导员工树立科学的理想信念和正确的人生观，使企业成为由有共同理念的人组成的战斗群体从而产生理念共鸣效应，激发员工为实现共同的理想信念而奋斗。

（6）目标激励。企业的目标是企业凝聚力的核心，必须重视抓好目标激励。要大力宣传企业的战略目标和发展前景，并注意把企业目标与员工个人目标结合起来，使员工认识到企业目标包含着个人目标，只有完成企业目标才能实现个人目标。要根据企业经营要求、市场环境和员工的能力，制订出适当的经营目标和奖励标准，并把它传达到所有员工，使它成为员工的努力方向，从而激励他们为实现企业目标和个人目标而努力。

（7）形象激励。良好的形象是激励员工的动力，企业的领导应该重视抓好形象激励。要通过培育企业精神和优良品牌，树立良好的企业形象，激发员工的荣誉感、自豪感和成就感，激励员工爱岗敬业，努力为企业的发展贡献自己的力量。

（8）情感激励。企业的领导者要加强与员工的感情沟通，尊重员工，关心员工，帮助员工解决实际困难，与员工建立亲切感情，使员工体会到企业的关心和温暖，从而激发他们的积极性和责任感，促使他们保持良好的情绪和工作热情。

（9）自我激励。人的需求是人的行为的动力源泉，要建立企业有效的激励机制，应该注重把握员工的需求，并按需求层次进行调整和选择，建立员工自我激励制度。企业的领导者要设法使员工的工作具有挑战性，给员工一种自我实现感。要让员工参与企业的目标管理，鼓励员工提出改进工作的合理化建议。要给员工自身进步和发展的机会，使他们在实践锻炼和培训学习中提高自己的水平，满足其实现自身价值和发展提高的欲望，从而使员工产生参与感和成就感，更好地发挥他们的潜能。

上述九种激励方式的有机结合，形成了现代企业的良好激励机制。只有正确运用各种不同的激励方式，才能真正调动人的积极性。使人力资本的效益得到整合性的提高，保证人力资源使用的整体效果。

5. 绩效考核机制创新

传统的绩效考核机制属于一种非参与性的评价制度，员工被动地接受任务、目标模糊、责任不明确，工作完成后由上级采用有限的指标和主观印象对下属进行评价与考核，偏差较大，无法激发员工的积极性。在发展过程中，企业在人力资源管理中不单单只注重对人的定性化考核，而是不断开发出新型的绩效考核机制。比如，主要采用目标管理的方式，为每个员工确定明确的工作目标，增加上下级间的沟通，从而实现员工的自我控制。海尔的"赛马机制"就属于这种考核机制，通过给每个员工确定明确的目标和不断的考核，合理流动，能者上，庸者下，实现了公平竞争。

（三）人力资源管理创新的原则

企业进行人力资源创新时应遵从以下原则：

1. 以人为本的原则

以人为本是将管理人性化，以关心人、爱护人的人本主义思想为导向的管理理念，是现代企业价值观的一个重要特征。以人为本并不是简单地以某个人或某一群体为本，而是把以员工为本、以顾客为本和以社会公众为本三种结合，充分考虑企业在三者之间的平衡；以人为本不是单纯以物质鼓励或精神激励为本，而是把握不同层次员工的需求，从不同层次满足员工的不同需求；不是简单地以关怀爱护为本，更是以塑造人才为本，既为员工提供发展自己的机会，又为企业培育有用之才；不是以短期重视人的口号为本，而是以长期实施尊重人为本。企业要把以人为本的思想，深入到企业各种制度和规范中去，深入到企业的长期战略中去，深入到企业的灵魂中去。

对待员工要充分考虑员工的能力及发展期望，追求员工的全面发展，从而可以充分调动员工积极性和创造性，企业也能够得到效益最大化。人力资源是企业最有潜力和价值的资本，企业尊重员工、信任员工、依靠员工，能够激发员工的创新和自主精神，有利于员工全面自由发展，并使企业与员工具有共同的发展目标。

以人为本的管理讲究的是营造信任、亲密的人际关系，营造进取、宽容和团结、敬业的合作氛围。以人为本的企业管理思想有助于培育共同的价值观，使员工对企业价值和目标有着共同的理解并朝着这个目标而努力。人力资源管理应充分考虑到员工的个性差异，使企业具有包容性，在努力营造企业共同的文化、价值观和行为规范的同时，提倡各部门形成各自的特色。

2. 调动和激发人力资源的积极性、主动性和创造性的原则

人力资源管理创新应该调动和激发人力资源的积极性、主动性和创造性。从效果上看：企业应该构建能够让每个人力资源个体都有施展才华的机会与平台；创造有利于培训和提高人力资源的知识、能力及良好的心志模式的环境；了解和满足人力资源

创新管理

的需要，注重工作中人际关系的沟通和交互作用。

3. 人力资源与组织共同发展原则

在工业经济时代，虽然行为科学理论也曾提出以人为本的管理思想，但其出发点还是人为组织的发展服务，人被看成组织发展的工具，是组织用来开发和利用的资源。

在新经济时代，人力资源的思维模式、价值观等都发生了巨大的变化，人力资源的个性与自主性以及自我价值的实现都渴望得到展示与充分尊重和鼓励。在考虑员工的职业规划和职业生涯的同时，组织要努力使员工的发展与组织的发展同轨同步。在员工与组织共同承担风险的同时，员工也应该能够分享组织的成果，让人才能够实现个人价值。

4. 学习、借鉴及与组织环境相适应的原则

组织经营的内外部环境无时无刻不发生着变化，组织的发展非常容易受到外界因素干扰。所以组织要学习和借鉴先进的人力资源管理的管理思想、理论和方法，参考市场经济发达国家的人力资源管理理论与实践，以更新组织自身的人力资源管理理论、方法。同时，组织在进行人力资源管理创新时，应与本组织环境相适应，在符合组织实际情况的基础上，进行有所突破、不断进取和循序渐进的创新。

5. 同组织经营战略相适应的原则

传统的人力资源管理职能是以甄选、招募、培训、薪酬、绩效评价等事物性活动和传统性活动为主要内容。现代人力资源管理要适应组织的长期发展的需要，不仅具有传统的管理职能，更要进行知识管理、研修开发、战略调整以及战略更新等新的活动。这意味着，人力资源管理职能正向一种既能承担新的战略角色，同时又能成功地履行原有的种种职责的新型人力资源管理职能进行转变。企业人力资源管理职能的角色渐渐定位为企业的战略经营伙伴，这样才能成为企业赖以赢得竞争优势的重要工具。

6. 加强人力资源管理人员开发的原则

在一些组织内，人力资源管理工作者的素质不能适应新环境提出的新要求，这就影响了人力资源的管理水平和人力资源创新。人力资源管理人员是一个广义的群体，它不仅指直接从事人力资源管理的有关人员，而且还包括各级主管、领导岗位上的人员。人力资源管理不仅仅是人力资源部门的事情，而且是整个组织的大事情。应提高人力资源管理工作者的素质，从而提高组织实现人力资源管理预定目标和创新目标的能力。

（四）人力资源管理创新模式

1. 电子化人力资源管理

电子商务（Electronic Commerce）是通过 Internet 和万维网使用电子数据传输进行的商务活动，它是虚拟经济和经济全球化实现的主要商业模式。随着网络信息技术的普及，电子商务给人们的工作和生活模式带来了巨大的变革，也对组织的生存与管理形成了海啸般的冲击。企业若可以把电子商务和人力资源管理相结合，那么定能提高组织管理效率，促进组织变革，给组织带来新的价值增值与核心竞争力。

（1）电子化人力资源管理的概念

电子化人力资源管理（e-HR）是基于先进的软件和高速、大容量的硬件基础上的新的人力资源管理模式，通过集中式的信息库、自动处理信息、员工自助服务、外协以及服务共享，达到降低成本、提高效率、改进员工服务模式的目的。

（2）电子化人力资源管理的主要内容

①电子化招聘

电子化招聘是利用公司网站完成与招聘相关的一系列活动。传统的招聘工作总是先在各种媒体上发布需求信息，然后收集简历进行初步筛选，最终面试。这样不仅耗费大量人、财、物力，而且信息处理、反馈速度很慢。电子化招聘具有全球性、经济性、灵活性的特点，其招聘手续简便，行动迅速，受众目标性强，提高了反馈、处理和录用的速度。

目前，常见的电子化招聘网站主要有"中华英才网""智联招聘""前程无忧"等，随着电子化招聘的普及，新的电子化招聘网站也如雨后春笋，层出不穷。但是，形形色色的电子化招聘网站上不免有虚假信息，应聘者应擦亮双眼，仔细甄别。

②电子化培训

电子化培训指通过网络这一交互式的信息传播媒体实现培训的过程。具体的做法可以让企业人力资源部整合企业内外部资源，设置一个内部局域培训网页，在该网页上发布在线教育培训计划，以及相关材料，并通过网络及时反馈以保证培训的效果。与此同时，企业也可以签约企业外的专业人力资源培训网站，共同进行员工培训。

③电子化绩效管理

电子化绩效管理是基于最新的绩效管理理念与技术，采用先进的信息管理技术，对绩效管理的流程进行科学梳理，以推动企业绩效发展为目标，结合人性化的设计理念开发的一种信息系统。它不仅可以对员工进行全面考核管理，更可以通过绩效结果的分析与处理、反馈与沟通，从而形成相应的报酬计划、培训计划以及生涯规划等。

④电子化薪酬

电子化薪酬即通过网络实现薪酬的计算、统计、发放和查询。在薪酬计算方面，可将各项社会统筹保险和个人所得税按照政府规定方式进行计算和管理，并可输出工资报表、银行转账文件、各项税表等。员工亦可通过自主查询，了解自己各月薪资福利情况。

⑤电子化沟通

公司可以在其内部局域网上建立员工的个人主页，还可以通过 BBS 论坛、聊天室、建议区、公告栏以及公司各管理部门的电子邮箱等使员工进行更直接、广泛而有效的沟通。不但员工的意见和建议有了表达的地方，而且公司领导也可以随时了解下属员工的各种心声。从而，电子化沟通可以起到营造企业文化，提高企业经营管理水平以及凝聚员工意志的重要作用。

⑥员工自助服务

员工可以登录企业人力资源信息系统，在自己的页面上，修改或查看自己的信息，如修改个人信息、学习培训经历、联系方式等，也可查看自己的考勤结果、薪酬状况等；同时，员工也可在网上申请培训课程、填写评估表格等。员工自助服务不仅使人力资源管理工作更轻松高效，而且改善了员工、管理人员、人力资源部门的沟通，提高了企业运作效率。

（3）电子化人力资源管理的优势

与传统的人力资源管理相比，电子化人力资源管理的优势不仅表现在先进的技术与手段上，而且它还可以：

提高人力资源管理工作的效率；

降低人力资源管理成本；

改善服务质量；

促进企业电子商务的发展；

提高企业管理水平；

为战略性人力资源管理的实现提供保障。

1. 虚拟组织人力资源管理

（1）虚拟组织与虚拟组织人力资源管理

随着市场竞争的日益激烈和经济全球化进程的铺展，组织单靠自己的力量很难获得市场竞争优势。20世纪90年代，网络经济崭露头角并以万马奔腾之势占领市场，此时企业组织形式也发生了很多新的变化，虚拟组织便应运而生了。

虚拟组织是随着市场机遇的出现而产生，随着需求的消逝而解散，故又称为动态的组织联盟。它并不是传统的具有独立法人资格的组织或企业，虚拟组织是按照某种临时性的目的（如一个时期的市场机遇），由两个或两个以上的具有法人资格的组织或组织集团组成的一种动态的组织合作模式。这种合作模式一般不具备独立的法人资格，而是以协议的方式规范和约束各成员的责、权、利，预期目标实现后该组织便解体。

虚拟组织强调以核心能力为基础，以合作为运作方式，以网络为纽带，以知识为资本。要拥有和利用知识资本，必须首先获得知识资本。在组织中，知识是以员工为载体体现出来的，因而在信息时代对员工进行人力资源开发和培训，其重要性不言而喻。虚拟组织的人力资源管理通常是由虚拟化了人力资源管理职能的伙伴单位与专门以人力资源管理作为核心竞争力的伙伴单位共同协作完成的。

（2）虚拟组织人力资源开发的特点

虚拟组织人力资源管理运作的特点主要表现为专长化、合作化、外部化、网络化和灵活性。

①专长化

指组成虚拟组织的伙伴单位在各自领域提供自己的核心能力，从而实现优势互补。包括人力资源管理公司在内的虚拟组织中的各参与方（伙伴单位）都只保留自己的核心专长及相应功能，将其他不具比较优势的能力和相应功能舍弃。

②合作化

由于虚拟组织中的单个企业不再具有完整的功能和资源，为了完成一个项目就必须与能在功能和资源上形成互补关系的伙伴单位进行合作。当虚拟组织进行人力资源管理活动时，参与合作的各方包括需要人力资源管理的伙伴单位、提供人力资源管理服务的伙伴单位以及提供网络支持的伙伴单位等。它们提供的都是各自的核心竞争力，都是各自的最优资源。因此参与各方都能共享优质资源，达到共赢的结果。

③外部化

外部化指的是受训人员与人力资源管理机构各自的虚拟，即受训人员对于人力资源管理机构是外部的，而人力资源管理机构对于受训人员也是外部的。同时，网络支持部门与受训人员及人力资源管理机构各为外部存在。

④网络化

虚拟组织的技术基础就是信息网络，人力资源管理同样需要网络的支持。虚拟组织的资源、功能通常呈离散状态分散在世界不同的地方，要超越空间和时间的障碍，彼此必须由高效的信息网络连接在一起。网络化可以弥补实体组织集中化的缺陷。

⑤灵活性

由于参与虚拟组织人力资源管理的各方执行的是间续式合约，是针对市场机会和特定需要的。合则聚，不合则散，具有灵活性。这种人力资源管理运作模式既能达到人力资源开发目标，同时又不会增加组织人力资源管理的日常维持费用。

人力资源开发任务完成后，人力资源开发工作团队便可解散，伙伴单位及网络中心回到预备状态。随着新的人力资源开发任务的出现，再形成新的人力资源开发工作团队。网络中心负责网络的管理，协调和监控伙伴单位及人力资源开发工作团队等的工作活动。

3. 全球化人力资源管理

"全球化"概念是 20 世纪 60 年代由罗马俱乐部首先提出的，是指各国正从孤立的地域走向国际社会的世界经济发展的趋势和状态。随着国际化的深入，近年来，发达国家也相继提出了全球化人力资源管理（Global Human Resource Management，GHRM），从跨文化和国界的角度讨论人力资源管理。

（1）全球化人力资源管理的概念

全球化人力资源管理是对全球化组织的人员进行管理的原则和实践，是对来自不同国家（东道国、母国、其他国）的员工（本土、母国和第三国籍）进行各种人力资源活动（获取、配置、利用）的过程。全球化人力资源管理通常也可以理解为组织在走向世界的进程中以及成为跨国企业后，其人力资源管理的原则和实践。

国内学者韩承敏认为，人力资源全球化管理是企业等经济组织跨国经营和国际化经营的必然结果。他提出了人力资源全球化管理的基本内涵，包括参与设计国外战略经营规划、分析当地劳工管理各项法律与法规、分析不同文化背景的人力资源组合趋势以及当地劳动力教育水平、研究当地文化价值观与规范、了解当地分组织与当地政府、社区和其他利益群体的关系、招聘与选择国际管理及外国雇员、制定报酬标准与福利政策、为外派人员提供各种行政事务服务、对国际管理者和外国员工进行开发培训等跨国人力资源管理主要任务。

（2）全球化人力资源管理的影响因素

一个以国内为基地的企业和一个全球化经营背景下的企业所面临的外部环境是截

然不同的，故全球化人力资源管理要比仅限于本国的人力资源管理复杂得多，其管理原理及实践活动主要受以下七个方面的因素影响：

①文化因素：不同的国家有其特定的、传统的文化，形式各异的文化背景为跨国公司全球化人力资源策略带来了挑战，从而影响人力资源的管理策略。

②经济因素：不同国家的经济在基本结构、通货膨胀率、对所有制的限制等诸多方面都是不同的，这些不同的经济制度和经济状况均会对人力资源管理带来影响。

③教育因素：各国可资利用的高能力和高技能的雇员数量多少不等，而且劳动力对于接受教育的态度也不同，这就导致了跨国公司在员工培训方面要多加权衡。

④行为因素：在不同的社会背景中，人们对待财富、利润、管理、权威、劳动伦理、劳动道德等均存在差异。

⑤法律—政治因素：不同的国家有其不同的社会制度和政治制度，从而其法律体系和政治结构也会不同。故会出现这种状况：有的国家积极招商引资，有的国家却敌视外国资本的进入；在某些国家是合法的管理行为，在另外一些国家却变成不合法的了。

⑥劳动力成本因素：劳动力成本是跨国公司经营的重要成本之一，它直接关系到公司的业绩。劳动力成本受多方面影响，主要包括薪酬、法定工作时间、假期、医疗健康服务等。劳动力成本将会直接影响跨国公司在不同国家的人力资源政策，比如，在劳动力成本较低的国家，公司往往倾向于多招员工来提高工作量，而在劳动力成本较高的国家，企业往往倾向于给现有员工大量培训，使其掌握更多更好的技能。

⑦劳资关系因素：劳资关系主要指工人、工会和雇主之间的关系，各国的劳资关系有很大的区别，而这些应该成为全球化人力资源管理者重点考虑的问题之一。

（3）全球化人力资源管理的人才选拔机制

为了支持国际化战略，跨国企业通常会制定全球化人才的要求和标准，用以选拔和培养全球化人才。挑选全球化人才应从人力资源计划、专业和管理能力以及全球能力三个角度进行评估。

全球化人力资源计划主要是明确外派的目的和性质，专业管理标准则是对外派人员的专业、业务和管理能力上的要求。企业在这两项上往往准备比较充分，但在全球能力方面还存在一些缺陷。以跨国企业为例，汇丰银行大概有1000—2000名国际外派人才，人力资源和业务部门每年在全球进行人员的选派，重要标准就包括文化敏感度、灵活适应性等。一个人需要能接受、拥抱和融合不同的文化，这样才能理解并打开当地市场。

在对外招贤纳士的同时，培养和发展企业自身的全球化经理人也很重要。外聘的全球化经理人可能很专业，但由于他们不是伴着企业一同成长起来的，对企业文化缺乏深刻理解，而且对企业的认同感、忠诚心也往往不如本企业的员工。

在未来三到五年，随着走出去步伐的加快，我国企业所需要的全球化管理人才会持续稀缺，怎样按照全球标准加速培养全球化人才是巨大的挑战，也是需要及早考虑的战略问题。

十四、组织创新

世界上每天都有新的组织产生，也有旧的组织灭亡，其中不乏一些拥有百年历史的组织机构，这就意味着，组织必须学会创新来适应不断变化的组织环境，否则很难继续生存。社会的信息化、经济的全球化、产业革命与人类交往形式以及文化、心理、价值理念的跃迁，这些变化无一不要求组织进行创新以更好地生存与发展。

（一）组织创新的概念

组织创新即通过优化调整管理要素（人、财、物、时间、信息等资源）的配置结构，从而提高现有管理要素的效能。

企业组织创新的目标是要建立现代企业制度，真正做到"产权清晰、权责明确、政企分开、管理科学"。在组织创新过程中，领导者要做到执经达变、因革损益、创新务实，组织的创新与变革应根据组织的实际情况进行，适合组织经营环境发展要求的应予以保留，不合时宜的则应予以改革。

（二）组织创新的主要内容

组织创新的主要内容是全面系统地解决企业组织结构与企业运行矛盾、摩擦的问题，使组织适应企业发展与经营环境变化的需要。具体来说，组织创新包括组织职能结构、管理体制、机构设置、横向协调、运行机制以及跨企业组织联系六个方面的创新。这六个方面并不是没有交集的，它们主要是从不同的角度来开展组织创新活动，组织进行创新时应根据实际情况选取创新着眼点。

1. 职能结构创新

职能结构创新包含两方面的含义：第一，企业可以对其组织职能结构的一个或多个关键要素加以变革。例如，可将几个部门的职责组合在一起，或者精简某些纵向层次、拓宽管理幅度，使组织扁平化或机构更少；可以制定更多的规章制度，提高组织的正规化程度；通过提高分权化程度，加快决策制定的过程等。第二，对实际的组织结构设计做出重大的变革。

企业组织职能结构创新主要有以下两个原则：第一，提高专业化程度，例如，将企业内部的辅助作业、生产与生活服务、附属机构等划分为企业非生产主体，优化专业化的社会协作体系，精炼企业生产经营体系，集中优势资源强化企业核心业务与核心能力；第二，要重视生产过程之前的市场调研、技术开发、产品设计以及生产过程之后的市场营销、用户服务等相对薄弱的环节，同时加强对人力资源、资金与资产、信息等重要生产要素的管理。

2. 管理体制创新

管理体制是以集权和分权为中心、全面处理企业纵向各层次之间权责利关系的体系，也称为企业组织体制。企业组织体制的创新与变革主要可通过以下途径完成：

（1）在企业的不同层次设置不同的经济责任中心，如投资责任中心、成本责任中心与利润责任中心等，从而可以消除因经济责任中心设置不当而造成的管理桎梏或管理失控问题。

（2）强调生产经营部门的作用和地位，管理职能部门要面向生产经营部门，对其既管理又服务。以往管理部门总是高高在上，主要对生产经营部门进行管理、指挥、监督，而较少服务于生产经营部门，这种传统的观念要从根本上改变。

（3）作业层管理重心下移。作业层肩负着作业管理和现场管理的任务，在一些规模较大的企业中，作业层还可划分为分厂、车间、工段、班组等若干层次。借鉴国外某些企业的先进经验，企业可以通过调整基层责权机构，将管理重心下移至工段或班组，实施作业长制，从而便于现场管理——若生产现场出现了问题，将由最了解现场的人员当场在第一时间解决，从而提高了管理的质量和效率。

3. 机构设置创新

近年来，组织机构设置朝着综合化方向发展，这样可使各部门对其部门内的信息流、业务流和物流实现连续一贯、从头到尾的管理，达到信息畅通、管理过程连续、物流顺畅的目标。机构综合化可通过归并相关性强的职能部门来完成，最终做到一个基本职能设置一个部门，一个完整的流程设置一个部门；另外，还应提倡领导单职制，即高层管理者尽量少设副职，中层和基层管理者基本不设副职。

4. 横向协调创新

横向协调设计是将企业经营活动分解为若干部分，形成专业化分工体系，然后将这些部分连接成一个整体，保证各部门为实现企业总目标而建立良好的协作关系。横向协调的创新与变革主要有以下原则：

（1）服从。员工要注重自我协调，工序的安排要服从制度。要重视相关工序之间的指挥、协调和服从。

（2）协作。增强员工主动协作的意识，建立健全工作搭接制度。在设计各职能部门的责任制时，在专业管理的接合部和边界处，尽量安排一些必要的交叉和重叠，使各部门分别享有决策、协助、协商等不同责权，从而保证同一业务流程中的各部门彼此之间能够有良好的衔接与协作。

（3）标准。制定制度和标准来运作常规性管理业务。企业中往往存在着大量繁琐的常规性的管理业务，它们重复性高，但在企业日常运营中又必不可少。对于这些常规性管理业务，企业可以在总结以往经验的基础上制订制度和标准，推行规范性管理制度。这些制度和标准包括管理过程标准、管理技能标准以及管理成果标准。

全球化视角

"今天成功的人，不是等待垂直指令的人，而是能主动建立水平合作网络的人，水平合作网络品质越高、越大，事业越辉煌。世界都能成为你事业成功之平台，但是，埋怨无效，只有马上行动，辛勤开拓。"

5. 运行机制创新

运行机制创新要着力于打造企业内部"价值链"，使得企业的各个部门之间、上下工序之间由特定的价值形式串接起来，相互协调，相互均衡，相互制约，以达到节约费用，降低成本，最终提升企业整体绩效的目标。在绩效考核方面，舍弃以往自上而下进行考核的旧制度，按照企业内部"价值链"中各环节的联系，推行辅助部门由主体部门评价、上道工序由下道工序考核的新的考核体系。

6. 跨企业组织联系创新

前面五项组织创新主要针对企业内部组织结构及运行，此外，企业还应考虑与外部企业组织之间的相互联系问题。整合企业之间优势资源，推进企业间组织关系网络化，调整企业与市场的边界，这些都是当今企业组织创新的重要方向。

（三）企业组织创新模式

1. 战略先导型组织创新模式

战略先导型组织创新主要源自企业战略导向的变化。企业首先分析内部条件和外部环境、明确组织视野、确定目标规划、调整产品结构，实施战略创新。同时，一方面转变组织观念，形成新的管理规范，调整组织人际关系，进行组织文化创新；另一方面，着手重新配置企业责权结构，使之适应组织战略创新和文化创新。

战略先导型组织创新的本质是由企业战略创新领头，文化创新、结构创新跟随，从而实现三者动态协同匹配，使战略先导型组织创新表现出企业根本性、内源性组织创新的特点。战略先导型组织创新不仅要求企业家具有战略眼光和前瞻性决策能力，而且要求企业在快速发展变化的产业环境中有着充分的成长空间，并可以有效利用各种信息源，尤其是善于创造性学习和借鉴别的组织创新的经验。

目前，战略创新是我国企业组织创新的主流模式。这是由我国经济转型与世界经济发展的大趋势所决定的。具体实施起来，组织战略创新又可划分为业务流程重组和分权制两种模式。

（1）业务流程再造

业务流程再造是一种新的管理观念和方法，它要求企业打破组织结构中职能部门的界限，以流程为主线，以顾客为目标，进行组织创新。在进行业务流程再造时，首先要评价企业产品价值链，分析在产品价值链上，影响产品价值实现的相关因素，并做出相应的决策，对其进行必要的调整，从而对企业的组织结构进行创新。业务流程再造也就是从顾客的需要出发，重新设计业务流程，认真评价和选择各个环节的生产能力管理、交货时滞管理、库存管理、质量管理、绩效衡量等方面的不同方案，使之形成完整的系统，达到更快、更好、更省的目的。

企业在进行业务流程重组时，必须有明确的战略目标，也要有相应的管理观念变革的方法，这样才能达到重新配置企业资源、适应环境变化的目的。

（2）分权制

分权制是现代企业管理中一种重要的管理方法，被广泛运用于各类企业的生产经营管理过程中，企业为了充分调动下级组织的积极性和主动性，把生产经营管理权移交给下级组织，使下级组织进行自我管理、自我决策，而企业高层管理者只关注企业重大的决策和管理。

分权制组织是现代企业普遍采取的一种组织结构模式，也是当前我国企业组织创新中的重要目标模式。分权制对于企业国际化组织创新也具有非常重要的意义，正确提高企业的分权能力是我国企业取得分权制组织创新成功的关键所在。

2. 技术诱导型组织创新模式

技术诱导型组织创新主要源自企业新技术的发展，尤其是企业主要产品创新导致的产品结构变化。由于产品结构发生变化，企业的部门设置、责权结构及资源配置都应做出相应的调整，从而引发组织结构创新。在组织结构创新的基础上，企业行为规范和价值观念会发生潜移默化的变化，从而逐渐完成文化创新。结构和文化的逐步变化又会进一步诱导企业战略创新。因此，技术诱导型组织创新一般表现为由结构创新带动文化创新，再引发战略创新。

技术诱导型组织创新是企业内源性的渐进创新，它源自企业内部产品结构的变化，而且，由此带动的结构创新和文化创新业是逐步完成的，一般不会导致组织在短期内发生突变。

3. 市场压力型组织创新模式

市场压力型组织创新主要由市场竞争压力推动。日益激烈的市场竞争迫使企业通过战略创新、结构创新和文化创新来维持和提高企业核心竞争力，靠不懈的技术创新赢得竞争优势。对于我国绝大多数企业来说，市场压力型组织创新更多表现为由文化创新带动，进而诱发战略创新，最终以结构创新来实现企业组织创新的顺序。

市场压力型组织创新属于企业外源性创新，但它有可能是根本性的，也可能是渐进的，这要视企业具体的内外部环境而定。目前，我国大多数企业的战略、文化和结构都亟待创新，所以，市场压力型组织创新一般表现为由文化创新带动的企业根本性创新。然而当这种转变完成后，市场压力型组织创新将主要表现为渐进性创新，而且将成为企业占主导地位的创新模式。

十五、风险管理创新

（一）冒险让你脱颖而出

敢于冒险方能在竞争惨烈的商业社会脱颖而出。

哈佛商学院的管理教材中引用过这么一则寓言：

有人问一个农夫他是不是种了麦子。农夫回答："没有，我担心天不下雨。"

那个人又问："那你种棉花了吗?"农夫说："没有，我担心虫子吃了棉花。"

于是，那个人又问："那你种了什么?"农夫说："什么也没有种。我要确保安全。"

一个不愿冒任何风险的人，注定会一事无成，就像上面寓言中的农夫一样，到头来一无所有。他们回避困难的同时也失去了收获的季节。

管理具有很大的偶然性，需要大胆和冒险，如果在商机出现时不敢大胆行动，可能就丧失了赢得成功的契机。

当今的商战，变化莫测，风险无处不在。管理者如果不敢冒险，就只能接受失败的命运;员工如果胆小怕事，也不可能获得成功。

对一个真正优秀的管理者来说，冒险精神是必不可少的，优秀的管理者一定要有冒险精神，一马平川的发展可能会比较顺利，但绝不会有所作为，只有敢于冒险才能脱颖而出。

比尔·盖茨说："所谓机会，就是去尝试新的、没做过的事。可惜在微软神话下，许多人要做的，仅仅是去重复微软的一切。这些不敢创新、不敢冒险的人，要不了多久就会丧失竞争力，又哪来成功的机会呢?"

微软只青睐具有冒险精神的管理者，他们宁愿冒失败的危险选用曾经失败过的管理者，也不愿意聘用一个处处谨慎却毫无建树的管理者。在微软，大家的共识是:最好是去尝试机会，即使失败，也比不尝试任何机会好得多。

敢于冒险，不仅是成功管理者的特征，也是管理者应该具有的基本素质，只有敢于冒险，才有成功的可能。比如，假如你想在股市中发财，可你连股市都不敢进，你当然不会有赚钱的机会;你敢进了，你就有了50%的机会，另外50%是失败的机会。

吉姆·伯克晋升为约翰森公司新产品部主任后的第一件事，就是开发研制一种儿童所使用的胸部按摩器。然而，这种新产品的试制失败了，伯克心想这下可要被老板炒鱿鱼了。

伯克被召去见公司的总裁，然而，他受到了意想不到的接待。

"你就是那位让我们公司赔了大钱的人吗?"罗伯特·伍德·约翰森总裁问道，"好，我要向你表示祝贺。你能犯错误，说明你勇于冒险。我们公司就需要你这种有冒险精神的人，这样公司才有发展的机会。"

数年之后，伯克本人成了约翰森公司的总经理，他仍然牢记着前总裁的这句话。

出身哈佛商学院的一位大企业家说得好:"冒险精神具备与否，实际上是一个领导者思考能力和人格魅力的表现。"作为一个管理者，只有你把冒险精神投入到工作中去，你的团队和企业才有可能创造奇迹。

人生没有万无一失的成功之路。在追求成功的道路上，总会有那些不可预料的险滩沼泽，无处不在的风险随时都会出现在每个人的面前。

在今天开放的全球化世界中，随机性和偶然性更大，往往变幻莫测，难以捉摸。在如此不确定的环境里，冒险精神就成了管理者最宝贵的资源。

真正敢于冒险的管理者也并不是喜欢鲁莽行事，单纯为了冒险而冒险的投机者，在决定做某件事情前，他们一定会挖掘足够的信息，然后才能够准确预测出"有所作为的风险"和"无所作为的风险"。这样的冒险才是最智慧的选择，才能使自己立于不败的境地。

（二）每一位管理者都必须学会风险管理

哈佛商学院有个 MBA 学生向他的导师请教什么是"风险管理职能"。导师思考了几分钟后告诉他，风险管理就是辨识无法预见（且通常是负面的）事件的影响，确定其中主要影响，并减轻影响的程度。换言之，风险管理是一种主动应急规划——或是为了彻底避开困境，或是为这些困境做好准备，以减轻任何不希望出现的后果。

这位学生的提问很容易让我们联想到这样一个问题，在一个组织中到底该由谁来负责管理风险。风险的类型有很多，而组织内正式的风险管理职能通常只负责处理最为关键的风险。比如说，银行的风险管理侧重于金融风险；医院侧重于患者和法律风险；制造企业可能关注产品或环境责任；公用事业单位的首要风险则是断供。

这些"重大"风险要么是业务运营所固有的，要么会威胁到业务的持续性，因此理应获得特别的关注和资源配置。但在日常运营中，管理者还会面临许多其他风险。

这些风险并不那么明显，获得的关注也就少些，但是，它们同样需要管理——如果你是一个管理者，这些风险就得你来管理。下面就是哈佛人总结的一些常遇到的风险：

（1）项目风险：从项目启动开始，就会出现许多风险因素，它们可能导致项目超过预算、延期或失败。作为项目领导，你需要不断思考可能危及项目的风险，注意如何避开这些风险或减轻风险对它们的影响。

（2）声誉风险：公司能够从品牌声誉和整体形象中获得巨大的价值，但声誉也很容易受损。全球闻名的高盛集团就曾遭遇过声誉损害。当时，公司一位管理者自大地维护了一些商业决策，但人们普遍认为这些决策有悖于高盛所宣称的关心客户的宗旨。

同样，管理层对质量标准的敷衍态度，也曾严重损害了强生公司的产品声誉。作为管理者，你需要警惕自己的行为损害到公司的声誉。

（3）客户风险：无论是内部客户还是外部客户，都是企业生存的命脉。如果他们不想要你的产品、服务或信息，那你就要面临停业了。因此，客户的成功与你关系重大，你需要留意他们面临的风险。这也就是说，你不仅仅要提供他们需要的产品或服务，还要主动寻找其他途径为客户增加价值。

毫无疑问，还有其他许多风险需要每个领导者去管理——人员配置或技能差距风险（如果我们失去一些关键人员会怎样？）；预算风险（如果预算减少，我们该如何完成工作？）；供应商风险（我如何解决关键原材料短缺问题？）等等。管理者经常忽略的一部分职责是，发现这些风险，并做到未雨绸缪。这些策略同样适用于无法预料的正面发展情况，如怎样应对订单骤增。

管理者要学会承担风险，一种方法就是，在工作中提高风险管理意识。如果你提高了辨识和减少商业风险的能力，你就会更有信心处理好创新性和突破性工作所需的个人冒险。

（三）在风险中捕获商机

J. P. 摩根是哈佛商学院的师生们研究最多的商业人物之一，他的成功可以说是在风险中捕获机遇的典型。

J. P. 摩根出生于美国康乃狄格州哈特福的一个富商家庭。摩根家族 1600 年前后从英格兰迁往美洲大陆。最初，摩根的祖父约瑟夫·摩根开了一家小小的咖啡馆，积累了一定资金后，又开了一家大旅馆，既炒股票，又参与保险业。可以说，约瑟夫·摩根是靠胆识发家的。一次，纽约发生大火，损失惨重。保险投资者惊慌失措，纷纷要求放弃自己的股份以求不再负担火灾保险费。约瑟夫横下心买下了全部股份，然后，他把投保手续费大大提高。他还清了纽约大火赔偿金，信誉倍增，尽管他增加了投保手续费，投保者还是纷至沓来。这次火灾，反使约瑟夫净赚 15 万美金。就是这些钱，奠

摩根

定了摩根家族的基业。摩根的父亲吉诺斯·S.摩根则以开菜店起家，后来他与银行家皮鲍狄合伙，专门经营债券和股票生意。

生活在传统的商人家族，经受着特殊的家庭氛围与商业熏陶，摩根年轻时便敢想敢做，颇富商业冒险和投机精神。1857年，摩根从德国哥廷根大学毕业，进入邓肯商行工作。一次，他去古巴哈瓦那为商行采购鱼虾等海鲜归来，途经新奥尔良码头时，他下船在码头一带兜风，突然有一位陌生白人从后面拍了拍他的肩膀："先生，想买咖啡吗？我可以出半价。"

"半价？什么咖啡？"摩根疑惑地盯着陌生人。

陌生人马上自我介绍说："我是一艘巴西货船的船长，为一位美国商人运来一船咖啡，可是货到了，那位美国商人却已破产了。这船咖啡只好在此抛锚……先生！您如果买下，等于帮我一个大忙，我情愿半价出售。但有一条，必须现金交易。先生，我是看您像个生意人，才找您谈的。"

摩根跟着巴西船长一道看了看咖啡，成色还不错。一想到价钱如此便宜，摩根便毫不犹豫地决定以邓肯商行的名义买下这船咖啡。然后，他兴致勃勃地给邓肯发出电报，可邓肯的回电是："不准擅用公司名义！立即撤销交易！"

摩根勃然大怒，不过他又觉得自己太冒险了，邓肯商行毕竟不是他摩根家的。自此摩根便产生了一种强烈的愿望，那就是开自己的公司，做自己想做的生意。

摩根无奈之下，只好求助于在伦敦的父亲。父亲回电同意他用自己伦敦公司的户头偿还挪用邓肯商行的欠款。摩根大为振奋，索性放手大干一番，在巴西船长的引荐之下，他又买下了其他船上的咖啡。

摩根初出茅庐，做下如此一桩大买卖，不能说不是冒险。但上帝偏偏对他情有独钟，就在他买下这批咖啡不久，巴西便出现了严寒天气，一下子使咖啡大为减产。这样，咖啡价格暴涨，摩根便顺风迎时地大赚了一笔。

从咖啡交易中，吉诺斯认识到自己的儿子是个人才，便出了大部分资金为儿子办起摩根商行，供他施展经商的才能。摩根商行设在华尔街纽约证券交易所对面的一幢建筑里，这个位置对摩根后来叱咤华尔街乃至左右世界风云起了不小的作用。

这时已经是1862年，美国的南北战争正打得不可开交。

林肯总统颁布了《第一号命令》，实行了全军总动员，并下令陆海军对南方展开全面进攻。

一天，克查姆——一位华尔街投资经纪人的儿子，摩根新结识的朋友，来与摩根闲聊。

"我父亲最近在华盛顿打听到，北军伤亡十分惨重！"克查姆神秘地告诉他的新朋友，"如果有人大量买进黄金，汇到伦敦去，肯定能大赚一笔。"

对商机极其敏感的摩根立即心动，提出与克查姆合伙做这笔生意。克查姆自然跃跃欲试，他把自己的计划告诉摩根："我们先同皮鲍狄先生打个招呼，通过他的公司和你的商行共同付款的方式，购买四五百万美元的黄金——当然要秘密进行；然后，将买到的黄金一半汇到伦敦，交给皮鲍狄，剩下一半我们留着。一旦皮鲍狄黄金汇兑之事泄露出去，而政府军又战败时，黄金价格肯定会暴涨，到那时，我们就堂而皇之地抛售手中的黄金，肯定会大赚一笔！"

摩根迅速地盘算了这笔生意的风险性，爽快地答应了克查姆。一切按计划行事，正如他们所料，秘密收购黄金的事因汇兑大宗款项走漏了风声，社会上流传着大亨皮鲍狄购置大笔黄金的消息，"黄金非涨价不可"的舆论四处流行。于是，很快形成了争购黄金的风潮。由于这么一抢购，金价飞涨，摩根一瞅火候已到，迅速抛售了手中所有的黄金，趁混乱之机又狠赚了一笔。

这时的摩根虽然年仅 26 岁，但他那闪烁着蓝色光芒的大眼睛，看去令人觉得深不可测；再搭上短粗的浓眉、胡须，会让人感觉到他是一个深思熟虑、老谋深算的人。

此后的一百多年间，摩根家族的后代都秉承了祖先的遗传，不断地冒险，不断地暴敛财富，终于打造了一个实力强大的摩根帝国。

具有冒险精神几乎是一切成功商人的必备素质。经商本身就是一项冒险的事业，选择了这一行就不能前怕狼、后怕虎，该冒的险一定要敢冒。

（四）谋而后动，冒险一定要认准方向

1981 年，闻名世界的服装大师皮尔·卡丹做出了一项惊人之举，各大报纸的视角又集中到新的一期卡丹传奇上：他以 150 万美元的价格买下了位于巴黎协和广场附近、皇家路上的马克西姆餐厅。当时的马克西姆已是经营惨淡、举步维艰，不仅濒临破产，而且前景十分暗淡。对手们终于以为卡丹也有了眼光走神的时候，不少人已经扬扬得意地预言将有一个悲惨结局的诞生。卡丹的决心不可动摇，他请来专家将餐厅装饰一新，恢复了 19 世纪田园史诗般的风格，以希腊神话中女神的形象设计四周的幕墙，一种优雅、安静、舒适的情调在餐厅中荡漾开来。精雕木饰线条自然流畅，古色古香之中却也浮现当代的韵味。不仅环境上了档次，服务也有了新的面貌。他特聘名师精心制作食品，提高招待人员的素质，提高饭店的服务质量，这样一来，"旧貌换新颜"的

饭店很快便成为巴黎大名鼎鼎的餐厅，而几年的苦心经营之后，马克西姆餐厅的名气有如汉堡包那样风靡开来，其影响远远超出了巴黎，甚至法国，从而成为卡丹手中的另一张王牌。马克西姆这个名称也成了巴黎餐饮业的金字招牌。

"成衣大众化"的思想被也卡丹运用在他新兴的餐饮产业中，创造性地被贯彻下去，而高档华丽的马克西姆就是这次冒险行动的第一件试验品：卡丹认为，如果像马克西姆这样的高档餐厅只继续做少数人的生意，而不在民众中寻找市场的话，能够生存下去的机会就很渺茫。但如果反其道而行之，改变这种作风，走大众化的路线，业务则会越做越宽，必然大有前途，马克西姆这样的金字招牌才会焕发出新的生机与活力。于是，他首先将巴黎的马克西姆餐厅，从只对少数人开放的高级餐厅，变为大众化、平民化的人人都乐意光顾的快餐店。这种全盘改变的冒险风格在不久的将来又一次被证明是聪明而富有远见的选择。

大规模的经济衰退很快在法国上演。失业人数的指标每一天都在创新，社会消费水平的下降和人均购买力的降低使那些坚持俱乐部式的高级餐厅业主们，不可避免地陷入了困境。每天只能在晚餐时间勉强经营，而早餐和午餐却生意清淡，门庭冷落。幸运的马克西姆则因"大众化"的选择保证了就餐人数，依旧生意兴隆，并且反而在危机中逐步壮大，将餐厅开出了法国，迎来了全球经营、遍及世界各大城市的意想不到的成功。

从服装到餐饮，卡丹在他不熟悉的领域开始了新的征程，"无人敢为我偏为"再一次成就了卡丹新的梦想，然而，他的梦想还不仅仅于此，冒险的精神以另一种方式悄然继续。经典的饭店理论往往都强调"特色就是文化，风格就是生命"，而卡丹这一次的逆其道而行之却让我们明白另一个道理：冒险家的字典里，绝没有规则这样的字眼。当短视的人们仍迷失在规则的混沌中时，你跳了出来，利用规则，而不被规则所束缚，那么毫无疑问，你就将是胜利者。

时装业和饮食业的成功，使卡丹帝国的两大商业支柱从此鼎立了起来，皮尔·卡丹终于实现了自己的诺言："执法兰西文明的两大牛角（时装、烹调），走向全世界！"

俗话说：战略上出现问题，战术越卓越就离成功越远。皮尔·卡丹在战略上选择正确了，冒险转型认对了路，因此他即使不懂餐饮，也能把这一行做好。

当一个公司经营出现困难时，一般分为内部原因和外部原因。

一件产品完成了它的历史使命，虽不情愿但又不得不退出历史舞台的时候，对于生产它的公司来说，只有无奈地选择减产或停产，这就是外因造成的。如果选择停产的话，公司要想继续生存下去，就必须转而生产别的畅销产品，但前方漆黑一片，贸然迈步就可能坠入深渊，这就存在一个冒险选择认对路的问题，在这一方面，卡丹的冒险为我们提供了一个成功的典型。

任何一个公司的转型都是一场冒险，关键就是认对路，只要方向正确，即便一时打不开局面，市场最终还是你的。

（五）风险管理的误区有哪些

在发现澳大利亚的黑天鹅之前，17 世纪之前的欧洲人认为天鹅都是白色的。但随着第一只黑天鹅的出现，这个不可动摇的信念崩溃了。黑天鹅的存在寓意着不可预测的重大稀有事件，它在意料之外，却又改变一切。

人类总是过度相信经验，而不知道一只黑天鹅的出现就足以颠覆一切。所以，"黑天鹅事件"常被用来指称那些发生概率低、影响力大，并且几乎无法预测的事件。在当今经济环境下，此类事件日趋增多。

针对这种现象，哈佛人认为，管理者要做的，不是试图去预测它们，而是设法增强自己对这类事件的抵抗能力。风险管理的目的就在于努力减少未知事物所带来的冲击。为此，哈佛人指出，管理者必须避开以下六大风险管理的误区。

误区一：通过预测极端事件来管理风险

这是管理者所能犯的最为严重的错误，而更有效的做法是关注事件的后果，即评估极端事件可能造成的影响。同样，我们还应该评估，与竞争对手相比，重大的环境变化对企业的影响如何。与个人生活中购买各种保险规避风险一样，企业也必须未雨绸缪，通过购买保险来对冲可能的风险。

误区二：过往经验有助于风险管理

风险管理者常常错误地把"事后诸葛亮"的结论当作防御风险的先见之明。事实上，研究显示，过去发生的事件与未来的可能冲击之间并不存在关联，如第一次世界大战、"911"恐怖袭击等重大事件均无前车之鉴。而且，考虑到社会风险随机性的存在，不可能有"典型失败"或"典型成功"之类的情况。要想预测重大而突发变化几乎是不可能的。

误区三：不愿倾听反面忠告

那些劝诫人们"不要如何如何"的忠告往往比建议人们"要如何如何"的忠告更

有力。心理学家把过失行为（即做了不应做之事）和疏失行为（即未做应做之事）区分开来。尽管从经济学角度来看，两者产生的影响是一样的——不亏钱就等于赚钱，但风险管理者却将它们区别对待。他们往往更重视如何赚取利润，而相对轻视如何避免亏损。事实上，企业应该把风险管理活动纳入利润中心的考虑范畴，并将其视为利润创造活动。对于易受"黑天鹅事件"影响的企业，这一点尤为重要。

误区四：用标准差来衡量风险

金融行业就普遍喜欢运用标准差来衡量投资风险。其实该指标并不应该在风险管理中使用。该指标仅仅表示：在随机性较小的情况下，约三分之二的变动应该落在一定的范围之内（−1 标准差和+1 标准差之间），且超过 7 个标准差的变动几乎不可能发生。但是，在现实世界中，这一结论未必成立，因为实际变动幅度可能会超过 10 或 20 个标准差，有时甚至是 30 个标准差。风险管理者应避免使用与标准差相关的方法和指标，如回归模型、R 平方和贝塔系数。

误区五：数学上的等效就等于心理上的等效

如果两个数学等效公式以不同的方式呈现在人们脑中，往往会给人以不等效的错觉。研究显示，表达风险的方式会影响人们对风险的理解。仅描述最佳情境往往会增强大家的风险偏好。我们应该对风险的不同描述方式做到心中有数，确保自己不会被措辞和数字所蒙蔽。

误区六：实现高效率和股东价值最大化就必须杜绝冗余

多数管理者都没有意识到，最优化理论反而使企业更容易遭受环境变化的影响。在企业里，冗余代表着效率低下，相反，我们被告知，利用财务杠杆才能提高效率。然而事实却并非如此，负债会令企业变得非常脆弱。另外，过度专业化也会阻碍企业的发展进程。

最大的风险往往出在我们自己身上：我们常常会高估了自己的能力，低估了可能会犯的错误。企业若看不到自己的致命弱点，终将难逃衰败的命运。

（六）小公司更要学会分析经营风险

小公司虽然"船小好掉头"，但它由于"本小根基浅"，故只能"顺水"，不能"逆水"，不能左右风险的发生。从实际情况看，小公司消化吸收亏损的能力十分有限。

所以，哈佛人认为，小公司的管理者更应了解在经营中可能遇到的风险，以求未雨绸缪，防患于未然。

1. 创业风险

这类风险主要在管理者创业的初始时期容易发生。它的主要特征有三个：一是在公司的所有经营风险之中最早到来；二是它有相当的隐蔽性，管理者不易觉察或无暇顾及；三是它是小公司其他经营风险的根源。这类风险尤其值得管理者防范。

2. 现金风险

现金是公司的血液，从日常经营活动看，只有提供足够的现金，公司才能正常运转。没有充足的现金，将给公司带来严重后果，影响公司的赢利能力和偿债能力，因而降低公司在市场竞争中的信用等级，最终使公司资金周转不灵，甚至资不抵债，走向破产。现金风险主要表现在：管理者只对公司的主要财务指标如资产负债率、净资产收益率等感兴趣，而忽视了指标掩盖下的问题；过分注意利润和销售的增长，而忽视手中掌握的现金；固定资产投资过多，使公司的变现能力降低，导致资金沉淀；公司规模盲目扩张，缺乏相应的短、中、长期计划。

3. 授权风险

许多成功的小公司，在达到一定的规模后，管理者发现由他一个人唱"独角戏"管理企业全部业务的局面难以为继，此时就需要将部分管理工作授权其他人承担而由自己抓主要工作。一般认为，生产过程比较简单的公司，职工人数达25人以上便会产生这种需要。如果生产工艺和销售职能较为复杂，即使职工人数达不到25人，仅靠总经理个人也难以有效地经营公司。授权风险的主要表现有：人员选择的不确定性；不能授权别人分担沉重的责任和繁杂的决策事务；存在心理障碍，授权者认为"只有我才能干好"，缺乏选拔和指导别人的能力；对下级缺乏信任感；业务发展，责任增加，但各部门经理用于经营管理企业的时间并没有增加。

4. 领导风险

当小公司发展到有职工150～250人的水平时，管理者会面临领导风险。处于扩张趋势的公司一到这个阶段，管理者就需要一套新的管理体制和技巧。管理者应该放弃过去曾经为自己带来成功的老经验、老办法，重新学习现代管理知识。领导风险的主要表现有：仅管理者或几个合伙人无法承担逐渐变大的公司的管理责任；不愿授权别人分工负责并建立一个管理班子；不采用有效的领导和管理方式，一切靠自己的老办法；对具有领导才能的专门管理人才不能坚定不移地启用。

5. 筹资风险

当公司经营达到一定阶段，原股东已无力继续提供所需资金。尤其是发展迅速的增长型企业，往往会面临资金不足的筹资风险，管理者便会从各种渠道筹措资金，例如，发起人增股；向公众招股或寻求无担保贷款；请金融机构认股或给予定期贷款；从租赁公司租赁设备等。问题在于每种获得资金的途径都是各有利弊，如果管理者不善于扬长避短、为我所用，便会陷入困境。

6. 成就风险

有些小公司的管理者在度过了一段好时光后开始自满，过分自信，急于求成，企图来个"大跃进"，但没有做好跃进的准备。或者放弃了过去获得成绩的踏实作风，把精力和时间放在投机或其他事务上。许多事实证明，这些发展前景充满希望的公司经营者被胜利冲昏了头脑，骄傲自满，结果被成就风险所压垮。成就风险的主要表现有：满足于眼前成就，开始注重个人享受，对市场占有率和利润的下降不以为然；不注意新的竞争形势、技术变革、原材料替代、新产品和消费者爱好的变化。

7. 持续经营风险

随着时间的延续，公司的原管理者会逐渐衰老，年龄的增大、事务的繁忙，会使其越来越无法像当初那样胜任自己的工作。而当创办人或总经理死亡、长期生病或丧失工作能力时，持续经营风险就会降临。持续经营风险主要表现在：在风险降临时没有准备好由谁来接替管理责任；二把手在企业里没有占有重要的股份；没有授权，缺少规划，过分自信。

管理者进行经营活动时，经营风险是必须考察和分析的问题。管理者对一切可能影响投资收益的"风吹草动"都要给予密切关注。

（七）敢于冒险，但过度投机心理要不得

全世界每年都有无数的企业倒闭，哈佛商学院相关工作者研究其中原因，发现除了客观方面的因素外，还有很重要的一条就是，很多管理者在做决策时，对未来的市场趋势无法正确预测，只得赌一把，其结果可想而知，亏者多数，赢者少得可怜。而即使能侥幸赚一把，在后来也难以逃脱失败的厄运。

关于投机赌博心理，曾经在这方面吃过大亏的沈阳飞龙集团总裁姜伟的一席话可以说是最具代表性："凡是明白的事，自然会义无反顾地去做，问题是许多时候对市场前景的感觉朦朦胧胧，而市场竞争又不进则退，所以只有去赌。很多民营公司很少犯方向性错误，搭错车，往往是赌错了机会，从另一个角度说，民营公司的发迹大多是

抓住一两个好产品，瞅准一个市场空档，然后押宝于市场促销，一举成功。这种偶然性的成功渐渐成为民营总经理的一种思维定式，在决策时带有极强的赌博性，但一两个产品赌赢了，并不意味所有的产品都可以如法炮制，由于民营公司没有政府背景，所以也不敢轻易地押宝于国家的宏观形势，大多只是在市场上判断一些变化，寻找机会下注。"

具有投机心态的中小公司，尤其在新崛起的私营公司中占相当的比例。如果说，在公司创立时，多多少少都有"赌一把"的心态，那么，当公司进入正常经营后，如果还持之以投机心态，则会为害不浅。

一般而言，公司的投机行为主要有以下一些特征。

投机特征一：钻空子。在规范的市场经济社会，所谓钻空子，主要是钻价格的空子，通过价差发财。

投机特征二：赌一把。在投机活动中，输和赢的概率几乎是对等的，赢了算自己走运，亏了自认倒霉。

投机特征三：所赚的钱不是来自财富的创造，而是来自财富的分配，是通过掏别人的口袋赚钱。

投机特征四：不是通过艰苦细致的工作，勤劳致富，而是通过抓住有利机会一夜暴富。

投机最明显的特征是跟着潮流走，什么赚钱干什么，买空卖空，靠对信息的掌握和市场的洞察来沟通买方和卖方，从中获利。

当然，市场经济需要适当地投机，它的独特作用在很多时候还无法替代，投机增加了经济运作的活力，加速了微观经济的活力。

但是，任何投机都应该是建立在务本的基础之上的。那些只顾眼前利益，不管长远损失；只顾自己赚钱，不管别人受害；只顾公司利益，不顾社会利益的恶性投机行为不仅会危害社会，还会把自己带入绝境。

恶性投机的表现很多，一方面指明里的违法行为，如制造伪劣，坑害用户；囤积居奇，加速短缺；盲目开发，破坏资源，污染环境……另一方面是指钻政策和法律的空子，以不道德的手段巧取豪夺的商业行为。

投机的确造就了一些赢家，正是这些赢家不费吹灰之力的一夜暴富，给许多公司产生了极强的示范效应。但我们应该看到：在投机活动中，赢家毕竟是少数，输家毕竟是多数。少数赢家的暴富正是以众多输家暴亏为条件的。即使这些少数赢家，也不是常胜将军，而是各领风骚三五年。

十六、改革创新

（一）"改革者"和"发现者"

许多企业管理者常会提出这个问题："到底哪种领导风格最好呢?"这一问题的潜意识是希望找到和掌握最佳领导风格去应对复杂的管理实践，成为高明的领导者。实际情况远非这样简便，亦无统一看法或共同肯定的答案。

《改革——获得大家的支持》一书的作者摩根·D. 琼斯认为，成功解决问题的关键在于是否愿意从多方面考虑问题。如果长期执着于同一种思维定式或者沟通方式，就没有办法用一种豁达的心态将所有可能的选择考虑在内，那么，解决问题时就会因为考虑的不够周全而碰到麻烦。

正如赫尼希所说："'改革者'以特殊的方式看待这个世界。他们能从常人所处的困境中看到希望。即便是身在谷底，他们也能找到登上山顶的方法。"对于"改革者"来说，他们面临的挑战就是将诱人的梦想变为现实。

同样，"发现者"的工作也是在这一新的未知领域。赫尼希说："'发现者'的工作，就是了解一个未知的领域，这意味着将获得有助于解决问题的相关知识。"发现者"们总是能提出适当的问题，并及时得到相关领域的重要信息。"但是，他们同样要记住，并不是每个人都像他们那样具有探索的热情，更多的人不愿去冒险开辟一片新的天地而是待在自己所熟悉的领域。

前国际信用卡公司主席迪伊·霍克或许就是"改革者"的楷模。在 20 世纪 60 年代末，当所有的人只看到无数的阻碍挡在信用卡业务前面使其无法发展的时候，霍克却想到了一个新办法，那就是世界货币的共同经营。这位不善交际的改革者，正是用大家提出的许多意见充实自己的想法，从而得出了最后的办法，而这最后办法的结果就是无数起伏之后 Visa 卡的诞生。而现今，信用卡业务已经是原来的 100 倍，在全球拥有 5 亿客户。

所以说如果你是"改革者"，就应该像霍克那样，能够听进去他人的建议或意见，并且能够融合你自己的观点，得到一个最佳的方案运用于你要开拓的领域。做到这些，也许你就会拥有霍克那样的沟通能力。

而如果你是"发现者"，则需要将自己的工作热情同对员工福利的关注保持一定的平衡，也就是说，你需要花时间和精力去了解他们的长处和不足，同时也包括自己的优势和劣势。此外，你不能被你的热情冲昏了头脑而影响了你对全盘的掌控力，所以你要学会控制急躁的情绪，确保自己随时都能认真听取各方面专家的意见。

"沟通者"可以创造值得信任的人际关系，赫尼希说："'沟通者'懂得如何建立、培养并获得最基本的人际关系。有些人际关系是短暂的，只是同陌生人的简单交谈和熟人的寒暄。但从长期看来，解决问题需要建立较为深厚的、较为丰富的人际关系。"

"助攻手"可以促使情况发生转变，赫尼希指出："要解决问题，首先应该有明确的选择，知道应首先完成哪些工作。另外，对非常紧急的情况应立即采取措施，引导团队顺利通过解决问题的各个阶段。这就是助攻手的职责。"

"行动者"是领袖，他们拥有自如应对各种突发情况的能力，他们也知道如何去调动整个团队，但在推动事物发展方面，行动者沟通能力的欠缺和其他方面的不足就会逐渐显露出来。

"改革者"能预想到大多数人无法想象的未来，可是他们会忘记是否也应该让自己关注现在？"发现者"对于未来的好奇会让他带动整个团队前进，但他们往往会操之过急。"沟通者"具有缓解人们之间紧张关系的能力，不过这也会让他们过分着眼于人脉的整理而忘记了手头应该完成的工作。助攻手知道如何达到目标，而目标的诱惑会让他们一心向前没有办法吸收他人的建议。"创造者"在挑战中解决问题的能力是否会影响他对于未来的看法？"行动者"完成了某项任务，是否以牺牲自己和周围人的利益为代价？

领导风格其实既是一门科学又是一门艺术。领导风格的选择与学习、组合与运用更多地表现为一门艺术，它永远都不可能成为精确的科学。

（二）哪些行为最能激发创造性思维

任何事物的出现都有一定的原因，而非神秘地出现或先验地存在。创造性思维活动也是由于一定的客观因素和主观因素、经验因素和非理性因素所引起、推动和维持的，创造性思维能力也不是先验地存在着的，飘浮于空中，让人无从把握，而是现实地存在于人类的生活之中，并以一定的形式表现出来。从源头和表现形式入手，有助于我们更深刻地理解从而更好地激发和运用创造性思维。

我们在研究中发现，大多数成功的领导者并不是通过自己的一个行为或者一个惊为天人的想法来点燃员工创造性思维的火花，相反，这需要一个过程，而这个过程就是那些微不足道的日常行为直接给员工带来深远的间接影响，这往往是领导者不注重、不关心的。

我们发现，领导者的言行会影响员工的认同感，这种认同感似乎会影响到他们在工作中的创造力，它还能够激发员工的潜能，从而调动他们更为深入、更为主动地投身于工作之中。因此，我们认为来自领导层的认同感对激发创造力有至关重要的作用。

目标管理是指以完成任务为最终目标，并且要明确角色与责任、计划和安排项目并监督工作的完成。而以人际关系为主导的管理行为是以社会情感因素为基础的，它包括关注员工的情感、表达友善并关心其福利。但是，无论多么侧重于目标，任何一种领导行为都会传递有关领导和员工之间关系的信息。同样，即使是那些极端的依赖于人际关系方式的管理行为，也会给员工对工作的投入情况带来影响。所以，高效的领导应该将这两者结合起来。

在这方面，我认为大部分管理方面的书籍对于领导方法失败方面的关注和探讨远远不够。我们在对员工工作日记的分析中发现，领导者的消极行为比积极行为更能影响员工的情绪，尤其是消极行为比积极行为更容易引起员工的关注。

我们以消极情绪为例。消极行为主要有三种方式，即监督、解决问题、明确责任分工，这些都会使员工产生抵触情绪，从而削弱领导者的领导力。这三种消极行为具体表现在过细地了解高层员工的工作细节，弄不清技术和人际关系方面的问题，不能充分地了解员工的能力范畴和责任心强弱就对其下达工作任务。如果可以杜绝这些消极行为，也许就会对员工的想法、情感、创造力等方面带来明显的改善。

下面我们再来说说哪些行为最能提升领导的认同感：

（1）有效监督（在不影响员工自主权的范围内获得工作进展信息）；

（2）磋商（表现出对员工的开放态度）；

（3）支持（帮助缓解压力，促进信息沟通）；

（4）认同（对员工的情绪能感同身受，特别是对他们的认同需求）。

本文中多次提到了"监督"这个词，其实"监督"是既积极又消极的一种行为。事实上员工并不希望领导对他们放任自流。相反，他们需要一种特别的监督。既不是过多的干预也不是不闻不问，而是能够有一个良好磋商的过程。对于员工来说，磋商非常重要，他们希望被赋予责任，同样他们也希望能够与领导常常接触，让领导倾听他们的想法，也让他们有机会询问有关的问题并且索取帮助。

（三）玩的就是人才和人才合作的游戏

生活中的我们应该有这样的感受，那些伟大的领导者，那些达至顶峰只占 1% 的真正成功人士都有一个共识，就是如何留住优秀的人才，这是一个领导者最重要的任务。所谓成也领导力，败也领导力。这对我们组织里的领导者提出了很高的要求，不但要当伯乐，还要知道怎样当一个好伯乐。

密歇根大学商学院研究生院教授诺埃·M.蒂奇是研究组织行为和人力资源管理的专家，他认为好的公司就是在所有部门都可以培养出优秀领导者的公司。他坚信只要公司的领导具有慧眼，一定会发现潜在的领导者。尽管新闻媒体常把有性格魅力、有胆识视为优秀领导必备的品质，但是一种沉着不张扬自我、能够向人们虚心求教学习、支持改革的领导方式，实际上能更好地解决公司在日常运作中遇到的种种问题。

密歇根大学商学院

蒂奇认为，在当今的知识经济中，玩的就是人才和人才合作的游戏，而作为领导，首先应该具备言传身教的教师型品质。不幸的是，多数公司却是向教授和顾问求教领导艺术，殊不知他们是最不适宜的人群。因为这样做的缺点是失去许多亲力亲为的机会。一位好的教师型领导从员工身上吸取到的东西应该同员工从他们身上获得的一样多，也就是说求教的过程实际上就是虚心向他人学习的过程。

"我所了解的大多数 CEO，他们到一些为中层管理人员开设的培训班是为了说教，而不是为了学习。"蒂奇说。但是通用电气前董事长杰克·韦尔奇却给我们做出了一个典型的"反面"榜样。在通用电气年度报告中，他在讲述他们是如何修改公司"在市场上成为第一或第二，否则就离开这个行业"这一目标时，他指出："1995 年春，中级管理培训课程汇报中很客观地指出，我们一直以来所珍视的管理理念已经到了一个不理性的阶段。我们对市场的限定不但使我们失去了机会，而且制约了我们的眼光。"那年7月，公司在三年计划审核时，要求公司领导改变他们对市场的定义。现在，即便是作为一个部门的领导也不能将目标定为成为业界的第一或第二，而是能够发掘公司涉猎的领域中相对投入比较少的行业，并且能够主动出击。

是谁做出了那被称为"当面一击"的年度报告？就是中层经理人。蒂奇认为，是他们打开了韦尔奇的眼界，使他看到了可能。正是韦尔奇愿意放弃那著名的一直盛行于该公司的"成为第一或第二"的目标，才使得通用电气在20世纪90年代末有两位数的收入增长。蒂奇从中总结出以下几点：

（1）韦尔奇有一颗可以随时虚心求教的心。

（2）韦尔奇能够花时间来分析求教得来的观点，并且愿意改变自己的想法，即使是自己一直非常坚信的东西，也可以根据别人的建议来做出改变。

（3）韦尔奇给予了中层经理们一种走近他、接纳他的勇气。

韦尔奇这种一边求教一边领导整个公司的管理体系改变了整个公司的发展方向，蒂奇说："它使通用电气更灵活、更团结。"

南加州马歇尔学院商业管理学教授沃伦·G.本尼斯认为，"领导艺术在极大程度上是行动艺术"，其中最重要的就是"激发人的能力"。当把奥森·韦尔斯介绍给富兰克林·罗斯福总统时，罗斯福说："韦尔斯先生，您是美国最伟大的演员。"韦尔斯回答："不，总统先生，您才是。"但是行使领导职能并不需要具备国际知名度，日常领导者在一个默默无闻的团队中也会是举足轻重的角色，我们称他们为温和激进派。

温和激进派有多种多样，有的注重社会责任，例如强调公平交易、保护环境、性别平等或多样化，还有一大部分是促进产品更新的人，是改变压抑的工作环境从而进一步激发创造力的人，他们为公司的发展努力，使公司在竞争中保持领先。

德鲁克曾经说过："没有一位高级管理者会因为他的下属能干，有效率而吃苦头。一个愿意听取逆耳忠言的领导者身边一定会围拢一些潜在的领导者，这是一种同性的相吸。不要因为企业的规章制度而导致成员畏首畏尾，优秀的领导者需要建议，同时优秀的领导者也知道当制度阻碍组织现实的时候，怎样能够实现目的，发挥组织成员的最大潜力。所以，一个领导者的成功可以定义为：最大限度地利用其下属的能力。

（四）逆转潮流，赢得支持者

吉姆·柯林斯在《从优秀到卓越》（哈珀出版社，2001 年）一书中提出，能够完成一次突破性改革的公司都会传承着一种严谨的思维方式。因为一旦你可以用诚实的心态来判断整件事的真相，以勤奋的态度顾全大局并付出努力，那么做出正确的决策一定是轻而易举的。哈默特健康基金会是一家有 300 多个病床和近 2000 名员工的医疗机构，其董事长兼 CEO 约翰·T. 马隆认为，对于改革者来说，最能够体现自己影响力的一点就是能够在改革刚刚开始发展的时候，就能以开放、诚实的态度来对待。

在 20 世纪 90 年代中期，哈默特健康基金会实施了一项改革，目的是在维持经济收益的前提下为患者提供世界顶级的医疗服务。"早期我们最重要的一项举措是大幅度的裁员，大约裁减了 125 人，而且他们中大多数是在公司工作时间较长，有一定奉献精神的雇员。"马隆说。在这样想要做到世界顶级的服务机构中，每一位员工的工作态度和工作热情将直接决定顾客的选择和满意度，所以这样大胆的大规模裁员可能会使处在萌芽阶段的改革毁于一旦。但是，哈默特的领导者以开诚布公的态度与员工以及团队沟通，并且对他们阐述裁员的目的，减少了因此带来的种种负面影响。从那时起，哈默特在许多的评选中被认可为全美百强医院之一，占据了当地 7% 的市场份额，在运作中一直保持盈余。

开诚布公的态度之所以最为奏效，是因为它不仅仅是以真实的数据为依据进行全面的分析，最重要的是它可以真正打动员工的情感，让他们成为改革真正的支持者。

顾问里克·莫勒认为，向一个新的目标努力时要获得员工的支持，"人际关系和思想观点一样重要"。

渣打银行的德诺姆认为，高级管理层"致命的自负"表现在仅仅依靠自上而下的管理技巧来推动改革。洛克希德公司的乔伊斯赞同道："在西方，我们的管理体系都是自上而下式的，这是很有必要的，也是很好的。但是为了做得更好，我们还需要一系列的技巧，自下而上地实施管理。"

"电子零售商 BestBuy 曾经进行过一次改革，其中的一个举措是组成了一个九人'改革小组'，它成为自下而上改革的主力。"伊丽莎白·吉布森曾这样谈道。吉布森是指导改革的专家，他和 RHR 国际咨询顾问们一起指导了 BestBuy 的改革。"在公司高级管理层之下，我们有四个层次的员工提醒高层哪些行为有碍改革的进程，"吉布森说，"值得赞扬的是，高级经理人倾听了他们的意见，并及时做出反应。"

自上而下和自下而上所推动的改革犹如拳击中连续的左右猛击，会为公司注入活力。咨询顾问马克·A.墨菲称之为"将公司放在书档中"。墨菲是墨菲领导艺术学院的院长，他指导了哈默特改革计划，认为这里说的"下"是指顾客（"你存在的理由"）和一线员工（"你公司的外在形象"），假如你期望有所改变的话，"最好能够调动他们投入改革的运作中"。因为你得到了来自上面和下面的支持，"书档"会出现在中级管理层。他指出，这种情况会让人感到不舒服，但能起到积极的作用。"一旦中层经理人同顾客、员工和CEO联合起来，就会形成一种潮水般的力量，使改革计划走向成功。"

尽管如此，高级管理层也要为改革成功后造成的改变承担最后的责任。"多数改革会在中级管理层失败，但原因却是来自高级管理层自身，"曾帮助设计洛克希德·马丁公司LM21计划的顾问罗伯特·B.布莱哈说道，"也许领导层告诉了我们它想要什么，但却没有提供达到目的的经济手段。也许领导层提供了所需的权能，但却没有改变衡量业绩的标准和奖励制度来促使人们的行为发生变化。高层管理者应该积极寻找适当的杠杆和机会，将抵触化作支持改革的巨大动力。"

（五）别拿困难开玩笑——酝酿改革，避免毁灭

当今经济发展的节奏越来越快，企业每时每刻都处于不断变化的外部环境当中，竞争趋于激烈，消费者趋于理性，政策环境也可能处于变化当中。这些外部环境的发展变化导致企业内部发生相应的变化，可能是人员和团队的变化，也可能是公司战略方向的调整、组织结构的适应性调整，甚至是价值观念的变化等等。这些变化的目的都是为了适应外部环境的变化，跟上外部环境的变化甚至是走在外部环境变化的前面，以便更好地抓住机会或者规避威胁，这就是企业的内部变革。

在《沉稳的领导》一书中，哈佛商学院商业伦理学教授小约瑟夫·L.巴达拉科指出，做正确的事情其实是冒险投资者的一种投资策略。"慢慢地消耗政治资本，"他说，"在作了仔细分析后，再进行有限的投资。需小心处理这些投资，有必要的话，可以将投资抽回。"

"那些没有一定社会地位的人很难得到他人的重视。"巴达拉科继续写道。为了引起他人的重视，必须先具有一定的影响力或者提高自己在公司中的地位，而这些绝不是可以靠一些偶然的机会就可以达到目的的。日常领导者往往会为一项任务调配一个最适宜的团队以获得最高的自身利益，这要求他们必须时刻保持头脑清醒，并牢记自

己带领整个团队的职责。

一位年老的布列塔尼祈祷者说："噢，上帝，海如此浩瀚，而我的船又那么小。"的确，公司毁掉你个人可以说是轻而易举地，这也就解释了为什么太过直接的做事方式会导致你走向毁灭。此外，巴达拉科说："有一句老话说得好，生活好比是战场，捷径往往是布雷区。"在这种情况下，清楚地了解自己力所能及的范围就是一种智慧。

巴达拉科的书中引用了一个真实的事例：丽贝卡·奥尔森刚刚接管医院后不久，董事会主席就告诉她有位雇员要控告医院手术部副主管理查德·米勒的性骚扰行为。理查德·米勒也曾是董事会内定的 CEO 候选人，而奥尔森则刚被任命此职。她没有立即解雇米勒或让查德·米勒辞职，因为这可能会起到煽风点火的作用，显然这不是她就任这个职位后所希望看到的。奥尔森在接下来的两个月中做了很多努力，最终迫使查德·米勒辞职。巴达拉科总结了帮助她避免公司内人际关系紧张的以下两条办法。

1. 她对于意料之外的事情有足够的思想准备。

2. 她信任大家，但有时也为重大的人事调整。"沉稳的领导很小心地表现出对他人的信任，"巴达拉科说，"而且并不轻易做出改变。"

彼得·格兰特在一家金融公司任职时，坚决主张雇用有色人种。"他可以将此想法变成公司关注的问题，"迈耶森写道，"但他坚信，如果做出任何明目张胆的举动来改变现行的招聘方针，或者挑战心照不宣的规则，会对同事造成威胁，引起大家的抵触。"因此，每当他雇用了可靠的有色人种员工时，会要求他们承诺也雇用有色人种并同其保持良好的工作关系。30 年后，现今处于公司要职的格兰特能够"更积极、更公开地提及雇员的多样化问题"。从小规模的成功开始，几十年来他一步一步地拥有了今天的 3500 名有色人种员工。

许多管理专家强调小的成功会在动机上起到一定的积极作用，但是，迈耶森则看重它在建立联盟方面所立下的功勋。"一直以来，格兰特在不被众人注意的情况下雇用有色人种，直至他取得了一系列的成功，然后他才有能力引起大家对这一问题的关注，"他说，"温和激进派们非常足智多谋，在工作中能够从小的成功出发，让更多的人、更多的话题得以关注。小的成功打开了对话的可能。通过分辨什么是可以改变的，什么是无法改变的，可以从中揭示问题，了解阻力在哪里，发现以前不知道的盟友和信息，最终形成集体智慧。"

（六）领导艺术催化剂——成功企业如何培养各个层次的领导

我们能够观察到不同企业中各个层次的领导者是各种各样的，他们的性格迥异，年龄也可能有很大差异，受过的教育以及生活环境、家庭背景都不尽相同，但是他们都清楚地明白，要借助他人的努力去完成计划的同时，最重要的就是要依据计划的性质去改变他人的精神状态甚至世界观。他们花时间去培养自己的接班人，一旦接班的时机到了，那么新的领导者就要立即独立地承担起领导责任。

不同公司的领导者在培养员工或是下一任领导的时候都会强调在实践中学习的重要性和必要性。他们还会要求员工的个人价值观要和公司的价值观保持一致。他们讲授如何创造和增加股东价值（对这一点，许多经理人甚至包括高级经理人都毫无头绪）。他们教经理人如何竞争。他们都强调在公司里要有积极的情绪，要创造充满活力的氛围，培养锐意进取的精神。这些也许是每一个公司的 CEO 所使用的教学大纲。

领导者都知道如何在艰难的境况下勇敢果断且情愿地做出决定，并且能够接受这个决定所带来的一切后果，这一点对领导者来说是至关重要的，他们必须能够认清现实，冷静地采取应对策略。

像联信的拉里·博西迪那样的领导全部时间都在教别人。其中只有小部分时间是花在教室里的。他提供实时的反馈和指导，包括战略、业务及人力资源方面的指导。博西迪给每位重要的经理都写信沟通，每人每年要写三封信，信中包括给每个人的反馈意见、评估、建议和指导。他会在对战略、业务及人力资源进行反思总结之后才寄出这些信件。

很多成功的大型公司可以在他们租用的宾馆完成正规而重要的培训计划。我认为，像通用电气那样的公司将 Crotonville 这样一座巨大建筑划归教育之用，以此凸显其对人才培养的关注，这确实很说明问题。但是培养一个成功的领导者绝不是像划拨一块房产这样的简单，而是需要公司的上层真正的介入和重视。

一位经理学生要进行一项为期 90 天的、由 CEO 指导的在工作中学习的计划来发现新的并购目标，一定会出现焦虑和恐惧；在向公司阐述他的学习心得和结论的前一晚，他肯定会彻夜难眠，他也许在想，我的职业生涯恐怕明天就要结束了。但是，研究表明，适当的焦虑和恐惧作为一种无形的压力会转变为动力从而促进学习，只要这种焦虑和恐惧没有严重到使人瘫痪。

而且，无论何时，当年轻的经理人向有才能的 CEO 阐述他的研究、发现或意见时，CEO 们都会对他们做出一定程度的"评判"。CEO 是依据他所看到的东西来判断一个人的。

领导者会把自己职业生涯中一些特殊的经历当作是给自己带来转机的重要时刻，因为这些时候往往是他们遇到了重要的问题并从中领悟到了一些难得的经验。这种转折点就是我们所说的"可教时刻"，领导者就是从这些难得的经历中得到智慧、精华，并且转化为经验传授给大家。

公司内部常常会有一些历史或者说一些故事，这些所谓的故事对于公司来讲是有一定价值的。比如在宗教领域，故事往往是很重要的一个组成部分，它可以被传承下去，带着要给大家灌输的文化价值观一代代的传承。这种企业文化的传递方法对于企业来说也是很重要的。

还需要提出的一点是，无论是娓娓道来的故事还是生硬的企业策略，你都无法靠它们来拥有一个学习性的公司，除非它首先是一个教授性的企业。只有当 CEO 和企业的其他高层领导可以从可教的观点出发与大家分享这些珍贵的经验时，才会真正营造一种学习的氛围。

曾经有一段时间，多数企业都不重视领导力发展，培养领导人的方式要么是生搬硬套，要么是回归传统做法，要么就是太过理论化。很少适合企业的需求，也没有为领导人做好准备应对未来的挑战。今天的卓越组织领导人亲自主动培养领导人，就能持续赢得未来的竞争。

（七）少年英才和老年精英——标新立异的领导者如何吸引新的追随者

本尼斯和托马斯提到这样一个词汇——neoteny，这是一个动物学词汇，原义为幼期性熟，此处引申为标新立异，用来表示"所有与年轻人相关的优秀品质：好奇、爱玩、迫切、无畏、热情、活力"。

现实中，neoteny 的标志是指一个孩童有一种能力去吸引某一个特定范围的人，并且变成他的追随者，这么解释的话就让这个词有了领导者和追随者相辅相成的概念，于是本尼斯认为它是"比魅力更实用的一个概念"。以标新立异作为特点的领导人往往能吸引一些同样标新立异的特别的人才，罗伯特·E. 凯利把这些人称之为"典型追随者"，这一概念恰好与保守者作为两个极端存在。

他在《追随者的力量》一书中指出，典型追随者在工作中常常会提出一些出人意料的建议，在平常的工作中也会表现出自己标新立异的特点，而这些都是对公司的运作有重要意义的，因为这说明他们一直在努力思考新的方法，能够更有效地使公司越来越好。相反，保守者只会对分配到自己手头的工作投入时间精力，而不会进行独立的思考，他们被众多的选择和不确定性所困扰，他们希望的是领导者直接给他们一个成熟自信的观点和一些鼓舞人心的意见。

因此，是什么使得标新立异的领导者赢得了有独立见解的改革者呢？就是那些使你成为典型追随者的技能。"做一名出色的观察者，"本尼斯借用索尔·贝洛的小说《拉韦斯丹》中对人物的描述说。经典著作《留心观察》的作者、哈佛大学心理学家埃伦·J. 兰格认为，培养这种能够发现潜在重要性、隐藏的机会和才能的能力需要"一个过程"。她解释说："人们通常会将思维的稳定同所观察到的情况的稳定相混淆。我们多数人直到有大的改革发生时才会醒悟进行改变。如果在情况发生改变时才进行调整的话，那么所看到的事情一定是静止不动的。假如你留心观察的话就会看到事情是在变化的。"所以，不能总以一个惯用的思维方式来对所有的事物进行判断，要积极的留意事物发展当下情形中的新情况来对自己判断的标准做出改变。

"这是情况的不确定性所决定的，"兰格继续说，"否则就不会引起人们的注意。"不确定因素将标新立异的领导和典型的追随者联合在一起。领导者关注改革，也就会让追随者的意见和建议与现实越能够接轨，因而他们会更加信服自己所跟随的领导者。而在追随者明白他们所做出的努力会得到领导者欢迎和鼓励时，领导者的技能也会得以完善。

优秀的领导者几乎都具备某些共同的特征和人格，比如诚信、睿智、敏锐的判断力等，与此同时，他们还具备某些特别的技巧与能力，比如有效的沟通与决策能力。有关领导力的很多研究都认为，上下级之间的关系是单向的，但事实并非如此。此外，追随者并不是千人一面，因此，对追随者不能采用一刀切的方法。与领导者一样，追随者也会在力所能及的范围内捍卫自我利益。虽然他们可能没有权力，至少不如自己的上级有权，但他们并不缺乏力量和影响。

在文化与技术进步的推动下，越来越多的追随者向自己的领导发起挑战，很多时候干脆绕过他们，自己行动。例如，致力于保护动物权利的参与型、活跃型和铁杆型追随者，自己就可以群发电子邮件，利用隐蔽式摄像机收集数据，并把那些骇人听闻的图片发布到各个网站。在他们的压力下，麦当劳和汉堡王等连锁店开始要求自己的肉禽蛋供应商遵守规定的准则，包括为下蛋的母鸡提供更多的水、活动空间和新鲜空气。2007 年，汉堡王更进一步，宣布今后只向那些不把动物关在板条箱或笼子里的供应商收购鸡蛋和猪肉。

这个例子和其他无数的例子都证明，学术界和企业界人士早就应该从更宽泛的角度来解读领导力，认识到领导者与追随者是密不可分的，无论离开哪一方，另一方都将难以为继。

（八）打造改革者的明星效应

作家和仪表专家托尼·亚历山德拉说："你看到过这样的人吗？当他或是她走进房间时，所有人都将羡慕的目光投向他或她。因为他或她通过自己的身体语言、情绪和智慧，向大家传递了一种积极的、无声的信号。"

几乎所有人都会羡慕拥有这种效应的人，就像一个明星，走到哪里都会有很多的人关注，幸运的是，这种无声而快速地带给大家积极印象的方法是能够掌握的。以下介绍的7种方法能够帮助你增强明星效应。

1. 生动的表情

假如你希望给别人留下的印象是十分乐观又积极的，首先你的外表不能看起来是消极或是中立的。你需要充满活力的对待身边的每一个人，无论是同事、领导或是陌生人，要每天都很投入地去工作，总是面带微笑，能够时不时地与别人进行眼神交流。

2. 走出自我

和别人交流的时候，应该认真地听取别人的观点，然后再清晰地阐述自己的意见，如果脑子里还在考虑其他的事情，心不在焉地面对他人，那一定不会留给大家一个好的印象。因为这样的行为首先表现出你不尊重对方，也会体现出你的封闭和不开放。在这种情况下，听听作家兼演说家萨姆·霍恩的建议。"试着将注意力放在别人身上，"她建议说，"请采用以下四种方法：饶有兴味地注视对方；身体微微前倾，似乎要抓住对方所讲的每一个词；扬起眉毛；同听众保持身体的一致，听众是坐着的时候就坐着，听众站着的话就跟着站着。按照这四点来做，你一定会对他人产生兴趣，而别人也同样会对你产生兴趣。"

3. 微笑

霍恩说："任何人都难以抵挡真诚的微笑。"她还补充道，"真诚尤其重要，勉强的、掩饰自己内心恐惧的微笑只会很生硬，这也就是为什么你应该把对自己的注意转向他人的原因。"

4. 运动和正确饮食

如果你有完善自我的愿望，那坚持运动是一个不错的选择。整日没精打采地坐到办公室的椅子上操纵电脑和没完没了的会议，人会逐渐变得耸肩塌背。所以，我们应该采用正确的身体坐姿，如身体笔直、挺胸抬头，可以通过一些锻炼肩部和背部肌肉的运动做到这一点。在上班工作之前，可以先做些简单的活动，这里给出最简单的一个方法是：将两个网球用胶带粘住，放在背部上方肩胛骨处，然后紧贴墙壁站立，重复挤压肩胛骨处，并且每天要做5~10分钟。按照这个方法坚持去做，慢慢地，你就会让自己身姿挺拔，并且显得十分自信。

5. 心中有目标

我们在社会交往和各种商业中不能迷失了生活的方向。这里我们讲一个小女孩的故事，小女孩对幼儿园的老师说她在画上帝。当老师说"没有人知道上帝长得什么样"时，小女孩回答道，"他们马上就会知道"。亚历山德拉断定，能吸引他人的人同这位小女孩一样，对梦想具有儿童般的虔诚，他们确信自己能够创造奇迹。一个没有梦想的人是没有归属的，他们的心总是在游荡，他们没有可以激发自己自信和热情的动力，因此他们容易显得心不在焉。

6. 认真倾听

在同他人进行交流之前，我们脑海里会浮现出这个问题："我该说什么呢？"当你有这一念头时，你们的沟通就会变得不再顺畅。你的担忧会明显地表现出来（见第二种方法），而且进一步会担心"听众们会说些什么呢？"

"当你表现得关注他人，而不只是关注自己时，你会觉得很放松，"霍恩说，"这是因为你没有了压力，我们周围的人此刻就是整个世界。"在交流之前做到这一点是极为重要的，他会成为让你富有的秘密武器，会使你马上赢得别人的好感，所有人都期望自己被重视，想向别人讲述自己认为值得一做的事情。换句话说，我们都希望被倾听。

7. 做真实的自己

有时，即使你在按照别人的安排做，但你并没有从心中接纳这一方案，别人就不可能很快对你产生好感。当然，这并不是说你必须抛开前文提到的几种方法，而是每次采取一种方法，循序渐进，慢慢掌握其中的奥秘。想要吸引他们，就要勇于做最真实的自己给大家看。在团队中你可以这样和他们交流："假如你们不喜欢我，希望你们所不喜欢的是真实的我，而不是别人所期望的虚假的我。"每天用自己最真实的一面去面对生活，你会觉得很舒服，也会让别人喜爱你。一个聪明的人懂得如何让大家舒服的。当我们试图向别人证明自己是多么有智慧、多么聪明时，会表现得不自然。相反，不想证明什么的表情才最吸引人。

在团队中做一个懂得聆听的人，做一个真实而舒服的自己，你就会慢慢成为人人都想要靠近的明星人才，你身上的快乐会影响每一个人。

（九）改变领导方式，给问题加"框架"

单纯的对加框架这一概念来说，似乎是很简单的，但是真正就一个问题实施的话，多数人都没有能够做得很好。当你带领一个成员多样化的团队时，这就更是一个严峻的挑战了。每一个成员都倾向于了解自己能力所及范围内的那一部分工作，所以这就会让他们忽略掉一些细节，而往往这些细节对于整个计划来说是十分重要的。

打个比方来说，一个拥有多方面专业人才的团队就如何改善差强人意的顾客服务评估时，讨论的内容就会横跨产品开发，制定价格，甚至还涉及内部政治斗争。虽然换一种方式来看待这个问题会发现，对于每一个问题的讨论都会有一定的收获，但是回到正题都会意识到这些讨论对于初衷并没有什么帮助。

这时候就需要经理人来解决问题了，他需要对大家讨论的问题做一个限定，指出哪些是对解决眼前问题是有帮助的，而哪些是无关紧要的，要让团队的讨论始终在正轨上，同时还要保证自己能够听取各方面的意见，了解大家所关注的事情。这样，就会高效而简单地将问题解决了。

经理人最重要的作用之一是帮助员工越过障碍。即便是一个目标明确并且开始付诸行动的团队，还是会有可能遇到障碍。优秀的领导者是应该具备这种能够预见障碍的能力的，他们会给问题加框架从而帮助员工越过障碍。

经理人会首先提出一些问题，然后逐一的给这些问题加上框架，这样做可以让团队中的每一个人都对此有一个了解，并且能够明白自己工作的相关性。接下来，经理人就应该提供克服障碍的种种选择，要么直接推荐行动方案，要么提出问题让他们寻找行动方案。只有这样做，经理人才会确保每位员工对于正在讨论的问题有所了解。

一位优秀的领导人还需要具备的一个品质就是能够让大家团结一心。因为他们能俯瞰一群有不同天分和技能的人，被置于领导的位置就是让他们将大家团结在一起。"你的计划似乎上了轨道。应该考虑同市场营销人员讨论这个计划，以便确保采取一致的行动。我知道他们在尽最大的努力确保计划成功，但最好还是同他们商量一下。就再讨论一次吧，以确保双方都知道要做些什么。"

成功地限定问题可帮助领导者为特定的场景找到合适的领导方式。优秀的领导应该清楚地知道自己在什么时候该成为一个什么角色，而且还要根据这个角色来决定自己与团队的沟通方式。

想想下面的情形：团队因新产品在市场上的表现不佳而感到沮丧，希望停止这项计划。

这时候的经理人应该有多种办法来帮助这个团队。他可以将重心放在鼓舞士气这一方面，让团队重获能够坚持下去的信心。也可以带领大家一起讨论，让大家明白这个产品对达到公司的目标至关重要，帮助大家树立长远目标。或者还可以充当一个教练的角色，与团队一起找到改进产品的方案。

加框架是沟通的关键。做演讲时，人们关注的是：同听众有眼神交流吗？说话的声音是否太低或讲话是否结结巴巴？这些固然重要，但是无法为成功沟通带来重要的帮助。即使是口才很好的演讲家，假如所讲的不是听众所需要的，也不能达到他的目的。

成功的经理人在演讲之前头脑中总是有个具体的目标，有时可能是要鼓动或说服大家，有时是传播知识以达成共识。无论如何，目标必须明确，这样才能重新限定沟通方式以达到最终目的。

有个好方法就是在沟通之前，问问自己以下几个问题：

我的目的是什么？

我希望听众在听完我的话之后，他们要考虑什么、感觉到什么或是做什么？

我的演讲中是否融合了我所了解到的听众的观点？

成功地限定问题可通过训练和学习来巩固完善，但真正严峻的考验总是在面对突如其来的情况时。始终将目标和听众放在首位，才能用深思熟虑的对策帮助实现目标，完善领导技能。

（十）群体思维和玻璃天花板——成为有共鸣的领导者

领导者为了公司的生存而拼搏，有的时候会要求员工来承受损失。因此，过去多年来暴露出的令人吃惊的制度缺陷事例不仅让人们对领导者有了更多的要求，而且也使领导者压力陡增。哈佛大学肯尼迪管理学院公共领导艺术中心的创建者和主任罗纳德·A. 海费茨认为，这些做法都对领导维持自己的威信有害处。

这就要求领导者需要从事海费茨所谓的"适应性工作"，让他们体验你的工作重点所在。"假如你不喜欢坏消息的话，就不要做领导了，"加拿大第一位女首相、肯尼迪管理学院公共政策系讲师金·坎佩尔这样说，"作为领导人，了解到团队中存在的坏消息，并及时想出应对的解决方法就是你的责任。"

"当公司遇到危机情况，或遭到冲击时，领导者控制自我情绪的方式会直接决定公司的存亡。"《基本领导艺术》的作者之一丹尼尔·戈尔曼说。领导的情商在于控制自己并推动他人的情绪，这是成功的关键，用来提高企业运作的能力。提高情商和增强领导的适应能力会使情况完全不同。

写到这里，我们就会发现情商对于管理团队是最为重要的。戈尔曼说："情绪是可以传染的。"大量研究表明，情绪决定了 50%～70% 的工作氛围。这种氛围反过来决定了 20%～30% 的公司业绩。特别是在高水平高层次的竞争中，情商在区分杰出的高层次领导和低层次领导上，占了 85% 的因素。

在前文戈尔曼以及理查德·博亚茨和安妮·麦所说的共鸣领导才能，是指这样一种能力，可以最大限度地调动员工的情绪，明确出团队所要达到的目标，这种能力有以下四种基本表现形式：

自我意识——了解自己的情绪，有正确评价自己个性的能力。

自我管理——控制住自己的情绪，在团队中表现得信赖、灵活和乐观。

社会意识——能够了解他人所关注的事情。

人际关系管理——在产生分歧时，能够激励和说服大家。

但这里还存在的问题是，在公司中你的职位越高，对自己的情商估计就会越高。这会导致许多高层领导不能及时地得到员工的意见反馈。并且还有很多高层抱怨听取员工正确的反馈也不鼓励他们去做出反馈，因为他们认为自己没有改变现状的能力。但是，强有力的证据表明情况并非如此。

大多数试图完善情商和领导技能的培训计划之所以没能成功，是因为它们以训练新"大脑皮层为目标，即大脑中负责分析及技能的部分，而不是以训练控制人的情感、冲动和期望的边缘系统为目的。边缘系统接受能力较慢，特别是当改变根深蒂固的习惯时。"戈尔曼和合著者说。但是在适当的时候，通过训练改变大脑中心控制积极和消极情感的部分，这样长期训练下去，可以完善一个人的情商，有助于自我指导的学习。

但是很多时候，比如现实可以达到的期望值和预期有着明显的差异时，即便是情商很高的领导者也难免会陷入一种褊狭心态，这是难以避免的。"领导层开始关注自身而忽略一线雇员和顾客，"管理咨询公司 Bain &CO. 的董事达雷尔·里格比说，"分歧被当作是不忠诚的表现。"对于这种群体思维倾向，解决的办法最重要的一点是确保领导可以不被其他因素所左右，确保领导层中有不同的领导风格和观点。有时候，团队中有不同性别和不同种族的领导者是唯一可以确保团队有多种选择和观点的因素。

金·坎佩尔说："目前最重要的是避免领导者均为男性的文化。"经过长期对情商的研究我们可以发现，女性比男性更具怜悯心，并具备更强的人际关系能力。"这种女性的优点是与女性先天的性格相关，或者说是她们长期以来不被赋予权力的结果。"坎佩尔说。是为了在男性占统治地位的文化中能生存下去，女性培养出这些技能。当然，男性也能表现出这些技能，就像女性可以表现出顽强和果断那样。当团队成员对领导有了足够的信任之后，性别的多样化可提高控制自己的情绪和应对团队中他人情绪的能力。

海费茨说，这是一种实际是要求人在不愿意做的事情当中进行筛选，从而采取某种策略的方法。我们每个人都需要敞开心扉去倾听别人，这有助于你成功地引导大家和公司进行改革，并且也可以最大限度地为企业减少损失。与此同时，也使你更容易遭受这种损失通常带来的反抗和敌意。

领导者对于团队的作用是激励，好的领导艺术可以让团队成员每天微笑的工作，让每个成员充满想象力和创造力。也让团队中的成员如同一家人，相互打气相互扶持，在艰难和痛苦面前一起说加油。

十七、推倒禁锢创新的围墙

（一）扫平错误认识，建设创新平台

尽管企业环境在不断变迁，创新的类型也千差万别，但是似乎每一轮热情高涨的创新浪潮总会遭遇相同的困境。现在就有一个机会——让我们认清一些创新误区，从而建设高效的创新平台。

首先，真正的大创意都不会在最开始就是宏大的想法。需要用许多疯狂、古怪的小想法来找到一些值得实验的最初的主张，而这些主张可以让你找到一些真正值得去执行的事情，最终可能有一个或者两个获得成功。

每位员工都有可能成为创意搜寻者和项目发起人，IBM 信奉这样的原则。该公司举办的 lnnovationJam 网上论坛上，来自 104 个国家约 14 万名员工客户贡献了差不多 37000 个创意，并将它们分门别类地排好顺序，为公司建立了一个容量巨大的原始创意库，创意有大有小，但以小创意居多。创新成功率较高的公司从来不会认为这些小创意是没有用的，这也是它们成功的秘诀之一。

如果你认为只有技术上的突破才算创新的话，那么你的思想太狭隘了。商业模式上每一个方面都有创新的潜能。创新与商品定价有关，与你的销售网络有关，与你如何经营有关，与你如何管理公司有关。

　　宝洁公司固然凭借速易洁和佳洁士净白牙贴这类产品创新赢得了瞩目，但它也在新媒体方面进行了创新，例如为自己赞助的肥皂剧建立互动网站，这或许对于公司的未来更具价值。

　　"这太冒险了！"很多人在面对新鲜事物和想法的时候，总会不自觉的冒出这样一句话。不可否认创新是有一定风险性的。但更多的时候创新都是谨慎的。以星巴克的借记卡为例，第一次实现了在快餐业中说服顾客预付他们早餐的拿铁咖啡和松饼的费用。然而，这项创新却几乎没有什么高风险。借记卡技术已经非常成熟，新理念在推向全国之前也可以先在少数店铺进行测试。

　　那么，创新得来的成功只是碰运气而已吗？不少人认为创新不可预测。但是，创新的成功的确是有规律可循的。例如，找准创新的方向，建设创新平台，创建战术手册，利用它来识别最佳机会，然后用较少的投入来学习大量新知，并改变企业的沟通方式，这样就可以打造出一个速度快、质量高的创新流程，而且会大大降低先期投资。

　　大多数公司的经验告诉我们，创新的最佳着手点不能离核心业务太远，并且应该在核心业务领域之外。公司可以提出三个基本问题，来识别哪里蕴含着创新潜力：第一，我们的现有客户还有哪些更高的需求？第二，我们的潜在客户在哪里？第三，企业的哪个环节最需要改进？

　　充分利用每名员工的才智，实际上，他们都有接受创新思维概念的基本教育的欲求。惠尔普就已经把数千名员工培训成了商业创新者。墨西哥水泥公司设置了不同的流程用于培养创新。

　　在创新的早期阶段，公司要更多地考虑创新项目在多大程度上与成功模式相符，而不要过早地逼迫创新团队做出详细的财务预测，创建开放宽容的创新平台。

　　公司在开始实施新的增长创新战略时，也需要鼓励员工根据实际情况灵活调整。为此，它们只要遵循一条简单的原则，即"少投入，多学习"。有时候，创新团队的经费太足，可能令它们沿着错误的方向走得更远，反不如资源紧缺的团队那么有压力感，能抓紧时间并竭尽一切努力找到全新方式。

　　公司必须根据自身具体情况确定战略战术，建设创新平台，使之能反映所在市场的特点。将历史分析的结果与创新的基本准则相结合，扫平那些错误的认识，使公司从消费者、竞争对手、营销渠道、监管方等多个角度考察任何创新机会。

（二）你要粉碎的想法是——当然，创新的人要毫发无损

Facebook、MySpace 是现在人们所熟知的社交网站（SNS），殊不知，早在其问世几年前，微软早就涉足对社交网络 Wallop 的研发。但项目运作 4 年后，仍处在测试阶段的 Wallop 结束了自己作为 SNS 的身份，网站被关闭。

作为一种颠覆性的创新，Wallop 从一开始就坚定地认为"朋友邀请"是其发展用户的正确方式，这也正是"SNS"创新的核心。但是同 MySpace 不同的是，Wallop 拒绝将广告作为收入来源，而是靠出售用户用于装饰个人网页的 Flash 动画、图片、游戏等来盈利。它忽略了对 SNS 来说真正重要的是用户互动。目前，Wallop 仅仅是为 Facebook 等著名社交网站开发应用程序的公司。

公司时不时需要设定一些步骤让研发变得更加多产。但是，所有的这些步骤在使用范围内能够派上用场吗？基本的情况是"如果想创新，你就要能够容忍高的失败率"。提高企业组织在创新过程中更早清除无为项目的能力，可能会让你所花的时间更有价值。有些企业激励它们的创新团队自我管理。在诺华制药公司，如果一个开发新药品的团队发现它行进的方向不对，就拔下"插头"给自己的项目"断电"，为此它会受到奖励。管理学家们甚至认为，拥有一些悲观主义者的团队被证实是价值连城的。

美国硅谷崛起的国际知名企业微软、IBM、苹果、戴尔等，不仅允许创新可以反复尝试和失败，而且本身就是建立在硅谷成千上万小企业创新失败的基础之上的。微软操作系统的技术创新，戴尔创立的"定制直销"经营模式，IBM 从产品到服务的创新，苹果的产品和商业模式的创新，都是在不断尝试和失败中取得成功的。

世界经济论坛基金董事会成员 JosephP. Schoendorf 认为，失败是创新的关键。他说，"硅谷为什么是硅谷，这不是由人才决定的。而是硅谷能够容纳创新失败。"在硅谷，即使失败了，还是会被公司继续留任。而事实上，硅谷的大部分公司都是失败的。

但实际上，失败恰恰是创新的引擎，对个人还是组织，都是如此。其关键在于，如何用正确的态度去看待和利用失败——它应是一种祝福，而非诅咒。

创新失败了，如何应对？来自印度 MahindraSatyam 公司首席执行官 Chander-PrakashGurnani 表示，在 IT 行业的实验室的科技要比市场上的产品先进的多，新兴的科技比早年的好多了，大企业要吸引最优秀的人才，组建创新小组、拥有创新的能量。即使失败了，也要优雅的失败。曾经有一个大公司的一个项目失败了，但他们却在结束这个项目的时候搞了一个 Patty，为的是提醒员工，不要再重蹈覆辙。这是鼓励创新

的做法。

总之，失败并不可怕。企业越早认识到这一点，就越快步入创新思维的大道。不允许反复尝试和失败，肯定不利于创新；允许创新失败，又有可能无所顾忌。如何破解这种尴尬呢？

观念的转变是首要的，营造宽容失败的企业文化和氛围。作为管理者，我们总是最看重员工的成功经历，而最容易忽视了如何正确对待失败和失败的重要价值。英国物理学家威廉·汤姆逊曾说过："我坚持奋斗 55 年，致力于科学的发展，用一个词可以道出我最艰辛的工作特点。这个词就是'失败'。"

其次，要建立允许创新失败的体制机制，用制度来保障和规范。除了靠人的思想，企业还应该建立相关制度加以保障，并在政策和资金上给予支持，才能确保创新活动正常有序。当然，为防止失控，可以采取先点后面、分阶段走的策略。

（三）停止创新内战

苹果电脑公司曾经则把硅谷的修车厂变为产品创新的基地，IBM 效仿苹果的模式，在佛罗里达州的博卡拉顿市一个陈旧简陋的环境里开发个人电脑，世界顶级 IT 公司难道付不起写字楼的租金吗？当然不是，之所以这样选择，原来是为了使创新人选免受公司总部的种种限制。

成功的企业自然熟知内耗效应的原理，在创新上，则更需要避免内战的发生。创新团队是一个需要打破常规，无拘无束的团队，他与更注重效率、墨守成规、权责明晰的日常运营团队间矛盾重重的现象很常见。双方的目标一个是颠覆传统，一个是让每一项任务、每一个流程和每一项活动都尽可能地成为企业周而复始的惯例。如果不加引导和管理，必然走向相互敌视的境地。一项创新也必须靠创新团队与运营团队的精诚合作才能完成。

在大公司里，这一情况似乎会更严重。它们在做古怪、有争议的小项目时更加费力，而这才是真正的创新项目，它们经常具有增长潜力，却更难于被组织普遍接受。新的创意会危及大型组织的使命，因而大型组织对自己的创新者极度敌视，组织内抗拒变革的力量很强。有创新能力的人更愿意在重点突出、官僚作风少的小组织里工作。他们说："如果小公司也采取那些大公司的官僚作风，无用的审核流程繁琐，我们同样会很失望。"

建立小的项目组是一个不错的办法，不少大公司做得很好，例如 Google 公司。公司创始人拉里·佩奇和谢尔盖·布林雇用了大量聪明而又能创新的人，把他们编成地位平行的小团队，把官僚作风减到最少，每年的相当一部分预算会用于创新的小项目中。这里说的"小项目"，可能他的团队人员在饭馆里围着一张桌子就可坐下。他们可以到饭馆聚会，不是去开会，而是共进午餐，借机换换思路，或是干脆在那里构想好点子、新主张。通常这种让人放松的地方更容易想出好点子。

如果小团队提出了一些有意思的想法，一个好办法是，先不要急着投入生产，最好先走出公司，放宽眼界看看是否有类似的做法，可能已有别的小公司已经尝试了同样的事情，或者先进行小批的试验。

但是也有可能数年后，小团队仍一直不能提出具体可行的好点子，又该怎么办呢？那么解散它们吧，但不能对它们加以惩罚。想培养创新文化，就不能惩罚那些尝试做大事、有时会失败的人。毕竟，计划就该具备一定的冒险性，需要一些付出。

领导者应当像建立全新公司那样，从零开始组建专职创新，关键是要打破原有的工作关系，建立新的合作机制。外聘团队成员可以加快这一进程。如果创新团队的成员都是内部人士，那做起事来就会和运营部门大同小异。小组里的每个人肯定能有相同的偏好，直觉也更趋一致，这些偏好和直觉是在同一家企业里多年来形成的根深蒂固的东西。已有的工作关系也会继续发挥影响，共事多年的同事很难改变已经习以为常的互动方式。

同时，两个不同部门之间合理划分合作伙伴的工作职责是建立合作，同时又避免内战的第一步。多家成功企业总结出的总的原则是，通常运营部门应当只承担那些和当前业务的流程路径、推进速度和负责人员都相同的工作。其他任务则全部分派给创新团队。

公司管理者还可以通过编写新的岗位描述、创设新头衔，以及公开调整团队内部的权力平衡来加快工作关系的破旧立新。创新团队通常还需要制定不同的绩效标准、激励方式和文化规范，以适应创新的特殊需要。

如果冲突真的不可避免，那么当它到来时，不需要畏惧。方法得当的话，还是有很大的机会来化解的。首先，企业领导者必须不断强化团队之间的相互尊重。创新团队的负责人要明白，创新的投入来自运营部门所创造的利润，运营部门做的是分内的事情，而不是在懒惰怠工、推卸创新的责任；而另一方面，运营部门也必须意识到，没有一个运营部门能够一成不变的永远持续下去，如果把创新领导者贬低成胡来的叛逆分子，势必会断送企业的未来。双方需要的是一种积极的、合作的态度。同样，企业高管的责任重大，他们不能只是为创新团队加油助威，同时还应当表彰业绩引擎的优点，突出它们的重要性。

"领导者的任务是描绘未来的前景，并推动在内部达成理念一致。"EMC 公司的基辛格说。在企业内部，形成一个统一的战略创新构想必定是个逐步推进的过程，销售、服务和法律部门虽然有不同的声音，但讨论的过程也正是推进战略不断前进的过程。

（四）开放式创新，超越"非此地发明"的想法

不少企业认为创新是一项专有活动，内部开发的技术至高无上，而对"非此地发明"不予理睬。但是最精明的公司不会这样做。在他们眼中，全球化运营最重要的是获得创新机会，而不仅仅意味着前往遥远的地方，争取那些贫穷的客户、低成本劳动力和现成的资本。

通用电气公司的首席执行官杰夫·伊梅尔特说过："要获得更多的点子，就得走出去。"

宝洁公司在这一点上也曾经走过弯路，1999年之前，宝洁公司自身研发的成功滋生出了"非此处发明"心态，员工对与外部合作实现增长漠不关心。宝洁内部的专利、商标、商业机密和专有知识，等等，从不会与别人分享，而是作为一种为阻止竞争对手模仿宝洁产品而故意制造的障碍。

后来，宝洁的高层管理者开始推动企业文化变革，逐步放宽对外发放许可证的限制，并且最终认识到，所有的工作都独自完成是不可能的，终于打破企业的围墙，从"研发"走向"联发"，即著名的"C+D"（Connect+Develop）模式。

杰夫·伊梅尔特

至今，P&G 已有 50% 以上的新产品和创意来自公司外部，大大提高了公司整体的财务表现。借助互联网凝聚社会的智慧，这是 P&G 给我们上的最好的一课。

网络作为一种共享平台的兴起，促进了这种新创新模式的发展。而驱使越来越多的企业采用这种方式的因素是对发掘更多更好的产品创意，以及更快更好地利用这些创意的不断加剧的竞争需求。

在过去十年里，消费品、时尚和科技行业的一些企业已经逐步将它们的产品开发过程向外界的新创意开放，比如来自供应商、独立发明人和大学实验室的新创意。

技术人员比以前更有流动性，他们把技术和秘诀传播给更新、更小的公司。在民间，在大学实验室，同样有大批的创新人才，企业为什么要放弃呢？

许多朋友都熟悉或者参加过 IBM 每两年做一次 InnovationJam。不仅来自各地 IBM 员工汇聚在一起碰撞灵感，数量众多的特别邀请的客户和员工家属也会加入，共同开展头脑风暴。如今惠普和诺基亚等公司也采取类似的方法，寻求新的创意和解决方案。

同样容易被企业忽略的一种创新来自用户和材料供应商。有些领域，用户（产品使用者）开发了大多数创新；也有些领域，产品部件和材料供应商是主要创新者。美国麻省理工学院教授冯·希普等人对科学仪器、半导体工艺和印制电路版工艺、Pultrusin 纤维生产工艺等领域的创新活动进行过多年的实证研究，他们发现，用户是这些领域的主要创新者。

以科学仪器为例，作为科学家和研究人员用来搜集和分析数据的工具，属于电子工业的常用设备。作为用户，研究人员和科学家开发了 100% 的初始创新。大多数仪器制造商声称，他们的商业化产品确实是建立在用户创新的基础之上，制造商推出的科学仪器创新中，有 78% 与用户最初的产品原型有着相同的技术原理。

接着，制造商就进入了创新过程。制造商在用户创新的基础上，利用设计和工程专长提高设备可靠性、便利性，完成产品制造、营销和销售活动。

你也许会说科学仪器等精密仪器只是特例，那么再看生活用品的一个例子。小苏打的许多应用创新都来源于用户。比如，用户首先把小苏打用于消除地毯、衣柜、猫窝异味，以及冰箱防臭和牙齿增白等。聪明的制造商对这些办法利用和推广，成为企业持续成长的动力。

现在，越来越多的组织开始采用把志趣相投的各方力量汇聚起来的创新模式：它的术语是分布式共同创造。

对我们来说，"分布式共同创造"是一个很新的概念，一份对网上社区的研究以及对多个开放式创新先驱的调查表明，对公司高管来说，现在就应该开始认真研究"分布式共同创造"的可能性，了解采取这种模式时可能面临的种种挑战。

企业有三种通过采取"分布式共同创造"方式获得成功的途径。首先，企业可以学习乐高公司和 Threadless 公司，通过推广从网络上收集到的好创意，从共同创造的产品或服务本身获取价值。其次，企业可以通过提供互补性的产品或服务来获取价值。例如，RedHat 向 Linux 用户大量出售技术服务。第三，企业可以间接地从共同创造的过程中获益，比如，通过共同创造来增强品牌地位或公司战略地位。

开放式创新的价值在于，它可能能为企业创新源管理和寻找创新机会提供新的洞察方式。但企业需要一定的能力并组织这些能力才能实现对这种创新模式的最佳利用，其中面临的种种挑战也不可小觑。

（五）"跳出盒子"——不拘一格思考，左右开弓创新

德勤领先创新中心联合主席约翰·哈格尔三世指出，美国公司在进行创新时，专注于本垒打——即大张旗鼓地发明，立竿见影地创造出数亿美元的收益，改变整个行业。换句话说，就是指苹果公司iPod那样的产品。

哈格尔认为，更快更小的突破也许最终也可以产生同样的效果，他说："我们总是低估频率高、渐进式创新的价值，但实际上，这种创新久而久之会变成突破。"

实质上，iPod也并不是苹果公司一夜之间的重大突破，它来源于一个叫作Portal-Player的公司。该公司花了数年时间开发一种数码音乐播放器的操作系统，然后才与苹果公司在iPod上进行合作。

是的，仅仅选择一种创新形式是不够的，要想获得成功，你的公司必须"左右开弓"，要能够管理不同的"创新流"：既着眼于外观设计变化这类渐进性创新，也不能忽视微处理器这种革命性创新，还有结构式创新、跳跃式创新以及随身听（索尼）这种创造空缺市场的创新等。不仅让公司在短期内通过提高效率变得更具竞争力，也通过跳跃式创新等确保公司能获得长期成功。

研究表明，渐进性的创新文化常常会在制度上针对结构式和革命性创新文化会有一种敌意。企业内部产生短期成功的非常组织联盟，通常会导致一种结构惰性，这种惰性破坏了企业迅速改变和调整的能力。一些顶级专家甚至建议渐进性和非渐进性创新流应该在拆分后进入各个企业组织。

但是如果你能区别渐进性想法和非渐进性想法，并且开辟出独立的通道来形成和发展这些想法，那么，让同一个管理团队监控两种创新流，明显优于拆分出非渐进性创新流，并让其他的团队来监控它们。

视康公司就很好地做到了这点，在隐形眼镜、镜片护理和眼科用品市场，视康公司长期处于国际领先地位。它是如何长期立于不败之地的呢？视康公司做出回应，它不仅投资改善渐进性的产品和流程，捍卫公司在常规的软性镜片和镜片护理产品的市场地位，与此同时，它还利用这些改善所带来的利润为三个独立的团队提供资金，致

力于具有替换公司现有产品和流程的潜能的跳跃式、革命性创新。

来自研发、诊断和管理、工程、生产、营销、财务等不同的部门的人员组成三个团队，分别开发"一种全新的连续生产流程以大幅度削减生产即弃型软性镜片的成本"，"一种全新的隐形眼镜，这种眼镜可以带上整天整夜都不用摘下来"，以及"和激光疗法相结合，能够治疗与年龄相关的黄斑变性间断性眼药产品"。尽管这些团队被赋予了很大的独立性，但单独的经理团、CEO 和手下的高级成员，监控着一切进展。

许多专家认为，进入创新阶段后，企业的缺点源于思考不够超常或没能完全"跳出盒子"不拘一格地思考。事实上，要做到这一点，就要认识到创新是多元性的，研发并不是创新的唯一来源。意外发现、人类对清洁能源的需要、可持续发展、市场、用户、设计、经济结构、管制变化……甚至失败的项目都可能产生创新机遇。

创新也远远不止是技术创新和产品创新，创新包含的知识产权和技术越来越多，单个技术创新不能保证整个创新成功。企业要想从某个技术创新中取得实在的商业利益，常常需要其他多种创新的配合。苹果电脑推出 iPod 产品时用了 7 种创新，其中包括音乐下载平台 iTunes 这一商业模式创新。

创新更不是某个部门或少数几个人的任务，而是遍布整个企业的思维方式。现代的创新甚至不能局限于一个企业的内部，而是呈现出网络化协作的特征，研发和设计部门、合作企业、用户、供应商、大学、政府，甚至竞争对手，都可能参与其中。

今天，创新的含义大大扩展了。也许根本就没有必要严格地界定创新，那样反而限制了思维创新。企业也不要把创新看得高不可攀。其实，创新并非什么高深莫测的神话，而是人类最普遍的行为。有句话非常形象地描述了创新的真谛：创新无处不在，无人不能。

"一个了解这些因素的高级团队，"正如管理学家的总结，"是能够建立多元的稳固的创新金字塔，它应该是公开、透明和动态的。在这里，渐进式创新和突破式创新齐头并进。"

（六）创新者的 DNA 有何不同

一位美国作家曾经说过，"很多人往往可以发明出革命性的产品，但是却不能使市场接受他们的发明。"对于一个企业来说，这才是创新的终极含义：为市场而生。菲洛·法恩斯沃斯在 1927 年就发明了电视，但直到十年后，才有戴维·萨尔诺夫，通过创建电视广播把黑白电视带给消费者。企业所需要的创新，不仅仅是创造一台机器，而是一种成功的商业模式，是一系列节节相扣的环节所组合成的成功之路。那么企业所要的创新者 DNA 到底有何不同呢？

欧洲工商管理学院教授赫尔·葛瑞格森等三位作者经过对将近 3000 名企业主管长达六年的创新力研究发现，总结出了联想、质疑、观察、试验和建立人脉的五大"探索技能"。

当然这并不代表着创新者要做到样样精通。观察能力出众的 Intuit 的斯科特·库克（ScottCook），人脉广博的 Salesforce. con 创办人马克·班尼夫（MarcBenioff），善于实验探索的贝佐斯，联想能力超强的乔布斯都是很好的例子。

乔布斯经常说："创造力就是把事情联系起来。"把看似无关的疑问、问题或来自不同领域的想法成功关联起来的联想能力，从而挖掘新的方向，创造新的价值，是创新者 DNA 的核心所在。

"重要且艰巨的工作，从来就不是寻找正确的答案，而是提出正确的问题。"50 多年前，彼得·德鲁克就指出了挑衅式质疑的威力。创新型企业家会花大量时间思考如何改变世界。在进行头脑风暴时，他们经常会问："如果我们这么干，会发生什么呢？"

不难发现，那些最具探索精神和创新力的企业高管们一定是"很细致的观察家"。他们可以通过对常见现象特别是潜在客户的行为的详加审视，提出不同寻常的商业创意。财捷公司创始人斯科特·库克通过帮助妻子解决家庭财政记录的问题，创造了有丰富网上功能、简单快捷的家庭和个人财务管理软件 Quicken。

同科学家一样，创新型企业家也需要通过制造样品和进行小规模试验，来积极尝试新的想法。亚马逊最初的想法只是通过互联网在无库存情况下销售书籍，但是长达 7~9 年的时间，不断的尝试、不断的试验，最终促成了拥有巨大藏书量的书库，贝佐斯建成了亚马逊独到的商业模式。贝佐斯认为试验对创新至关重要，他甚至在亚马逊公司把它作为一项制度规定下来。"我鼓励我们的员工去钻牛角尖，并且进行试验，"贝索斯说，"如果我们能使流程分散化，就可以进行大量的低成本试验，我们将会得到更多的创新。"

谈到建立人脉，我们可能只会想到工作、职业或是社交生活。在创造力方面，建立人脉有着新的定义。"创新者刻意接触那些与自己观点不同的人并与之交谈，从而扩大自己的知识范畴。"葛瑞格森说。

普通高管搭建人脉只是为了获取资源、推销自我或是所在公司，抑或是寻找晋升之路，而创新型企业家则是为了拓展自己的知识领域。这种人脉不分性别、年龄、行业、国籍甚至政治信仰。RIM 公司创始人迈克尔·拉扎里迪斯提到，黑莓手机最早的灵感就是来自 1987 年他参加过的一次会议。

科学研究表明，充满好奇、善于提问的精神每个人在 4 岁时都有，但慢慢长大上学工作后，这种可贵的精神却流失了。庆幸的是，这些技能并不是一去不复返，我们可以从提问开始，重新培养质疑精神。

创新和创意是企业成长的关键动能。创新思维对某些人来说是与生俱来的，但它也可以在实践中得到发展和强化。创新者必须坚持不懈地与别人想得不一样，做得不一样。企业也可以以此来判别具有创新力的员工，找出更为有效的方法，激发所有人的创造力火花。

记住葛瑞格森的话："每个人都有其独特的 DNA，而在创意方面，我们每个人都有自己独特的一套技能激发灵感，挖掘创新思想。"

（七）你能确定十拿九稳吗

企业家总是面向未来，在这个过程中，我们通常需要思考这样两个重要问题：投入这么多值得吗？在一个创意冒出来的时候，我们是不是应该继续下去呢？

有一个好办法：绘制产品优势的地图，把新的产品和服务同目前可以获得的产品和服务进行比较。克莱顿·克里斯滕森曾经研制出一种工作框架，其绘制的核心思想是："顾客购买产品，其实是'用'产品去做一件事情。如果可以让客户更加容易地完成他们过去一直都努力在做的事情，公司就成功了。"

我们可以把它细化为两个方向四个条件：从拥有高的购买动机来说，它必须比现有产品便宜（价廉）；它提供的特色功能必须比现有产品好（物美）。另一方面是清除购买障碍，它不能有任何转换或调适标准的成本（使用方便）；它必须随处可得（购买方便）。

显然，满足这四个条件，顾客就会购买产品或服务，因为这里只有益处而没有障碍。新产品越能满足四个条件，它就越有机会成为赢家。当然，如果满足这些条件有利可图，创新就能获得财务上的成功。事实上，很少有哪个新产品能同时在四个方向都超越旧产品。然而，有时候也有公司能够成功地创造出几乎能实现这一切的产品。

让我们看看成功的公司是怎么给我们做出典范的。2001 年，宝洁公司（P&G）推出的佳洁士电动牙刷 SpinBrush 得到了巨大胜利，在不到 24 个月的时间里为宝洁公司带来了超过两亿美元的年销售量。

让我们用四个方向的测量模式来看一下 SpinBruish 的魅力所在。首先，价格低廉：竞争对手的电动牙刷零售价每把超过 50 美元，而 SpinBrush 定价最高达 5 美元，这成为消费者的主要购买动机。其次，功能更多，使用方便：顾客可以发现 SpinBrush 有更多的功能。比如，依靠一次性电池工作，比其他大多数的电动牙刷更加便于携带。

从清除购买障碍来看，宝洁公司强大的分销能力使得产品更加容易被顾客购买，而产品包装上"试用"的标记也做到了这点，购买者可以在商店测试电池，看看牙刷是如何转动的。直立式设计和倚靠电池工作使得它比同类产品更加便于使用。

满足了这些基本条件，只能说明该产品在市场上获得成功的可能性就非常大了。我们还有更多的事情需要做：像宝洁公司做的，进行市场研究来支持四个方向的测量模式所做出的预测；在中西部的折扣连锁店梅杰对 SpinBrush 进行试销，结果那里 Spin-Brush 的销售量几乎是销量最好的普通牙刷的 3 倍。

主意汇总之后管理者需要做的就是减法了，运用评估、提炼，从内部员工、客户、学者等处获取信息，关注每一个让人们困惑的或是喜欢的因素，然后在下一轮工作中改进产品。

这样的评估、提炼通常需要连续几轮。不经改进就完美的观念是不存在的。在改进过程中，从公司内部、目标客户以及与计划无关的学者那里获取信息。关注起作用的和不起作用的因素、让人们困惑的以及似乎喜欢的因素，接着在下一轮工作中逐渐改进产品。

摩立特集团旗下的德布林公司（Doblin）研究了数百家企业后，开发了一个新方法，来给创新构想"测试温度"。他们将创新类型划分为 10 个，包括商业模式、关系网络、辅助流程、核心流程、产品性能、产品体系、服务、渠道、客户体验和品牌。你的构想涉及的创新种类越多，就越能对抗竞争对手的产品或服务。

对一项创新提案的决策从来不是一件容易的事情，在一些行业领先企业，譬如在超微半导体公司 AMD、美国花旗集团、美国杜邦公司、德国乳品集团胡玛娜、瑞典玻璃纤维公司欧文斯康宁等，它们设立了专门的首席创新官。而在一些知名企业中，也会有其他职位的高层管理者专门负责创新工作。

虽然关于该职位应该行使怎样的职责还没有统一的定义，不同的行业有不同的情况。但是构思一种共同的语言，将它运用于整个企业中，是所有创新官的首要职责。此后，一旦面对关于企业核心业务的创新问题，面对那些看似矛盾的运营或是创新理念问题，这种共同语言能够帮助企业理清思路，抓住创新的根本，同时为未来发展奠定创新的基础。

（八）如何下大注——创新的三种诊断法

该选择哪种创新构想？这种判断与选择通常都让企业决策者头痛。企业在做选择时通常都是靠猜想，在选择的时候应该考虑更多的问题：能否对抗来自竞争对手的市场压力？这个构想给客户带来的经济价值是否比其他构想更多？错误的选择常会让创新者回头再次寻找其他的机会。

如何避免这种浪费现象，最平常的做法是在选择之前做好调研与测试工作。

"我们的新服务测试结果好极了——在我们调查的消费者中，超过5%的人说会购买这项服务。我们推出了这项服务，可结果让人大失所望。"这只是我们要讨论的测试方法，或者说诊断方法的一种。我们称之为顾客诊断法。

这种诊断法的评估对象是顾客，而目的是找到市场中的突破口，很显然，实施这种方法需要寻找一些迹象。

调查的结果往往会出现以下几种结果：人们抱怨产品和服务太贵、太复杂；产品的特色不受重视；曾经创造过价值的创新的溢价收益减少。这些都是市场需要创新或者说迫使企业创新的源头。

当然，有的顾客会说："我当然会买下一代的产品，只是我不想再多付钱而已。"这是另一种顾客的需求的表现，这称为产品使用过度。但需要提醒的是，消费者是会撒谎的。如何设计并实施测试，对于最终的测试结果评估，都是十分重要的。

已有的客户群是一个很好的调查群体。如果你发现自己的客户群里有不满意的顾客，就应该考虑如何超越自我，因为这样下去对手可以对你发起突破型的进攻。

某公司团队采用的方法是制作产品原型并展示给消费者。展示结束后，他们问消费者，他们是否愿意象征性地支付一笔费用。这是一种很好的试探方式。

除了已有的客户群，相邻的市场是你寻找潜在消费者的下一个地方，竞争对手在那里也有不断抱怨顾客，他们可能为你发起突破型攻击创造一个缺口。

确定了调查对象之后，调查手段也很重要：走访顾客，分析利润率和定价，阅读行业杂志，应急的市场调查也能起到作用。

还有另一种客户，因为没有享受过产品或服务的消费者通常不得不雇用他人来为自己办事，或者不得不用凑合的办法将就一下。

记住，每个市场都有没有享受过产品或服务的消费者，这一点千真万确。

为了评定当前或潜在的任何一种创新是否能够用一种成功满足可突破型顾客群的

需要的方式展开，文件夹诊断法的概念被提出来。文件夹诊断法能够识别出促成创新的机会，企业可以通过增强某种创新对可突破型顾客群的吸引力来完善这种创新。

这种创新的技术按照传统的测量法测量，性能相对较低，但它却从完全符合顾客的行为模式和轻重缓急的便捷、个性化和简单化中获得了新的利润。

对竞争对手进行评估，这种方法往往容易被人忽视，然而这一点的确能够找到机会充分利用对手的弱点和盲点。

正如克莱顿·M. 克里斯滕森和迈克尔·E. 雷纳指出，突破型创新入主那些先入市者被迫退出或者忽视的市场。因此，估计对手是否会做出应激反应以及是否有实力做出有效回击非常重要。那些推介突破型创新的企业也倾向于独一无二的能力去做对手无法做的事情。

对于对方能力的了解关键在于确定对手有哪些流程、缺少哪些流程。飞机制造商波音和空中客车必须协调复杂的供应网。强生公司必须让新的医药顺利获得认可，宝洁公司必须制订出有效的产品营销计划。

进入新市场的独特技术使得企业与对手相比时能处于经验曲线的上端，并能独享长期的优势。

在以上三种测试方法的基础上，还有其他更多的尝试，例如，在员工中测试创意、推出简化版产品、举办研讨会。更多的是根据具体的情况把多种方法放在一起进行综合测试，通过系统地实施这些诊断法，任何个人或团队都可以很快地确定在其领域哪些机会是最有希望的，是最值得额外关注的。

在对测试结果进行分析之后，能够较好地确定最具潜能的机会，预备商业个案也将浮出水面。作为额外的奖励，这种分析也将突显出能找到持久的创新的机会，这可是大部分企业的活力的源泉，因为这些机会能使得现有的企业在已经获得立足之地的市场上得到发展。

也许这些测试并不完美，但是，相比只是问消费者"你想买这个吗？"这些测试方法显然更有效。请记住，最重要的是根据当前市场的具体情况综合运用测试方法，为你的创新之路找到指南针。

（九）快乐的突破型结局

当我们为想到一个创意手舞足蹈的时候，我们不得不仔细地想一想，我们的目标达到了吗？这一定会是一个快乐的突破性结局吗？要想确定哪些创意真的具有突破性，哪些创意只是看上去具有突破性，首先要理解突破进行的过程。突破的关键在于非对称性，即一个企业所做的事情是其对手不愿意做或者没有能力去做的。

大多数公司在现有的商业模式下，难以保持效率。关注如何逐渐降低成本已经不能解决问题，寻找从根本上再造成本结构的方式才是出路，宜家在家居业、沃尔玛在零售业、西南航空在航空业以及戴尔在电脑配送方面的表现都表示他们的管理者明白了这个道理。

还记得早期的个人电脑吗？当时它不得不称作家里最难看的物件，当然这都是在苹果雇用年轻优秀的英国设计师乔纳森·艾夫以前的事。这个年轻设计师将创新融入 iMac 电脑，完全改变了消费者关于电脑外观的期望。我们可以重新定位，将电脑作为一件艺术品。同时，苹果通过连续的产品升级，不断地改变着人们的需求。还记得那些大多数人在音像店买 CD 的日子吗？那是在 iTune 出现以前，iTune 使我们仅仅用 99 美分，就可以合法地下载任何我们想要的流行音乐。

他们是怎么一步步做到的呢？首先，变革者进入现有企业模式的市场。如果管理者只是把目标锁定在业已成形的市场的低端，获取现有的服务触及不到的顾客（例如折扣零售商），或者与非消费行为展开竞争，创造新的市场（例如个人电脑），那么也许可以得到一些成就。现有企业往往容易忽视突破型的发展或者退出了入市者瞄准的市场。这种非对称性的动机就像一张盾牌一样在早期保护着变革者。

随着进一步改善其产品或服务，入市者逐渐开始侵入要求更高的市场层面。现有企业感到威胁时，他们常常要面临选择：是投入资金捍卫利润微薄的业务，还是投资生产更好的产品以向高端市场上要求更高的客户开出更高的价格。当他们放弃低端业务，寻找具有更高获利机会的高端市场时，变革者再一次获得了非对称性动机，因为，此时，在业已成形的市场上，即使是对性能要求最少的顾客看上去也非常具有吸引力。

当现有企业发火时，还击出现了。然而，常常为时已晚。躲在非对称性动机盾牌后面的新入市者已经获得了开发独特技术的时间，同时新入市者还和新的合作伙伴建立了关系，获得了对其突破型业务模式的支持。

另外，有几条指导原则，可以帮助企业快速突破创新前期的混沌状态。比如，为新的增长业务创建战术手册，从而辨别最佳机会；学习大量新知，改变企业的沟通方式；打造一种速度快、质量高的创新流程，大大降低先期投资。

公司必须根据自身具体情况确定战略战术，使之能反映所在市场的运行特点。一旦确定了准备进军的市场空间，企业就应该着手具体研究怎样服务于这一特定市场。

有一个不错的办法是列问题清单。具体来说，可以分析该细分市场在历史上的 10～15 项重大创新，包括成功和失败的情形，尤其是那些起初认为必获成功、结果却惨遭失败的例子，以及那些起初并不看好、结果却意外赢得巨大成功的案例。把上述历史分析的结果与突破性创新的基本准则相结合，就得到了一份属于自己的清单。这份清单能让公司从消费者、竞争对手、营销渠道、监管方等多个角度考察任何创新机会，分析在何种市场环境下某个战略最有可能获得成功，并确定成功战略必须遵循哪些准则。

当公司遇到大有潜力的创新想法时，这份"战术手册"就要发挥作用了，严格按照问题清单上的问题进行审查，可以帮助企业保持清醒的头脑，并做出最合适的选择。需要注意的是，在创新的早期阶段，过早地逼迫创新团队做出详细的财务预测不是明智的选择，公司应该更多地考虑创新项目在多大程度上与成功模式相符。

并非所有突破开篇的故事都有快乐的结果。一家公司看上去已经开始走上通往突破型财富的道路，具体的环境决定了它会成功还是会在路上受到伏击。你要问问，对于任何一个资源充足的竞争对手来说，这项创新有没有可持续性。你要检查一下，受到威胁时，行业环境会不会使现有企业逃离而不是反击。

（十）创造力不是"管"出来的

人们已经达成共识，无论是开办新企业，还是让优秀公司达到全球规模之后仍然保持卓越，创新都不可或缺的。虽然就创新而言没有所谓的"万灵丹"，罗兰贝格工商技术管理学讲座教授苏米特拉·杜塔表示，参与调查的九家跨国公司的 CEO 达成的共识是：某些特定的条件的确有利于创新，成功的概率也因此而提高。

在谷歌公司开展的一项内部创新分析中，对两类创意的开发进展进行了跟踪，一类是有人"管"的创意，即获得了公司领导人支持，另一类则是无人"管"的创新，即员工在没有上层支持的情况下自行完成的创意，结果是后者的成功率更高，这对我们颇具启发性。

创造力始终是企业的核心，这种能力在什么阶段都不可或缺。然而，也许是因为人们认为创造力虚无缥缈、难以捉摸、无法管理，也许是因为专注于创造力并不能像改善执行力那样取得立竿见影的成效，大多数企业高管都没有将创造力作为关注的焦点。

不过，创造力长期以来却一直是人类学和神经学等学术领域的热点，而且也引起了管理学者的兴趣。突然间，创新成了驱动经济的主要力量。企业间的竞争演变成一场比赛，比的是谁的创意更多更好。为了将理论和实践联系起来，哈佛商学院最近举办了一场为期两天的学术研讨会，并邀请了 IDEO、谷歌、诺华制药等依赖创新取得成功的企业领导人参加。在会上，一些顶尖学者介绍了他们最新和最重要的研究成果。

与会者认为，专家的意见一致表现为：领导人的第一要务，就是在合适的时间、让合适的人员以合适的程度参与创造性工作。充分给予员工足够的空间，而不是束缚他们的思想。这一管理工作始于领导人对员工角色的重新塑造。员工们不只是卷起袖子，执行自上而下的战略，他们必须发挥想象力，提出自己的创想。

正如财捷公司创始人斯科特·库克所说："传统上管理者会排出项目的优先顺序，然后将人员分配到不同项目。但现在，越来越多的创意来自员工，而不是管理者。"管理者必须需要做的只是创造一种创新并开放的文化，从各级员工那里发掘创意，鼓励并促进员工间合作，倾听各种观点。

谷歌公司开展的一项内部创新分析颇具启发性。公司对两类创意的开发进展进行了跟踪，一类是公司领导人支持的创意，另一类是员工在没有上层支持的情况下自行完成的创意，结果发现，后者的成功率更高。牛津大学进行了一项长期研究发现，领导人可以在新产品开发的概念阶段运用"协调图腾"。管理者还可以甚至到组织外部去寻找创造力的来源，提高多元化程度。多元化有利于促进员工之间的磨合，使他们有机会取长补短。

谷歌公司总部

然而，把不同国籍的员工融合成一个整体可说是一项艰巨的任务，尤其是对原本只雇用同类型员工的公司而言更是如此。

但是，博世集团董事长弗朗茨·菲润巴赫却非常强调学会接受和包容文化改变的做法，他将文化多元化看成是公司的核心价值观念之一，他说人们必须学会接受和包容文化改变。考虑到博世未来的新兴市场业绩增长目标在于新兴市场，这无疑是明智的战略抉择。

诺基亚 CEO 康培凯对"离岸经营"这个术语不以为然。他说："所谓全球性企业就是在全球范围内经营，根本不存在'离岸'的概念。公司只不过是在不同的地点发展业务。"

新生力量能够带来创新灵感，正如跨国公司 Infosys 董事会主席和首席顾问那拉耶那·默西所说，"我们必须多鼓励青年人，因为他们充满创意……我们要创造适当的环境，让年轻人充满自信；他们精力旺盛、充满活力，总是怀着满腔热情为公司添砖加瓦。"像 Infosys 这样的跨国公司便积极聘用有作为的年轻人来开发新的软件。Infosys 设立长达 3 天的"创新日"，公司的最高管理层会向大家开放，让 30 岁以下的年轻人借此期间向公司的最高管理层提呈自己的想法和建议。

尽管如此，创新点子需要正确地执行才能取得成果。这些跨国公司的 CEO 们有一个重要共识，那就是设计妥善的执行程序，为创新之举排除障碍并创造有利的条件。

杜塔称，成功的企业往往善于打造所谓的"创新平台"。他说："这些执行程序不是官僚式的繁琐手续，而是创造创新氛围，鼓励企业内部人人参与。"

"黑莓"智能手机制造商 RIM 的联席 CEO 吉姆·巴尔西利说："我认为，创新的执行过程比仅拥有适当的点子更为重要，其能见度、透明度以及各级员工的合作度都至关重要，这些对创新活动大有助益。"

即使高管已经采纳了上述所有关键的创新"驱动力"，还不能算是大功告成，他们还要不断地激励员工以保持创新思维。

因此，Genentech 用颇为可观的股票期权以及其他形式的报酬来奖励那些创新能力强的员工。而在 SAP 公司，个人的报酬则主要由团队的业绩来评定，而高级经理的报酬则根据他们的团队对公司整体业绩所做的贡献大小来定。

多位公司的 CEO 指出，消费者选用他们的产品和服务也是一种莫大的激励。公司在市场上取得成功，反过来也会有助于创新循环和提升创新力。

鉴于同样，创新的过程也可以激发更多的创新，因此成功的 CEO 会们也相信以知识共享的方法来吸引延揽更多的创新伙伴，将会带来更大裨益。

SAP 公司联席首席执行官孔翰宁说："我们知道获得知识的最佳方法就是知识共享。如果时时刻刻设法保护自己，那么这场游戏已经输了一半。重要的是通过开放与

创新管理

共享走在竞争者前面。"尽管 SAP 公司绝大多数时候可以做到门户大开的。

当然在与美国微软公司和国际商用机器公司（IBM）等几家共同开发软件的大型伙伴合作时设法保护自己也是必需的，但绝大多数时候它是门户大开的。Genentech 的发现和发明也总是被尽早公诸于世，而对其知识产权的保护仅依赖于专利体制。

同样，Genentech 总是尽早将其发现和发明公诸于世，仅依赖专利体制来保护其知识产权。这种开放政策使其得以与顶尖学术机构进行专业合作及联合研发，由此推动生物技术领域取得新的进展。

杜塔对此表示："一般来说，没有一家公司能够独自地完成创新活动。企业和同行的关系应该是既竞争又合作的关系。而且，很多情况下，创意点子来自供应商、消费者以及市场营销伙伴的紧密合作。同时，开放性政策使得与顶尖学术机构进行专业合作及联合研发成为可能，从而推动创新取得新的进展。"

随着运营规模的扩大，企业更加依赖流程，这是一种典型的反应。也就是对"我们公司做事的方式"实行标准化和持续改进的方式，在促进企业效率的同时，也会带来扼杀创新的危险。不过，许多参加研讨会的成功的管理者都会避免由此带来的不赞成对创造力如此加以约束。

诺华生物医学研究院总裁费思民说："如果说有哪件东西毁掉的创新最多的话，那就是六西格玛了。"与会者认为，企业领导人应当筹划创造性工作的各个阶段，并确定每个阶段所需的不同流程、技能组合和技术支持。例如，以效率为重的管理"不能用于探索阶段就是很不合适的"。管理者还必须建立合理的过滤机制，能够在淘汰那些没有潜力的创意的同时，妥善处理好创新成果的转化过程。为从事创造性工作的员工扫清障碍还需要管理者的支持，甚至管理者还得扮演"牧羊人"的角色，保护他们免受外界的不良干扰，从事创造性工作的员工，不让他们置身于充满敌意的环境中，并为他们扫清障碍，打通前行之路。

在创造性工作中，激励员工发挥最大潜能尤为重要。如果员工无法全心思考问题，他们就不太可能拿出新颖的解决方案。与会者提供的研究表明，为员工提供智力挑战，给员工独立自主工作的权力，接受失败的必然性并从中学习，为员工营造良好的工作环境，这些对于提高员工的创造力大有裨益。从事创造性工作的员工更在乎管理层的态度，如公开对员工的工作予以真诚的认可，这种看似微不足道的小事要比现金奖励更管用。至于失败，组织的失败可以分为三种截然不同的类型：试验不成功、系统故障和过程偏差。企业必须对它们一一加以分析和处理，但第一种类型为创造性学习提供了最大空间，企业可以借此克服内部责难失败、反对试验等积习。

成功的企业往往善于打造所谓的"创新平台"。需要注意的是，其中执行程序千万不能只是官僚式的繁琐手续，而是要靠它创造一个创新氛围，让员工能够有宽松的环境来实现自己的想法。

（十一）可持续发展为何是创新之源

当前的经济体系仅仅满足了全球约 1/4 人口的需要，却对地球造成了巨大压力，而在未来 10 年里，成为消费者和生产者的人口将是这一数字的两倍之多。能源价格、气候变化和物流势必会影响商业的发展。传统的商业模式即将崩溃，企业必须需要全力开发出创新性的解决方案。而想要实现这一目标，企业高管必须认识到一条简单的真理，那就是：可持续发展＝创新。当福特和通用汽车正进行着价格战，挣扎着看谁能在最低利润下幸存时，雷克萨斯却通过他的新车型 RX400h，得到了比历史上其他任何车型都多的预购订单。那些潜在的买主甚至愿意多支付 1 万美元以求更快地买到车。这款 SUV 的优势在于不仅能同任何其他豪华 SUV 一样舒适且功效强劲，更重要的是你能驾驶它从洛杉矶到纽约来回 9 次，而产生的尾气比在家里粉刷一个房间产生的气体还少。

企业的意识越来越强，它们认同了必须了解可持续创新所带来的商业潜在力量，并以此振兴创意，创造全新的商业机会。美国通用电气承诺实现"绿色创想"战略，并抛出了"绿色就是美元"的论断。有专家预测 25 年后的世界，数以百万计的建筑物、购物中心和科技园区都会进行能源收集和共享活动。这些无疑是对人们一个最初的告示：可持续发展已经进入商业主流，并且其创新战略势在必行。

经济趋势基金会总裁杰里米·里夫金曾预测，地球石油的短缺、生态环境的恶化，必然导致人类在未来几十年里遇到挑战，有效利用来自垃圾、太阳、风力、潮汐等方面的能量将成为人类的必然选择。这意味着，支持这些能量利用的存储和传输的技术同样也会快速兴起。

创新是这样一种富于策略性的选择。企业可以选择采用突破型策略，也可以用可持续性发展的方法，让现有企业更容易获利的方法对策略进行变形，降低变革现有企业的概率。

公司面临的可持续发展压力越来越大，而大多数公司首先采取的步骤通常是为了达到法律上的要求。不少企业只是会绞尽脑汁拖长时间，而只实行最低的环境标准。殊不知这些零敲碎打的被动方式看似可行，但当你将非预期的后果考虑在内，就会发现这样只能适得其反。例如，当法令颁布时，改用环保材料，将生产厂迁往更靠近终端市场的地方，用节能灯替换普通灯泡，等等。这类举措最终会导致财务、社会或环境成本上升，甚至阻碍供应链良好、持续地发展。

更聪明的选择是率先遵守最严格的规则，因为这将为企业在培育创新方面带来巨大的先发优势。例如，20世纪90年代初，惠普公司意识到，由于铅具有毒性，政府迟早会禁止使用铅焊料。在此后的10年里，公司开展了替代材料的实验。当欧盟于2006年开始限制使用有害物质时，惠普就可以立即开始遵守这一指令，而不影响到销售问题。

企业需要与监管规定保持同一步调，同时对环境问题更加积极的态度也会随之培养起来。积极去关注并采取降低煤炭、石油、天然气等不可再生资源，以及水、木材等可再生资源的消耗的行动。

不仅仅是处于供应链末端的公司，供应链的所有参与者都应该秉持一种全局观念来寻求可持续发展，并且实施更广泛的结构性变革。可持续发展是企业管理的一个核心运营问题，必须将其视为公司运营不可分割的组成部分。这样可以帮助公司识别并处理供应链中各种取舍问题或冲突。绘制内部供应链运营图，并评估可供选择的改进方法，都是可以采取的措施。从而确定哪些方面存在环境和社会责任问题或机遇，哪些方法可以更好地兼顾运营绩效与环境和社会绩效。

随着高管们意识的增强，可以发现环保型产品也是有相当大的消费群体的。率先对现有产品重新进行设计，或开发新产品，可以轻松的超越竞争对手。例如，宝洁公司通过进行生命周期评估，计算使用其产品所需的能耗量，发现美国家庭用电量的3%用于温水洗衣。于是，公司研发的冷水洗涤剂新产品很快获得了巨大成功。

企业、国家和地区之间合作也可以对可持续发展带来不错的效益。联邦快递就是一个现实的例子。在2008年联邦快递通过将金考快印连锁店与文件快递业务进行整合，创建了一种新的业务模式。从而使文件传递的过程大部分可以通过电子方式来完成，用卡车运送只是最后几英里的事情。这样联邦快递在实现环保的同时，大大节约了成本。

我们不得不承认可持续发展是组织创新和技术创新的源泉。当前的经济体系仅仅满足了全球约四分之一人口的需要，能源价格、气候变化和物流势必会影响商业的持续发展。企业需要全力开发出创新型的解决方案。而这一目标的实现。离不开可持续发展。

（十二）创新大挪移

对大多数企业来说，创新是作为一项专有活动在机构内部按照严格部署的步骤来进行。与此同时，来自供应商、独立发明人和大学实验室的新创意，也被消费品、时尚和科技行业的一些企业运用。现在，仅有这些已经不够了。

现在这样一个时代，虚拟网格、搜索引擎使得一切成为开放的。蝴蝶效应、马太效应，一切都是开放的味道。进行企业的经营也必须以更开放的心态来进行，必须考虑开放式的创新，寻求外部的多方位的支持。

IBM 做的一项全球 500 强企业 CEO 调查表明，企业将近 30% 的创意来自外部，对于那些行业的成功者，这个数字甚至高达 35%。大多数企业的 CTO 认为，将开放式创新列为专门的长期战略是件值得做的事情。宝洁、通用电气等巨人已经是开放式创新的先行者、受益者，美孚、雀巢这类公司也已将开放创新放入了自己最新的公司战略之中。

成功的小公司也不例外。编制"火狐"浏览器的 Mozilla 公司，在 2009 年时其市场份额上升至 24%，这个名不见经传的小公司，敢与一年的全球营业额为几百亿美金，有几万个智商极高的员工的微软公司竞争，开放式创新模式起了重要作用。仅靠公司300 个员工是不可能完成"火狐"的开发的，全球有 4 万多人为产品的试验和研发做出了各种程度的贡献，目前，全球有几亿人在使用这个产品。其中软件的爱好者和贡献者有几万人，他们参与、帮助、支持他们产品的研发与测试，创新向外部的延伸使Mozilla 公司不仅获得了更广泛的支持，也大大节约了资本。

企业的高管们也越来越愿意采取措施来使这种创新趋势更加开放。根据企业的具体业务，确立好开放创新的目标是战略进程的第一步。最基本的目标是节约研发成本，寻求费用低的技术方案，侧重于现有产品的改进。比如说，一些电子行业的部件研发外包，家电/家具行业通过设计大赛来寻求创意。比如说雀巢，向印度东南亚地区寻求产品包装的环保工程设计更新。

更高的目标可以是建立公司开放战略的知名度，让外部资源主动为你提供各种创意。比如说宝洁，众多专利拥有者已经非常了解了宝洁开放创新的流程和文化，纷纷主动向其提供创意，邀请合作意向。

具体的实施有多种方案。将创新管理更多地委托给供应商网络和独立专家，通过互动共同设计产品和服务是一个可行的办法。此外，客户加入进来，通过顾客从实用化角度为创新提供新的思路。

不少企业通过设立网络的方式，把对此有兴趣的客户、软件工程师和组件供应商组织起来，利用网络的互动性，完成协作创新。IBM 则在全球安排了成千上万的营销人员、工程师、律师、昼夜不停地监测新技术创意的出现，处理专利、技术联盟、研发合作等事宜。在 3M，研发部门的员工给予了很大的权力来开展外部的交流合作。

当然，在碰到具体问题时，企业管理者需要采取不同的应对措施。假如你的企业正在寻求一项重要的能力，研发或收购可能会耗资巨大，且有一定的风险，那么成为原有内部项目的客户或供应商是解决这一问题的又一办法。与这些企业合作，共同出资开发并成立独立的公司，然后成为该公司的首位客户。

假如一些相近的互补项目占用了过多的精力、时间和资金，而无法对主要项目进行聚焦。那么把这些项目剥离出去，交给有能力开发的投资者，也是可行的。同时，如果保留部分股权，可以毫不费力的在项目成功时分享成果，而项目则由别人来投资推动。日后这些项目如果经营得很好，你甚至可以把它们买回来。

这些举措都能让企业聚焦于当前的核心业务，同时保存未来的增长机会。假如你的企业积极投入创新，不断与客户、合作伙伴、行业专家、同业协会等进行合作，寻求未来的商机，那么还要积极寻找潜在创新合作伙伴，壮大你的生态系统，为创新创造更多的可能机会。

（十三）更好的重组之路是无痛的变革

企业通过变革使组织者、管理者和员工更具有环境适应性，而内外部环境的变化，企业资源的不断整合与变动，都给企业带来了机遇与挑战。重组是企业在资金、资产、劳动力、技术、管理等方面采用的变革方式，通过构建新的生产经营模式，使企业在变化中保持竞争优势的过程。

尽管每一个公司管理者都声称自己的变革运用行为科学和相关管理方法，有目的、系统地调整和革新，提高组织效能，但是大多数的变革带来的阵痛是确实存在的。

在诸多的变革方式中，很显然，更多的人愿意采用优良的重组方案，从而避免变革给企业上下带来的痛苦，而这种方式，被专家称为"无痛变革"。

重组往往涉及很多方面，包括人员、结构、文化、过程、网络，这是许多公司最通常针对的内容，在这些内容之上，采用模仿、改制、转化等多种手段。

模仿可以复制重组要素，而改制用来对某些重组要素进行调整，以使其能适用于你们公司的不同部门。如果采用转化作用，可以彻底地颠覆重组要素，以使其能发挥更大的作用。

冷战结束后，韦斯特兰直升机公司高层领导发起了一轮翻天覆地的变革计划，结果却使公司陷入一片混乱当中。最终他们决定尝试一种全新的变革方法。

他们把公司内部一个软件部门的产品开发模式运用到直升机的生产上，从而把产品设计成本减到最低限度。他们还从母公司汽车部门调来对于大量生产轿车有着相当丰富的知识和经验的员工。最后，他们还采用了已经被另一个部门长期使用的产品生产建议。结果当然是大批量地生产、大规模地改制出现了。

从韦斯特兰的例子可以看出，重组办法不仅可以单独使用，还能综合运用。这就要求管理者们在持续不断的变革过程中，重新发挥许多早已被人们所忽视的价值观，即使它们退出了历史舞台，仍然可以重新发挥其应有的作用，这就是一种典型并且优秀的模仿做法。同样，改制与转化也得到了很好的体现。

但遗憾的是，这样成功的例子并不多见。这是因为许多公司都误解或误用了创造性的重组。

运用创造性毁灭或是创造性重组并不是必需的，有时候你需要将二者相结合。无论如何，问题的关键是要知道用哪种方法的时机以及把两种方法结合使用的时机。合理地调整变革速度：使变革过程与稳定过程交替进行，因为企业除了变革带来的生机，还需要在稳定时期，经济得以恢复发展。

重组的技巧也很重要，而运用技巧的基础是目前所拥有的条件。

例如模仿的过程是如何与已有的过程相互取长补短的。还有，专家也警告别企图一次性对许多根本不同的重组要素进行改造，因为由此而形成的这个实体会变得异常复杂。一系列相对独立变革的简单罗列往往不能从整体上发挥很大的作用，带来多大的改变。

专家还建议，变革成功的另一个关键点在于，关于变革高层领导必须对公司内、外的人有不同的说法。要引用一些你们公司很有价值的重组例子，还要介绍一些管理稳定的概念，而不是管理变革的概念。

在逐渐使大家接受了变革的观念滞后，需要估计一下有形重组要素。而受雇特别是长期受雇于你们公司的老员工是你们最好的资料来源，可以与过去对比看看所建议的变革是否之前已经尝试过，分析其结果与原因对目前的现状都有很大的作用。

在流程的实施阶段不应放松警惕，专家建议在这一阶段要建立完善的计划，因为这一阶段是十分关键的。对于实施的组织结构要有清晰的认识和规划，另外还要与相关部门及员工沟通，并提供培训，而风险分析也必不可少，即失败的可能性及对策等。当然，取得领导层对计划的认可，才可真正开始实施。

当然，实施企业重组方案并不意味着终结。因为在社会发展日益加快的时代，企业总是不断面临新的挑战，因此随时准备变革，并对变革方案进行改进是每个管理者都应该有的心理准备。

混乱、改革和稳定始终在交错进行，有时候甚至混乱状态会更加有利于进行有效的创造性重组。虽然混乱会造成一定程度的破坏，但经常会产生新的力量，而新的力量往往能产生新的价值。

更好的重组使企业在无痛的变革和稳定时期的经济恢复中交替存在，并且稳步向前，无疑这是每个管理者都追求的更好方式。

（十四）如何克服"变革疲劳症"

想要变革，失败似乎是一件不可避免的事情，尤其是在变革的初期阶段。失败并不要紧，可能更令管理者担心的是，许多员工会因此而患上"变革疲劳症"。

某企业的高管承认："不断变革的加速已经开始对自己的团队带来不好的影响。团队成员精疲力竭，他们挣扎着想要看到黑暗尽头的光亮。"变革能够令人振奋，并会带来许多巨大的机会，但为什么它也会令这么多人精力枯竭呢？

变革疲劳的员工会对变革开始麻木不仁，甚至持有一种怀疑的态度，这在很大程度上加剧了变革的难度。

首先也许应该找出变革失败的原因。在多年的研究中，领导者试图实现变革，但最终却令员工精力枯竭其实是经常出现的情况，而后续的效应就是组织内部形成了一种消极的氛围。是这种情况，对任何企业来说都不稀罕，并且随着变革无论是作为流行趋势也好，还是企业切实需要也罢，变革的速度加快，这个问题也越频发。

"几十年来，专家们都认同企业必须进行不断的变革这种做法。"戴维·加文说道。所有的企业变革大体上都要经过最初的认识和准备阶段、真正变革的实施阶段以及加强巩固阶段。

在这三个阶段，需要有计划，同时要顾及全局，注意收集各方的看法与意见，并予以应对，执行过程中更应该灵活调整。而导致变革失败的原因，往往来自设计方案本身以及沟通过程这两块。

设计方案应该要能体现出公司进行变革的必要性，也就是说，变革已经迫在眉睫，不得不变了。而真正实施起来的时候，一定要与残酷的现实相调整，当然变革结束之后不应该太过放松，而应该观察变革带来的新局面，针对局限性进行改进。

研究表明，70%变革的努力没有重点，缺乏创见，并且以失败而告终，而正是这些失败的变革使员工对变革产生不信任感，甚至厌恶，最终导致了所谓的变革疲劳。

毫无疑问，大部分的人都向往在变革这种充满挑战和创新的工作中得到一个英雄式领导的引领，但专家告诉我们，这种观念是需要摒弃的，成功的变革并不需要那些无所不知的领导，事实上他们才是把计划搞乱的大反派。

由于领导往往对于变革的方向也没有准确地把握，通常的情况是，随着重点的转移，领导者的方式也会改变。而市场的变化更是加剧了领导者注意力的转移幅度与频率。而造成的结果是员工被要求不断调整自己的行为格外费力；当努力带来额外的资源或安慰甚至还要承担一定的责任时，他们开始怀疑组织的前进方向，以及变革的意义，频繁思考自身作用之后，陷入了疑惑与疲劳之中。

更糟的是，领导者常常会推出多种变革举措，当项目做到一半，领导者又急于跟上市场的步伐，开始启动其他项目。不仅时间跨度大，而且波及面广。

其实单个的项目都有巨大的潜力，帮助公司发展，激发员工。然而在管理能力不够的时候，多项目并驾齐驱会给员工带来巨大的压力，在工作中感到无所适从，不堪重负，项目组成员和公司员工都因此精疲力竭。

变革需要大量工作，不排除团队中的个人偶尔稍感疲倦。但是，一点点疲倦不会导致一场大规模变革努力的失败，如何挽救变革成为更多专家希望解决的问题。

专家认为那种英雄崇拜主义的管理会使很少公司取得成功，大多数成功的变革是来源于中下层进行小规模的、循序渐进的变革；是这些小的变革措施才逐渐被高层管理者所认同。与大多数公司管得过多、过死的做法相反，有一些领导者很聪明，知道什么时候该放手。

如何提高变革的效率而避免陷阱。休斯敦的一家能源公司在这一点上表现优秀，它只紧紧抓住公司日常的操作评价系统和风险管理，其他方面采用相对轻松地管理，地区领导有很大的自主权来决定如何做事。在底层的人员中，由丰富工作经验和经过实际情况检验的变革措施先行一步，再逐步推广到高层，通过分析与决策，最终应用于大范围的工作中，无疑这是更值得推荐的方法。

变革不应只是领导者苦思冥想的事情，也许应该尽可能地调动基层员工的积极性，给予中层管理者更多的灵活权利，在变革的准备和实施阶段详细规划，并对其进行优化改善。相信这样的方法能为变革注入更多的活力，让更多的变革参与者不再"疲劳"！

（十五）接受这样一个事实：变革从来都不是直线发展的

变革是这样一个充满挑战的过程，我们无法用一个精心设计的办法，或是提前的规划来展示所有问题，并提出解决问题的办法。而要用"以一种接近理想结果的方法来打破这种平衡"，并在结果逐渐显现的过程中逐步做出必要的调整。

变革，就其本质而言，是不能平衡发展的，甚至是可怕的。一家成功的公司会抗拒变革，希望坚持按照一个已经证实了的模式发展下去，这种想法也是可以理解的。

但最好的管理只对目前顾客的需求和竞争压力做出反应是远远不够的。公司采取行动抢先进行变革。管理者都会乐于支持那些能带来立竿见影效果的变革，而事实上理智的分析就会发现，创造一种适应变革发展的文化一定是一个漫长的过程。

无数变革成功的例子都向我们表明，变革是一种需要长时间才能完成的工作。而且如果不能阶段性的取得小的成功，还常常使人泄气。通常它需要花费几年的时间才能最终完成，它需要使公司上下各个级别的人都能接受变革的观点，并且还需要有熟练的、精湛的管理才能的领导变革者。有研究曾经对变革必定会经历的困难做了总结：一定会被人反对或不被人支持；一定会发生内部冲突与摩擦；一定需要放弃一些短期利益；一是会有很多人需要适应一阵子；一定会涉及资源的重新分配。

即便公司只是进行一个类似于引进一条生产线的小规模的变革尝试，那也是非常困难的。更不必谈变革整个公司的文化，将会带来多大的困难。当然大的变革也需要那些相对较为适度的变革尝试来作为基础，并有望使整个公司氛围因为变革而变得更加活跃。

20世纪90年代中期，英荷皇家壳牌石油公司面临着市场份额减小的竞争危机，亟待变革：由于其成本费用过高，输给了一些像沃尔玛这种靠亏本销售燃料和润滑油的巨型超级市场。时任壳牌润滑油产品商业委员会的管理部主任的史蒂芬·米勒临危授命，解决了这一难题。米勒并不是把答案直接告诉壳牌运营公司的主席，而是找到一间宽敞的大房间来进行即席演说。通过这种方式帮助这些有权势的高层领导发现如何才能最好地与一线经理保持联系。

从变革理论上讲，我们也很难找到一种绝对的方式，来支持所有的变革。在《破解变革密码》一书中，作者将多部学术著作的变革计划浓缩成了两大基本类别：E理论和O理论，二者分别有其各自明显的优缺点。E理论最大的优点就在于它创造了经济价值。而 O 理论认为只有创造出持续的竞争优势才是给利益相关者带来长期效益的最好办法。

在 E 理论中，变革是自上而下的，高度集中且计划性相当强。也就是说，变革计划的各个步骤基本是由上级部门拟订并监督实施，每一步都会提前进行了精心的安排。领导者把注意力都集中在那些"可以随时进行自上而下的变革，并能迅速取得经济效益"的因素上，格外关注战略、结构和体制等这些公司的"硬件"。

经济目标在 E 理论的变革日程中占据着主要的地位。同样，变革的驱动器也常常采用经济上的激励，因此 E 理论的领导者会把管理层与员工或合作者的利益结合到一起。而且，"经常会花数百万美元来雇用大咨询公司来引进一些他们认为员工们所缺乏的知识和动力"。

而 O 理论致力于变革形成企业结构和体制的文化，而不是结构和体制本身。领导者所关注的重点不像培训组织能力那样集中在短期行为上。而是努力建立一个学习型组织，使员工们发自内心的乐于解决层出不穷的新问题。也就是说，变革是在公司内自下而上逐渐渗透的。经济刺激无法对其起到驱动作用，专家的作用也是有限的。最终的目标是要建立这样一个过程，员工需要自己分析并拟订出解决问题的办法。

美国通用电气公司的首席执行官杰克·韦尔奇就采用了把两种理论的优点进行最佳组合的方法，即采用一种自上而下的方法来使通用的每一个工厂都能达到其同行业数一数二的水平；同时也鼓励群策群力来创造一个无界限的公司。英国食品连锁店 As-daplc 的阿奇·诺曼和阿兰·雷顿所做出的尝试也是一样，他们一方面致力于提高该连锁店股东的价值，另一方面对该连锁店的组织效率也下了大力气。

E 理论和 O 理论之间最基本的平衡很容易被人们忽视。正如《破解变革密码》一书比尔和诺瑞亚写道，问题是这些平衡太过敏感，只有到那时候，你才能找到一些能改善变革计划的方法来使每一种理论所带来的利益无限扩大，而使其缺点无限缩小。

不要忘记，变革是循环过程的一部分。人们在向解决方案不断接近的过程中，一定是要进行不断的尝试并且从新的工作方式那里得到反馈。不经过实际的操作、运行，人们很难完全领会对某个特定方法的正反两方面的争论意见。变革正是这样，时时充满了变化，企业高管应该时刻保持警醒，并时刻注意变革多层面的平衡问题，以便在实际情况转变时不至于手忙脚乱，及时采取应对措施。

十八、创新管理的疑问

（一）"第五项修炼"到底修炼什么？——学习型组织

美国麻省理工学院教授彼得·圣吉，1947 年出生于芝加哥，1970 年在斯坦福大学获航空及太空工程学士学位，之后进入麻省理工学院斯隆管理学院攻读博士学位。1978 年获得博士学位后，圣吉留在斯隆管理学院，继续致力于将系统动力学与组织学习、创造原理、认知科学、群体深度对话与模拟演练游戏融合，从而发展出"学习型组织"理论。作为研究成果的结晶，圣吉的代表作《第五项修炼——学习型组织的艺术与实务》于 1990 年在美国出版，该书于 1992 年荣获世界企业学会最高荣誉的开拓者奖，圣吉本人也于同年被美国《商业周刊》推崇为当代最杰出的新管理大师之一。

学习型组织理论认为，在新的经济背景下，企业要持续发展，就必须增强企业的整体能力、提高整体素质。也就是说，企业的发展不能再只靠像福特、斯隆、沃森那样伟大的领导者一夫当关、运筹帷幄、指挥全局，未来真正出色的企业将是能够设法使各阶层人员全新投入并有能力不断学习的组织——学习型组织。

所谓学习型组织，是指通过培养迷漫于整个组织的学习气氛，充分发挥员工的创造性思维能力而建立起来的一种有机的、高度柔性的、扁平的、符合人性的、能持续发展的组织。这种组织具有持续学习的能力，具有高于个人绩效总和的综合绩效。学习型组织具有下面的几个特征。

1. 组织成员拥有一个共同的愿景

组织的共同愿景，来源于员工个人的愿景而又高于个人的愿景。它是组织中所有员工愿景的景象，是他们的共同理想。它能使不同个性的人凝聚在一起，朝着组织共同的目标前进。

2. 组织由多个创造性个体组成

在学习型组织中，团体是最基本的学习单位，团体本身应理解为彼此需要他人配合的一群人。组织的所有目标都是直接或间接地通过团体的努力来达到的。

3. 善于不断学习

这是学习型组织的本质特征。所谓"善于不断学习"，主要有四点含义：

（1）强调"终身学习"。即组织中的成员均应养成终身学习的习惯，这样才能形成组织良好的学习气氛，促使其成员在工作中不断学习。

（2）强调"全员学习"。即企业组织的决策层、管理层、操作层都要全心投入学习，尤其是管理层和决策层，他们是决定企业发展方向和命运的重要阶层，因而更需要学习。

（3）强调"全过程学习"。即学习必须贯穿于组织系统运行的整个过程之中。约翰·瑞定提出了一种被称为"第四种模型"的学习型组织理论。他认为，任何企业的运行都包括准备、计划、推行三个阶段，而学习型企业不应该是先学习后进行准备、计划、推行，不应该把学习和工作分割开，应强调边学习边准备、边学习边计划、边学习边推行。

（4）强调"团体学习"。即不但重视个人学习和个人智力的开发，更强调组织成员的合作学习和群体智力（组织智力）的开发。

学习型组织通过保持学习的能力，及时铲除发展道路上的障碍，不断突破组织成长的极限，从而保持持续发展的态势。

4."地方为主"的扁平式结构

传统的企业组织通常是金字塔式的，学习型组织结构是扁平的，即从最上面的决策层到最下面的操作层，中间相隔层次极少。它尽最大可能将决策权向组织结构的下层移动，让最下层单位拥有充分的自主权，并对其产生的结果负责，从而形成以"地方为主"的扁平式组织结构。例如，美国通用电器公司目前的管理层次已由9层减少为4层，只有这样的体制，才能保证上下级的不断沟通，下层才能直接体会到上层的决策思想和智慧光辉，上层也能亲自了解到下层的动态，吸取第一线的营养。只有这样，企业内部才能形成互相理解、互相学习、整体互动思考、协调合作的群体，才能产生巨大的、持久的创造力。

5. 自主管理

学习型组织理论认为，"自主管理"是使组织成员能边工作边学习，使工作和学习紧密结合的方法。通过自主管理，组织成员可以自己发现工作中的问题，自己选择伙伴来组成团队，自己选定改革进取的目标，自己进行现状调查，自己分析原因，自己制定对策，自己组织实施，自己检查效果，自己评定总结。组织成员在"自主管理"的过程中，能形成共同愿景，能以开放求实的心态互相切磋，不断学习新知识，不断进行创新，从而增加组织快速应变、创造未来的能量。

6. 组织的边界将被重新界定

学习型组织的边界的界定，建立在组织要素与外部环境互动关系的基础上，超越了传统的根据职能或部门划分的"法定"边界。例如，把销售商的反馈信息作为市场营销决策的固定组成部分，而不是像以前那样只是作为参考。

7. 员工家庭与事业平衡

学习型组织努力使员工丰富的家庭生活与充实的工作生活相得益彰。学习型组织承诺支持每位员工充分的自我发展，而员工也承诺以对组织的发展尽心作为回报。这样，个人与组织的界限将变得模糊，工作与家庭之间的界限也将逐渐消失，两者之间的冲突也必将大为减少，从而提高员工家庭生活的质量（满意的家庭关系、良好的子女教育和健全的天伦之乐），达到家庭与事业之间的平衡。

8. 领导者的新角色

在学习型组织中，领导者是设计师、仆人和教师。领导者的设计工作是一个对组织要素进行整合的过程，他不只是设计组织的结构和组织政策、策略，更重要的是设计组织发展的基本理念；领导者的仆人角色表现在他对实现愿景的使命感，他自觉地接受愿景的召唤；领导者作为教师的首要任务是界定真实情况，协助人们对真实情况进行正确、深刻的把握，提高他们对组织系统的了解能力，促进每个人的学习。

学习型组织有着它不同凡响的作用和意义。它的真谛在于：一方面，学习是为了保证企业的生存，使企业组织具备不断改进的能力，提高企业组织的竞争力；另一方面，学习更是为了实现个人与工作的真正融合，使人们活出生命的意义。

尽管学习型组织的前景十分迷人，但如果把他视为一贴万灵药则是危险的。事实上，学习型组织的缔造不应是最终目的，重要的是通过迈向学习型组织的种种努力，引导一种不断创新、不断进步的新观念，从而使组织日新月异，不断创造未来。

学习型组织的基本理念，不仅有助于企业的改革和发展，而且它对其他组织的创新与发展也有启示。人们可以运用学习型组织的基本理念，去开发各自为组织创造未来的潜能，反省当前存在于整个社会的种种学习障碍，推动如何使整个社会早日向学习型社会迈进。或许，这才是学习型组织所产生的更深远的影响。

（一）如何对组织不必要的环节进行彻底变革?
——企业再造

企业再造也译为"公司再造""再造工程"。1993 年开始，它是在美国出现的关于企业经营管理方式的一种新的理论和方法。

企业再造理论的产生有深刻的背景。20 世纪六七十年代以来，信息技术革命使企业的经营环境和运行方式发生很大的变化，而西方国家经济的长期低增长又使得市场竞争日益激烈，企业面临着严峻挑战。有些管理专家用 3C 理论阐述了这种全新的挑战。

顾客（Customer）——买卖双方关系中的主导权转到了顾客一方。竞争使顾客对商品有了更大的选择余地；随着生活水平的不断提高，顾客对各种产品和服务也有了更高的要求。

竞争（Competition）——技术进步使竞争的方式和手段不断发展，发生了根本性的变化。越来越多的跨国公司越出国界，在逐渐走向一体化的全球市场上展开各种形式的竞争，美国企业面临日本企业、欧洲企业的竞争威胁。

变化（Change）——市场需求日益多变，产品市场寿命周期的单位已由"年"趋于"月"。技术进步使企业的生产、服务系统经常变化，这种变化已经成为持续不断的事情。因此，在大量生产、大量消费的环境下发展起来的企业经营管理模式已无法适应快速变化的市场。

面对这些挑战，企业只有在更高水平上进行一场根本性的改革与创新，才能在低速增长时代增强自身的竞争力。

在此背景下，结合美国企业为挑战日本企业、欧洲企业的威胁而展开的实际探索，1993 年，哈默和钱皮出版了《再造企业》一书，书中认为："20 年来，没有一个管理思潮能将美国的竞争力倒转过来，如目标管理、多样化、Z 理论、零基础预算、价值分析、分权、质量圈、追求卓越、结构重整、文件管理、走动管理、矩阵管理、内部创新及一分钟决策"等。

1995 年，钱皮又出版了《再造管理》。哈默和钱皮提出应在新的企业运行空间条件下，改造原来的工作流程，以使企业更适应未来的发展空间。这一全新的思想震动了管理学界，一时间"企业再造""流程再造"成为大家谈论的话题，哈默和钱皮的著作以极快的速度被大量翻译、传播，与此有关的各种刊物、演讲会也盛行一时。在短短的时间里，该理论便成为企业界以及学术界研究的热点。IBM 信用公司通过流程改造，实行一个通才信贷员代替过去多位专才，并减少了九成作业时间的故事更是广为流传。

企业"再造"就是重新设计和安排企业的整个生产、服务和经营过程，使之合理化。通过对企业原来生产经营过程的每个方面、每个环节进行全面的调查研究和细致分析，对其中不合理、不必要的环节进行彻底的变革。在具体实施过程中，可以按以下程序进行。

1. 对原有流程进行全面的功能和效率分析，发现其存在问题

根据企业现行的作业程序，绘制细致、明了的作业流程图。一般地说，原来的作业程序是与过去的市场需求、技术条件相适应的，并由一定的组织结构、作业规范作为其保证的。当市场需求、技术条件发生变化，使现有作业程序难以适应时，作业效率或组织结构的效能就会降低。因此，必须从以下方面分析现行作业流程的问题：

功能障碍：随着技术的发展，技术上具有不可分性的团队工作，个人可完成的工作额度就会发生变化，这就会使原来的作业流程或者支离破碎增加管理成本，或者核算单位太大造成权责利脱节，并会造成组织结构设计得不合理，形成企业发展的瓶颈。

重要性：不同的作业流程环节对企业的影响是不同的。随着市场的发展，顾客对产品、服务的需求在变化，作业流程中的关键环节以及各环节的重要性也在变化。

可行性：根据市场、技术变化的特点及企业的现实情况，分清问题的轻重缓急，找出流程再造的切入点。

为了对上述问题的认识更具有针对性，还必须深入现场，具体观测、分析现存作业流程的功能、制约因素以及表现的关键问题。

2. 设计新的流程改进方案，并进行评估

为了设计更加科学、合理的作业流程，必须群策群力、集思广益、鼓励创新。在设计新的流程改进方案时，可以考虑：

（1）将现在的数项业务或工作组合，合并为一。

（2）工作流程的各个步骤按其自然顺利进行。

（3）给予职工参与决策的权力。

（4）为同一种工作流程设置若干种进行方式。

（5）工作应当超越组织的界限，在最适当的场所进行。

（6）尽量减少检查、控制、调整等管理工作。

（7）设置项目负责人。

对于提出的多个流程改进方案，还要从成本、效益、技术条件和风险程度等方面进行评估，选取可行性强的方案。

3. 制定与流程改进方案相配套的组织结构、人力资源配置和业务规范等方面的改进规划，形成系统的企业再造方案

企业业务流程的实施，是以相应组织结构、人力资源配置方式、业务规范、沟通渠道甚至企业文化作为保证的，所以，只有以流程改进为核心形成系统的企业再造方案，才能达到预期的目的。

4. 组织实施与持续改善

实施企业再造方案，必然会触及原有的利益格局。因此，必须精心组织，谨慎推进。既要态度坚定，克服阻力，又要积极宣传，达成共识，以保证企业再造的顺利进行。

企业再造方案的实施并不意味着企业再造的终结。在社会发展日益加快的时代，企业总是不断面临新的挑战，这就需要对企业再造方案不断地进行改进，以适应新形势的需要。

1994 年的早期，由 CSC Index 公司（战略管理咨询公司）对 6 000 家北美和欧洲大公司进行了 621 家抽样问卷调查。调查的结果是：北美 497 家中的 69%、欧洲 124 家中的 75%已经进行了一个或多个再造项目，余下的公司中一半也在考虑这样的项目。其中，一家公司的半导体部门，通过再造，对集成电路的订货处理程序的周期时间减少了一半还多，改变了顾客的满意度，由最坏变为最好，并使企业达到了前所未有的收益。

（三）为什么事业平稳发展后成功会来得更快？
——飞轮效应

我们想象有一个很大的飞轮，直径 30 米，高 1 米，重 50 吨。这个飞轮就是你的企业，你带领一班人马来推这个轮子。你的任务是把飞轮推得尽可能地快，就好像你要把公司运转起来似的。刚开始的时候，轮子是静止的，你要费九牛二虎之力，才能让飞轮移动一丁点。但是你没有放弃，继续使劲地推，两天之后，轮子转了一整圈，并且转得稍稍快了点。你继续推，飞轮转的速度继续加快。两圈、三圈、四圈、五圈……轮子越来越快，越来越快，最终在某一点（你说不清的某一点）上，你只要用轻轻地力气，轮子就可以转得飞快了。你的力量没有增加，但是轮子的速度却飞快……

这就是"飞轮效应"。理解飞轮效应，需要联系到中学时代物理课学过的能量守恒定律。施力者同时也是受力者，当你不断往一事物持续施力的时候，到一定阶段，状态一定会改变，不是施力者，就是受力者。

飞轮效应告诉我们，在每件事情的开始都必须付出艰巨的努力，这样才能使你的事业之轮转动起来，而当你的事业走上平稳发展的快车道之后，一切都会好起来。万事开头难，努力再努力，坚持再坚持，光明就在前头。

神州数码在尝试向 IT 服务业的战略转型的过程中，在最初阶段也是遇到了重重磨难，员工思想观念难以转变、利益难以平衡等问题都难以解决，2002 年，甚至发生了严重的管理团队流失现象，连神州数码的总裁郭为都曾经动摇过，怀疑自己的战略转型方向是否正确，但是，是他的坚持让公司度过了一次又一次的危机，并最终取得了阶段性的胜利。如今，神州数码销售总额突破 200 亿元，利润翻番，成为中国 IT 服务业的领先品牌，业务流程基本实现电子化。在深度概括成功的经验时，神州数码总裁郭为说："对于战略转型，我有两点体会：其一，转型能否成功，最终取决于企业是否真的看清楚了所选的方向，这是决心和信心的来源。其二，要坚持。在遇到各种困难和挑战时，唯有坚持才能笑到最后。"

飞轮效应的反面是"死亡循环"，陷入死亡循环的企业同样想实现战略变革，但是它们缺乏足够的执着去产生飞轮效应。它们以一种狂躁的热情去推动变革，想一口吃成个大胖子。它们的战略只有一个方向，一旦遭遇到预料之外的挫折，就会马上转向另一个方向——失败之后不是进行很好的反思，而是换个新的 CEO，换一种策略，开始新的改革运动——继续失败——于是，这个企业就进入了"死亡循环"。

20 世纪 80 年代初的华纳兰博特公司就是一个典型的"死亡循环"的例子。1979年，华纳兰博特公司告诉《商业周刊》，它们要做消费产品的领导性厂商。仅一年之后，它的目光就转向了医疗保健行业。到 1981 年，它开始多元化。不久，它的主业又转回到消费品。在 1987 年，它开始宣称要和默克制药竞争。90 年代初，由于政府医疗改革方案迟迟没有通过，它又开始了多元化。1979 年—1998 年，华纳兰博特公司换了三位 CEO，每位 CEO 都实行一个新的战略，而不是继承前任的战略。最终在 2000 年，这家公司被兼并了。

俗话说："坚持就是胜利"，要取得胜利就要坚持不懈地努力，飞轮效应对于一个公司或者一个人来说，它的借鉴意义在于：所有的梦想和希望在初现端倪时，只要我们能够再加一把力，再坚持一会儿就好了。原始的积累是艰辛的，但是前途是光明的。

（四）如何让知识成为价值创造的原动力？
——知识管理

知识就是以文字或语言的形式保存的信息资源与人头脑中具有的经验思维的综合。知识可以分为显性知识和隐性知识，显性知识是以可见的形式保存下来的知识；隐性知识是高度个人化和难以规范化的知识，包括员工个人长期积累的技能、技巧、经验等。隐性知识不具有可见性，也不容易规范地表达和分享，难以管理。对于企业来说，往往隐性知识的价值更大。知识管理是一种管理方法，力求将隐性知识显性化，使知识成为企业的一种资本，并利用这种资本形成创新能力，提高竞争力。

IBM 公司将知识管理定义为：对知识加以有效地识别、获取、开发、分解、储存和传递，从而改进和提高个人、部门和组织的创新能力、响应能力、生产能力和技能素质。

国内有学者将知识管理定义为：协助企业组织和个人（People），借助信息技术（Technology），实现知识的创造、储存、分享、应用、更新，并在企业个人、组织、战略以及经济等多个方面形成知识优势和产生价值的过程（Process）。

可见，知识管理不同于传统的信息化手段，其内涵已经超越了生产和管理的标准化、规范化的范畴，其真正价值在于对知识的再创造，从而形成企业价值。

知识管理的核心主要在于知识的分享。知识管理提供了一种挖掘企业自身价值的新思想，知识管理的目标就是力图能够将最恰当的知识在最恰当的时间传递给最恰当的人，以便使他们能够做出最好的决策。知识管理的整个过程就是知识的创造、储存、分享、应用以及创新的过程。其核心就在于知识的分享。

随着信息技术的发展，对信息的存储和提取的技术问题已经不再是困扰企业的难题，知识管理的关键就是如何将这些既存的和潜在的知识合理地加工和深化，并在企业运行的动态环境中进行匹配，及时地将它传递给需求者，以提供商业决策的依据。

Karl M. Wiig 将企业中的知识分为三类：

（1）公共知识（Public Knowledge）。

（2）供分享的技能（Shared Expertise）。

（3）个人知识（Personal Knowledge）。

其中个人知识大多为隐性知识，难以提取和可视化，但却是最有价值的知识。公共知识和供分享的技能都是由个人知识经过积累和文档化形成的。

根据 1999 年 Gartner 集团针对 811 家北美和欧洲公司所做的题为《知识管理：热起来还是冷却下去》的研究报告，在知识管理的八大主要驱动力中，首要驱动力是"促进各营运部间知识共享"（占 76%的投票率）。

知识管理的中心目的，就是建造知识管理平台，使得组织中的个人知识能够方便、及时、准确和规范地被提取、积累和文档化，形成可以被整个组织使用的公共知识。

知识管理是构建企业总体竞争战略不可缺少的、关键的因素之一。知识管理给企业带来的竞争优势体现在以下几个方面：降低运营成本；提高企业的运转效率；提高客户的满意度；加快创新，增强企业的创新能力；提高快速响应能力；提高员工业务技能。

20 世纪 90 年代，信息产业蓬勃发展，知识管理结合网络、资料库以及应用电脑软件系统等工具，成为新世纪的企业积累知识财富、创造更强竞争力的利器。

中国惠普有限公司和三星数据系统（北京）有限公司是国内知识管理领域的先行者，不过它们的方式方法和指导思想并不完全相同。

中国惠普探索和实践知识管理不是从硬件建设和软件开发入手，而是从提升知识管理的能力和培育适合知识管理的企业文化入手，将提高组织智商、减少重复劳动、避免组织失忆确定为实施知识管理的三个目标。

为了实现这三个目标，中国惠普首先将需要的知识整理成文，包括一系列分类汇总的标准文件，内容涵盖企业发展、如何与客户沟通等多个方面，以便员工了解企业状况、掌握拓展业务流程等基本知识。其次是采取灵活多样的方式吸引员工学习知识并参与知识管理，如集中培训、建立行业专家库、定期举行读书会等。为了更好地鼓励员工参与知识学习，中国惠普建立了一整套激励机制，将知识学习与个人业绩考核、晋升机会进行挂钩，使公司内部逐渐形成了一种开放的员工之间自由交流和分享工作经验的文化氛围。

三星数据系统（北京）有限公司成立知识管理系统的目的是：形成以专家为主导的组织文化，培养技术人才、新员工快速融入；确保高附加值事业的竞争力，确立核心竞争力、提高生产力、提供最优化的客户服务；建立全球化经营体系，通过知识共享工具完成全球化的知识管理。知识管理的实施过程经历了自行开发知识管理系统、系统大幅更新改进，引进电子货币，确立知识管理奖励制度、推动整个系统的人性化，建立社区知识活动体系等阶段。

从中国惠普有限公司和三星数据系统（北京）有限公司实施知识管理的情况可以看出，知识管理一般包括以下四个方面的内容：

（1）创造机会，使人们在合作中产生新的思路。

（2）提高人们对预测可能发生的事件的应变能力。

（3）不断提高分工程度的环境职能感，建立组织文化的保存和开发机制。

（4）采取措施来提高员工技能。

（五）为何锯掉管理者的椅子靠背？——走动管理法

西方工业发达国家的企业界颇为推崇"走动管理"。所谓"走动管理"，主要是提醒管理者不能脱离经营实际，要有"和群众打成一片"的精神。例如，日本某大公司偌大一座管理大楼，竟是一个"无座椅办公楼"，除电脑操作员及员工食堂外，各级管理人员包括各部门经理的办公室均不见座椅，唯一配备一圈安乐椅的办公室是国际、国内业务洽谈室。对于如此不近人情的做法，总经理的解释是：本公司除了允许与用户洽谈业务时可以坐下来外，其余时间要求"白领"们多多到下面走动，以促使当面迅速拍板解决问题。

美国某著名大公司的老板也曾下令，要求把分布于全球 66 个国家的一万余个分店经理座椅上的靠背全部锯掉，使他们不能久坐，以迫使他们"走动管理"，以提高经营效率。

"走动管理"对于中国来说，其实也不是什么新鲜的招数。提倡知识分子"与工人师傅"打成一片，科室人员到车间"沾一身油污"，这与西方的"走动管理"还是有着异曲同工之妙的。

实践证明，企业管理人员多到生产一线去看看、听听、问问。这既有利于和一线的生产工人保持感情上的融洽和思想上的沟通，更有利于及早发现问题、解决问题。

西式快餐连锁模式的发明者——"麦当劳"集团的第二任总裁雷克罗克先生，在走访了麦当劳的 30 多家连锁店后，站在办公室的大落地玻璃前进入了沉思。此时，麦当劳正陷入了经营绩效的低谷时期，他的办公桌堆满了调查报告。过一会，雷克罗克紧锁的眉头舒展开了，他快步走到桌前奋笔疾书起来。大约过了 3 天，所有麦当劳店长的办公桌上都放置了一份文件，那是雷亲自下达的一个命令。这份命令很奇怪，它要求每一位店长用钢锯锯下他们办公椅椅背。面对这份奇怪的命令，有些店长觉得很不理解，不过，他们仍然执行了这个命令，过了一个星期，这个命令的用意慢慢地明显了。原来，雷克罗克的用意是让每一位店长都不要舒服地坐在办公室里，而是要在店里走动，发现问题并解决问题。麦当劳的店长们把这种在走动中完成的管理称为"走动管理"，并且将之发扬到各个快餐行业中。经过这段小插曲，麦当劳的经营业绩也开始慢慢回升。

走动管理最直接的好处在于使管理者掌握企业经营的第一手资料，及时了解企业运作状况，便于管理者根据具体情况有的放矢地制定政策和管理制度，并可以随时解决一线操作中出现的问题，从而解决大企业效率低的难题。

在金字塔式的阶层制管理体制下，下级向上级汇报情况，往往是报喜不报忧，等到事态扩大到解决不了时才不得不向上级求救。这是企业经营中的隐患，走动管理显然可以使这一弊端得到克服。

同时，走动管理也是对下属有效的考核和激励办法，下属的工作业绩如何，去一线看一看自然一清二楚，而下属预计到上司会经常走动，自然也不敢谎报军情，反而会努力把事情做好，以随时接受上司的走动式检查。

对员工士气的有效激励是企业管理的重要环节，走动管理是发挥激励作用的有效手段。这样的管理者显然给员工树立起身体力行的形象，并且也表达了希望与大家沟通和交流的意愿。这实际上形成了一种很好的信息沟通渠道，将报表上无法反映的情况反馈给管理者，使许多管理上的问题处理起来事半功倍。

部门管理人员之间的走动，也可以加强部门之间的沟通，共同提高工作效率，出色地完成工作。

正如一则故事所讲，一个著名企业的董事长在退休时把职位交托给一个年轻人，继任者向他请教管理的秘诀，他指着大班椅说："去走动吧，告诉你，这张椅子我很少去坐"。

另外，走动管理最适用于离一线比较远的高层主管，组织比较庞大的单位由于层级较多，高层主管更需勤于走动，便于做出政策性的决定。至于其他层级的主管离工作现场比较近，平时就应该透过敏锐的观察，搜集必要的信息。走动管理是一种方法或技术，不是一种理论，它强调高层主管应及时搜集第一手的信息，至于其他经营管理事项，则仍应采取其他适当的方法或技术。

（六）如何找出与同行的差距？——标杆管理法

标杆管理起源于 20 世纪 70 年代末 80 年代初。当时，日本成了世界企业界的学习榜样。在美国学习日本的运动中，美国的施乐公司首先开辟了后来被他们命名为标杆管理的管理方式。

经过长期的实践，施乐公司将标杆管理定义为：一个将产品、服务和流程与最强大的竞争对手或是行业领导者相比较的持续流程。其核心就是以行业最高标准或是以最大竞争对手的标准作为目标来改进自己的产品（包括服务）和工艺流程。

也就是说，标杆管理是指企业将自己的产品、服务和流程同行业内或其他行业的领袖企业进行比较和衡量，并在此基础上进行的一种持续不断的学习过程，学习的对象可以是行业中的强手，也可以是本企业内的先进单位，还可以是其他行业中的领袖企业，通过学习提高自己产品质量和经营管理水平，增强企业竞争力。简言之，就是"找出差距，制定目标，对照基准点，学习无止境。"

标杆管理的显著特征是向业内或其他行业中的最优企业学习，学习是手段，超越才是目的。通过学习，企业重新思考、定位、改进经营方式来不断完善自己，创造自己的最佳业绩，这实际上是模仿创新的过程。

标杆管理可以分为以下四类。

1. 竞争标杆管理——以竞争对象为基准的标杆管理

竞争标杆管理的目标是与有着相同市场的企业在产品、服务和工作流程等方面的绩效与实践进行比较，直接面对竞争者。这类标杆管理的实施较困难，原因在于除了公共领域的信息容易接近外，其他关于竞争企业的信息都不易获得。

2. 流程标杆管理——以最佳工作流程为基准进行的标杆管理

标杆管理是类似的工作流程，而不是某项业务与操作职能或实践。这类标杆管理可以跨不同类组织进行。它一般要求企业对整个工作流程和操作有很详细的了解。

3. 客户标杆管理——在客户标杆管理中，标杆就是客户的期望值

4. 财务标杆管理——以标准财务比率测评的杰出组织的绩效为标杆标杆管理的流程主要有以下几步。

1. 什么过程需要标杆管理

这是标杆管理的第一步，这一步的主要内容是决定向标杆学习什么，组成标杆管理小组。

（1）界定标杆学习的明确主题。首先，必须确定哪些活动、哪些流程能产生最大效益，然后再确定学习、比较和改善的优先顺序。这是标杆管理的基础。另外，需要注意的是，实施标杆管理的过程中，要坚持系统优化的思想，不是追求企业局部的优化，而是着眼于企业整体的最优。其次，制定有效的实践准则，以避免实施中的盲目性。

（2）组成标杆管理小组。虽然个人也可以向标杆学习，但大多数标杆学习是团队行动。挑选、训练及管理标杆小组是下一阶段任务。

首先，将组织中来自各领域的员工召集起来，组成标杆小组；其次，通过小组找出问题并研究对策，标杆小组可能面临各种各样的问题，如服务差、产品研发周期长、对需求变化反应迟钝等；再次，使用帕累托分析，确定解决这些问题的优先次序；最后，小组一起研究改进流程，解决问题。

2. 选定标杆学习伙伴

即谁做得好，确定比较目标。比较目标就是能够为公司提供值得借鉴信息的公司或个人。

标杆学习伙伴可以分为两类：

（1）内部学习标杆。

（2）外部学习标杆。

寻找标杆伙伴时，应注意优先次序：应先在一个大的组织内部寻找；再在被认为处于行业领先地位的外部公司；再次是竞争对手，这适宜在技术领域内采用。

3. 收集分析信息

在此阶段，标杆小组必须选择明确的收集方法，而负责收集信息的人必须对这些方法很熟悉。标杆小组在联络标杆伙伴后，依据既定的规范收集信息，然后再对信息摘要进行分析。接下来是依据最初的顾客需求，分析标杆学习信息，从而提出行动建议。

4. 评价与提高

这一阶段是通过对比分析绩效差距，对现有流程进行评价，制定目标，实施改进。

例如，1976 年以后，一直保持着世界复印机市场实际垄断地位的施乐遇到了国内外特别是日本竞争者的全方位挑战，如佳能、NEC 等公司以施乐的成本价销售产品且能够获利，产品开发周期、开发人员也比施乐短或少 50%，于是施乐的市场份额从82% 直线下降到 35%。面对着竞争威胁，施乐从生产成本、周期时间、营销成本、零售价格等领域中，找出一些明确的衡量标准或项目，然后将施乐在这些项目的表现，与佳能等主要的竞争对手进行比较，找出其中的差距，弄清这些公司的运作机理，全面调整经营战略、战术，改进了业务流程，很快收到了成效，把失去的市场份额重新夺了回来。在提高交付订货的工作水平和处理低值货品浪费大的问题上，施乐同样应用标杆管理方法，以交付速度比自己快 3 倍的比恩为标杆，并选择 14 个经营同类产品的公司逐一考察，找出问题的症结并采取措施，使仓储成本下降了 10%，年节省低值品费用数千万美元。

自从施乐利用标杆管理的方法获得了巨大成功后，标杆管理的方法就不胫而走，为越来越多的公司，尤其是美国公司所采用。标杆管理是一种能引发新观点、激起创新的管理工具，它对大公司和小企业都同样有用。

企业在运用标杆管理工具时，要注意以下几个问题。

1. 标杆管理可以运用到企业的各个方面

标杆管理并非只能运用到企业的战略定位、位次竞争等整体运行中，在企业的许多具体层面也可以使用，并且，标杆管理并非只能运用于大型企业，小企业也可以结合自己的发展情况适当运用。

2. 对标杆企业应当选择某方面领先的企业

标杆管理不同于一般的学习或模仿，学习的对象只要比自己企业优秀即可，而标杆管理的对象应当是某行业或某方面的佼佼者。因为只有这些行业中优秀的领军者才能指引行业的发展方向，才能最大可能的为企业提供借鉴优势。

3. 进行标杆管理不能顾此失彼

每个企业都有自己的特点，无论是采取全方位对标还是局部对标，都应当考虑自身的特点。尤其是在局部对标中，不能为了追求某个目标而影响其他方面。

4. 可以借鉴其他行业经验

行业之间的管理具有不同特点，但管理的核心是相通的。某些行业先进企业的经验是不可复制的，但不同行业的经验有时却可以加以利用，如许多行业曾经借鉴家电、百货等较成熟行业的销售经验。因此，标杆管理可以不局限于本行业内部，在特定方面可以引用"外援"。

（七）为什么"民少官多，最易腐败"？
——苛希纳定律

在管理中，如果实际管理人员比最佳人数多 2 倍，工作时间就要多 2 倍，工作成本就多 4 倍；如果实际管理人员比最佳人数多 3 倍，工作时间就要多 3 倍，工作成本就多 6 倍。这条定律是西方著名管理学者苛希纳研究发现的，故得其名。

苛希纳定律阐明了一个道理：人多必闲，闲必生事；民少官多，最易腐败。由于实际的人员数目比需要的人员数目多，诸多弊端由此产生，形成恶性循环。

首先来讲一个"十羊九牧"的故事。"十羊九牧"出自《隋书·杨尚希传》："当今郡县，倍多于古。或地无百里，数县并置；或户不满千，二郡分领；县寮以众，资费日多；吏卒又倍，租调岁减；精干良才，百分无二……所谓民少官多，十羊九牧。"

一则统计资料说，一个官吏，汉代管理 7 945 人，唐代管理 3 927 人，元代管理 2 613 人，清代管理 911 人。我们今天一个干部管理 30 人。这些统计数字的可靠性也许值得研究，但官冗之患确实日见其甚了。

苛希纳定律告诉我们：要想铲除"十羊九牧"的现象，必须精兵简政，寻找最佳的人员规模与组织规模。这样才能构建高效精干、成本合理的经营管理团队。

管理大师德鲁克举过一个例子。他说，在小学低年级的算术入门书中有这样一道应用题："2 个人挖一条水沟要用 2 天时间；如果 4 个人合作，要用多少天完成？"小学生回答是"1 天"。而德鲁克说，在实际的管理过程中，可能要 1 天完成，可能要 4 天完成，也可能永远完不成。

有一家企业准备淘汰一批落后的设备。

董事会说："这些设备不能扔，得找个地方存放。"于是专门为这批设备建造了一间仓库。

董事会说："防火防盗不是小事，应找个看门人。"于是找了个看门人看管仓库。

董事会说："看门人没有约束，玩忽职守怎么办？"于是又委派了两个人，成立了计划部，一个人负责下达任务，一个人负责制订计划。

董事会说："我们应当随时了解工作的绩效。"于是又委派了两个人，成立了监督部，一个人负责绩效考核，一个人负责写深度概括。

董事会说："不能搞平均主义，收入应当拉开差距。"于是又委派了两个人，成立了财务部，一个人负责计算工时，一个人负责发放工资。

董事会说："管理没有层次，出了岔子谁负责？"于是又委派了4个人，成立了管理部。一个人负责计划部工作，一个人负责监督部工作，一个人负责财务部工作，一个人是总经理，对董事会负责。

一年之后，董事会说："去年仓库的管理成本为35万元，这个数字太大了，你们一周内必须想办法解决。"

于是，一周之后，看门人被解雇了。

这个故事讲的是"苛希纳定律"的现象。这样的例证与分析有很多。企业通常都有一种不因事设人而因人设事的倾向，造成企业机构臃肿、层次重叠、人浮于事、效率低下。其主要表现在：

（1）机构设置过多，分工过细。

（2）人员过多，严重超出实际需要。

这种状况使企业难以摆脱多头管理、办事环节多、手续繁杂的困境，难以随市场需要随时调整经营计划和策略，从而使企业难以培养真正的竞争力。

苛希纳定律的现象告诉我们：只有缩减不必要的管理人员才能减少工作时间和工作成本。而唯有精简才能达到这一目的。

那么，如何精兵简政呢？汤姆·彼德斯在其最近写的一本书中提到了"五人规则"，指的是营业额在10亿美元的企业配备5名管理人员就可以了。对此，他举了总部设在瑞士苏黎世的国际电气工程（ABB）公司的例子加以说明。

ABB公司是生产发电机、机车以及防公害设备的具有世界水准的重型机电设备企业，年销售额为300亿美元。1988年，瑞典的阿塞亚公司和瑞士的布朗·保彼公司合并时，该公司总裁帕西·巴奈彼科将总部原有的 1 000 多人缩减到 150 人，而且他们几乎都是负责生产一线的管理人员。通常由总部担负的职能，如财务、人事、战略规划等都下放给基层，由分布在不同国家和地区的业务部门自行完成。该公司还有一个引人注目的地方，就是它拥有 5 000 个"利润中心"，每个利润中心平均有 50 名员工。各利润中心分别拥有各自的损益计算表、资产负债平衡表，与客户保持直接的业务联系。这种利润中心的最大优势是具有独立性，它可以摆脱各种制约，最大限度地接近市场，为客户提供全面、满意的服务，是一种最能代表顾客需要的企业组织形式。能够与市场保持最紧密的业务运营，可以说是精干的总部的最大优势。此外，它还有很多优点，如决策迅速、便于内部交流，以及对经营资源的分配较为高效。

铲除官僚主义，面对市场变化进行快速反应和决策，对提高员工的工作热情很有帮助。当然，在改革之初，都会伴随着某种阵痛。如 ABB 公司在将总部上千名员工派往各业务部时，由于人员调动会不可避免地涉及迁居等实际问题，也确实产生了某种不稳定和震荡。

建立精干的总部还有利于培养员工的创新意识。大幅度放宽权限后，促进了员工创新素质和能力的提高，打破了过去那种逐级晋升的垂直移动，取而代之的是以水平调动的方式来磨炼员工的创新精神。

这样，ABB 公司作为一家大型企业就更能适应未来世界市场的变化。美国通用汽车公司（GM）总裁约翰·史密斯说，通用汽车在欧洲的事业取得成功，也正是因为他改变了以往的做法，采取了类似 ABB 公司精兵简政的策略。ABB 公司的这个经验值得在全世界广泛推广。要想使你的组织更有效率、更有活力，就必须先给你的组织"瘦身"。

苟希纳定律告诫我们：鸡多不下蛋，龙多不下雨，人多瞎捣乱。确定责任人的最佳人数，对企业"瘦身"计划的实施和提高企业效率至关重要。那么，责任人的数量与责任人的责任感或负责程度有什么内在的联系？

1964 年 3 月，在纽约的克尤公园发生了一起震惊全美国的谋杀案，一位年轻的酒吧女经理在凌晨 3 点回家的途中被一男性杀人狂杀死。这名男子作案时间长达半个小时。当时，住在公园附近公寓里的住户中共有 38 人看到或听到女经理被杀的情形或其反复的呼救声，然而没有一个人挺身而出去保护和营救她，也没有一个人及时打电话报警。事后，美国大小媒体纷纷谴责纽约人的冷漠。

两位年轻的心理学家巴利与拉塔内的思想没有被舆论束缚，他们对旁观者的无动于衷、见死不救做出了新的很有价值的补充解释和说明，并概括为"旁观者介入紧急事态的社会抑制"，或简单通俗地说，就是"旁观者效应"。他们认为，正是因为当一种紧急情形出现时，由于有其他的目击者在场，才使得一些人没有太强的责任感，从而成为袖手旁观的看客。

对某一件事来说，如果是单个个体被要求单独完成任务，责任感就会很强，会做出积极的反应。但如果是要求一个群体共同完成任务，群体中的每个个体的责任感就会很弱，面对困难或遇到责任往往会退缩。因为前者独立承担责任，后者期望别人多承担点儿责任。"责任分散"的实质就是人多不负责，责任不落实。

因此，确定责任人的最佳人数是解决苛希纳定律现象的根本方法。

苛希纳定律告诉我们，在管理上并不是人多力量大，管理人员越多，工作效率未必就会越高。人多就容易比享受、比待遇，人多就容易争权夺利、推卸责任。人多必闲，闲则生出种种是非；官多爵乱，最容易产生腐败。诸多弊端由此产生，形成恶性循环。苛希纳定律揭示出在管理工作中会存在人多不负责的现象，而要克服上述现象，这就要求企业制定出明确的职务工作规范，合理确定管理人员的人数。在管理工作中，既不能有职无权，也不能有责无权，更不能有权无责，必须职、责、权、利相互结合，分工明确。因此，要认真研究并找到一个最佳人数，以最大限度地减少工作时间，降低工作成本。

（八）为什么很多企业会被"变革"牵着鼻子走？
——配套效应

18世纪，法国有个哲学家叫丹尼斯·狄德罗，一天，朋友送他一件质地精良、做工考究、图案高雅的酒红色睡袍，狄德罗非常喜欢。可他穿着华贵的睡袍在书房寻找感觉时，总觉得家具风格不对，地毯的针脚也粗得吓人。于是为了与睡袍配套，他将旧的东西先后更新，书房终于跟上了睡袍的档次，可他却觉得很不舒服，因为自己居然被一件睡袍胁迫了。

200年后，美国哈佛大学经济学家朱丽叶·施罗尔在《过度消费的美国人》一书中，把这种现象称为狄德罗效应，亦可称为配套效应，也就是人们在拥有了一件新的物品后不断配置与其相适应的物品以达到心理上平衡的现象。

其实，这种"狄德罗效应"在我们中国人看来绝不是什么新鲜事。早在2000多年前，先秦时的思想家韩非就在《韩非子》里写了这么一段故事："昔者纣为象箸而箕子怖，以为象箸必不加于土铏，必将犀玉之杯；象箸玉杯必不羹菽藿，则必旄象豹胎；

旄象豹胎必不衣短褐而食于茅屋之下，则锦衣九重，广室高台。吾畏其卒，故怖其始。居五年，纣为肉圃，设炮烙，登糟丘，临酒池，纣遂以亡。"

这个故事说的是，商纣王叫人做了一双象牙筷子。他的叔父箕子看到了十分担心，因为他觉得象牙筷子肯定不会和土制的器皿在一起使用，必然是和用犀牛角和玉做的杯子。象牙筷子和玉杯也不可能会用来盛普通的豆、蔬菜类，必然是用来盛山珍海味。既然吃的是山珍海味，肯定不会穿粗布短衣在茅屋下用餐，肯定是绫罗绸缎的衣服无数，房子做得很高大堂皇。箕子认为这样下去就会不得了，而结果五年后，纣果然像他预见的那样亡国了。

现实生活中，狄德罗的苦恼恰恰也是我们经常遇到的，尤其是在企业运营的过程中，这种执着于配套的情况总是时有发生。近年来，企业变革的呼声不断，这往往要求"人、财、物"等相应条件的配套，造成了许多企业被"变革"这件"睡袍"牵着鼻子走，结果是"捡了芝麻，丢了西瓜"。不管是企业变革，还是其他方面的管理手段的引进或新技术的运用，从来都应该强调活学活用和因地制宜，而非盲目地克隆。事实上，讲究一种绝对的配套，充其量是理想主义的狄德罗，或者说是形式主义的"睡袍"。

在企业里，我们经常提到产品的配套、人才的配套，抑或管理制度的配套，其实都是从系统角度出发的。但是狄德罗先生对睡袍的配套，却是为了一味迎合睡袍而改变原有的设施，其结果只能导致自己被直线式（非系统）思考所牵制。或者说，狄德罗没有摆正两者之间的关系，置室内家具不顾，让睡袍喧宾夺主。如果在企业里推行新政策，是不是老的一套规定都要全盘否定呢？我们想，还是悠着一点，选择循序渐进式的磨合会更好，省得像狄德罗一样被胁迫了。事物能配套固然很好，不配套也未必是核心的问题，关键要在系统思考下获得平衡。

管理学家彼得·圣吉认为，有经验的管理者，对于复杂的系统，大多有他们无法说明的丰富直觉。显然，狄德罗是缺少这种直觉的，否则他不会因为睡袍而找不着北。正如许多管理者意识到目标偏移或正常程序被破坏，却无法解释企业困境是因配套不足，还是自我设限更深的缘故。或者，狄德罗可能感觉到把焦点放在寻求为睡袍配套的档次上，反而掩饰了较深层次的胁迫感。总而言之，为配套而配套是一种很不理智的行为，我们在管理实践中最好要时刻警惕。

第十六章　财务管理

一、强化成本意识

（一）算一算，你的公司能跑多快

现代人都知道想要自己开办公司需要现金，而发展公司需要更多的现金。但是在一般人的印象里，这种情况貌似只出现在小公司身上，却很少有人知道，一家利润丰厚、产品畅销的公司也有可能在不知不觉中陷入现金短缺的窘境，出现这种原因往往是因为它发展过快。所以，如何才能让公司良性发展呢？对于正在求发展的公司经理来说，一个巨大的挑战就是合理平衡用钱与生钱的关系。这就需要考虑投入和产出的成本了。

有相关的经济专家提出了一个计算框架，这个框架能够帮助经理们确定和调节公司的增长速度，从而避免现金短缺的危险，根据这个框架，公司的管理者可以实时注意公司资金的流动情况。在这个框架中，有一个重要的术语：内部融资增长率。它是什么意思呢？其实指的是公司无须向外部借款，仅仅依靠自己的内部收入就能维持的增长率。

这个增长率对公司会有什么影响呢？如果公司的增长率低于其内部融资增长率，那么它自己产生的现金就足以维持增长，这是一种经济有余裕的好现象。而如果该公司试图以高于其内部融资增长率的速度发展，那么它就得到外面去借钱，或者从运营中释放更多地被占用资金。这时候，就需要各种各样的融资手段了，所以当公司的经济到此状态时，就需要注意自己的资金问题了。

管理者们想要计算内部融资增长率，必须考虑其中三个关键要素：

（1）公司的经营性现金周期。这个周期是公司收到原料、支付供应商货款、出售商品和收到货款所需的时间，这个变量可以用库存天数加上其他流动资产占用现金的时间（比如应收账款回款天数）来计算。一般说来，公司的经营性现金周期越短，钱生钱的速度就越快。如果这个周期太长，就意味着公司的资金流转有问题了。

（2）每完成1美元的销售需要投入的现金数额，其中包括营运资金和经营费用。作为管理人员，当然希望这个值越小越好，值越小其实就意味着投入产出比越高，公司的盈利也就越发可观。

（3）每1美元销售收入为公司带来的现金流入。这相当于公司的利润率，这个值越高，股东和管理层就越发开心，这就意味着公司效益好。

这三个关键要素，其实可以看成是公司增长的三个杠杆，它们大致决定了公司依靠内部融资实现增长的能力，体现了公司内部的运营情况。这三个杠杆，在北美一些企业中经常被用来核算公司销售成本等财务状况，非常具有参考价值。

如果经过核算，这三个关键要素情况并不好怎么办？调控增长杠杆的第一招是加快现金流动，这可以通过加快现金的回收和库存周转来达到。这些措施能够缩短现金被占用的时间，同时缩短经营性现金周期的天数。也许有人会撇撇嘴说："这些道理谁不知道？"但是，以往我们知道的只是定性的结果，而有关专家提出的这个框架却能够给我们定量的结果。

例如通过这样的计算，能够发现，稍微缩短库存周转时间（7.5%）和应收账款周转时间（5.7%），某公司就能够把年增长率提高1.5个百分点以上。这样直接昭示结果的计算方法，是第一个。

调控增长杠杆的第二招是削减成本，这可以通过降低进货价格和减少经营费用来达到。假设某公司成本过高，如果它在经过一定的计算控制在削减成本后，能够把净利润率提高1.5个百分点，那么它的内部融资增长率能够提高32%，这样的话，他的资金流就会从容得多。

调控增长杠杆的第三招是提高价格。如果某公司把价格提高1.5%后市场需求还能维持原状，那么它能够达到的内部融资增长率与削减成本的效果相当，这对公司的持续发展有相当的好处，当然，并不是说三大杠杆都必须这样分开使用，也可以把这几个杠杆组合起来使用，如果你搞懂了这三个杠杆的定义和使用方法，那么遇到这些问题，便可迎刃而解。

对比这三个杠杆，你可以自查一下你正在使用的工具的优劣。毕竟公司的资金流对于企业发展来说是大事一桩。

（二）收入来源表：算清公司成长账

企业的生产经营过程，同时也是费用发生、成本形成的过程。成本计算，就是对实际发生各种费用的信息进行处理。我们计算成本，总是计算某个具体对象的成本。而企业规模有大有小，经营性质和项目各不相同，因而如何组织成本的计算，如何确定成本计算对象，只能具体问题具体分析，依实际情况而定。如果你要求公司的高级管理人员将成本削减10%，恐怕再繁杂的头绪，他们都能够胸有成竹；而如果你要他们把增长率提高10%，他们往往不知所措。

这和公司管理层对于公司的理念相关，他们通常认为削减成本是他们能够办到的事，而推动增长则不是。

但是事实上，推动增长也应该是他们能办到的分内事。管理者也能够像削减成本一样得心应手地管理增长才对——如果他们恰当地利用了收入来源表。

在一般观念当中，许多管理者之所以对管理增长缺乏信心，是因为他们往往囿于传统财务报表的狭隘视角，无法获得收入来源的正确诊断信息。例如，公司在编制损益表时，一般根据地域市场、业务单元或产品线来划分收入类别。就其本身而言，这种划分无可厚非，但公司管理层不仅必须知道哪些领域的销售情况振奋人心或令人失望，而且还必须了解其中的原因并且制定相应的对策。

这样的收入来源表格对于管理者来说，确实是缺乏战略依据的，那么有效地收入来源表格应当如何制作，包含哪几个独特因素呢？

有专门研究企业收入来源的专家特意做出示范，以公司的客户为中心，确定了增长的5个独特来源。其中的3个来源与公司的核心业务相关，它们分别是：对现有客户继续销售所获得的收入（老客户保留）、竞争中赢取的销售收入（市场份额夺取）和因为市场扩大而带来的销售收入（市场增长趋势）。这是其中三个关键性的因素，还有两个来源则与公司的核心业务无关，其中一个是相邻市场（指企业可以借用自己核心能力的市场）收入，另一个是与核心业务完全无关的全新业务的收入。这两个来源可以视为是能够突破新增长的经济来源，所以管理者可以根据这两项因素来对公司收入增长做出战略性的安排。

另外这个收入来源表，还有另外几个需要考虑的数据：

市场增长率指整个市场的需求额增长率。在计算该数据时，最好先预估每个细分市场的增长率，然后对整个市场中所有细分市场的增长率进行加权平均。

客户流失率指转投竞争对手的客户的加权平均比率。典型情况就是有多少比例的客户取消与你的业务来往，转投其他供应商（切不可将市场负增长混淆，后者表示客户完全退出市场。）当客户同时与几家供应商有业务来往时，我们计算公司在客户钱包中所占份额的减少比例，然后对这些减少比例进行加权平均，所得的结果就表示客户流失率。如果公司对某个客户而言钱包份额增加，则表明该客户没有流失，而钱包份额增加的部分就计为市场份额增加。

这个表格的制定除了能够利用收入来源表诊断问题、发现机遇之外，如果公司计划实施收购，以分享某一细分市场快速增长的成果，打入某一邻近的市场，或者染指某一全新的业务领域，收入来源表同样有助于它评估收购对象的价值。例如，某机械公司打算并购一个研发企业，就可以通过这个表格来估算改研发企业的投入产出，通过一系列详细的估算之后，再进行并购方针。欧美很多大型企业在并购之前，都会进行这一步，确保投资能获得相应回报。

追溯损益表总收入变化的根源，就必须了解收入的各个来源，收入来源表能够揭示公司收入的来源，帮助管理层更有的放矢做决策，改善经营业绩。想要让总收入增加 10% 吗？那么这个表格是管理者必须要掌握的。

（三）破解集团财务信息化难

集团公司是在社会化大生产的基础上出现的一种新型企业组织形式。一般地，集团公司是指由一个或多个实力强大、具有投资中心功能的大型企业为核心，以若干个在资产、资本、产品、技术等作为联结纽带，由一批具有共同利益，并在某种程度上受核心企业影响的多个企业联合组成的稳定的、多层次的、产权网络化的法人联合体。现代企业集团采用定制技术进行灵捷生产经营，内部采用扁平化的组织结构和网络化的信息结构。

作为企业的核心模块之一，财务信息化的发展在企业信息化的过程中一直占据着重要的地位，建立信息化环境下的集团企业物流、资金流、信息流一体化的集团财务管理是提升企业核心竞争力的必然选择。但是在建立集团财务信息化当中有无数的难点，集团财务信息化的实施是一个复杂的过程，这是任何一个在发展中的集团企业所无法回避的，其特点和难点在企业管理金字塔的不同层面有不同的体现。例如以下几个层面：

1. 业务多元化对财务信息化的要求

一个大型的集团企业的业务范围较广，可能涉及不同的行业和领域，各业务板块的产业特点和管理模式存在很大差异，各子公司的编码格式、核算方式和报表格式都存在差异，集团财务管理信息化实施的基础就是要建立一个统一管理的体系平台，制定统一的标准、流程、制度，这样的制度毫无疑问能给公司的管理带来巨大的好处，但是也因此业务多元化对企业的财务信息化实施提出了更高的要求。

2. 管理层面

财务信息化在管理层面面临的问题主要来源于集团企业特有的、复杂的业务结构、战略发展定位和对市场变化的适应要求等方面。因为公司结构复杂多样，业务丰富，所以在管理层面上来说也就会更加有难度。

3. 市场环境对财务信息化的要求

随着市场环境的变化和企业管理水平的提高，需要不断对财务信息化模式进行优化和升级。为了迎合市场，财务信息化的模式也需要不断更新升级。

集团战略对财务信息化的要求：

财务信息化作为企业信息化的一部分，和集团整体的信息化是分不开的。在行业多元化、业务领域不断细分的发展背景下，需要有一个系统的、结构化的 IT 规划作为支撑。这个规划的成功性大大影响了财务信息化实现的可能。

（1）操作层面

由于受到部门条块分割限制、专业性差异和业务能力局限等因素的影响，集团企业各职能部门、业务部门的操作人员对于信息化的理解和接受程度不同，不同管理水平的子公司，不同教育水平的员工，对于信息化的功能和标准的认识程度不同，这些因素都有可能导致财务信息化不能按照规划的设想顺利实施，所以企业在实施财务信息化之后，需要投入大量的经历做内部建设，例如需要通过大量的人员培训和系统优化工作，推进信息化的实施进程，落实信息系统的成果。

（2）执行层面

因为企业流程复杂，所以执行起来也会特别有难度，而且财务信息化的实施伴随着管理流程、业务流程、制度体系的梳理和优化。有关咨询公司认为，集团企业是否能够通过信息化理顺管理体系和流程，提高管理效率，将财务信息、业务信息进行有效融合，决定了信息化实施的成败。所以财务信息化在执行层面的特点和难点主要体现在以下三个方面：

1. 数据信息化方面

数据信息化的内容中包括财务数据和业务数据，企业把原始的信息，即库存信息、销售信息、费用信息、采购信息都以一定的数据格式录入到计算机里，以数字的形式保存起来，建立一个完善的机构，满足随时查询的需要。这方面的难题实际是上因为集团企业数据量较大，种类繁多，所以在建立标准的数据汇总和录入方式，统一编码规则，统一财务数据和业务数据的核算基础和相关报表的格式，规范权限设置，提高数据传输的效率，确保数据的可比性、相关性和安全性等相关方面有相当的难度。一旦这个问题解决了，那么数据信息化就会给集团的财务状况是一个极大的促进和压力缓解。

2. 流程信息化方面

什么叫作流程信息化呢？流程信息化是将统一、规范的流程以软件程序的形式固定下来，通过格式化流程降低企业的经营管理风险，提高信息传递和管理决策效率，使得实际操作更加规范高效，减少人为控制。流程信息化的难点在于流程的优化，实施人员需要在集团企业复杂的管理和业务流程中筛选核心流程及其核心环节，找出流程的核心驱动能力，必要时可能还要面临组织机构的调整和职能的重新划分。

3. 决策信息化方面

在财务信息化当中，决策信息化方面的内容即通过对原始数据进行科学的加工处理，将企业的物流和资金流汇集成企业的信息流，运用经营分析手段，聚焦成管理层决策需要的信息。所以难度就在于，如何对原始数据用同一的标准进行加工。

实现财务信息化是当前市场上集团化企业管理的大势所趋，管理者们只要破解上面几个难题，那么财务信息化的甜头很快就会被尝到。这一点在欧美的大型集团中早已有了例证。

（四）控制现金流，保证"活钱"不断

"杰出的领导"往往被看作是企业成长、变革和再生的最重要的因素之一。在金融危机的大环境中，领导力的培养更是不容忽视。而管理团队中一个最普遍的缺陷，是团队的核心人物——CEO缺乏基本的财务知识和技能。这一点会对公司长期的发展带来很大的不便。想要辨别"CEO"管理能力的强弱，只需要问几个简单的财务问题，根据他的回答马上就能分辨出来。

"你有公司未来的销售预测吗？"

CEO的一般回答应该是："我们按月做了最乐观的、比较现实的和最保守的三种预测，我们的基本收入假设是……"

这样的回答让人一听就知道此人是有备而来的，话一出口就可以让人知道他懂得收入预测的基本方法和逻辑，很可能学过 MBA。因为"收入预测"是一个 CEO 最重要的工作之一，而不全是 CFO 的活。如果 CEO 自己都不知道收入预测中的数字是怎么来的，数字与数字之间的关系是什么，达到收入预测目标的关键点又是什么，这样的 CEO 会有"执行力"吗？

"你公司每个月的运营成本大概是多少？"

可能回答是："我们的日常运营成本控制得比较好，每月都在十几万美元左右。但是还需要另外说明的是，我们的业务扩展很快，现金流需求远远大于每月的运营成本。上个月我们有一批固定资产投入，花了三十几万美元；下个月我们将收购一个竞争对手，对方的股东坚持要部分套现，所以我们必须支付一百多万美元的现金作为收购成本。"

一个企业的"成本"有很多，运营成本、人工成本、生产成本、销货成本、融资成本、收购成本，但是上面那个问题的内涵其实不仅仅是在问"运营成本"的数字，更重要的是通过数字看 CEO 有没有做"财务分析"的能力，"财务分析"也是 CEO 必不可少的技能。其实这个道理很简单，CEO 在财务方面"分析能力"不佳的话，他如何去指挥 CFO 呢？他用什么来判断和决定公司里每一个人、每一个部门、每一笔支出、每一项投资的根据和理由？如果他这方面的能力欠缺，那么，公司陷入经济困境是迟早的事情。

对于一些管理者而言，学会财务分析实际上不是一件简单的事情，要注重行动学习（action learning），即通过行动来学习。企业通过让受训者参与一些实际工作项目的方式来提高他们的领导能力，如领导企业扭亏为盈、参加业务拓展团队、参与项目攻关小组，或者在比自己高好几个等级的卓越领导者身边工作等。行动学习能够帮助潜在的领导者为更高层级的工作做好准备，提升自己的能力。

一个能力强的 CEO 不但懂得财务分析，而且很重视现金流在财务上的重要意义。他会定期召开专家会议，分析企业现金流的状况。一般来说，在专家会议上企业高管可以从五个方面分析现金流。

第一，看当前企业内部产生现金流的能力，即看看你的现金流主要是来自主业的经营活动，还是非经营类活动（如银行贷款）。如果内部产生现金流不足，可进一步分析是市场营销环节还是流动资本管理有问题。

第二，如果企业自身产生的现金流是正的，那么在能够偿还短期负债的同时，它在生产经营活动中的灵活变通能力还剩多少？

第三，如果企业自身产生现金流的能力很强，那么现金流的使用是否配合了企业的发展战略？

第四，企业如果需要外部现金流支撑的话，它的融资渠道是靠股权融资、短期贷款还是长期贷款？这些方式的选择是否符合企业的风险管理要求？

第五，对上市公司来说，要看看红利的支付是来源于内部自由现金流还是外部。如果主要靠外部，公司的红利政策的可持续性是否有问题？

CEO 是公司发展的舵手，财务是发展的依赖。所以作为企业发展的决策者，CEO对于财务分析必须耳熟能详并且能实际运用到企业管理中。

（五）收入来源表：算清公司的成长账

企业的生产经营过程，同时也是费用发生、成本形成的过程。成本计算，就是对实际发生的各种费用信息进行处理。我们计算成本，总是计算某个具体对象的成本。而企业规模有大有小，经营性质和项目各不相同，因而如何组织成本的计算，如何确定成本计算对象，只能具体问题具体分析，依实际情况而定。如果你要求公司的高级管理人员将成本削减10%，他们会胸有成竹；而如果你要他们把增长率提高10%，他们往往不知所措。

这与公司管理层的理念相关，他们通常认为削减成本是他们能够办到的事，而推动增长则不是。

但是事实上，推动增长也应该是他们的分内事。管理者也应像削减成本一样得心应手地管理增长才对——如果他们恰当地利用了收入来源表（sources of revenue statement，SRS）。

在一般观念当中，许多管理者之所以对管理增长缺乏信心，是因为他们往往囿于传统财务报表的狭隘视角，无法获得正确的收入来源诊断信息。例如，公司在编制损益表时，一般会根据地域市场、业务单元或产品线来划分收入类别。就其本身而言，这种划分无可厚非，但公司管理层不仅必须知道哪些领域的销售情况振奋人心或令人失望，而且还必须了解其中的原因并且制定相应的对策。

对于管理者来说，这样的收入来源表格确实是缺乏战略依据的，那么有效的收入来源表格应当如何制作呢？包含哪几个独特因素呢？

有专门研究企业收入来源的专家特意做出示范，以公司的客户为中心，确定了收入增长的 5 个独特来源。其中的 3 个来源与公司的核心业务相关，它们分别是：对现有客户继续销售所获得的收入（老客户保留）、竞争中赢取的销售收入（市场份额夺取）和因市场扩大而带来的销售收入（市场增长趋势）。这是其中 3 个关键性的因素，还有 2 个来源则与公司的核心业务无关，其中一个是相邻市场（指企业可以借用自己核心能力的市场）收入，另一个是与核心业务完全无关的全新业务的收入。这两个来源可以视为能够突破新增长的经济来源，所以管理者可以根据这两项因素对公司收入增长做出战略性的安排。

另外，对于这个收入来源表，还有以下两个需要考虑的数据：

1. 市场增长率（market growth）：指整个市场的需求额增长率。在计算该数据时，你最好先预估每个细分市场的增长率，然后对整个市场中所有细分市场的增长率进行加权平均。

2. 客户流失率（customer churn）：指转投竞争对手的客户的加权平均比率。典型情况就是有多少比例的客户取消与你的业务来往，转投其他供应商（切不可与市场负增长混淆，后者表示客户完全退出市场）。当客户同时与几家供应商有业务来往时，你可计算公司在客户钱包中所占份额的减少比例，然后对这些减少比例进行加权平均，所得的结果就是客户流失率。如果公司对某个客户而言，钱包份额（share of wallet）增加，则表明该客户没有流失，而钱包份额增加的部分就计算为市场份额增加。

这个表格的制定除了能够利用收入来源表诊断问题、发现机遇之外，如果公司计划实施收购，还可以分享某一细分市场快速增长的成果，打入某一邻近的市场；或者进军某一全新的业务领域时，收入来源表同样有助于评估收购对象的价值。例如，某机械公司打算并购一个研发企业，就可以通过这个表格来估算该研发企业的投入产出，通过一系列详细的估算之后，再制定并购方针。欧美很多大型企业在并购之前，都会进行这样的估算，以确保投资能获得相应回报。

如果你要追溯损益表总收入变化的根源，就必须了解收入的各个来源。收入来源表能够揭示公司收入的来源，帮助管理层更加有的放矢地做决策，改善经营业绩。你若想让总收入增加，那么这个表格是管理者必须要掌握的。

（六）削减成本不裁员

很多公司在企业发展的困难时期，为了削减成本，大部分管理人员都会选择裁员这柄利斧，这样做常常会赢得资本市场的一片喝彩。在企业管理的案例当中，这样的例子往往也屡见不鲜，著名的胶卷企业伊士曼柯达公司（Eastman Kodak）曾宣布裁减

1万名员工，使得它每年的工资成本降低了4亿美元。这还不是最好的结果，仅在随后的短短几天时间里，柯达股价大幅飙升，市值迅速增加了20亿美元，于是当时的股评家们都对柯达的这项举措大力叫好。不必回溯太多，仅回顾过去10年，类似的例子可谓不胜枚举。可是这种用裁员来削减成本的方式是不是真的对企业有帮助呢？除了这种方法之外，就再也找不到适合的成本缩减方法了吗？

为此，有专家特意做了调查，得出的结论是：削减成本完全不必如此痛苦。过去的几年里，有位经济学家曾为多个行业的200多家公司做过咨询顾问。根据这些年的咨询经验，他提出，如果能对那些不经审查就获得批准的小型资本预算项目做出严格审慎的评估的话，公司也能创造出更具持续性的价值，并不需要裁员这样壮士断腕似的发展方式。这位经济学家还指出，这类小型项目申请要么根本没有实施的必要，要么就夸大了资金需求。实际上它们并没有对公司的发展提供帮助，反而不断地拖了公司的后腿，使得本来就紧张的资金链更加雪上加霜。

在公司经济状况不佳时，管理者尤其需要审慎评估小型资本的预算项目。和我们想象的不同，评估小型资本预算项目的方法十分简单易懂。管理者们只需提出8个问题，并实施支出审计——对业务部门的资本开支做定期的审计，便可取得巨大的回报。

如果这类项目通过审核不能达标，那么通过削减资本预算，公司可以大幅增加现金流量，从而极大地提高市值。这项收益将比裁员来得更大，更有利，也能在公司内部建立一个有利的评审制度，对整体的发展将是一种制度上的促进。这位经济学家经过估算指出，如果有些公司坚持将资本支出预算削减15%的话，它们的市值可提升30%。

你别急着问是哪8个问题，在了解这8个问题之前，你先来了解一下这类项目为什么常常成为浪费的源头。其实道理很简单，公司的高级管理人员可支配的时间有限，因此他们往往认为把重点放在大规模的投资项目上才能最好地服务于公司。这样做看起来似乎是有狭隘性的，但是实际上没什么不妥。因为公司大型资本预算项目的投资常常具有重要的战略意义，但是这样会导致他们不经审查就批准小型资本预算项目。从我们了解到的数据来看，这类项目在公司资本预算总额中所占比例常常高达80%，占据了相当大的资源，而回报率却相当之低。

所以，当公司负责运营的管理人员准备申请他们的资本项目时，高级管理人员应先向他们提出3个问题。这3个问题将有助于他们对项目申请做出自我筛选和修改，使最终提交的项目建议无懈可击。这3个问题是："这在你的投资权限范围里吗？""真的必须要新的机器设备吗？""我们的竞争对手在遵从各类规定方面是如何做的？"

当你和同事审查小型项目建议时，接着问问下面 3 个问题。这 3 个问题将有助于你发现那些夸大资金需求和重复冗余的预算申请。这 3 个问题是："做出的投资是否相互重复？""是否充分理解了利润与资本支出之间的平衡关系？""是否存在预算操纵的迹象？"

在评估结束时，你再提出最后 2 个问题。这将帮助你改进下一次的评估流程。这 2 个问题是："我们是否充分利用了共享资产？""我们的资源衡量标准是否足够缜密？"

在这 8 个问题的基础上，为了弥补预算中可能存在的疏忽和不足，公司管理人员应该定期审计各个部门的资本支出，并且公司在实施定期审计时应该让相关部门人员参与，得到他们的支持；为了保证审计工作的顺利进行，需要在不浪费成本的基础上进行，同时还应在高层权威人士的领导下进行。另外，审计还应有明确的目标，并能够提出具体的、富有成效的建议。这样的审计才是有效的。

（七）"盈"在存货驱动成本法

在当今竞争激烈的市场经济中，激烈的价格战使得过去一些微不足道的成本变得至关重要。例如，美国知名电脑公司惠普公司在实践中发现，除了传统的存货成本以外，企业中还隐藏着不少与存货相关的成本项目。这些项目平时都是隐藏的，在平时几乎可以忽略，但是一旦价格战如火如荼，最细枝末节的成本都变得很重要。所以，在这种情况下，但凡属于利润率低、产品生命周期短、产品容易过期或者销售季节性强，并且需求无法预测的企业。为了保证资金的流通和公司的稳定增长，都应当跟踪和了解与存货相关的各项成本——存货驱动成本（inventory-driven cost）。

很多高管都想当然地以为，只要能率先进入某个产品类别就会获得先发优势。但是，事情并非这样简单。早在 1997 年，为了使个人电脑业务在成本上更具竞争力，惠普对该业务的总体成本结构进行了全面彻底的分析。他们发现，存货过剩是个人电脑成本过高的主要因素。在这一环境下，技术和市场的发展都比较平稳，率先进入某个品类的公司非常有可能获得持久的先发优势。如果公司拥有品牌知名度，对成功会有一定帮助，而资源在这种环境下并不关键。例如，1995 年与存货相关的成本竟然与 PC 业务总的运营毛利持平。在这一环境下，技术变革迅速，可市场却只是在缓慢地接受新的品类。先行者既不可能获得短期的先发优势，也不太可能获得持久的先发优势。另外，传统的成本计量法并不能跟踪所有的存货驱动成本，其中的成本项常常与其他成本项目混在一起，散落在不同的部门和地区，在不同的时间按照不同的会计准则入账。

按照一般的管理方法，传统的管理会计方法只能跟踪"存货持有成本"（holding cost of inventory）这个传统项目。但是在惠普，这个方法逐渐变得不可行，因为持有成本占存货驱动成本的比例还不到10%。惠普的 PC 业务实际上还存在以下四种存货驱动成本——尤其是在价格战中不能忽略。

1. 元部件贬值成本。

这项成本基本上是所有的电子产品厂商都无法避免的，但是在四种存货驱动成本中，这项成本是占惠普的存货成本比例最高的。微处理器芯片和内存等关键元部件一般具有降价快、降幅大的特点，于是很快地存货的价值就会受到冲刷。如果惠普在供应链的多个环节上备有库存，元部件的价格每下跌一次，各个环节就要遭受一次贬值所带来的成本损失。总体算来，这个成本是相当巨大的。

2. 价格保护成本。

每一个公司都会根据自己产品更新的状态对商品进行合理的定价，电子产品的特性原本就是更新换代快。如果惠普等产品被运送到经销商那里后再宣布降价，它就必须向渠道合作伙伴补偿一定的产品差价，这个差价是用来保证后者不至于亏本销售那部分没有卖出的产品。但正是由于这个行业的特性，所以产品的贬值速度很快，导致渠道伙伴会有一部分没来得及销售的存货。可以说，这种行业特点导致了惠普面临巨大的价格保护风险。

3. 退货成本。

除了价格保护的成本以外，根据市场管理条例，分销商可以将未售出的商品以进价退还给生产商。这种退货不仅会导致运营成本（运输、搬运、产品复测等）的增加，而且还会拉长产品到达最终用户之前在供应链中所花的时间。这样的成本叠加增加了惠普的产品贬值风险和存货财务成本，而这在整个产业链上是很常见的现象。

4. 产品淘汰成本。

这一点是所有的企业都无法避免的，尤其是产品在生命周期结束后的冲销更是这类成本中最显而易见的。此外，产品淘汰成本除了产品随着市场的发展被淘汰之外，还有另一种形式，是为即将停产的产品提供的销售折扣，以及为了清仓销售而发生的促销成本——每当消费者看到电子生产商们进行价格战似的热烈促销时，其实都说明了每个公司都在加大产品淘汰成本。

为了解决这四项成本的问题，在惠普的 PC 业务部中，移动计算事业部（MCD）是第一个在制定战略时把各种存货驱动成本考虑进去的部门。1998 年，在重新设计供应链之前，该业务部卖出的每台机器都是亏本的。但是，高层管理人员尝试了各种不同的措施来改善盈利状况，其中包括降低原材料成本、控制运营费用，以及开发新品来增加销售收入等，但是这些尝试的收效都不明显，完全无法扭转在市场上的亏本现象。于是在1998年，惠普放弃了原来的两步供应链结构，改用单步供应链结构。这个举措立即让惠普实现盈亏平衡，并在1999年扭亏为盈。2000年左右，这一方法很快在惠普各个业务部进行推广，并在全公司形成了一套统一的成本计量标准。可以说，存货驱动成本对于惠普而言，是一个开天辟地的挽救企业生命的举措，而其他被同样问题困扰的企业也可以借鉴该方法。

（八）新技术为企业降低成本

随着信息时代的到来，一切都讲究速度。对企业来说，速度就意味着效益的提高和成本的降低。如果企业能通过互联网实现库存、订购管理的自动化和科学化，就能最大限度地减少人为因素的干预，实现较高效率的采购，而且可以节省大量人力，降低成本，从而提高企业的生存和竞争能力。

实施电子采购系统是郭士纳拯救陷入困境的IBM的重要举措。对于出现巨额亏损的IBM来说，在寻求新的发展方向之前，降低成本才是当务之急。在清算各种运营成本的过程中，采购成本成为公司的主要检讨目标，因为它已大大影响了IBM在同行中的竞争地位。

像所有的传统采购方式一样，当时IBM的采购也是采用一种各部门各自为政的方式，重复采购现象非常严重，采购流程各不相同，合同形式也是五花八门。这种采购方式不仅效率低下，而且无法获得大批量采购的价格优势。

IBM采购战略和流程改革副总裁说："这是一个价值取向的战略，我们承担不起通过纸面做生意的成本。1998年，我们决定通过电子化方式来做生意时，供应商就必须选择要么按照我们的这种方式，要么去找其他的用户。"

成本其实只是问题的一个方面，真正的问题是IBM必须利用信息技术的解决方案来提高自身的反应速度，加强其综合竞争力。

郭士纳表示："一开始，我们就把电子商务定位得很清楚，就是利用互联网提高企业的竞争能力。企业资源规划、客户关系管理和供应链管理是电子商务最基本的应用。"

郭士纳认为，电子交易就是"在网上进行买卖交易"，其内涵是：企业以电子技术为手段，改善经营模式，提高企业运营效率，进而增加企业收入。如此一来将极大地降低企业的经营成本，并能帮助企业与客户及合作伙伴建立更为密切的合作关系。

于是，公司决定通过集成信息技术和其他流程以统一的姿态出现在供应商面前。基于这种考虑，IBM 的专用交易平台诞生了。作为拥有 3.3 万个供应商的专用交易平台，其业务可以是简单的开发票或订单，也可以是复杂的产品推介功能。

通过降低管理成本，缩短订单周期，更好地进行业务控制，以及实施电子化采购来提高其他方面的效率，IBM 的竞争优势得到显著提高。IBM 全球服务部门的采购副总裁说："自动化采购带来的最基本价值在于，我们可以从耗费大量时间的事务性工作中脱身。以前，采购人员每天需要花 5 个小时在电话中回答别人的问题，如他们的订单在哪里，为什么没有发货。而现在采购不再是一个服务性的部门。"

20 世纪 90 年代中期，IBM 开始其无纸化采购的进程。1998 年，IBM 经过详细的规划，包括重新定义和设计采购流程，推出了电子采购计划。至 2001 年年底，IBM 采购量的 95%，即 400 亿美元是通过电子采购方式完成的，节省的成本从 2000 年的 3.77 亿美元上升到 4.05 亿美元。在 2001 年，IBM 在全球共有 33000 个供应商通过电子采购的方式与 IBM 完成交易。

无论用何种尺度来衡量，互联网的力量都是巨大的，而且这种力量还在呈几何级数增长。在美国，每天有近 30 亿份电子邮件在网上飞来飞去。作为通信业的一种工具，它的作用已经超过了电话。对于互联网潜入产业内部后对经济发展的推动力，我们不能全部臆断。但显而易见的一点是，它将推动企业运作速度的持续加快和社会产品交易成本的持续降低。

企业组织结构系统的网络化在三个方面极大地促进了企业经济效益实现质的飞跃：一是减少了内部管理成本；二是实现了企业全世界范围内供应链与销售环节的整合；三是实现了企业充分授权式的管理。

二、让财务管理有章可循

（一）盯准效益，赚得多是硬道理

实用主义的方法不是什么特别的结果，而不过是一种确定方向的态度。这个态度不是去看最先的东西：原则、"范畴"和必需的假定，而是去看最后的东西：收获、效果和事实。

——威廉·詹姆斯

对于所有的商人来说，赚钱就是他们的天职。在追求成功与财富的道路上，赚得多才是硬道理。很多人都在羡慕富翁们充裕的生活，那么，他们又是如何得到让人羡慕的财富的呢？美国摩根财团的创始人 J·P·摩根曾经说过："富翁们的致富秘诀是什么？其实，这个问题的答案非常简单，仅仅只有两个字，那就是'赚钱'。"对此，哈佛走出来的商业精英们有极其深刻的认识，并且身体力行。在经营管理的过程中十分重视企业的效益，他们总是能够将自己的目光锁定在金钱上，让自己有足够的动力去赚取更多的钱。对于大多数的企业来说，金钱就是上帝，盯准效益就是其生存的基础，而赚钱也早已成为商业精英的一种必备思维模式和行为习惯。

ELTB 总裁理查·欧布雷恩也曾经说过："何谓企业经营？我个人认为，就是决策制定的程序方法——充分地使用现有的资源，使其物尽其用，在固定时段内求得更高的效益、更大的产量，并且能获得组织员工绝对的忠诚，全力以赴。决策的趋向对于企业的效益和利润有着决定性的作用，因此，我们必须严格地审视公司策略的相关要件。"

许多商业精英往往都具备较高的领导才能，而这种领导才能主要集中体现在他们能提高组织整体的运作效率，为企业谋取最大化效益的价值层面上。

米勒豪宾馆的主要赞助人约翰·托威，曾在米勒豪开幕之前任职多家大型宾馆。在那段时间里，约翰·托威拥有很多得以发挥自我构想的机会，并且从中积攒到了很多管理方面的经验。在员工的任用方面，约翰·托威总是尽可能地选择那些比较年轻的部属。他这种严格的甄选方式，为企业寻得了最适合企业性质并能与资深主管密切合作的人选。这样一来，每一个企业员工都能够尽自己最大努力地为企业价值最大化做出贡献。同时他们也能够分享整个企业的成果，这更促使他们为企业提供卓越的构想，以增加企业的效益。

在约翰·托威的眼中，他之所以能够取得如此巨大的成就，是因为他一直把赚钱看作是商人的天职，把效益最大化作为企业运作以及员工管理的目标。

和约翰·托威一样，商业精英们从来都不会隐藏自己爱钱的天性。只要是正当可行的赚钱方法，他们都会去尝试，并且始终盯紧效益，尽力做到最好，这就是他们最终能够取得成功的关键。

许多哈佛出身的商业精英们认为，不管赚多少钱，他们追求财富与成功的脚步都不会停歇。在他们看来，赚钱是件再自然不过的事情。如果停止了对财富的追求，那么商人也就失去了前进的方向和动力，而如果能赚到的钱不赚，那就好像是对金钱犯罪一般。

当一些人开始逐渐意识到用自己的能力不足以换取足够的财富时，他们便会向赚钱的第二阶段迈进——用钱赚钱。也正是因为商业精英们逐渐将"赚钱"视为自己的一种习惯，所以他们往往对理财十分精通。当然，对于我们来说，用钱赚钱存在一定的操作难度。但是，这并不表示我们什么都不能做。当我们还不能仅凭现有的钱去赚取更多财富的时候，最为明智的做法就是要兼顾眼前和未来，从大局出发，以效益为中心，不断完善自己赚取财富的方法，这样才能赚得更多。

当然，虽然在财务管理中，盯准效益，赚钱才是第一步，但是在财务之外的生活中，你要时刻记住，金钱只是你的副产品，只是实现你人生价值的一种表现形式，更是一种不能过分贪得的冷漠工具。君子爱财取之有道，虽然赚得多是硬道理，但是人们万不能扭曲赚得财富的方式和途径，要永远做操控金钱的主人，不做金钱驱使下的傀儡。

在商界闻名的哈佛人都曾被教育，要培养强烈的财商和赚钱习惯。还在校园的时候，他们就已经能够懂得：赚钱不可以像中彩票一样，仅仅赚了一笔就满足，必须时时都能赚钱。随着时间的推移，这种根深蒂固的赚钱观念，引领着一批又一批的哈佛人创造出一个又一个财富神话。

商业精英们认为创办公司的目的就是为了赚钱，一旦发现公司的存在不能创造利润时，不管有多么舍不得都要忍痛割爱，将其拍卖或宣布倒闭。甚至有的时候，他们历尽艰辛刚在商界中闯出名堂，为了能够获取高额利润，他们也会毫不犹豫地将公司卖掉。在这点上，他们从不会感情用事，这也是商业精英的过人之处。因为他们清楚，效益是企业存在的灵魂，赚得多才是硬道理。

（二）以最少投入，获得最大产出

如果有一概念，我们能用它很顺利地从一部分经验转移到另一部分经验，将事物美满地联系起来，很稳妥地工作起来，而且能够简化劳动，节省劳动，那么这个概念就是真的。

——威廉·詹姆斯

用最小的投入换取最大的收益，这是所有商业精英的创业原则。投入少，获益多，也是所有商人都追求的最优资源配置方式。在他们眼中，财富就是通过杠杆效应逐步积少成多而来的。而人们口中所谓的杠杆效应，其实就是以知识与智慧为支点，然后达到一种最优的投资组合。最后在这种支出和投入最小的情况下，获取最大收益。在实践中，对杠杆效应运用得最为出色的，首推沃伦·巴菲特。

在所有创造财富神话的角色中，巴菲特无疑是一个典型代表。截止到2004年，巴菲特完成了从最初不到1万美元的资本到拥有429亿美元财产的跨越，坐得世界第二富人的宝座。世界著名的《福布斯》杂志公布的美国400名超级富翁的前十名中，仅有巴菲特一个人始终榜上有名。

巴菲特虽然创造了巨大的财富，可是他的财富主要来源并不在公司的创办与管理上。他之所以能够积累如此巨大的财富，主要是因为他充分地利用杠杆效应分配自己的金钱——投资购买其他人所管理企业的一部分股权，然后从最小的投入中谋取最大的产出。借助杠杆效应，巴菲特获得了巨大的成功。与此同时，不少追随他的投资人也得到了巨额的财富，成为世界上较少有的千万、亿万富翁。

当然，不论在投资中，还是在企业经营管理中，仅仅最大限度地缩小成本是不够的，懂得用适合企业发展，符合现实的经营模式也是获取最大产出的关键之所在。而在这方面，H&M可谓是很好的范例。

著名服装连锁店H&M在创业的初级阶段，没有自己的成衣厂，制造完全外包给了近900家工厂。为了能够最大限度地降低成本，H&M始终走的是平价路线。它提供男女消费者以及儿

巴菲特

童的流行和基本服饰，同时还出售化妆品。在H&M的店中，服饰的平均售价只有18美元。公司高层们认为，之所以将价格定到这种水平线上，是为了让每一位消费者都能负担得起H&M每一年，甚至每一季新推出的产品。这种策略最能吸引那些15到30岁、同时渴望随时跟上社会流行风潮的女性消费者。为了能够得到最适合的价格，公司精挑细选外包对象，这些工厂分散于全球21个工资最低的国家中。H&M懂得适宜地控制好成本，使得产品的售价始终保持着一种薄利的状态。然而，虽然公司的产品售价低，但是毛利仍然能够维持在53%左右。正是这种懂得以最少投入换取最大产出的营销策略，使H&M逐渐延伸到世界各地，它目前共拥有800多家分店，分别分散在全球14个国家中。

H&M的成功不是一蹴而就，也不是凭靠运气，而是它的领导者和管理者懂得为公

司的发展寻找适当的经营模式的结果。从 H&M 的成功中，我们看到，以最小的投入获取最大的产出，一步一步打出自己的品牌，这才是通往成功的捷径。

哈佛大学的学子们在授课中学到，想要使你的企业价值最大化，就要学会用最小的投入去获取最大的产出。作为企业的领导者，如果能够很好地参透商业精英们的财务管理法，那么将会给自己的企业带来质的飞跃！

财务是一种针对价值、现金以及风险的思维方式。财务管理的精髓就是以最小的投入，获取最大的收益和产出。企业的领导者和管理者们都必须有能力从财务的角度及其他角度去看待公司中存在的问题，并对成本支出做出最恰当的管理，以达到企业经济效益最优化的最终目标。

（三）做好成本管理，让每一分钱都创造价值

从这个复杂的世界中找到解决办法，可以分为四个步骤：确定目标，找到最有效的方法，发现适用于这个方法的新技术，同时最聪明地利用现有的技术。

——比尔·盖茨

商界流传着这样一种说法："生意人是吝啬鬼。"这句话充分地反映出商人对金钱的重视程度。作为商人，他们对产品的斤斤计较以及对金钱的分毫计算都似乎已经成为一种职业本能，他们也似乎从来不会考虑去改变自己的这种特质。这是因为，在商业精英们的眼中，你吝啬就意味着你懂得如何更好地管理成本，因为每一分钱都有创造高价值的可能。

巨富洛克菲勒曾经说过："紧紧地看住你的钱包，不要让你的钱随意地花出去，不要怕别人说你吝啬。你每花一分钱都能得到两分钱利润的时候，你才可以花出去。"他也用行动来证明自己对这个信条的虔诚遵守。

很多人只看到洛克菲勒的辉煌，却很少会去注意他曾经做过的那些普通工作。洛克菲勒曾在一家大石油公司做焊接工，他的任务就是焊接装石油的巨大油桶。虽然工作看上去十分枯燥，但是细心的他却能从中发现问题。洛克菲勒发现，只要焊接，就会有焊条的铁渣掉落，而每焊接一个油桶要掉落的铁渣每次不多不少正好是 509 滴。洛克菲勒认为这种焊接方法将浪费很多焊条。于是，经过研究，洛克菲勒改进了焊接的工艺和焊接的方法，使曾经的 509 滴变成了 508 滴。虽然每次焊接仅仅只减少了一滴，但是累计起来计算则可以减少很多。洛克菲勒的这一方法，为这家大石油公司全年节约了巨额的资金。

此后，当洛克菲勒有了创业资本，真正步入商界的时候，他发现经营步履维艰，自己曾经积攒很久的积蓄很快就没有了。调整好心态之后，洛克菲勒明白，想要发财致富，就要对成本做好管理，让自己的每一分钱都能创造出最大的价值。

于是，在之后的日子里，洛克菲勒合理地管理着自己的资本，勤俭节约，努力工作。然后将自己的积蓄用于煤油的经营。这时的他，对每一分钱所潜藏的价值都很看重，并将大部分的赢利存起来，然后在一定时间再投入到石油的开发中去，这样，他就相当于让自己的钱循环再利用。就这样，洛克菲勒的生意越做越大，所积累的资本也越来越多。

最终，历经三十多年的勤俭节约以及生意上对成本的有效管理，洛克菲勒终于使公司成为北美三大财团之一，年营业额达到 1 100 多亿美元。

洛克菲勒的成功告诉人们，每一分钱都有它应有的价值，甚至它还潜藏着不易发觉的巨大价值。在哈佛商学院的财务管理课程中，成本管理占据着相当重要的位置。因为只有懂得成本最小化的原则，在致富之路上，领导者才能带领企业向价值最大化迈进。

成本管理是企业财务工作的基础，可以说是财务管理中最核心的环节。企业的成本决定了企业的利润。因此，作为一个企业的管理者，人们就必须要学会控制好企业成本的支出，才能得到最大的产出。而作为投资者，花好每一分钱，合理地安排和规划自己的支出，完善自己的投资意识，才能有获得高回报、使财富增值的可能。

（四）不能忽视资金的时间价值

没有人不爱惜他的生命，但很少人珍视他的时间。

——梁实秋　中国著名散文家，曾在哈佛读书

每一分钱都是具有时间价值的。倘若你曾经用银行按揭贷款这种方式购买过房子或者车子，你就会发现在整个还款期内你所付的钱的总和要远远大于你当初从银行取得的贷款。而那部分多出来的资金我们就叫它利息。利息能够反映出资金的时间价值，并且随着时间的推移，资金的这种时间价值也会发生增值变化。

不管是在企业的财务管理上，还是在投资方面，人们都不应该忽略资金的时间价值，因为很多时候，它的数目是相当惊人的。例如在年利率为 1% 的情况下，年初的100 万元到了年底连本带利就是 101 万元。其中多出的 1 万元钱就是本金 100 万元一年的时间价值。那么，如果在当初投资决策时，100 万元的年投资收益计划定为 10 万元，

那么实际上的收益要为 11 万元才能算是完成投资收益计划。因为要除去其中的 1 万块——资金的时间价值。就算不做任何投资，100 万元放在银行也可得到 1 万元的时间价值。

投资者们往往都会忘记资金的时间价值。正如美国著名的投资大师彼得·林奇所说："关注这个星期或下个星期市场和股价的波动只会分散投资者的注意力。要关心，也应该关心影响企业价值的因素。"投资者对资金时间价值的忽视会直接影响到他们对资金的管理行为。他们会越来越随着自己的情绪变化而变化，并且更加注重短期投资。

其实，对于资金的时间价值，我们可以从两方面进行理解。

1. 资金的时间价值是对放弃现期消费的损失所做的补偿

资金一旦用于投资，就不能用于现期消费。牺牲现期消费的根本原因就在于能在将来得到更多的消费。这种观点是站在消费者的角度来看的。

2. 资金会随着时间的推移而增加价值

这种现象叫作资金增值。从投资者的角度来看，资金的增值特性会赋予资金时间价值。

关于资金的时间价值，巴菲特曾经说过："上市公司的内在价值就是该企业在其未来生涯中所能产生多少现金流量的折现值。不管是谁，在计算公司的价值时一定要注意的是，未来现金流的修正和利率变动，都是会影响最终计算结果的。虽然这种计算结果无法得到精确计算，但这却是能够用来评估投资标准和股票价格的合理方法。"

接着巴菲特又举例说明："为了能够让投资者更加清晰地弄懂这个问题，我们用大学教育来做比喻。要想衡量一位大学生的'内在价值'，如果仅仅从经济角度看，首先需要估计一下他这一生中能够赚多少钱。然后再扣除如果他没有上大学一生工作生涯所能得到的收入，这就是他因为上大学而得到的'额外收入'。然后，用一个适当的利率对这笔额外的收入进行折现，就是截至这位大学生毕业时由于接受大学教育所得到的内在价值。那么，这个时候他的'账面价值'又指的是什么呢？这个'账面价值'就是指他受教育所付出的成本，以及由于上大学而不得不放弃的工作机会成本。如果最终计算得来的结果是'内在价值'低于'账面价值'，那就说明这位大学生上大学从经济角度看是不值得的，反之就说明他上大学就是非常明智的选择。"

当然，无论如何。在衡量内在价值的时候都必须用到未来现金流的折现值，这样才能够与账面价值进行比较。如果针对股票，那么这时候投资者就必须对未来现金流进行折现，才能更好地衡量股票价格的高低。

那么，怎样才能很好地衡量资金的时间价值呢？从投资者的角度去分析，资金的时间价值大小取决于很多方面：

1. 风险因素，即因风险的存在可能带来的损失所应做的补偿；
2. 投资利润率，即单位投资所能取得的利润；
3. 通货膨胀因素，即对因货币贬值造成的损失所做出的补偿。

任何一种创业计划都会对收入和支出进行准确的预算。可是，几乎所有这些预算都不正确，这也就说明人们经常会忽略资金的时间价值。如果想要让投资决策更加精准，作为投资者或企业的领导者，都一定要重视资金的时间价值。

资金经合理运用一定时间后，会有盈利增值的潜在能力。时间越长、利率越高，所赢得的利润及增值也就会随之增多。可以说，现在你所拥有的一定数量的资金，能够等价于若干年后更大数量的一笔资金；同理，若干年后的一笔资金，如果要折算为现值，就一定要经过打折。所以，想要使自己的投资更加客观、合理、精准，就不能不考虑资金的时间价值！

（五）关注现金流，别让资金链断裂

成功的人普遍遵守的发财原则，那就是不要让自己的支出超过自己的收入，如果支出超过收入便是不正常的现象，更谈不上发财致富了。

——托马斯·施欧佛 美国建筑师，曾在哈佛任教

所谓现金流，其实是主要针对企业而言的。它是指某一段时间内，企业现金流入和流出的数量。例如企业提供劳务、销售商品、向银行贷款、出售固定资产、上市等都会取得现金，形成现金流入。而支付员工工资、对外投资、构建固定资产、购买原料、偿还债务等都需要支付现金，从而形成企业的现金流出。一般情况下，企业现金流又可分为投资活动产生的现金流、筹资活动产生的现金流、经营性现金流这三大主要部分。

从效益方面来说，企业的良性运行首先关注的就是现金流问题，其次才是利润与企业发展速度。换言之就是说，决不能因为发展速度而影响企业相关资金的平衡度，继而酿成危机。所谓的"决策失误"，其中最突出的问题就是指企业的资金链断裂导致其失去连续生产的能力。从这个角度出发，可以说企业是否能够形成良性循环和发展，现金流的支撑能够起到非常大的作用。

在企业的管理过程中，领导者如果能够树立及确认现金流在理财中的地位，那么就是对实践的一种总结，也是一种对熟悉观念的转变。从某种意义上讲，企业获取现

金的能力比获取利润的能力更为重要。一家有着较高盈利水平的企业，如果在一定时期内不能获取适当现金流以偿还到期债务，那么，纵使盈利水平再高，企业也会因为现金流量不合理造成的现金短缺而陷入困境。严重情况下，企业还有可能会面临破产的危险。因此，如何加强对现金流的控制及治理也就逐渐成为所有企业关注的焦点。

想要更加有效地对企业进行管理，就要将现金流的控制提高到决定企业生死存亡的战略高度上，然后加以解决，认真对待。而建立以现金流为主导的企业经营管理思路以及控制体系，则是需要跨出的第一步。换言之就是说，人们应该按照相应的指标控制管理措施，建立十分详细的流程管理制度。这样一来，每笔资金的流动都会在计划流程的控制下进行。

在企业的经营管理活动中，领导者们都必须保持理性、清醒的思维，然后冷静地针对不同阶段的市场变化，不断进行重新定位。而在对现金流进行管理控制的实施过程中，领导者们应当要确保企业的良性循环和发展，增强企业自我完善、积累、发展的能力和潜力。

哈佛的商业精英们往往都具备这样一项关键技能：对现金流类型的识别与反应能力。许多类型都会影响到现金流：竞争型、季节型、法规型、技术型和税赋型。他们之所以能够成为优秀的管理者，就是因为他们能够找出创造价值的机遇，并针对它采取行动。企业的管理者如果都能够拥有犀利的识别能力，那么他们就可以迅速地将资源投入到所发觉到的机遇之中。只有通过对现金流类型的识别以及对之前和当下资讯的发掘，管理者才能够准确地预测未来。并采取相应的行动使企业逐步走向成功。

现金流量在一定程度上体现了企业现金流动性的大小和活力。只要企业能够不断周转，顺利地完成一个又一个的生产经营周期，就能更进一步地锻炼自身生产及发展的能力。股东对于企业现金流动的关注充分体现在股价变化上。其与现金流量呈正相关变动关系，这是股东渴望为企业创造现金流的诠释，同时也反映出现金流量对于股东心理所形成的未来预期。

（六）不可不纳和可以不纳的税

税收与你获得的得益如影随形。

——拉尔夫·沃尔多·爱默生

美国著名科学家、发明家本杰明·富兰克林曾经说过："人有两件事情是无法避免的，一个是死亡，另一个就是纳税。"不少聪明的投资理财者都懂得合理地避税。避税并不是偷税、漏税，从某种意义上讲它算是一种增收。在法律上，该缴纳的税一定要缴纳，而不该纳的税也不应多纳。合理避税就是游走于国家税法之间的"合法行为"，如果能够懂得合理避税，对于个人、企业理财而言都是相当重要的。

税赋是现金流中一个能够起到决定性作用的因素。想要进行合理避税，投资者以及企业的领导者就一定要掌握住相应的方法和对策。

1. 转移定价法

企业避税的基本方法之一就是转移定价法，它是指在经济活动中有关联的企业双方为了分摊利润或转移利润而在产品交换和买卖过程中，不按照市场公平价格，而是根据企业间的共同利益而进行产品定价的方法。用这种转移定价法可以使产品的转让价格在一定范围内高于或低于市场公平价格，最终达到少纳税甚至不纳税的目的。这种转移定价的避税原则，一般适用于税率有差异的相关联企业。企业双方通过这种转移定价，可以使税率高的企业部分利润转移到税率低的企业，减少两家企业的纳税总额，达到合理避税的效果。

2. 资产租赁

资产租赁也可以算是企业进行合理避税的一种方式。租赁是指出租人以收取租金为条件，在契约或合同规定的期限内，将资产租借给承租人使用的一种经济行为。站在承租人的角度来看，租赁在一定程度上能够避免企业购买机器设备的负担以及免遭设备陈旧过时的风险。因为在税前利润中租金已经被扣除，所以能够通过冲减利润而达到避税的目的。

3. 费用分摊

除此之外，分摊费用也是企业可以考虑的一种避税办法。企业在生产经营过程中发生的各项费用要按一定的方法摊入成本。所谓的费用分摊就是指企业在保证费用必要支出的前提下，想方设法从账目中找到平衡，尽可能最大化地使费用摊入成本，从而实现最大限度的避税。

平均分摊、不规则分摊以及实际费用分摊等是常用的费用分摊原则。然而，不管是哪种分摊方式，只要让费用尽早地摊入成本，使早期摊入成本的费用增大，就能够最大限度地实现避税。究竟哪一种方式能够使企业实现最大限度地避税，还得根据预期费用的时间以及数额来进行比较、分析和计算，然后最终得到答案。

上述说的都是一些能够帮助企业合理避税的方法。但是，那些不可不纳的税是必须要缴纳的，否则就算是逃税漏税，是要负法律责任的。一般情况下，税的多少取决于缴税的基数（税基）以及税率高低。政府对不同所得收入所实行的税收待遇也不一样，这就为个人以及企业合理避税留出了空间。

哈佛走出的商业精英大多都能够为企业合理避税出谋划策，找到最适合企业避税的方法。但是，他们也都清楚那些不可不纳的税是必须要缴纳的，他们从来不会为一些蝇头小利而影响企业整体的形象及日后稳定的发展。总之，避税必须合法和合理，清楚地掌握不可不纳的税和可以不纳的税是合理、合法避税的基础。

企业的领导者、管理者必须在法律规定许可的范围内，努力降低分流的公司以及个人的资源。换言之，分清可以不纳的税，用一定的合法手段进行合理避税，是企业降低成本、提高利润的重要手段之一。

（七）不惧风险，但要有额外收益补偿

我想我们应该只做软件。微处理器的能力每两年就翻一番，在一定意义上来说你可以把计算能力想象成免费的。这样你就要问问自己了，为什么要掺和进制造几乎是免费的东西里去呢？什么是稀缺资源？是什么限制了对无限计算能力的利用？是软件！

——比尔·盖茨

"哪里有利益，哪里就有风险，利益越大的地方风险也就越大"。绝大多数商业人士都明白这个道理。想要在企业经营管理过程中谋取最大的利益，作为领导者一定不能畏惧风险，要迎头而上，拿出魄力与胆识，分析风险并找到相应的对策。虽然冒险未必能够成功，但是，如果你不冒险就一定不会成功，因为你连尝试的勇气都没有。

对于经商者来说，风险往往跟额外的收益率挂钩。而生意就是时机，它是冒险和谨慎之间的战争。当风险迎面而来的时候，作为经商者，你既要谨慎又必须大胆，要学会敢于冒险、善于冒险，只有这样，你才能带领你的企业走向成功。在冒险的世界里，洛克菲勒用自己的成功彰显了他的魄力与风采。

1859年，自从第一口油井出现在美国宾夕法尼亚州泰特斯维尔时，洛克菲勒这位精明的青年商人就从当时的石油热潮中洞悉到了这项事业虽极具风险却有利可图的前景。在与合伙人争购安德鲁斯-克拉克公司的股权过程中，洛克菲勒表现出了他非凡的冒险精神。

起初拍卖价是500美元，洛克菲勒每次都比对手出价高。当标价达到5万美元时，洛克菲勒和竞争对手心里都十分清楚，这个价钱已经远远超出了石油公司的实际价值。

可是，洛克菲勒却是下定决心要买下这家公司。

因此，当对方最后出价72万美元时，洛克菲勒毫不迟疑地出价72.5万美元，终于战胜了对手。那个时候，洛克菲勒年仅26岁，仅凭着自己那股敢于冒险的精神，不畏风险，最终赢得了机遇。

之后，洛克菲勒所经营的标准石油公司已经控制了美国出售全部炼制石油的90%。虽然取得了巨大的成就，但是，他并没有因此而停止冒险行动。

利马人在19世纪发现了一个大油田，由于这个大油田含碳量高，人们便称它为"酸油"。在当时的情况下，没有谁能够对它进行有效的提炼。所以，"酸油"在当时只卖一角五分钱一桶。精明的洛克菲勒再次预见这种石油总有一天会找到提炼的方式，并且坚信它潜藏着巨大的价值，因此，他再次执意买下这个油田。

洛克菲勒的决定遭到当时董事会多数成员的反对。面对这种阻挠，洛克菲勒依然没有放弃，风险越大，他就越能看见收益。所以，他说："我将冒个人风险，自己拿出钱去投资这一产品。如有必要，拿出200万、300万。"洛克菲勒的执着终于迫使董事们同意了他的决策。最终，在不到两年的时间里，洛克菲勒就找到了炼制这种"酸油"的方法。因此，油价开始飙升，由当初的一角五分涨到了一元。

此外，标准石油公司还在利马建造了全球最大的炼油厂，巨额的盈利也是滚滚而来。洛克菲勒用自己的胆识震住了那些曾经投反对票的董事们，他们最终不得不对洛克菲勒不惧风险的气魄以及值得赞许的冒险意识深为赞佩。

就像洛克菲勒一样，在商业博弈中，你不懂得冒险，或者不善于冒险，机会就会落入他人之手。风险往往与收益并存，风险愈大，它所隐藏的机遇就有可能会越有价值。在投资的领域中，哈佛商学院也有自己的宗旨，那就是："不惧风险，但要求有额外的收益补偿！"事实上，这也是面对风险最佳的应对方式。

可以说，在商业领域，大多数投资者都一直致力于在一定风险水平上寻求最大化的回报，同时在一定的预期回报水平上寻求风险的最小化，这也是财务管理工作的基本原则之一。想要成为成功的职业投资者，就应该时刻恪守这一规则，在投资过程中力求风险最小，收益最大。

随着社会的发展，时代的进步，人际交往已经逐渐成为衡量一个人成功与否的关键因素。同样，想要在商界取得骄人的成就，在处理人际关系的时候，就要遵循一定的原则。为自己建立一个庞大的人脉关系网。哈佛大学的学生在校学习期间，就一直被灌输人脉关系方面的知识。他们懂得人脉的建立与巩固要比知识的积累更重要。在他们眼里人脉往往也是财脉，甚至有的时候，小投资也能够换取大的回报。

（八）装备财务队伍，成就卓越绩效

1. 埃森哲的卓越绩效财务研究

在传统意义上，自从两次工业革命之后，西方主导全球经济，是世界经济中心，尤其是美国这样的经济巨头，但是随着全球化经济的发展，这种观念已经完全被颠覆。新兴经济体不断崛起，向世界展现全新的形象，著名的经济学家埃森哲将这种现象称为多极世界。

然而，这个多级世界的特征之一就充满了挑战。经济下滑，市场充满了不确定性，就是其中一种表现。

在这样的大环境影响下，例如，2008 年的美国次贷危机引起的全球经济危机。尽管企业奋力搏击，但是其业务也不同程度地受到经济形势的影响，为了应对经济下滑，企业不得不调整员工结构。在企业快速扩张时期，企业总是担心高龄员工退休，而现在，全球市场崩溃给养老金储备带来巨大损失，很多员工又倾向推迟退休，企业又必须进行调整。如果企业正在裁员或进行并购活动，那么他们就更要保证拥有合适的专业人才来实现其战略目标。这是为了区分低成本交易活动与增值型分析活动，企业重新设计流程，并且从全球范围内招募精英以降低成本。这时候一些外包公司就纷纷加入发展的步伐。

企业此时应当如何做到配置得当？埃森哲的卓越绩效财务研究可以为此提供解决方案。为了有效应对挑战，埃森哲研究表明，往往在很多大型企业当中，财务主管对其财务人员的工作情况并不十分认同。

经过几十年调查了数百家美国大型企业，在参与调查的财务主管中，只有 9% 对其部门员工的工作效率十分满意，而且仅有 1/4 表示其财务人员具有"丰富而专业"的技能。这一数据是远远低于料想的。但是虽然统计结果不佳，但也只有 1/3 的财务主管表示计划在未来两年内执行新的员工计划，这些计划包括：领导力发展、减少员工流失、奖励/补偿、职业发展或绩效评估，等等。

埃森哲通过调查发现，管理人员所认为的重要事项与企业实际执行的事项之间存在着更大的差距。例如，56% 的管理人员认为，培训与指导员工是每个管理者不可推卸的责任，但只有 37% 的管理人员在现实中担当了这一职责。55% 的受访企业认为，领导者应当积极建立企业内的各级关系，但只有 36% 的受访企业真正如此行事。此外，52% 的管理人员认为，鼓励创新和向员工提供分享见解的机会是财务领导的重要工作，但只有38%的管理人员表示他们的部门具备这种文化。

就连那些财务部门认为不那么重要的因素也是相当地令人头疼。例如，共享服务或优化中心这两种策略能让企业更有效地调配其现有资源，集中员工，减少冗余职位，从而直接降低管理成本。因此，当控制管理成本的压力增大时，我们预计财务主管们更有兴趣采用共享服务或优化中心。然而现实中只有35%的受访企业认为共享服务和优化中心会对财务人员管理发挥重要作用。

这些数据和调查的经过其实充分地表明了，很多企业不仅在全球性的人才竞争方面准备不足，而且还存在用人失败的风险。另外，在人才招聘和选拔方面缺乏相关程序，则可能会妨碍企业分析现有人才库。研究表明，企业更倾向于从财务部门内部（47%）而非从企业外部（38%）调动人员填补财务管理职位，这或许会错过最佳人才（在经济下滑期间这些情况尤其值得重视，其他企业不断裁员，优秀人才会更加丰富）。

实际上，大部分受访企业表示，它们在关键财务能力方面存在重大不足——不仅是前文提及的财务人员方面，还有财务部门管理、企业绩效管理、财务和会计运作、企业融资和企业风险管理等更广层面。这种情况会阻碍财务部门最好地发挥应有的职能。财务大师们高度专注于人才管理。这些企业明白财务技巧是财务部门运转的动力。如果缺乏财务技巧，或者技巧差强人意，财务引擎就会运转不畅，甚至熄火，那么企业要想实现卓越绩效就更加困难。打造一支合格的财务团队有助于企业在全球竞争中乘风破浪，为此企业必须拥有高效的人才管理方法，并围绕四大方面开展工作，这四大方面分别是：确定人才需求，探索人才来源，发掘人才潜能和战略性的人才部署。

埃森哲的研究表明，在这种经济局面和公司的人才政策当中，财务主管已经意识到所面对的若干与人才有关的重要挑战和机遇，但是即便如此，在很多情况下，他们让人没有采取必要的措施，以带领其员工实现卓越绩效。

令人鼓舞的是，一些领先企业已经能够迎接重大挑战和机遇。例如，当谈到改善沟通、文件存档和传授主要业务流程以及鼓励创新时，被调查人员已然意识到这些问题的重要性，虽然如此，但是他们仍没有任何计划来解决这些问题。建立明确的人才招募和选拔战略虽然被许多企业视为建设优秀财务团队的基本要求，但也面临同样的现实情况。实际上这些财务大师在人员管理的某些方面拥有专业技能，尤其是人才管理方面，是可以实现卓越绩效的。

解决财务队伍的管理问题并非可有可无。结合埃森哲在全球领先企业的经验，调查结果表明，财务人员的质量、效率和结构对企业实现其目标和提升价值起到重要作用。实现目标和创造价值是卓越绩效的最重要基石。

2. 多极世界中财务部门的角色转换

从销售思维转变到以盈利思维为主导，从市场份额转变到价值份额，营销、财务经理角色的兼容与转换，将是企业在新一轮角逐中脱颖而出的筹码。在全球化经济的影响下，越来越多的中国企业上市前会寻求私募基金的介入和辅导，在理解企业的基础上去发现企业的价值，是财务尽职调查的主要任务。

财务部门所需要进行的尽职调查主要分为三块：一是业务方面；二是财务方面；三是法律方面的调查。

现金流是指企业总体现金流量是整个财务尽职调查中至关重要的方面。一家企业在生产经营、投资或筹资过程中，其现金流量的大小，反映其自身获得现金的能力。现金流量是企业财务状况和运营能力重要的判断指标，也是企业价值判断的重要依据。以现金为基础编制的"现金流量表"是对权责发生制原则下编制的资产负债表和利润表的一个十分有益的补充。

以下几个方面可以判断一家企业现金流量能力：

经营活动产生的现金净流量。它能真实地代表一个企业的经营能力。通过一些案例我们可以发现，只有企业生产经营活动中产生充足的现金净流入，企业才有能力扩大生产经营规模，增加市场占有的份额，开发新产品并改变产品结构，培育新的利润增长点。

主营收入现金含量，是指销售产品、提供劳务所收到的现金与主营业务收入的比值，该比值越大越好，表明企业的产品及劳务畅销，市场占有率高。

每股现金流量，指本期现金净流量与股本总额的比值。如果该比值越大，派发现金红利的期望也就越大，股东获得的回报也有可能越高。这一点具有非常的准确性，即便是经验再足、对市场再了解的会计也无法作假，所以具有一定的参考价值。

净利润现金含量，是指生产经营中产生的现金净流量与净利润的比值。和利润表的净利润相比，经营活动产生的现金净流量是企业实实在在获得的"真金白银"。净利润现金含量高表明销售回款能力较强、成本费用低、财务压力小。

从经典的企业价值理论来讲，企业价值是由企业未来现金流量的净现值决定的。为了企业上市和上市后的融资和正常运转，财务部门需要对企业的现金流状况进行充分的考察。

（1）勾稽关系

从财务尽职调查的角度看，数据之间的相互关系主要分为三个层次。

第一层面是三大报表之间的关系，以及科目之间的关系。

财务报表层面的数据关系能够反映一家企业的财务质量和对应的风险领域。特别是一些关联方和关联交易，很多企业在进行造假时，往往会出现此消彼长的问题。而会计科目和会计处理是所有财务错报和造假的"落脚点"。所以这一点就要求财务们在审查的同时，在阅读会计报表数字时，印在脑海里的不仅仅是阿拉伯数字，更要去理解背后的商业故事和逻辑。在财务尽职调查时，一般重点会从以下方面考察：

（1）从业务风险角度去考察会计科目的风险。比如工程项目类公司的难点就是主营业务收入的确认，那按照权责发生制的要求合理确认收入就是调查的重点，一旦数目有不对的地方，就会有猫腻。

（2）理解公司的成长阶段。公司的发展阶段不一样，对财务报表的影响也会不一样。一个在行业里处于垄断地位的高成长公司，它虚增营业收入的动机就不会很大，相反为了避税而虚增费用的可能性就要大得多。

（3）理解会计处理的商业实质。很多关联方交易是没有商业实质的，而是公司为了某种目的而进行的"数字交易"，这很有可能是一种舞弊现象，需要财务部门抓出来。

第二个层面是现在财务数据和历史数据之间的关系。

优秀企业的财务指标一定是具有前后一致性的，即使是处于快速增长阶段，也要经得起商业逻辑推敲。如果其中有一些历史数据来源不明或者丝毫不符合发展逻辑，那么即便是高速增长，也是有问题的。

第三个层面是基于企业所在的行业，行业财务数据的比较。

一般来说，财务尽职考察会从公司所在行业和业务的角度出发去判断财务报表存在的风险。通过这些报表中现世的情况去判断企业所在行业的主要风险在什么地方，行业和经营风险怎样影响财务报表，财务报表哪些科目可能是高风险的科目。这样，一些风险评估就能及时显现，而且另外一个角度来说，如果有造假成分很快就能被揪出来。

（2）数据造假

有一些公司为了达到目的，有时会进行数据造假，在报表中动一些手脚。实际上舞弊是一个很宽泛的法律概念，财务尽职调查特别关注的是那些可以导致财务报表中出现重大错报的行为。而往往这些舞弊行为和该公司的高层管理者有着直接关系。另外，舞弊也是一种道德风险。这样舞弊的结果，其实对公司未来在行业内的发展和融资都会带来巨大的损坏。

3. 财务尽职调查中的风险控制

财务尽职调查又称谨慎性调查，一般是指投资人在与目标企业达成初步合作意向后，经协商一致，投资人对目标企业一切与本次投资有关的事项进行现场调查、资料分析的一系列活动。其主要是在收购（投资）等资本运作活动时进行，但企业上市发行时，也会需要事先进行尽职调查，以初步了解是否具备上市的条件。

财务尽职调查能充分揭示财务风险或危机，能够分析企业盈利能力、现金流，预测企业未来前景，了解资产负债、内部控制、经营管理的真实情况，是投资及整合方案设计、交易谈判、投资决策不可或缺的基础，还可以判断投资是否符合战略目标及投资原则。

在调查过程中，财务专业人员一般会用到以下一些基本方法：审阅，通过财务报表及其他财务资料审阅，发现关键及重大财务因素；分析性程序，如趋势分析、结构分析等，对各种渠道取得资料的分析，发现异常及重大问题：访谈，与企业内部各层级、各职能人员，以及中介机构的充分沟通；小组内部沟通，调查小组成员来自不同背景及专业，其相互沟通也是达成调查目的的方法。由于财务尽职调查与一般审计的目的不同，因此，财务尽职调查一般不采用函证、实物盘点、数据复算等财务审计方法，而更多使用趋势分析、结构分析等分析工具。在企业的投资并购等资本运作流程中，财务尽职调查是投资及整合方案设计、交易谈判、投资决策不可或缺的前提，是判断投资是否符合战略目标及投资原则的基础。对了解目标企业资产负债、内部控制、经营管理的真实情况，充分揭示其财务风险或危机，分析盈利能力、现金流，预测目标企业未来前景起到了重大作用。

为了避免企业上市的风险，于是财务尽职调查主要可以分为三个层次：（1）公司总体层面的财务信息质量和管理层舞弊风险；（2）财务报表层次；（3）会计科目和会计处理。

公司总体财务信息质量和管理层财务舞弊是整个财务尽职调查中至关重要的方面，它往往是"一票否决"。很多公司在向投资人推荐公司美妙的商业模式和成长前景时，投资人切不可疏忽公司所描绘的美好前景的根基是否扎实。快速的收入增长背后到底是公司实打实的现金收入，还是通过关联方交易制造的"数字"游戏。一个公司总体的财务质量能说明很多问题，它代表的是一个公司的"综合素质"。中介机构在评价公司的总体财务质量时，有时候靠的是一种"感觉"，是通过接触公司管理层和实际业务而获得的一种体会，有时则是通过比较其他公司而得出的评判。

财务报表层次的风险更多地来自交易层面，对反映目标企业盈利能力的销售收入及成本进行调查时，调查人员应计算近几年销售收入、销售量、单位售价、单位成本、毛利率的变化趋势，近几年产品结构变化趋势，目标企业大客户的变化及销售收入集中度，关联交易与非关联交易的区别及对利润的影响，成本结构、发现关键成本因素，并就其对成本变化的影响做分析，对以上各因素的重大变化寻找合理的解释。对目标企业的销售收入分析，可按主要地区、主要产品、主要客户进行分类。结合上述的各项分析，可以对目标企业的过去和将来的盈利前景有所启示。对目标企业的三项费用分析，应按照费用明细表分析三项费用处理的合理性和未来走势与变化。对其他业务利润，调查人员应该了解是否存在稳定的其他业务收入来源，以及近几年数据。对投资收益的调查，调查人员应关注近年对外投资情况，及各项投资的报酬率。对营业外收支的调查应关注是否有异常情况的存在。

会计科目和会计处理是所有财务错报和造假的"落脚点"，所以这一步审查更需注意。

财务尽职调查与财务审计的目的不同：财务尽职调查仅是企业合作之前的深入了解，审计是对数据的验证，更强调在历史的分析上对未来的预测，审计立足于现在，财务尽职调查目的是在评价风险和机会，审计则是保护自己的手段。

三、提升绩效管理能力

（一）放下老总架子，变考核为管理

对于绩效管理，哈佛的老师这样说，绩效管理是战略、组织、人的完美结合，不和战略结合的绩效管理没有价值；绩效管理是谁的事？绩效管理是老板、直线管理者、人力资源部、基层员工等所有人的事，每个人都在其中扮演角色，大家的互动是绩效管理成功的关键。

最早的时候，人们认为所谓绩效管理，就是设计一张考核表，然后对每个人进行打分，最后把这些打分结果和每个人的年终奖挂钩，这就是绩效管理。

后来，随着绩效管理理论的发展，人们开始关注组织层面的绩效，于是，考核指标有了进一步明确的描述，比如销售收入、利润率等，于是绩效管理进一步和公司业绩相结合，企业开始从财务角度看待绩效，销售部使用少数几个可以量化的考核指标，而职能部门则和销售部门的考核结果挂钩，这是更高层次的绩效管理。

最近几年，平衡计分卡的管理思想开始深入人心，于是企业开始系统化地看待绩效管理，从战略的高度出发，首先通过平衡计分卡战略的工具梳理公司的战略目标体系，然后分解成为各级员工的绩效考核指标，通过过程中的经营检讨和绩效面谈，对绩效考核执行情况进行检查，确保绩效管理始终走在正确的轨道上。

其实，绩效管理如同体育训练一样，是一门艺术。绩效管理是构成经理人和下属关系的基本元素之一，它仅仅是谈话，还包括经理人的态度和立场。

放下老板架子

放下老板架子，想着自己是个教练。保证员工不抵制、不反抗你所给出的评价的最佳方式就是推行伙伴关系，让培训无形中融入经理人和员工的关系里。

"汉堡包"沟通技法

"两块赞赏的'面包'，夹住批评的'馅'，员工'吃'下去就不会感到太生硬。"

经理人的沟通能力很重要，沟通的能力如果欠缺，反而起负面作用。绩效面谈是HR部门重点检查的环节，我们要求经理人必须跟员工进行面对面绩效面谈，不能通过电话邮件或者网络。

面谈有一定的步骤和技巧，很多经理人之所以不喜欢做绩效面谈，是因为对步骤和技巧把握不好。如果1小时可以完成有效沟通，他花了5小时，而且还效果不佳，这样自然就不愿意做了。在做绩效面谈时，首先应明确员工过去半年绩效目标达成情况与评估结果；然后，要对员工绩效中的闪光点进行重点激励；接着要跟员工就还存在的不足与改进方向进行明确；再探讨下一阶段工作目标。人力资源部门教了经理人很多的沟通技巧。例如不要对员工的考核结果直接加以判断，而应先描述关键性事件，如员工曾经与顾客争吵，而没有向顾客道歉等。这些事件一经描述，员工便会自己进行判断，得出结论。要谈员工的问题时，可以用上"汉堡包法"，先对员工进行表扬，让员工心情舒畅起来，接下来指出员工的不足，最后再对员工的优点进行表扬，使他们能带着愉快的心情结束谈话。

倾听技术

在进行绩效沟通时，主管经理可从如下角度培养自己的倾听素质：

1. 呈现恰当而肯定的面部表情。作为一个有效的倾听者，经理应通过自己的身体语言表明对下属谈话内容的兴趣。肯定性点头、适宜的表情并辅之以恰当的目光接触，无疑显示：您正在用心倾听。

2. 避免出现隐含消极情绪的动作。看手表、翻报纸、玩弄钢笔等动作则表明：你很厌倦，对交谈不感兴趣，不予关注。

3. 呈现出自然开放的姿态。可以通过面部表情和身体姿势表现出开放的交流姿态，不宜交叉胳膊和腿，必要时上身前倾，面对对方，去掉双方之间的什物，如桌子、书本等。

4. 环要随意打断下属。在下属尚未说完之前，尽量不要做出反应。在下属思考时，先不要臆测。仔细倾听，让下属说完，你再发言。

员工无法改变已经发生的事情。但是他们可以改变今后要做的事。因此，经理人在和员工谈话时最有效的态度是注重将来可能采取的有建设性的行动。"如果我们没有达成目标，那么让我们来找找原因。是不是因为这个目标不切实际？是不是员工缺乏某种技能？那么我们可不可以把它放到来年的培训计划里？"

由"绩效考核"到"绩效管理"，虽然只有两字之差，却蕴涵着管理理念的深刻变革。习惯了传统的报表和文字式的"纸上"考核，一旦要面对面地与员工探讨绩效问题，经理们的第一反应可能是逃避。的确，"纸上"考核带来的人际冲突和紧张已经使经理们恨不得退避三舍了，更何况现在要面对面地探讨如此令人尴尬和敏感的绩效问题！另外，经理们会以"没有时间"为由排斥绩效管理。

对此，哈佛的老师提醒学生，宣传、渗透绩效管理的理念，消除抵触情绪至关重要。要引导考核双方认识到，首先，实施绩效管理的唯一目的是帮助员工个人、部门及企业提高绩效，它是管理者与员工之间的真诚合作，是为了更及时有效地解决问题，而不是为了批评和指责员工；其次，绩效管理虽表面上关注绩效低下问题，却旨在成功与进步；最后，绩效管理虽然只需要平时投入大量的沟通时间，却因防患于未然避免了日后"火灾"的惨重代价，而声称没有时间的管理者目前或许正忙于"扑救大火"！

（二）采用个性化绩效管理体系

哈佛认为，不同岗位承担了不同的职责，简单粗暴的考核已经行不通了，要对管理层和员工采取多层次、个性化的考核体系。因此，管理学老师罗列了这样几种途径：

平衡计分卡

管理层考核体系通过平衡记分卡，包括财务、客户与伙伴、组织与流程、成长能力四个维度。而一般员工则通过业绩、行为/态度、能力三方面来考核。

管理层考核，一般一年一次，越高层周期越长。考核维度一般有十几项，围绕平衡记分卡进行的。例如财务维度，管理层都要有，并占据考核指标的一大部分。但是不同职能部门负责人侧重维度不一样，如销售部门侧重财务，可能财务占40%，而人力资源部门可能只占30%。最终考核结果以分数体现，将影响我们的奖金，甚至职位。

对员工的考核，分为业绩、行为/态度和能力三部分。其中员工行为态度和能力指标，与业务指标不一样，前者是定性的，后者是定量的。

效力增强法

效力增强法是一种绩效考核的方法，要求上司和员工一同决定考评绩效的具体细节，包括多种表格、方法、会晤周期等。在实施过程中，将员工个人置于客户的位置来考虑。效力增强法的关键是如何设计出一套个性化的方法。

这里给你提供了一种导航图：

1. 明确你的客户。首先，就是要将员工看成你的重要客户，第一步就是要清楚是谁想从绩效考核中得到收益。要重视员工的需求，但也要考虑现有的情况的限制。

2. 明确需求。对在第一步中确定的每个客户群，你要搞清楚要实现他们的目标或公司的目标，他们有什么需要。

3. 设计出满足你的客户需求的方法。一旦你知道了大家的需求，你就开始协商、处理问题和设计出适合需要的方法。你同员工一起完成这个过程，以便设计出的东西你们俩都满意。

4. 实施，试验你的方法。

5. 定期评估。不管你最终选择的是何种方法，你绝对必须评估一下这种方法是不是以能动的、持续的方式产生效果。提高效力的关键就在于它的灵活性。

让终点线成为"活力曲线"

赛跑时，每个人到达终点的时间不一样，就像冠军冲过终点时，终点线不可能是水平的，而是一条类似抛物线的曲线。对人的考核也是一样，如果大家到终点的结果都一样，就没有冠军冲刺终点的喜悦。

可以设计考核周期为半年一次，由本人自评、直接上级打分和间接上级审核三段组成，形成最终结果。为了让员工最后排列一定是一条"活力曲线"，要求对员工进行正态分布。所谓正态分布，就是按固定的比例，把员工分为不同的优劣等级。一共分5个等级，分别是：a、b、c、d、e。凡人数达15人以上的部门可进行正态分布，即获得a的为15%，b为30%，c为40%，d为10%，e为5%。这个比例是固定的。

正态分布的结果与正激励和负激励直接挂钩。获得高等级的，在奖金、工资调整、晋升、优秀评选、轮岗、储备人才培养等方面可能会获利。而获得低等级的，可能要面临降职甚至淘汰的残酷命运。

绩效考核是帮助管理的工具——仅仅是一种手段，而不是管理的目的。最优秀的经理人应该帮助下属做两件主要的事：设定目标，达到目标。

我们知道在绩效考核当中，考核员工或各级经理的应该是他的直接上司，公司每一次的考核都是在企业内的执法，如果法官误判，一方面可能给员工造成利益的损失，影响到一个员工对公司整体上的认同，而且更严重的是不公正的执法将给以后的企业管理埋下隐患，根据考核指标找出最有资格的考核人，考核人可以是下属、客户、供应商、商业合作伙伴，等等。只要他们能决定被考核者的业绩或行为是否完成、超过或没完成计划。

人力资源部的考核主体至少应包括以下四项：

第一，老板或直线上级

绩效管理，从理论上讲是自上而下的一种考核，因为是一层对一层负责的关系，即经济学上所谓的"委托代理关系"。董事会是代表股东的，总经理是代表董事会来管理企业的，部门经理是代表总经理来经营部门的，员工是代表部门经理来做工作的，整个企业管理运作就是这一层一层的委托代理关系。因此，对人力资源部的绩效最有发言权的就是老板或其直线上级，他们可以从整个企业业务发展的角度对人力资源部的工作做出相应的评价。比如人力资源部所做的年度计划的完成情况及成本、该部门是否及时地提供了所需的人才、员工离职率是否保持较低水平，等等。

第二，所服务的相关部门

人力资源部所服务的客户主要是内部客户，其所要满足的第二个层次的需求是部门需求。其中很重要的一部分就是内部相关的部门，因此内部相关部门也应该纳入对人力资源部的绩效考核体系中来，并作为一个重要的考核主体对人力资源部的工作做出评价。各部门可以从本部门的需求是否得到满足这个角度来对人力资源部的工作做出评价，比如人力资源部的真实工作表现、工作效率、服务的满意度，等等。

第三，员工

人力资源部所服务的另一内部客户是员工，相应地它所要满足的第三个层次的需求是员工需求，其中包括普通员工和管理层人员。所有员工都可以从个人需求是否得到满足这一角度对人力资源部的服务做出评价。比如人力资源部的工作是否客观公正、员工合理的培训需求是否得到满足、薪酬发放是否准确和及时，等等。

第四，外部相关部门或人员

——客户

客户对本企业员工的意见也反映了 HR 部门的工作质量。比如员工在对客户服务时的服务质量以及在提供服务时是否积极热情、是否体现了本企业的企业精神等也间接地反映了人力资源部在激励士气、企业文化建设和企业形象维护等方面的成果。此外，客户对培训的意见也是衡量人力资源部门工作的一个方面。

——政府相关部门

与政府相关部门（如地方劳动和社会保障部门、税务部门、司法部门等）的沟通工作，相关事务的处理等不仅直接体现了一个企业的素质和水平，也间接反映了 HR 部门的工作情况。因此，在考核 HR 部门的绩效时，也应该将政府相关部门作为绩效考核主体。

就像跳水或花样滑冰的评委一样，考核人的打分直接判定员工业绩的好坏，考核者不光意味着权力还意味着责任。怎么担当这个责任？就是要对考核者进行考核。

一个健全的考核体系，不仅仅是来自科学的考核制度和符合实际情况的指标体系，另一项重要的内容就是对操作者的实战训练。对于人力资源部门来说，编写一份针对不同管理能力的考核者的训练指导手册，以及设计一套用于讲解和训练考核者的方案显得尤为重要。

人力资源部门在设计完成绩效考核系统后，在正式实施考评工作之前，要安排一定的时间对考核者们进行统一的培训指导，这一项任务的实施有以下几点务必注意：

高层支持：要得到公司高层领导旗帜鲜明的支持，这将直接导致整个计划的可操作性和最终效果。

培训时间：是把所有考核者召集到一起，一次性传达考核要求和注意事项，还是分期分批多次进行培训辅导，这要看企业特点以及考核者们的素质水平而定，但对"课时"的要求和获取"上岗资格"的约束不能仅是走形式，否则只会弄巧成拙。

"上岗证"：从理论上说，能否真正拥有考核下属的资格或能力并非通过一两次辅导就可以确定，这其实是如何提高经理人管理素质的大课题。但是，我们必须从可实际操作的角度出发，要以绩效考核的终极目的为导向，至少是"做少胜于不做"，"多做胜于少做"，通过每年最少一次的"考核者教育"，使我们的管理人员逐步成熟起来。

对于考核者的培训方案的核心概念在于"针对性"上，一方面是对考核人员个人特点的针对性，另一方面是对操作过程中疑难点的针对性。

对于考核人员可以简单分成两类：一是有考核下属经验的经理人；二是新晋升或是未曾有过考核下属经验的管理人员。人力资源部门在对考核者的培训指导前会事先做好充分的准备，会分别有选择地征询一些经理人的意见，在原先的辅导方案中找出需改进部分，适时调整以适应"新人"和"新情况"。

老师们最后说，考核者往往处于一个法官或裁判的位置，法官和裁判都要持证上岗，只有经过专业的训练上岗，他才能做出比较公正的、专业的判断。

（三）保持均衡制度的因素

为了保持员工的报酬满意度，各个公司都建立了相应的制度，其目的在于保持公司的工资水平在内部比较及同其他公司的外部比较中处于均衡状态。

恢复的管理课教授说，员工的工资与劳动力市场的工资水平不一致，会给公司带来潜在的严重问题。后果之一就是：公司无法招募到所需人才，原有人才也会纷纷离去。当然，保持工资均衡的代价也是相当高的。如果一个公司试图支付员工可能获得的最高的竞争性工资，那么员工就会寻找最高的工资出价，以迫使公司提高自己的工资。这样就产生了一种决定薪资水平的市场制度，同体育界的自由代理人制度很相似，既费时费力，还可能导致内部失衡；另外还会导致员工以自我为中心，而不是先考虑公司利益然后再考虑自己的工资。

公司内部工资失衡会导致员工对公司不满，消极怠工，对公司工资制度缺乏信心。此外，公司内部工资失衡还会导致公司内部冲突，既耗时又耗力。然而保持公司内部工资高度均衡，会造成公司付给某些员工的工资水平明显高于市场水平，以致竞争成本增大；同时也会造成某些员工的工资水平低于市场水平，从而破坏了外部均衡。

工资内部均衡与外部均衡之间一直存在着冲突，为了吸引和留住本部门所需要的人才，一线的管理者宁愿牺牲内部工资均衡。人力资源管理者则必须从整个公司的角度出发，他们常常同一线管理者唱反调，他们认为不顾代价招募人才有损于内部工资均衡，他们坚持岗位评估与工资调查制度的完整性，以避免超出岗位评估制度的例外大量出现时所可能导致的冲突。这种困境是难以摆脱的，没有一个薪资制度能消除这一点，这种平衡必须不断地加以管理，以减少问题并保持一种灵活而又经济的付酬制度。

基于技能的评估

基于个人或技能的评估制度以雇员的能力为基础确定其薪水，工资标准由技能最低直到最高划分出不同级别。刚进入企业的新员工领受的是入门级的报酬，而当他们证明自己能够胜任更高一级工作时，他们所获的报酬也会顺理成章地提高，基于技能的制度通常被认为能在调换岗位和引入新技术方面带来更大的灵活性。基于技能的薪资制度还能改变管理的导向，实行按技能付酬之后，管理的重点不再是限带任务指派使其与岗位级别一致，相反，最大限度地利用员工已有技能将成为新的着重点。这种评估制度最大的好处是能传递信息使员工关注自身的发展。这种关注与人力资源管理的社会资本观点是相一致的，它正在引导管理者提高并利用其才干，并且带来更高的雇员福利与组织效率。

基于技能的评估制度已被用来考核研发机构的技术人员并常被称为"技术阶梯"。该制度亦用于考核其他专业技术人才，如律师、销售人员和会计师。运用该制度可以在一定程度上鼓励优秀的专业人才安心本职工作，而不至去谋求报酬虽高但不擅长的管理职位，从而组织也降低了失去优秀技术专家、接受不良管理者的风险。

基于技能的报酬制度在过去也被用于考核生产人员，宝洁（P&G）、通用汽车、康明斯引擎等大公司都引入了类似的计划：不按员工岗位而按其拥有的技能付酬；这种灵活性，员工才干与满意度的增长使这些公司获益良多。必须着重指出的是：许多工厂采用这种制度来支持，而不是引导管理哲学的转变——这种哲学强调的是员工的责任感与对工作的积极参与。另外，薪资制度固然是一种很重要的支持，但我们不清楚仅仅改革薪资制度是否就能带来灵活性与员工进步。

然而，基于技能的方法一样也有许多问题必须考虑。

1. 许多员工可能在数年后达到了最高的技术等级，同时发现自己突然无处可去了。如果组织未采取任何措施，就不会有促使员工继续学习新技能的报酬鼓励。在此，组织可能得考虑采用一些利润共享方案以鼓励雇员继续探寻提高企业效率的各种方法。

2. 由于报酬增大取决于新技能的不断习得，技能评估计划要求组织在培训上进行巨大的投资。

3. 与外部公平有关的事务更加难于管理。每个组织都有独特的岗位与技能配置，因此具有相似技能的人并不是随处可见的。尤其是在同一个群体里，制造业工人常会去寻找参照系。对于专业人员这个问题会容易一些，因为他们的工作在不同公司间是比较相似的。基于技能的评估制度强调学习新任务，雇员可能会逐渐感到：他们日益提高的技能应该得到比公司所提供更高的报酬，当他们将其薪金与传统岗位工人相比时，这种感觉尤其强烈。缺少有效的比较，未经现实验证的期望值可能会不断上升。

岗位评估

在美国，决定工资水平的最常用方法是通过岗位评估制度来评估某一岗位在公司的价值，大约75%的美国公司使用这一方法。简而言之，岗位评估的第一步是对公司内部不同岗位进行描述；然后，各岗位根据一系列因素进行评估：工作状况，必要的知识，必要的管理技能以及其重要性。每个因素的得分都根据标准尺度得出，这样总体得分可以用来评定不同岗位的级别顺序。该步骤完成后，接着进行工资调查以了解其他公司类似岗位的工资水平。在此过程中必须确保其他公司的相应岗位具有可比性。

资历

依据资历来付酬一样是可能的。在某些国家，资历一直被视为一种有效的付酬标准。例如，日本公司用年功序列制同其他因素（如缓慢提升）相配合，促进了合适的组织文化的形成。在美国，提议执行按资历付酬的多为商业工会。出于对管理层的不信任，工会组织常认为按绩效付酬的制度将导致日益增长的家长制作风、不公正与不平等现象。基于上述理由，各工会组织更倾向于一种严格的资历报酬制度。

然而，在哈佛的老师们看来，论资排辈与美国的个人主义伦理是格格不入的，后者强调个人的努力与业绩是取得奖励的首要标准。因而，大多数美国公司更愿意以绩效作为计酬制度的主要指标。

（四）消除传统财务会计制度的弱点

哈佛商学院的管理课教授认为，在财务管理上，管理者应积极寻找传统制度上的弱点，并尽量加以克服，这是确保财务会计制度有效发挥作用的前提与保证，他们认为：

传统财务会计制度的主要弱点

每逢月末、季末、年末，企业都要投入巨大的资源用于结账。年度会计报告的确能够给投资者和证券交易市场提供一个或多或少有用的判断公司业绩的标堆。然而，有五个主要原因导致大多数的会计系统不仅不能够帮助管理者，反而会误导管理者采纳将严重危害企业的决策。

1. 无视知识资本的价值。大约在20年前，通用汽车公司拥有庞大的金融资产（工厂、机器、股票、现金），相比之下，丰田公司仅有很可怜的一点。施乐公司是一个巨人而佳能公司却只是小矮人，IBM 公司已经是一个庞大的帝国时，微软甚至还未成立。根据资产负债表上的资产价值来看，施乐公司和 IBM 公司应该是拥有无穷力量的巨人，能够碾碎任何后起的竞争者。但是那时，资产负债表仅仅计量了实体资本——没有把创新、员工的才干和灵活性包括在内。如今，大多数的投资者都宁愿把他们的辛苦钱投给佳能、微软和丰田，而不愿投给那些鼻青脸肿的前重量级选手。

其中的原因在于，企业竞争力已经从依赖于巨量的财务资源转向依赖于企业获得和利用知识资本的能力。会计系统计量的是财务资本，而现实世界中竞争力更多地来自企业的知识资本。

然而，计量知识资本并不是一件容易的事。但是管理者至少应当知道，通用的资本估值方法可能会高估大企业的优势而低估那些更小、更灵敏的企业的实力。这样，那些托庇于庞大的跨国商业帝国城堡内的员工或许不再会对自己的未来那么盲目乐观，从而能够更加积极地发展他们的业务——而那些苦苦挣扎微不足道的小企业的员工，或许不会再如此畏惧力量强大的市场领导者所拥有的明显优势。

2. 提供过多、过于局限、过迟的数据。在每个月或每个季度，企业的财务部门里都会出现一阵忙乱，他们正在结账。然后，接下来的一个月或一个季度才过了一半，从企业的计算机里又奔涌出了要用几辆卡车才能装得下的数据。

但是，花费了这么多时间和精力的、神秘莫测的"结账"到底有什么用呢？它与企业日常管理有关系吗？并非总是有关系。账簿未能彻底平衡重要吗？并不是真正重要。结账、平衡资产与负债只不过是为了匹配收入与支出。它无助于开发更多的新产品、更富有创新精神或者赢得更多的市场份额。它只是记账的惯例，而不是经营管理。

经营企业所需要的绝大多数指标都没有包括在月度、季度或年度的财务报告中。在经营企业的时候，你需要不断地了解一系列有意义的经营指标，它们会告诉你，你做得如何以及你需要采取什么行动调整你的位置。你不可能从月度、季发或年度的财务报告中得到这些。在账簿中有很多细节，数据可能或多或少是准确的，而且你需要付出高昂的代价才能得到它们——但是它们常常无法用于建设性的地方。财务系统提供给我们的信息错误过多、过迟，以至于根本没有什么用处。

不幸的是：管理不是一门精确的科学——会计却伪装成是。管理需要的是实时的经营数据——会计提供的却是基于会计假设和会计惯例的事后财务数据。管理运用信息来指挥——会计却沉溺于数据的平衡。

3. 导致短视决策。传统的会计系统及管理者使用它的时间结构与提高企业绩效所要求的时间结构之间存在着严重失衡。

当会计系统建立起来以后，大多数的支出可能都会与所在的财务报告期间相联系。在过去，产品生命周期很长，管理人员在同一职位上也会呆好几年。而现在，随着产品生命周期缩短，越来越多的资金被要求投入到研究部门开发下一个新产品模型。并且如今在任何一个企业里，管理人员在他们下一次提升前，在任何一个职位上都只会停留两到三年，他们承受着巨大的压力，希望得到良好的财务成果，来证明他们有资格得到下一次提拔或者另一个企业里更好的职位。

当管理人员被放到新的职位上，并且根据月度或季度财务成果来考核时，他们就会四处寻找容易产生效果、能够证明他们对组织的价值的地方。很明显，在这种情况下，如果能够从中得到一些短期职业上的好处，那些雄心勃勃的管理者会很乐意掠夺我们用于未来的投资。

而且，会计惯例实际上是在阻碍用于改进企业绩效的投资。会计惯例允许购并成本不计入损益表，这样利润和每股收益就会虚增。因此，用于内部增长的投资，由于要抵消收益，其吸引力对那些财务导向的企业来说就比不上购并和接管了。这种情况导致了一些奉行购并导向企业的大起大落，它们迅速地崛起，但往生是更加迅速地衰落下去，因为它们的增长是依赖于不可持续的负债水平而不是其实的收益增加。

4. 测评职能而不是流程。很少有例外，会计系统往往是用来测评各个职能部门的成本和收入。但是他们根本无法适应面向顾客流程的新观念。会计系统能够告诉我们，在一个月里我们用于生产的开支是多少，但我们通常无法得知，我们为主要顾客服务的如何，或者甚至谁是最有利可图的顾客。

如果我们把企业视为一系列面向顾客的流程来经营，我们就不得不建立一整套横向的经营绩效指标，而其中绝大多数指标是现有财务报告系统无法提供的。

5. 扭曲了我们的成本和利润观念。传统会计系统最大的缺点可能是，它们常产品看上去却不能带来收益。

在大多数企业里，产品或服务的种类不断增长以满足要求更高的顾客和更加细化的市场。如果你现在生产10种不同的产品，而不是以前的两种，那么很显然，知道每种产品各自的成本是很重要的，这样你就知道应该向顾客要价多少。由于传统会计系统在不同产品间分配成本的方式，大多数企业并不是很了解每种产品的成本，常常会亏本出售却以为能够获利。

这对企业的影响是富有戏剧性的。例如，这常常意味着你正在以过高的价格销售你的产品（大多是消费日用品）系列中易于生产（以及需要有更强的价格竞争力）的部分产品品种，以过低的价格销售那些不易生产或成本很高的产品品种，而这些产品能给顾客带去更多的价值，或者在这些产品上竞争不是很激烈。

一般来说，你甚至可以为这些小批量生产的产品品种索要更高的价格。然而。你并没有开出更高的价格，因为你误以为已经从这些产品中获取了可观的利润，尽管你可能正在亏损。

解决办法

1. 引入 ABM。一旦当管理人员意识到这种落伍的会计和成本分配方法会产生严重的扭曲，他们就开始抛弃由传统会计系统提供的信息，因为它不能够正确核算增加的间接成本以及不同活动所应承担的间接成本的不同水平。一些企业引入了以作业为基础的管理（ABM）来解决这个问题。ABM 试图找出成本的真正动因，这样成本就能够分配给产生这些成本的产品或服务，而不是根据某种方便的会计惯例来分配。

因此，ABM 能够帮助管理者在更好地理解成本和利润动因的基础上制定决策。

2. 重视 EVA。经济价值增加值（EVA）这个概念被发展出来克服传统会计绩效测评指标如利润的缺点。从净营运利润中扣除企业占用资本（包括资产与负债）的成本就得到了经济价值增加值。正的 EVA 意味着创造了价值，负的 EVA 则表明了价值损失。许多企业开始把董事的奖金与 EVA 而不是利润或股价联系起来，因为他们认为 EVA 能够更好地衡量真正的价值创造。

3. 实施 OBM。一些企业实施了所谓的"公开账簿管理"（OBM），试图借此来沟通财务成果与员工的日常工作。在公开账簿管理中，你通过某种定期的形式——月度会议、连续的情况介绍会议、时事通讯——向企业员工通报目前的财务状况。最理想的是，伴之以对员工的培训，使他们能够正确地解释这些数据。

OBM 的宗旨是，让员工认识到企业中的每一个人是如何影响到企业最终财务成果，这将会有助于培养责任感，把员工的努力方向引导到企业里具有最大财务杠杆效应的地方。

四、利润是可以省出来的

（一）节俭必须致力于杜绝任何多余的浪费

随着信息的进一步透明，人才的不断流动，技术的同质化倾向越来越明显，企业很难再利用自己的专有技术赚取超额利润。企业往往采取降低价格作为市场竞争的最重要的手段，结果使企业的利润越来越少，很多企业面临亏损。于是，大家都开始想到了控制成本。在市场经济激烈竞争的今天，每一个企业家都非常明白，在财富创造和财富积累的过程中，控制成本是非常重要的一个环节。但是并不是每个企业家都能够成功地把成本控制在最低和最合理的范围内。在这方面，美国的捷蓝航空公司给了我们很多启发。

在发生"9·11"恐怖袭击三年后，美国很多大型航空公司依然难以摆脱经营上的困境，但尼勒曼掌舵的捷蓝航空逆流而上：盈利达到 1 亿美元，平均满座率达 86%，被评为服务质量最好的美国航空公司。如此表现，在美国航空业创下一个惊人奇迹。

在美国西部各航空公司的票价中，捷蓝的票价比大型航空公司低 75%，甚至比素以低价优质著称的西南航空公司还要低。而捷蓝的成功主要在于它将运营成本降到了最低，在每一个环节，决不浪费。

为了降低成本，在基础设施建设方面，捷蓝的想法是设法使开支低于航空业一般水平。比如说订票系统，捷蓝航空公司在盐湖城设有 700 人的预订中心，但是所有销售员都在家办公，一台电脑、两条电话线、一部对讲机，办公地点为员工的家，这便是捷蓝的销售网点。捷蓝此举，既可很容易地扩大销售网络，又可减少租赁办公室的开支，同时也使员工与顾客的关系更为亲密。

对 IT 技术的应用远不止于此。传统航空公司的机票只有 10% 是通过互联网售出的，但是网上订票在捷蓝航空公司所占的比例超过了 50%，这大大降低了销售成本。

灵活运用 IT 技术也是捷蓝把握成本的关键因素。尼勒曼采取无纸化操作使乘客非常方便地获得机票；运用一体化的预定和统计技术让座位安排更顺畅。这些措施，既方便乘客又能节省开支。

同时，捷蓝取消了头等舱，让每个座位都更宽敞、舒适。节约下的资金被用来安装顾客需要的设备，捷蓝航班上的每个座位都配有卫星电视。捷蓝的低价位策略赢得了顾客，也使自己声名大振。

决定航空公司成败的主要因素之一是飞机在空中的飞行时间。这其中一个大障碍是航空维护人员的大量的纸面工作，这固然是为了保障飞机的正常维修和安全飞行，但无论如何总是巨大的障碍。捷蓝的解决方法是构建一个系统，使机械师可以在线做报表。这可以使纸质方式不可避免的错误大大减少。

由于航线安排密集，捷蓝的飞机利用效率在所有航空公司中是最高的。同样一架飞机，在捷蓝每天可以飞行 12 小时，而在美联航、美国航空公司和美洲航空公司只能飞行 9 小时，另一个实现盈利的西南航空公司的飞机每天飞行时间则为 11 小时。

由于机队飞机有限，班次一定要频密。捷蓝认为，理想的停机时间不能超过 35 分钟，即乘客 8 分钟内全部落机，清洁 5 分钟，下一班机乘客登机 20 分钟。此外，捷蓝的飞机上座率平均达到 80% 以上，而一些大型航空公司则徘徊在 60% 左右。

捷蓝目前拥有的飞机是全新的空中客车 A320 型。全新的飞机不仅能够吸引乘客，飞行更安全，而且维护费用也要比老飞机低四分之一以上。由于机种单一，捷蓝的地勤、技术人员的培训成本也由此下降。与西南航空公司一样，捷蓝的飞机在飞行途中不提供正餐，只提供饮料和零食。仅此一项一年替捷蓝省下了 1500 万美元。

精打细算的经营策略给捷蓝带来了高出同行一截的效率。按 100 英里计算，捷蓝航空 2002 年上半年每个座位的收费是 8.27 美元，而其成本是 6.82 美元。以低价著称的西南航空公司的这一收入是 7.61 美元，成本是 7.31 美元。

对低成本的肆意追逐，使得捷蓝航空公司能够在价格上取得优势。据相关数据，其每英里每乘客成本为 6.08 美分，是美国所有航空公司中的最低成本。专家分析说，这足以支撑其低价策略。

与美国其他大的航空公司相比较，捷蓝公司有五个经营特色：一是低价吸引客户；二是日飞行 12 小时；三是新机型无午餐；四是奉行节俭原则；五是服务更为完善。而这五个特色的背后，有四个与控制成本有关。

我们知道，任何一个商品或一项服务，它的价值构成都是 c+v+m，c 是指不变资本，对航空公司来说，就是指购买的飞机和使公司运营的固定资产，如大楼、办公室、办公设备等；v 是指可变资本，指雇佣飞行员、技师和空中小姐的费用；m 是指新增加的价值，也可以说是扣除成本后的盈利。按照投入产出的概念，c+v 是投入部分，m 是产出部分，c+v 可作为分母，m 是分子，分子越大，分母越小，投入产出效益就越好；反之，投入产出效益就越差。从上面的案例中，不难发现捷蓝公司五个经营特色中，有四个是与控制成本有关，而这正是它在竞争中取胜的重要法宝。

任何一个企业控制成本都是必要的，但任何成本都有一个下限，这个下限就是它的合理水平，保持在这个水平上，企业才能以最小的投入得到最大的产出。低于这个水平是违反客观规律的，但高于这个水平，又会直接影响企业的经济效益。企业要想消减自己的成本，必须在每一个环节上下功夫。

企业生产经营的目的是追求利润最大化，要追求利润最大化必须最大限度地降低成本，而降低成本的关键点是降低生产成本，要降低生产成本必须彻底消除生产过程中的各种浪费。

（二）微利经营，拼的就是节俭

在一个充满竞争的时代，除了少数国家垄断企业，任何一个行业中的任何一个企业都必将面临和已经面临微利时代的挑战。一段时间以来，先是有人宣称手机微利时代来临，然后是家电微利时代、PC 微利时代、商业微利时代，接下来是机械微利时代、钢铁水泥微利时代，现在是社会全行业微利时代。不管这些个说法是否准确，然而微利时代的到来是一种必然，经济全球化使企业之间的竞争越来越激烈，企业面临的生存形势也越来越严峻。

现在很多销售收入几十亿上百亿元的大企业，实现的利润还不如过去一家中小企业的利润多。价格战，谁不会打？你狠我也狠！很多厂商抱着这样的心态来对待这个事情。这年头玩的就是资金，用钱来抢一个市场先机也是划算的。然而等待年终结算时，才发现自己是在赔本赚吆喝。

价格战是最简单也是最没有出息的竞争方式，在竞争环境下，同一性质企业可以都选用同一技术、同一产品之间选择"价格战"来进行竞争，这种方式只能导致相互残杀，两败俱伤。

然而别人降价你不降，顾客都被吸引过去了。一打价格战，双方都没钱赚，活在微利时代的企业，日子究竟要怎么过？

首先要承认，微利时代的企业，日子怎么都不会好过。为此，除了提高产品的市场竞争力之外，有效地降低运营成本已经成为多数企业竞相追逐的目标。道理很简单，在利润空间越来越小的情况下，谁的成本低谁就可以获得生存和发展。

沃尔玛是微利时代下骁勇善战的勇士，其生存法则很简单：价格低了，就要想办法降低成本，扩大销量。

在沃尔玛总部，所有员工的办公桌，都是电脑城里最常见的那种最廉价的电脑桌，连老板也不例外。有的桌子边上包的塑料条都掉了，露出了里面劣质的刨花板。虽然你可能对沃尔玛的节俭有所耳闻，但是你所见到的绝对会超乎你的想象。

除了办公设施简陋外，沃尔玛还有一个很重要的措施，就是一旦商场进入销售旺季，包括经理在内的所有管理人员都到销售一线，他们担当起搬运工、安装工、营业员和收银员等角色，以节省人力成本。这样的场景只会发生在一些小型公司里，而且这种行为常常被人视为"不正规管理模式"，但在沃尔玛这样的大集团中却司空见惯。

沃尔玛的这种节俭精神来自其创始人山姆·沃尔顿，他是出了名的"吝啬鬼"，当

沃尔玛总部

山姆·沃尔顿成为世界首富之后，仍然开着自己的老福特牌卡车，曾经因为一个沃尔玛的经理人忘记了关灯而大发雷霆。他没购置过豪宅，一直住在本顿维尔，经常开着自己的旧货车进出小镇。镇上的人都知道，山姆是个"抠门"的老头儿，每次理发都只花5美元，这是当地理发的最低价。

他的弟弟巴德·沃尔顿曾经说过："当马路上有一便士硬币时，谁会把他拾起来？我敢打赌我会，我知道萨姆也会。"公司员工曾在萨姆·沃尔顿即将走过的路上扔下一枚硬币，看他会不会拾起——亿万富翁沃尔顿果然屈尊把它捡起。沃尔顿并不贪图一枚小钱，而是养成了珍视每一分钱的习惯，这种习惯根深蒂固，很难改变。

沃尔玛公司的名称充分体现了沃尔顿的节俭习性。美国人习惯上用创业者的姓氏为公司命名。沃尔玛本应叫"沃尔顿玛特"（Walton-Mart，Mart 的意思是"商场"），但沃尔顿在为公司定名时把制作霓虹灯、广告牌和电气照明的成本等全都计算了一遍，他认为省掉"ton"三个字母可以节约一笔钱，于是只保留了"WALMART"七个字母——它不仅是公司的名称，也是创业者节俭品德的象征。沃尔玛中国总店的管理者们对老沃尔顿的本意心领神会，他们没有把 WAIMART 译成"沃尔玛特"，而是译成了"沃尔玛"。一字之省，足见精神。如果全世界 4000 多家沃尔玛连锁店全都节省一个字，那么整个沃尔玛公司在店名、广告、霓虹灯方面就会节约一笔不小的费用。

沃尔玛有一个规定，高级管理人员出差只许乘坐二等舱，住双人间，连沃尔顿本人也不例外。当公司总资产达到 100 亿美元时，他出差依然住中档饭店，与同行人员合住一个房间，只在廉价的家庭饭馆就餐，他还常常亲自驾驶货车把商品送往连锁店。

沃尔顿本人没有买过一艘豪华游艇，更没有买下一座专供大富豪度假的小岛。反之，每当他看见其他公司的高级雇员出入豪华饭店，毫无顾忌地挥霍公司钱财时总是感到不安，他认为奢侈只会导致公司的衰败。

老沃尔顿的几个儿子也都继承了父亲节俭的性格。美国大公司一般都有豪华的办公室，现任公司总裁吉姆·沃尔顿的办公室却只有20平方米，公司董事会主席罗宾逊·沃尔顿的办公室则只有12平方米，而且他们办公室内的陈设也都十分简单，以至于很多人把沃尔玛形容成"'穷人'开店穷人买"。

"节俭"的沃尔玛在短短几十年时间内迅速扩张。现在，沃尔玛在美国拥有连锁店1702家，超市952家，"山姆俱乐部"仓储超市479家；在海外还有1088家连锁店。2000年，沃尔玛全球销售总额达到1913亿美元，甚至超过美国通用汽车公司，仅次于埃克森-美孚石油，位居世界第二。

经济全球化使企业之间的竞争越来越激烈，面临的形势也越来越严峻。可以说，沃尔玛是一个微利时代生存的企业奇迹，它既不高深莫测，也非高不可攀，它的生存基础就是两个字：微利。沃尔玛的生存和成长，不但不受微利时代的影响，甚至得益于微利时代。

在市场竞争日益激烈的今天，节俭已经不仅仅是一种美德，更是一种成功的资本，一种企业的竞争力。节俭的企业，会在市场竞争中游刃有余、脱颖而出。

（三）让节俭成为企业的习惯

节约，是一种生产力。有了节约，少了浪费，自然就省出相当一部分的资源、能源，这实际上也就是在创造价值。积少成多，集腋成裘。反之，如果只注重生产、发展，而忽视了节俭，尽管产出很高但开支、浪费也大，那社会财富又怎么能积累起来呢？又何谈有备无患呢？在当今竞争异常激烈的时代，就算是在很小的地方去节省，积少成多，最后节省出来的东西也是可观的，甚至影响企业的赢利和亏本。

宜家家具连锁公司现在几乎是世界上无与匹敌的家具连锁企业，它生产和经营的家具价格便宜，经久耐用，组装方便，现在又具有了时尚特点，颜色和造型都恰到好处，深受大多数顾客的喜爱。公司的核心经营概念是：以低价销售高品质的产品。宜家家居的网站指出，公司所做的每一件事，都以这个想法为基础。因此，从设计采购到陈设销售产品的方法，个个环节都朝"为目标顾客群压低成本"的方向前进。

从一开始，宜家就奉行低价高质的宗旨。宜家的价格比竞争对手要低30%到50%。

当其他公司随时间推移计划提高价格时，宜家却在过去4年中降价20%。为节约成本，宜家从产品定价到销售，力求在每个环节不浪费一分钱。设计产品前，宜家先把价格定下来，这与一般厂商的流程刚好相反。一群跑遍全球的经理在发现某种流行趋势后，便将产品开发重点定下来传给开发经理；开发经理据此推算出这种新产品的成本会是多少，然后再降低30%到50%，这就是宜家想要的目标价格。

为了降低生产成本，宜家一直致力于在更便宜的市场寻找更便宜的劳动力。现在，宜家从55个国家和地区的2000个供应商处择优购买产品。过去5年，宜家从发展中国家购买的产品比例已由32%增加到48%，从中国购买的比例高达14%，与在瑞典本土采购的比例接近。在确定了价格和厂商后，宜家就利用内部竞争来寻找设计师和设计式样。

一个设计上的概念，让宜家几十年来处处节省成本至今。宜家家居把焦点放在重点上，不做非必要的事情，以免提高成本，浪费顾客的金钱。开发经理将产品价格、功能、所用材质和工厂设备送给宜家的设计师和自由职业者，经过层层筛选才定稿。除了保证美观外，宜家的设计师还肩负着提高材质利用率，争取花最少的钱达到最佳结果的任务。

以设计马克杯为例，公司先把一般马克杯的售价，减去一半成为定价，然后再想办法制造出符合这个定价的杯子。在这个阶段，一个设计上的小决定就能影响成本，之后再乘以近百万的产品数量，节省下来的金额十分可观。

在制造过程中，公司采取既快又有效的方法。以马克杯为例，制造时公司会考虑不同的形状、用料以及操作选择，公司希望杯子能够在最短时间制造出来，而且能够制造出最大量产品，以量产节省支出。

在销售过程中，为了节省成本，宜家的销售人员非常少。客户需要自己爬上货架，自己运输并组装家具。宜家网站表明，顾客自己轻松就能完成的事情，公司不需要向顾客多收费，提供多余的服务。

为了抵消由此造成的购物费劲的体验，宜家不遗余力地将商店打造成瑞典的微型缩影。商店里不仅有儿童保育中心，还有餐饮服务，更不用说客户能够看得到、摸得到传递着浓厚生活气息的家居模型了。

在产品包装方面，宜家也特别采用扁平式包装，以节省成本。公司的设计师将桌脚设计成可以拆卸下来，以方便桌子运送。现在宜家的所有产品几乎都设计成能够扁平打包的结构，最大限度地利用了集装箱空间，提高了运输的效率，降低了运输成本。宜家的观点是：我们不想为运输空气付钱。

此外，它们还把分布在全球的近 20 家配送中心和仓库集中在各交通要道和重要城镇，这样能够极大地方便各分店之间的物流调配。由此，宜家家居运送及库存的支出，据估计只有业界平均的 1/6。

压低成本售价，只是宜家家居的一面，公司的另一面并没有因此被牺牲。除了低价，公司还是提供多样化的产品。宜家家居认为，想买家具的顾客，不应该一家店一家店地跑，在宜家的店面，顾客可以买到植物、玩具，甚至整个厨房里的用具。店里有最新一季的椅子，也有最经典的书架，产品的种类及风格都避免单一化。

除了低价，公司还推出具有设计感的产品。宜家家居旗下的设计师多年来获奖无数，美国《时代》杂志指出，宜家公司许多最热卖的产品，至今仍然被视为家具的经典之作。

节俭作为一种行为已经深深地渗透进宜家的灵魂中，无处不在地发挥着它的作用。在宜家瑞典南部的赫尔辛堡设有一个办公室，这里的办公室墙上贴有醒目的"省一度电"标语，突出显示了公司最新的成本削减倡议。公司敦促员工，在不用电灯、水龙头和电脑时，把它们关闭。这其实是一场竞赛：在全球各地的宜家分店或办事处中，哪家省电最多，哪家就能得奖。

宜家这种俭朴节约的企业文化，源自公司创建者坎普拉德。此人有个出名的举动：驾一辆老旧"富豪"车，在下午价格比较便宜时去市场购买蔬菜、水果。宜家员工出差时总是乘坐经济舱，平日坐的则是公共汽车，而不是出租车。正是由于这种自上而下形成的节俭的习惯，宜家征服了整个世界。只有养成了节俭的习惯，企业的每一个人才能自觉地想尽办法节约每一分钱，才能避免不必要的开支，从而最大限度地降低企业成本。

节俭是一种美德。节俭既是节约资源，降低成本的需要，也是公司作为一个现代企业应该具备的基本素质。习惯的力量是巨大的，一旦一个公司上下养成了节俭的习惯，由此带来的利益是很可观的。

习惯的力量是巨大，好的习惯让企业立于不败之地，坏的习惯把企业从成功的神坛上拉下来。在微利时代要想生存下去，必须不断地降低成本，养成节俭的习惯。

（四）讲消灭 10% 的浪费，利润就可增长 100%

在市场竞争日益激烈的今天，节俭的企业，会在市场竞争中脱颖而出。

一般企业在激烈竞争中，能维持 10% 的净利，就算不错了，尤其在不景气中，想要再成长，真是难上加难。然而，走进许多企业，触目所及，浪费至少有 30%，若能改善，所贡献的是净利增长，而且比接单容易多了。在一些企业我们经常看见以下现象：

1. 设计错误、不良、过度的浪费

不仅原料、零件损失，而且加工、组装困难、测试调整不易，尤其会阻碍销售，往往血本无归。设计的标准化、模块化当可防患。

2. 库存过多、过久、过乱的浪费

库存过多、过久、过乱，不仅使一些材料过期成为废料，还常因为找不到所需要的材料企业停工，更可能因料账不符造成徇私舞弊。唯有贯彻进、销、存的规定，使料账确保相符，方能进一步改善。

3. 产能利用率不足、投资过度的浪费

连 7-ELEVEN 都 24 小时营业了，许多企业的土地、厂房、设备、机具却只 8 小时运转，甚至其中还有一半时间闲置，怎么会有竞争力呢？

4. 产销不顺畅、不平衡的浪费

产大于销，造成堆积；销大于产，发生缺货；旺季加班负担重，淡季闲置损失多。计划产销，使顺畅平衡，既可快速切入市场，亦可抑减浪费。

5. 品质不良，检验、重工、报废的浪费

不论是进料检验、生产全检，还是出货测试，都是重复的无效工时，必须从一开始就做好并主动检查，避免重复、报废之损失。

6. 机具故障，停工、修复的浪费

机具故障率高，不仅是停工、修复的损失，尚包括备用机具的全套投资、维修人员薪资。其实，只要做好三级保养，几乎可做到零故障。

7. 制作流程及生产线不平衡的浪费

瓶颈关通常使前后过程必须等待，更造成全套设施重复投资。唯有进行流程分析及动作分析，并透过改善疏通瓶颈，以最小成本，增加产能。

太多的浪费大大提升了企业的成本，降低了企业的利润。同时，有很多企业在定目标时，定的是销售额或市场占有率而不是利润。在旧经济时代，有了市场占有率，利润就会接踵而来。但在新经济时代，拥有市场份额，并不能带来预期的利润。相反，对市场份额的热切需求，反而是导致企业进入无利润区的最大根源。金融危机后，企业的资产利用率普遍不高，很多大企业赢利水平不到 30%，企业采购成本偏高，财务融资成本偏大，库存积压资金极大，应收账款问题严重，以及价格损失过大。这些，使企业流失了大量利润。

假如一件产品的售价是 100 元，成本是 90 元，那么利润是 10 元。如果能够把成本降低 10 元，利润就是 20 元。显而易见，成本降低了 10%，而利润就增加了 100%。削减一分的成本，就可以增加成倍的利润。如果认真地搞好成本控制，在企业内部削减成本，哪怕把成本降低 5%，利润就会增加一倍，即使利润率是 10%，降低 5% 的成本仍然增加了 50% 的利润。

所以，企业要想赢利，削减成本是一条切实可行的路。节约每一分成本，把成本当作投资，就能引起每个企业对成本的足够重视，从而在日常管理的时时刻刻和方方面面，有强烈的节省成本和追求回报的意识。

丰田公司有个著名的"三河商法"，其中重要的一条就是吝啬。丰田公司的老板丰田喜一郎非常讨厌浪费，他说过：搞企业必须有基础，而这个基础就是要杜绝浪费。他强调，丰田公司的批量生产模式就是要彻底杜绝浪费，追求汽车制造的合理性。从创业之初，喜一郎就强调："钱要用在刀刃上……用一流的精神，一流的机器，生产一流的产品。要彻底杜绝各种浪费。"丰田的厉行节俭是全球出名的。十几年前就听闻丰田办公室的员工用过的纸不会随意扔掉，反过来做稿纸，铅笔削短了加一个套继续用，领一支新的也要"以旧换新"；机器设备如果达到标准，即使很陈旧也一样使用；鼓励工人提出合理化建议，几乎每天都有人在技术革新、小改小革上下功夫。尽管这是报道，但反映出丰田企业管理的面貌。正是因为完美地贯彻了"吝啬"的精神，丰田汽车公司取得了自己事业的巨大成功，成为世界汽车行业六巨头之一。

许多人都知道吝啬可以创造财富，但是很少有人能像丰田那样一以贯之，并且让吝啬成为公司的一种经营理念。在创富的道路上，我们听到过许许多多理念，每一个都有大量的理论支持，但是丰田却用家庭式的节俭之道创造了巨大的财富。

节俭从来就不是个大问题，但却需要大本领才能做得彻底，做得不留遗憾。特别是对于当今的行业来说，利润微薄的同时还要快速扩张，不降低成本运营就难以生存，可谓节俭决定存亡。

（五）让我从"不拉马的士兵"说起

"不拉马的士兵"这个故事流传已久，一位年轻有为的炮兵军官上任伊始，到下属部队视察操练情况，发现了这样一种情况：在部队操练中，总有一名士兵自始至终地站在大炮的炮管下面，纹丝不动。军官不解，究其原因，得到的答案是：操练条例就是这样要求的。军官回去后反复查阅军事文献，终于发现了其中的原因，原来长期以来，炮兵部队仍然把非机械化时代的旧规则作为炮兵的操练条例。以前，站在炮管下面的士兵的任务是负责拉马的缰绳（在那个时代，大炮是由马车运载到前线的），以便在大炮发射后调整由于后坐力产生的距离偏差，减少再次瞄准所需的时间。虽然现在大炮的自动化和机械化程度很高，已经不再需要这样的一个角色了，但是由于没有及时对操练条例进行调整，因此出现了"不拉马的士兵"。军官的这一发现使他获得了国防部的嘉奖。

也许有人会不解，这一点发现就可以获得嘉奖，这位军官真是得了个大便宜。其实不然。军队可以因此节省人力，这有利于提高管理效率。而且节省的人力在另外的岗位上工作，又可以获得额外的收益。从组织的角度来进一步分析，这实际上是一个组织工作系统的优化过程。"人得其事，事得其人；人尽其才，事尽其功"。在每一个企业中，完善的组织结构设计和合理运作的目标就是这十六字方针。

"不拉马的士兵"存在的原因不外乎两条。第一，当初，企业在设计组织结构的时候，没有坚持因事设岗的原则。设计的一些岗位没有实际的工作，被安排在这些岗位上的员工也没有实际工作。第二，企业所处的外部环境发生了较大的变化，企业的工作流程和工作方式也应发生变化，而企业自身并没有意识到这一点，仍因循原来的模式，结果就出现了众多的"不拉马的士兵"。

"不拉马的士兵"的危害主要在于："不拉马的士兵"直接占用了企业的资源，降低了企业组织的运作效率。

企业的资源总是有限的，目前的情况是绝大多数企业都在想方设法如何用有限的资源实现企业生存和发展的目标，这样的资源损耗日积月累会有溃堤之力。

从更深一层看，"不拉马的士兵"会大大影响企业内部的公平氛围和员工对公平的感觉。这直接影响企业内部的士气和人气，对企业发展的潜在危害是不言而喻的。人是企业最宝贵的资源，没有士气和人气，企业的目标也失去了实现的基础。

所以如何才能使有限的资源获取最大的收益，是每个企业管理者都必须考虑的事。企业的资源包括有形资源、无形资源、人力资源、组织能力等，包括企业在生产经营过程中的各种投入。资源在企业间是不可流动的且难以复制的，这些独特的资源与能力是企业获得持久竞争优势的源泉。当一个企业具有独特、不易复制、难以替代的资源时，它就能比其他企业更具有优势。

因此，如何充分运用现有的资源，形成企业的竞争优势，是战略管理的一个重要问题。

柏克德公司（Bechtel）是美国一个具有百年历史的家族企业。自成立至今，已在 7 大洲 140 个国家和地区从事 2 万个建筑工程的建设。现有员工 4.1 万人，2000 年营业收入达 143 亿美元。该公司持续成功的秘诀在于把知识与经验看作企业的重要资产，投入资金加强管理。

该公司的经理们发现，虽然，那些具有多年工程建设工作经验的项目团队积累了相当丰富的专业知识，但是这些知识却处于封闭状态，不为他人所知，利用率自然也很小。所以有必要对企业的这些"复合性知识"进行优化管理。为了最大限度地利用知识资源，柏克德公司采取了以下措施：

首先，为了促进复合型知识在公司中的普及，柏克德公司建立了一套基础设施。并且在这个过程中充分地调动项目团队中每一位成员的力量。这种努力提高了公司的服务水平，使遍及世界各地的客户更加满意公司的服务。而且，这种努力使该公司的主要工程项目的收益也大幅度提高。

其次，柏克德公司设立"知识总裁"和"知识经理"，由他们负责知识管理工作。"知识总裁"和"知识经理"的分工有所不同，"知识总裁"对经验和知识管理进行全权负责，对知识投入在经营项目中所占的比重高度关注。而"知识经理"则负责公司知识库的某一部分，对这一部分知识进行及时地收集和分发。通过这一安排，公司知识可以在全体员工中得以普及，在一定程度上免除了公司人员培训的负担。

同时，柏克德公司在知识管理中对传递的知识内容与知情范围相当重视。对哪些知识可以传递给哪些人，不可以传递给哪些人都有明确而严格的规定。这一规定保证了有个人总能得到最适合自己的知识，同时也减小了知识泄露的概率。柏克德公司通过知识管理，使知识资源得到充分利用，并获得了最大收益。

有资源不用是一种巨大的浪费。对企业来说，尽可能地让内部的每一种资源都得到最大限度的利用，可以有效地提高效率，获得更大的竞争资本。花同样的钱办更多的事，何乐而不为？

企业的每项生产经营活动都可以创造价值，而且都必须创造价值，如果每一个经营活动创造的价值都能超越竞争对手，那么企业就可以形成竞争优势，如果这些优势能够使企业的收入大于其支出，企业就可以赢利。

对企业来说，必须充分利用企业的资源，获得超过竞争者的收益，从而形成企业的竞争优势。这就要求企业必须让有限的资源获得最大的收益，避免不必要的浪费。

五、现金至上

（一）现金是真实的支票

"公司走下坡路有各种各样的原因，"拉姆·查兰（Ram Charan）和杰里·尤希姆（Jerry Useem）在 2002 年 5 月的《财富》杂志上写道，当时有大量公司不景气，"但是有一件东西最终毁了它们：缺乏现金。"绝大多数的管理者忙于关注利润表中的指标，如 EBITDA，而没有对现金给予足够的注意。有时，董事会和企业外部的分析师把大量的注意力集中在利润表或资产负债表上。但是他们注意到，只有一个投资者非常关注现金：他就是沃伦·巴菲特（Warren Buffett）。原因何在？"因为他知道现金难以造假。"

沃伦·巴菲特可能是迄今为止最伟大的投资家。他的公司——伯克希尔·哈撒韦公司（Berkshire Hathaway）投资了几十家公司，获得了令人震惊的成果。从 1994 年 1 月到 2004 年 1 月，伯克希尔·哈撒韦公司的 A 级股票报告了令人惊喜的 17.9% 的复利增长率；也就是说，它在十年内每年平均增长 18%。巴菲特是怎样做到的呢？人们已经写了很多书力图解释他的投资原则和分析方法。但是我们的理解是，这一切可以归结为三个简单的认知。第一，他根据长期的视角而不是短期的视角来评估企业。第二，他总是寻找自己熟悉的企业。（这使得他避免了".corn"投资。）第三，当他查看财务报表时，非常强调现金流的衡量，他把这称为所有者收益。沃伦·巴菲特已经把财务智慧推向了一个全新的层次，从其个人净资产就可以反映出来。在他看来，现金至上。

所有者收益

所有者收益是对企业在特定时间内赚取现金能力的衡量。我们一般称它是所有者可以从企业拿走并为自己消费而花掉（如在食杂店范掉）的那部分钱。所有者收益是一个非常重要的指标，因为它已经留出了足够的资本性支出，用以维持企业的健康运转。利润，甚至是经营活动的现金流量指标都做不到这一点。更多关于所有者收益的内容我们将在本部分的工具箱中介绍。

为什么现金至上？

让我们更细致地看看财务报表的第三张表——现金流量表。为什么把现金流量作为衡量企业效益的重要指标？为什么不是利润表中的利润呢？为什么不是资产负债表中反映的资产或所有者权益呢？我们猜想沃伦·巴菲特知道，利润表和资产负债表尽管非常有用，但是它们存在各种各样的偏差，这是编制报表时加入估计和假设的结果。现金则不同。看看公司的现金流量表，你就间接地窥探到了它的银行账户。在上世纪90年代和本世纪初的"com"神话破灭以及财务丑闻被披露之后，现金流量在今天再一次成为华尔街的宠儿。它成为分析师评估企业价值的重要指标。沃伦·巴菲特一直关注现金，因为它知道现金是受财务艺术影响最小的数字。

那么为什么管理者没有注意现金呢？有很多原因。过去，没有人对他们提出问题（尽管这种状况已经开始改变）。有些高层管理者本身可能不担心现金，所以下属对他们的直接汇报也很少提及现金。财务部门的人员认为现金是他们需要关注的，其他人没有必要关注。而最常见的原因是缺乏财务智慧。管理者不了解确定利润的会计准则，所以他们认为利润和净现金流是一回事。有些人认为自己的行动不会影响公司的现金状况；而有些人认为其行动会影响现金状况，但是他们不理解是如何影响的。

还有另外一个原因，就是现金流量表有点晦涩难懂。查兰和尤希姆在文章中提倡一种对付财务欺诈的简单手段：应该提供给董事会、员工和投资者一张"详细、易懂的现金流量表"。遗憾的是，从我们了解的情况看，还没有人就这一建议展开行动。所以我们还是依据传统的现金流量表。这些现金流量表尽管详细，但是对大多数非财务专业人员而言，阅读起来比较困难，更不用说理解了。

就一项投资而言，如果拿出时间来理解现金，你就能够看透公司的财务艺术家们制造的烟幕弹；你就能够看到企业把利润转化成现金是做了一件多么好的工作；你就能够在麻烦刚出现的时候发出警示信号，并理解如何管理以保持现金流量健康。现金是真实的支票。

乔在职业生涯的早期曾在一家小企业做财务分析师，就在那时他认识到了现金的重要性。当时企业比较艰难，每个人都知道这一情况。一天，CFO和会计主管去打高尔夫球了，无法联系到他们。（那个年代还不是人人都有手机，由此你可以看出乔有多老了。）银行把电话打到公司，找到了CEO。很显然，CEO不喜欢从银行那里听到的东西，他觉得最好让会计或财务部门的人听电话。于是他把电话转给了乔。乔从银行了解到公司的信用额度已达到最大。"明天就是发工资的日子，"银行的人说，"我们怀疑你们的钱是否够发工资。"快速地考虑了一会儿（他总是这样）后，乔回答道："嗯，我可以回头打电话给您吗？"然后他作了一些研究，发现一个大客户欠公司一大笔钱，而支票实际上已经在邮寄途中。他把这一情况告诉了银行，银行同意支付工资，条件是客户的支票一到，乔就给银行送去。

实际上，支票在当天就到了，不过是在银行下班以后。所以第二天早晨乔做的第一件事，就是开车去银行，当然是手里拿着支票。他在银行开始营业前几分钟赶到，发现已经有几个人排了队。实际上，他看见了公司的几个员工已经排在那儿了，手里握着领工资的支票。其中一个人跟乔搭话说："你也盘算好了，是吗？""盘算好什么？"乔问。那个家伙用很同情的眼神看着他。"盘算好这件事。我们每个周五的第一个休息时间都把工资从银行取出来，把它换成现金，存在自己的银行。这样就能保证支票不被银行退票——如果银行不能兑现，我们可以用当天余下的时间去找工作。"

就是这一天，乔的财务智慧向上跳跃了一大步。他认识到了沃伦·巴菲特已经认识到的：维持企业生存的是现金；现金流是企业财务状况是否良好的一个重要指标。我们需要雇用人员管理企业——任何企业都是这样。你需要经营场所、电话、电子设备、计算机、供给品等。你不能用利润去支付所有这些花销，因为利润并不是真实的货币。现金才是。

（二）利润≠现金（而两者你都需要）

为什么现金流入与利润不是一回事？有些原因一目了然；现金可能来自贷款或投资者的投入，而这样的现金将根本不会出现在利润表上。即使是经营活动的现金流，与净利润也不完全是一回事，我们在第16章会详细解释。有以下三方面的原因：

收入在销售完成时入账。原因之一是我们在讨论利润表时解释的一个基本原理。销售收入在企业交付了产品或服务时记录。埃斯印刷公司（Ace Printing Company）为客户提供了价值1 000美元的小册子，理论上讲，可以根据收入减去成本和费用后记录利润。但是并没有现金交易，因为埃斯公司的客户一般在30天或更长的时间后才会付款。因为利润源自收入，所以它反映的是客户的支付承诺。相反，现金流反映的总是现金交易。

费用与收入配比。利润表的作用是加总特定期间内与收入相关的所有成本和费用。但是，正如我们在"利润表的特征"这一部分所看到的，这些费用可能并不是在特定期间内支付。有些费用可能已经在以前支付了（比如我们在前面讲到的新成立的公司必须支付一年的房租），大部分费用是后来支付的（供应商的账单送到时），所以利润表中的费用并没有反映现金流出。现金流量表却总是可以衡量特定期间内现金的流入和流出。

资本性支出没有抵减利润。还记得"资产负债表"这一部分的工具箱吗？资本性支出在发生时，并没有反映在利润表中，只有折旧从收入中扣减。所以企业购买汽车、机器和计算机系统等所支付的费用在其使用年限内逐渐反映到利润表中。而现金则是另一回事：购买这些设备的现金在对它们提取全部折旧前早就支付了，而支付的现金会反映在现金流量表中。

你可能认为长期来看现金流量可以反映净利润。应收账款收到了，所以销售收入转化成了现金。应付的项目支付了，所以从一个会计期间到下一个会计期间，费用或多或少支付了。资本性支出提取了折旧，折旧期内费用从收入中扣除，基本上等于购买新资产的价格。从某种程度上说，所有这些都是正确的，至少对于一个成熟、管理良好的公司而言是这样的。但同时，利润和现金之间的区别会产生各种各样的麻烦。

没有现金的利润

我们通过比较两个公司利润和现金状况的重大差别来说明这一点。

甜梦面包店是一家新开业的制作甜点和面包的公司，它为专卖店供应面包。创立人根据她独特的祖传配方制作面包，她准备在 1 月 1 日开张。我们假定她有 1 万美元的现金存在银行，我们还假定她前三个月的销售收入分别是 2 万美元、3 万美元和 4.5 万美元。成本是销售收入的 60%，每个月的营业费用是 1 万美元。

睁大眼睛看看这些数字，你会看到她很快就有了利润。实际上，前三个月简化的利润表如下：

	1 月	2 月	3 月
销售收入	$ 20000	$ 30 000	$ 45000
产品成本	12 000	18000	27 000
毛利润	8000	12000	18 000
费用	10000	10000	10000
净利润	$ （2000）	$ 2 000	$ 8000

但是，简化的现金流量表则告诉你不同的内容。甜梦面包店与它的供货商订立的协议是在 30 天后支付面粉和其他原材料的账款。但是为企业销售产品的那些专卖店呢？它们的销售不稳定，可能在 60 天后才支付账款。所以甜梦面包店的现金流量状

况是:

1月份,甜梦面包店从客户那里没有收到任何账款。月末,它所有的只是2万美元的应收账款。幸运的是,它不必为使用的面粉付钱,因为供应商的付款期限是30天。(我们假设产品成本只有面粉,因为企业所有者自己制作面包。)但是企业必须支付费用,如房屋租金和水电费等。所以,所有的初始现金1万美元都用于支付费用,甜梦面包店没有了银行存款。

2月份,甜梦面包店仍然没有收到账款(记住,客户的付款期在60天后)。月末,应收账款达到5万美元(1月份的2万美元加上2月份的3万美元),但是仍然没有现金。同时,甜梦面包店不得不支付1月份的面粉和原材料账款(1.2万美元)以及当月的费用(1万美元)。所以它有2.2万美元的窟窿。

所有者能够扭转这种状况吗?一定能,增长的利润在3月份将改进现金状况!噢,不。

3月份,甜梦面包店终于收回了1月份的销售收入,所以它有2万美元的现金流入,这使得公司账面上的窟窿只剩下2000美元。但是现在它必须支付2月份的成本1.8万美元和3月份的费用1万美元。所以3月末,它有3万美元的窟窿——比2月末的状况更差。

继续下去呢?答案是甜梦面包店会继续发展。销售收入每月增长,意味着它每个月必须支付更多的面粉成本。最终,营业费用也会增加,因为店主必须雇用更多的人。另一个麻烦的问题是甜梦面包店必须在30天内向供货商付款,而要等到60天才能收到客户的货款。实际上,它必须提前支付30天的现金——只要销售额在增加,这种状况将永远都改变不了,除非它找到其他的现金来源。尽管甜梦面包店的例子可能是虚构的或过于简化,但是它却揭示了赢利的公司停产的原因。这也告诉了我们那么多小公司在第一年就失败的原因,仅仅是因为它们用光了现金。

没有利润的现金

现在让我们看看另一类利润和现金不一致的情况。

美美香烟店也是一个新公司。它销售价格非常昂贵的香烟,位置在市中心企业家和富裕的观光客经常光顾的地方。公司前三个月的销售收入分别是5万美元、7.5万美元和9.5万美元——同样是非常良好的增长趋势。商品成本是销售收入的70%,每月的营业费用是3万美元(多么高昂的房租!)。为了比较的方便,我们也假设它开业初在银行存有1万美元。

美美香烟店前三个月的利润表如下：

	1 月	2 月	3 月
销售收入	$ 50 000	$ 75000	$ 95000
产品成本	35000	52 500	66 500
毛利润	15000	22 500	28 500
费用	30 000	30 000	30000
净利润	$ （15 000）	$ （7 500）	$ （1 500）

企业还没有能摆脱亏损，尽管每月的亏损越来越少。它的现金状况如何？当然，作为零售店，它在每次销售后立即得到收入。而且我们假设美美香烟店与供货商达成了很优惠的条款，在 60 天后付款。

1 月，它有 1 万美元的初始资金和 5 万美元的销售收入。它还不需要支付销售商品的成本，所以现金流出只有 3 万美元的费用。月末银行存款的余额是 3 万美元。

2 月，它增加了 7.5 万美元的销售收入，仍然不需要支付商品成本。所以扣除 3 万美元的费用后，月末的净现金流入是 4.5 万美元。现在。银行存款的余额是 7.5 万美元！

3 月，销售收入增加了 9.5 万美元的现金，支付 1 月份的商品成本（3.5 万美元）和当月的费用（3 万美元），当月的净现金流入是 3 万美元，银行存款的余额达到 10.5 万美元。

直接收到现金的行业（如零售业、餐馆等）同样会出现这样的不正常的现金状况。在这个例子中，美美香烟店每月的银行存款余额会不断攀升，尽管企业是不赢利的。暂时看起来不错，而且只要公司控制费用就会一直不错，并逐步实现赢利。但是店主必须小心：如果他麻痹大意地认为业务做得非常好而增加了费用，则可能会一直不赢利。如果不能赢利，最终将用尽现金。

现实中也有美美香烟店这样的例子。每个直接收到现金的企业，从缅街（Main Street）的小店到巨头亚马逊网站（Amazon. com）和戴尔公司，都有在支付成本和费用以前就收到客户现金的好处。它们享受着这种"援助"——而且如果企业正在发展，这种金额增加得更快。但是最终企业必须根据利润表的规则赢利；在长期中，现金流不是非营利的保护伞。在香烟店的例子中，账面的亏损最终将导致负的现金流；正如利润最终带来现金一样，亏损最终也将用尽现金。这里，现金流的流入时机是我们试图理解的。

理解利润和现金的区别是提高你的财务智慧的关键。它是一个基础性的概念，而很多管理者还没有机会学到。它为提出问题和做出明智的决策开启了一扇全新的窗口。

找到正确的专家。我们在本章中介绍的两个例子需要不同的技能。如果企业是赢利的，但缺少现金，它需要财务专家——能找到其他融资渠道的人；如果企业有现金但不赢利，它需要经营管理专家——他能够降低成本或不增加额外成本而获取额外收入。所以财务报表不仅会告诉你企业的未来情况如何，它们还可以告诉你应该聘请哪种类型的专家。

做出关于投资时机的最佳决策。对何时采取行动做出明智的决策能提高企业的效率。以赛普特公司为例。乔在从事企业培训工作以前，是赛普特公司的CFO——这家企业生产滚轴设备和工厂自动化系统。管理者知道，一年中的第一个季度企业是最赢利的，因为这时有很多自动化设备的订单。但是现金总是吃紧，因为赛普特要购买零件，并要向供应商付款。第二个季度，公司的现金流一般会改善，因为前一个季度的应收账款可以收到，但是利润会下降。公司的管理者知道，最好在第二个季度而不是第一个季度购买资本性设备。虽然第二季度利润一般较少，但是这一季度有更多的现金可以用于付款。

最后的结论是：企业既需要现金，也需要利润。它们不是一回事，运转良好的企业两者都需要。

（三）现金流量的表示方法

你可能认为现金流量表很容易阅读。因为现金是真实的货币，所以数字中不存在估计和假设。现金的流入是正数，现金的流出是负数，净现金流是两者的简单求和。但实际上，我们发现几乎所有的非财务部门的管理者都要花费一些时间才能读懂现金流量表。第一个原因是现金流量一般分成几个部分，每个部分的名称本身就很容易让人感到糊涂。第二个原因是正数和负数一般不是很清楚。一个典型的科目是"应收账款的减少（或增加）"，后面紧接着是一个正数或负数。它到底是代表增加还是减少？最后一个原因是要看懂现金流量表和其他两张财务报表的关系非常困难。

我们将在后面的章节讨论最后一个问题。现在，让我们先坐下来讨论现金流量表，学习一些基本的概念。

现金流量的种类

现金流量表显示了流入企业的现金（称为现金流入）和流出企业的现金（称为现金流出）。它们分为三种主要类型。

经营活动产生的现金流

有时，你看到的叫法可能与此有一点儿不同，例如"由经营活动提供的或经营活动使用的现金流"。无论具体的说法是什么，这些只不过是会计的表达方式不同，就像很多会计师不说"运营（operations）"而必须说"经营活动（operating activities）"一样。无论具体的用词是什么，这种类型的现金流量是指所有与企业的实际经营有关的现金流，包括流入和流出。它包括客户支付货款的现金，也包括企业支付的工资、支付给供货商的账款、支付给房主的租金，以及企业为保证经营活动进行而支付的所有其他现金。

投资活动产生的现金流

注意，这里的投资活动是指企业从事的投资活动，而不是企业的所有者从事的投资活动。这一类中最大的项目是花费在资本投资上的现金，也就是购买资产花费的现金。如果企业购买车辆或机器，支付的现金列在现金流量表的这一部分。如果企业出售车辆或机器（或者任何其他资产），收到的现金也列在这部分。

融资活动产生的现金流

融资活动一方面是指贷款和还款，另一方面是指企业与股东之间的交易。所以如果企业得到一笔贷款，贷款金额就列在这一部分。如果企业从一个股东那里得到所有者权益投资，也列在这里。如果企业偿还贷款本金、回购自己的股票、向股东支付股利，这些现金支出都会显示在这一部分。

企业融资

企业如何融资是指它如何获得建立企业或扩张企业需要的资金。一般来讲，企业可以进行债务融资、股权融资，或同时使用以上两种方式进行融资。债务融资是指从银行、个人或其他借款人那里借钱；股权融资是指人们购买企业的股票。

你马上会看到现金流量表中有很多非常有用的信息。第一部分显示的是经营活动的现金流量，在很多方面，它是唯一一个反映企业经营状况是否良好的重要数字。经营活动的现金流量持续保持良好，企业很可能是赢利的，很可能会很好地把利润转化成现金。经营活动的现金流量良好还意味着它可以为企业的成长提供更多的内部资金，而不需要贷款或出售更多的股票。

第二部分表明企业未来投资多少。如果这一数字相对于企业规模而言很小，意味着企业基本没有投资；管理者把企业看作"能产现金的奶牛"，挤出"现金奶"而不为长远发展投资。如果这一数字很大，暗示着管理者对企业的未来充满希望。当然，多少算大、多少算小要依据企业的类型来判断。例如服务企业相对于制造企业一般在资产方面的投资较少。所以，你的分析必须反映所评估企业的全貌。

第三部分表明了企业在多大程度上依赖外部融资。看看几个会计期间的这一部分，你能够看出企业是否是净借款人（借款比还款多）。你还可以看出企业是向外部投资人出售了新股，还是回购了股票。

回购股票

如果企业有额外的现金，并且认为它的股票交易价格比其实际价值低，企业可以回购一些股票。其效果是减少了公开发行的股票的数量，这样每个股东可以拥有企业更大的份额。

最后，现金流量表还可以让你计算沃伦·巴菲特著名的"所有者收益"指标：参见本部分的工具箱。

华尔街近几年对现金流量表越来越重视。正如巴菲特所知道的，现金流量表相对于其他两张报表来说可操纵的空间非常小。注意，"空间小"并不意味着"没有空间"。例如，如果企业试图表现某个季度良好的现金流量，它可能会推迟到下个季度向供货商付款或向员工支付奖金。但是，如果企业反复地延迟支付，没有得到货款的供货商就会停止提供产品和服务，也就是说，这种做法只是在短期有意义。

（四）现金与其他报表的联系

一旦你学会了阅读现金流量表，你就能理解它的来龙去脉，并通过查看它来了解企业的现金状况。而后你还能领会到如何影响它——作为管理者，你如何帮助企业提高现金状况。我们将在后面的章节中列出这些机遇。

但是如果你是喜欢解决疑惑的那类人，即喜欢理解所看到的东西背后所隐藏的含义的那类人，那么跟我们一起坚持学习这一章。因为我们将向你展现一个有趣的事实：你能够通过只看利润表和资产负债表编制出现金流量表。

计算并不难，仍然只不过是加加减减。但是在这个过程中很容易出错。原因在于会计不仅拥有一种特殊的语言和一套特殊的工具和方法，他们还有特定的思考方式。他们认为利润表中报告的利润只不过是某些规则、假设、估计和计算的结果；他们认为资产负债表中报告的资产也不是"真实"的价值，原因同样在于估价时加入了规则、假设和估计。但是会计也认为财务是一门艺术，正如前面我们所讲到的，它不仅存在于抽象中。最终，所有这些规则、假设和估计向我们提供了反映真实世界的有用信息。而且因为在财务中，现实世界由现金反映，那么资产负债表和利润表与现金流量表之间必然有着某种逻辑关系。

你可以在普通的交易中看到这种联系。例如 100 美元的信用销售既反映在资产负债表中——应收账款增加 100 美元，也反映在利润表中——销售收入增加 100 美元。当客户支付账款后，资产负债表上的应收账款减少 100 美元，现金增加 100 美元。因为涉及现金，所以它同样影响现金流量表。

还要记住，当企业购买 100 美元的存货，资产负债表记录两个变化：应付账款增加 100 美元，存货增加 100 美元。当企业支付货款时，应付账款减少 100 美元，现金减少 100 美元——同样都反映在资产负债表上。当存货售出时（零售商是直接售出，而制造商则把它作为原材料放进产品），100 美元的产品成本将记录在利润表中。同样，交易的现金部分会反映在现金流量表上。

所以，所有的交易最终都会对利润表、资产负债表和现金流量表产生影响。实际上，绝大部分交易最终都会在所有三张报表中找到。为了给你展示更具体的联系，我们带你深入进去，看看会计如何使用利润表和资产负债表来计算现金流量。

调整利润和现金

在这一过程中的第一个任务就是使利润与现金相一致。你要解决的问题非常简单：假定我们有 X 美元的净利润，这对现金流量有什么影响？

因为这个原因，我们从净利润开始谈起：如果每一项交易都涉及现金，并且如果没有像折旧这样的非现金费用，净利润和经营活动的现金流量是一回事。但是由于并不是每一件事都涉及现金交易，所以我们需要确定利润表和资产负债表的哪些项目对现金的增加或减少有影响（换句话说，哪些项目使得经营活动的现金流与利润不一致）。就像会计人员说的，汇总时我们需要对净利润进行"调整"，以实现现金流的变化。

第一项调整是应收账款。我们知道在特定期间内，我们将从应收账款中收回一些现金，这将引起应收账款科目的减少。同时，由于我们进行很多信用销售，这又将增加应收账款科目。可以通过看资产负债表上应收账款科目的变化，来计算这两种交易的净现金流。（记住，资产负债表是反映特定日期的财务状况，所以你可以比较两份资产负债表来找出变化额。）例如假设我们在资产负债表的月初有 100 美元的应收账款，本月我们收回了 75 美元的现金，又进行了 100 美元的信用销售。月末应收账款的余额是 1 25（100-75+100）美元。这一期间应收账款科目的变化是 25（125-100）美元。它也等于新的销售收入（100 美元）减去收回的现金（75 美元）。或者换一种说法，收回的现金等于新的销售收入减去应收账款的变化。

另一项调整是折旧。在计算净利润时，折旧从营业利润中扣除了。但是正如我们已经学到的，折旧是非现金费用；它对现金流量没有影响。所以必须把它加回去。

调整

在财务中，调整是指使企业资产负债表中的现金与存入银行的实际现金相匹配就像账目的试算平衡，但是规模很大。

新成立的公司

清楚了吗？可能还没有。所以让我们假设一家新成立的小公司，第一个月的销售收入是 100 美元，产品成本是 50 美元，其他费用是 15 美元，折旧是 10 美元。当月的利润表如下所示：

利润表

销售收入	$ 100
产品成本	<u>50</u>
毛利润	50
费用	15
折旧	<u>10</u>
净利润	$ 25

我们假设销售收入都是应收账款——没有现金流入，而且产品成本都是应付账款。利用这一信息，我们编制资产负债表的两个部分：

资产	月初数	月末数	变动额
应收账欺	0	$ 100	$ 100

负债	月初数	月末教	变动额
应付账款	0	$ 50	$ 50

现在我们可以进行编制现金流量表的第一步。这里的一条基本原则是资产增加，

则现金减少——所以我们从净利润中减去增加额。对于负债，则使用相反的规则。如果负债增加，现金也增加——所以我们把这部分增加额加到净利润上。

下面是计算结果：

净利润	$ 25
减去：应收账款的增加	（100）
加上：应付账款的增加	50
加上：折旧的增加	10
等于：净现金的变动	$ （15）

你可以看到这是正确的，因为企业这一期间唯一的现金变动是支付了 15 美元的费用。但是，在真实的企业中，你不能仅根据看到的就确信结果，你需要根据同样的规则非常谨慎地计算现金流量。

（五）为什么现金至关重要？

当然，到现在为止你可能会对自己说："这些计算太麻烦了，我干吗要学会它们呢？"

对于初学者，让我们看一看样本公司的现金流量表揭示了什么。就经营而言，它的确在获取现金方面做得很好。经营活动的现金流大大高于净收入。存货下降，因此可以合理地认为公司的经营活动状况良好。所有这一切为公司带来了强大的现金流。

但是我们还看到，没有很多新投资注入。折旧占新投资的比例过高，这使得我们想知道，管理者是否对公司有更好的未来抱有信心。同时，公司支付给股东的股利较多，这可能说明股东更重视其潜在的现金收入而非公司未来的发展。（很多成长型的公司不支付过多股利，因为它们把这些收益用于投资企业。很多公司甚至根本不支付股利。）

当然，这些都是假设；要想真正了解事实，你必须具备财务智慧的全局观念，对公司了解更多，比如企业处于哪一行业。但是，如果你了解所有这些，现金流量表将彻底透露内情。

它让我们看到你作为管理者自身的状况以及你自己公司现金流的状况。我们认为有三大原因使你应该查看并且尽力理解现金流量表。

理解现金流的意义

第一，了解公司的现金状况有助于你了解公司的运营情形、公司朝哪个方向发展、高层管理者优先考虑的是什么。你需要知道的不是整体现金状况是否良好，而是特定的现金流来自哪里。是来自于经营活动吗？那是一件好事——它意味着企业创造了收入。投资的现金流是个很大的负数吗？如果不是，那可能意味着公司没有投资于未来。筹资活动的现金流如何？如果有资本投入，那么可能对未来是一个好兆头，否则可能意味着公司为了维持业务进行正拼命抛售股票。翻看现金流量表时可能会发现很多问题，它们正是应该提出的问题。我们偿还贷款了吗？为什么偿还或为什么不偿还？我们购买设备了吗？对这些问题的回答将揭示出很多高层管理者对公司的发展计划。

第二，你可以影响现金流量。正如我们前面所讲的，大多数管理者关注利润，其实他们本应该同时关注利润和现金。而理解了现金流的含义可以使他们在制定决策时能够把现金流这一要素考虑进来。例如：

应收账款。如果你从事销售，你的客户会及时支付账款吗？你与客户有足够紧密的关系来与它讨论付款条件吗？如果你从事客户服务，你为客户提供了能促进它及时支付货款的服务吗？产品没有缺陷吗？发票准确吗？邮寄处及时发出了发票吗？接待员能提供帮助吗？所有这些因素都会决定客户对你公司的感觉，进而间接影响它将以多快的速度支付账单。不满意的客户不会很快地支付货款——它们会等到争议解决后。

存货。如果你负责搞策划，你是否总是想要特别的产品？如果是，你可能会有存货的噩梦。如果你从事经营活动，你希望有很多库存，正因为这样，可能发生了这种情况——现金正搁置于架子上，它本可以用在其他地方。生产经理和仓库经理可以通过学习和运用丰田公司倡导的企业"节约"原则来大量削减库存。

费用。如果允许的话，你会延期支付费用吗？在采购的时候你考虑现金流的时机了吗？显然，我们并不是说拖延费用总是明智的。当你决定花钱的时候，如果能了解这将对现金产生的影响并把它考虑进去，才是明智的。

给予信用额度。你很容易就给予潜在的客户以信用额度吗，还是本应该给予信用额度时你却收回了信用额度？这两种决策都会影响企业的现金流和销售收入，这也是为什么信用部门总是不得不在两者之间努力寻找平衡点的原因。

还可以继续罗列。比如说你是一个工厂的厂长，你可能总是推荐购买更多的设备。也许你在 IT 行业，你认为公司总是需要把计算机系统不断升级。所有这些决策都会影响现金流，高级管理人员一般都能很好地理解这些。如果你希望提出的要求能最终得到满足，你需要熟悉你所看到的这些数字。

第三，了解现金流量的管理者往往被赋予更多的职责，这样他们往往会比那些单纯关注利润表的人晋升得更快。例如在下一部分，你将学习计算比率，如应收账款周转天数（DSO），它是衡量公司应收账款的主要指标。收款的速度越快，公司的现金状况越好。你可以找到财务部门的某个人，跟他说："哦，我注意到我们公司的DSO在过去几个月在向错误的方向发展，需要我帮助扭转这种趋势吗？"或者，你可能知道"节约管理"的原则，这一原则的重点是保持存货量最小。领导企业转向节约管理的管理者，可以使企业释放出大量的现金。

总的来说，我们的观点是：现金流量是衡量企业财务状况是否健康的重要指标，也是衡量赢利能力和所有者权益的重要指标。它是这三个方面最终的结合点，而你需要所有这三个方面来对企业的财务状况进行评估。它也是财务智慧第一层次的最终结合点。现在，你对所有这三张财务报表都有了很好地认识。到该进入下一个层次的时候了——把这些信息应用于实践。

六、计算并真正理解投资收益率

（一）投资收益率的基本概念

财务智慧就是对于企业财务方面如何运作以及财务决策如何做出的理解。这一章要讨论的原理是美国公司如何做出决策的基石——主要是与资本投资相关的决策。

我们中的绝大多数人都需要了解一点儿在财务上称为"货币的时间价值"的基本原理，因为我们在个人理财中每天都要运用这一原理。以抵押贷款购房或购车为例。我们的信用卡上积累了大量欠款。当债务太高时，我们要进行再贷款。同时，我们把自己存的钱用于支付利息，或投资于存款账户、货币市场基金、国库券、股票或债券等十几种投资手段。我们是借款人，但同时也是存款人、放款人和投资者。既然所有这些活动都反映货币的时间价值，那么对大多数人来说，他们已经对这一思想有了一点了解。那些不愿意了解这一原理的人，将会付出高昂的代价。

最简单地说，货币的时间价值这一原理是指你手中今天的1美元比明天才能得到的1美元更值钱——它比你10年后得到的1美元要值钱得多。原因很明显。你今天有1美元，而预计明天（更不用说10年后）能得到的1美元可能无法获得，有风险在里边。另外，你可以用今天就有的1美元买东西。如果你想花1美元买东西，你不得不等到你确实拿到那1美元时。根据货币的时间价值，任何借钱给别人的人都希望获得利息；任何向别人借钱的人都要支付利息。期限越长，风险越高，利息费用也越多。

当然，即使不是利息，或者收益的状况没有一个固定的预期，原理也是相同的。假设你购买了一家新成立的高科技企业的股票。你不打算得到利息，很可能也没有得到股利，但是你希望售出股票的价格高于买入股票的价格。实际上，你把钱借给了企业，希望得到投资收益。如果投资收益实现了，你能够像计算利率那样计算出收益率。

这是企业资本投资决策所依据的基本原理，也是我们将在这一部分向大家介绍的。企业希望付出现有的钱，在未来某一天实现投资收益。如果你负责制订购买新机器的计划或开设新分支机构的计划，我们在这几页中介绍的内容，就可以帮助你根据货币的时间价值进行计算。

终值和现值

因为货币的时间价值是一个基本原理，在利用它分析资本性支出时必须首先知道三个基本概念：终值、现值和必要收益率。刚开始你可能会容易混淆，但实际上它们都不复杂。它们只是计算货币时间价值的方法。如果能理解这些概念并把它们用于决策，你就会发现你对财务问题的思考更有创造性——或许我们应该说是更有艺术性。

终值

终值是指如果一笔钱被借出或投资，它在未来价值多少。在个人理财方面，它是退休金计划常用的一个概念。35 岁的时候你在银行可能有 5 万美元，你想知道这 5 万美元在你 65 岁的时候价值多少。那就是 5 万美元的终值。在企业，投资分析师可能会计算，如果利润每年以一定百分比增长，企业股票在两年后价值多少。终值的计算可以帮助他向客户提出企业是否值得投资的建议。

计算终值必须给财务人员提供一些背景资料，例如退休金计划。未来 30 年你假设平均收益率是 3%还是 6%？结果差距相当大：按 3%的收益率计算 5 万美元的终值是 12.1 万美元多一点（不考虑同期通货膨胀对货币价值的影响），按收益率 6%计算的终值将超过 28.7 万美元。很难决定正确的收益率：哪一个人能真正知道未来 30 年中会出现什么样的利率呢？最多，计算终值能算作一种根据经验的猜测——艺术家做的工作。

从某种程度上说，股票分析师做这项工作要容易一些，因为他只考察两年。但他仍然要考虑其他更多的变量。为什么他会认为收益率会以 3%、5%、7%或其他某一比率增长呢？如果确实增长了会怎么样？如果收益率仅增长 3%，投资者可能失去兴趣，卖出股票，那么股票的市盈率可能会下跌。如果收益率增长 7%，投资者可能非常兴奋，会购买更多的股票，从而提高了市盈率。当然，市场本身对股票价格有影响，没有人可以完全预测整个市场的发展方向。同样，我们也是根据经验进行猜测。

实际上，终值的每一次计算都包括了一系列假设——对从现在到你考察的时点会发生什么做出假设。改变假设，就会得到不同的终值。收益率的偏差就是一种财务风险。考察的投资前景越长，要求的估计和假设就越多，所以风险也越高。

现值

这一概念在资本性支出分析中经常使用。它与终值恰好相反。假设你认为某一项投资未来三年内每年可以产生 10 万美元的现金流。如果你想知道这一投资是否值得，你需要了解这 30 万美元现在的价值。与使用某一特定利率计算终值一样，你也要使用某一利率对终值进行"折现"，推算出现值。举个例子来说，在 6% 的利率水平下，从现在起一年后的 10.6 万美元的现值是 10 万美元。我们再一次为今天的 1 美元比明天的 1 美元更值钱这一观点找到了依据。在这个例子中，明年的 10.6 万美元等于现在的 10 万美元。

现值的概念在评估设备、不动产、商业机遇甚至并购中广泛使用。但是你在这里也能够清楚地看到财务艺术。为了计算现值，你不得不对投资在未来可以产生的现金流以及使用哪一利率作为折现率做出假设。

必要收益率

当你使用某一利率计算现值时，记住你是在往前推算。你假设投资将在未来得到一定的收益，你希望知道为了在未来某一特定日期得到一定的收益现在需要投资多少。所以你对利率或折现率的决策实质上是为了做出投资需要多少收益率的决策。你可能不会对投入 10 万美元，一年后得到 10.2 万美元的项目进行投资，因为它只有 2% 的收益率；但是你可能非常愿意对投入 10 万美元，一年后得到 12 万美元的项目进行投资，因为其收益率高达 20%。不同的企业在不同的项目上设置不同的界限，或称限制，它们一般对风险高的项目设置较高的界限，而对风险低的项目设置较低的界限。它们在投资之前所要求的收益率称为"必要收益率"或称"基准收益率"。

在设立基准收益率时也存在一些判断，但是这些判断不完全是武断的。要考虑的第一个因素是机会成本。企业只有这么多现金，它必须对如何最大限度地使用这些资金做出判断。2% 的收益率没有吸引力，因为企业购买国库券就比这更好，可能得到 4% 或 5% 的收益率而不用承担什么风险。20% 的收益率可能很有吸引力（绝大部分投资很难得到 20% 的收益率），但是显然要看看需要承担多大的风险。第二个因素是企业自身要负担的资金成本。如果企业借钱，它必须支付利息。如果它使用股东的资金，股东会要求回报。计划的投资必须使企业增加足够的价值，使债权人能够得到偿还的债务，使股东能够得到满意的回报。如果一项投资的回报低于企业的资金成本，那么它就不能满足这两个目标，所以必要收益率必须总是高于资金成本。

机会成本

用日常的语言来形容，这一术语表示为了做某件事你不得不放弃的东西。如果你把所有的钱都花在度假上，机会成本就是你不能买车了。在企业中，机会成本一般是指因为没有从事财务上最优的行动而放弃的潜在利益。

这就是说，基准收益率一般很少遵循某一公式。企业的 CFO 或会计人员将对特定投资的风险、如何进行融资以及企业的总体状况进行评估。他知道股东希望对公司的未来发展进行投资。他也知道股东希望这些投资产生的收益至少要与他们投资于其他风险相近的领域所产生的收益相当。他知道——或者至少他希望他能知道——企业的现金状况是否吃紧，CEO 和董事会对多大的风险感到满意，企业所参与竞争的市场的情况如何。然后，他会对哪一个基准收益率有意义做出判断或假设。高增长的企业一般使用较高的基准收益率，因为它们必须把资金投资于能为其带来高增长速度的地方。比较稳健的低增速的企业一般使用较低的基准收益率。如果你不了解这些，财务部门的人会告诉你，在你参与的项目中公司使用哪一个基准收益率。

资金成本

财务分析师分三个步骤计算企业的资金成本：一是计算债务成本（利率），二是估计股东的预期收益率，三是计算两者的加权平均值。假设一个企业以 4% 的利率借款（已经考虑了利息费用可以从税收中扣除），股东预期 16% 的投资收益率。假设债务融资的权重是 25%。股权融资的权重是 75%。资本成本就是（25%）×（4%）+（75%）×（16%）= 13%。如果一个项目的计划收益率超过 13%，就可能对其进行投资。

计算中会涉及这些概念。在下面的章节中，我们将向你介绍一两个计算公式。但是你不必动手计算，你可以使用财务计算器、数学用表或上网来计算。例如在 Google 中键入"终值计算器"，你就会找到可以计算终值的网页。但现实世界中的计算并不总是这么简单的。也许你认为你正在考虑的投资第一年能产生 10 万美元的现金，以后每年以 3% 的速度增长。现在你必须仔细考虑这一增长速度，对折现率是否变更做出判断。非财务部门的人员一般不必为这些实际的计算担心，财务人员会为你作这些计算。通常，他们有专门的软件或包含计算公式的模板，所以只要敲入数字就行了。但是你必须了解在计算过程中使用的概念和假设。如果你只会敲入数字而不懂其背后的逻辑，你不会理解为什么会出现那样的结果，你也不会理解如何通过改变初始假设来产生不同的结果。

现在让我们使用这些概念吧。

（二）投资收益率的实质

企业经常不是很严谨甚至是相互替代地使用资本性支出、资本投资、资本预算和投资收益率等术语，但是它们所指的都是同一件事，即决定进行什么样的投资以提升企业价值的过程。

分析资本性支出

资本性支出是指需要很多资金的大型项目。不同企业对"很多资金"的定义有所不同：有些企业把它定为 1 000 美元，有些企业则认为是 5 000 美元。一般认为，资本性支出可以在一年以上的期限内产生收入或降低成本。它的内容相当广泛，包括设备购买、企业扩张、收购、新产品开发等。厂房翻新、计算机系统更新、车辆购买等也包括在其中。

这些支出的处理与普通的购买原材料和办公用品等支出的处理有所不同，原因有三。第一，它们需要占用企业较多的资金（有时是不确定的）。第二，它们一般预期在几年内会给企业带来收益，所以要运用货币的时间价值。第三，它们总是具有一定程度的风险。企业可能不知道这一支出是否会"起作用"，也就是说是否会得到预期的结果。即使它像计划的那样运转起来，企业也无法知道这一投资到底会产生多少收益。我们将扼要介绍分析资本性支出的一些基本步骤，然后教给你财务人员常用的判断一项支出是否值得的三种方法。

但是请记住，这一过程也是财务艺术的运用。它可能使你感到惊奇，财务专家能够而且也确实在使用一系列假设和估计对计划的项目进行分析并做出了推荐，而且结果很不错。他们甚至是在享受这一挑战：对未知的东西进行量化，并让企业更成功。有了一点财务智慧，你也可以在这一过程中贡献自己的知识。我们认识一个 CFO，他认为让工程师和技术人员参与资本预算过程非常正确，因为他们更了解对一家钢厂的投资实际将带来什么。这个 CFO 喜欢说，他更愿意教这些人一点财务知识，而不是自己去算。

下面就是如何去做：

分析资本性支出的第一步首先要确定初始现金投入。这一步也包含着估计和假设：你必须对某一设备或项目开始产生收入以前需要花费多少成本做出判断。成本包括购买价格、安装费用、让工人学会操作它的费用等。一般来说，大多数成本发生在第一年，但是有些费用将在两年甚至三年内支付。所有这些计算都应作为现金支出，而不应抵减利润。

第二步是预测这项投资未来的现金流。（同样，你希望知道的是现金流入，而不是利润。）这个步骤具有技巧性（是财务艺术的典型体现），因为预测未来非常困难，而且需要考虑的因素也非常多。（参见本章的工具箱。）管理者在预测项目未来的现金流时要非常小心，甚至是谨慎。如果投资收益大于预计的，每个人都会很高兴。如果投资收益大大低于预计的，没有人会高兴，而且企业会浪费大量资金。

第三步是评估未来的现金流——计算投资收益。它们是否相当大，足以值得投资？根据什么做出的决策？财务人员一般使用三种方法（单独使用或一起使用）来确定一些投资是否值得进行：回收期法、净现值法（NPV）、内含报酬率法（IRR）。每一种方法提供不同的信息，它们各有优点和不足。

你马上就会看到整个计算过程，以及在资本预算中涉及的关于成本和收益估计的财务艺术。大量的数据要收集和分析——这本身就是一项非常艰苦的工作。而后，这些数据还要转化成对未来的预测。有财务智慧的管理者要明确，这两项任务都非常困难，要能够提出问题并调整假设。

分析资本性支出的三种方法

为了帮助你了解这些步骤如何实施，我们举一个简单的例子。你们公司正在考虑购买一套 3 000 美元的设备——假设是一套专用的计算机。这套设备预计可以使用 3 年。3 年中每年年末估计可以产生 1 300 美元的现金流。你们公司的必要收益率（基准收益率）是 8%。你会购买这套计算机吗？

回收期法

回收期法是计算资本性支出未来现金流的最简单的一种方法。它衡量从项目产生的现金流中收回初始投资所需要的时间；换句话说，它告诉你花费多长时间可以把投出的钱收回来。显然，回收期应该低于项目的使用期限；否则，根本就没有理由进行投资。在我们的例子中，只要用初始投资除以每年可以产生的现金流就可以得到回收期：

$$\frac{\$\ 3\ 000}{\$\ 1\ 300/年}=2.\ 31\ 年$$

因为我们知道这一设备可以使用 3 年，所以回收期满足第一个检验：它低于设备的使用年限。然而，我们没有计算设备在使用年限内可以得到多少收益。

这里我们就可以看出回收期法的优点与不足。从有利的方面来看，它便于计算和解释，提供了一条快速、便捷的检验方法。如果你考虑的项目的回收期明显高于项目的使用年限，就不用继续分析了。如果它的回收期较短，你可能还需要进行进一步的调查研究。这一方法在会议中快速决定一个项目是否值得投资时经常采用。

从不利的方面来看，回收期法没有告诉我们更多的内容。毕竟，企业不只是希望某一投资盈亏平衡，还希望它产生收益。这一方法没有考虑盈亏平衡以后的现金流，没有给出全部的收益状况，也没有考虑货币的时间价值。它只是把今天投入的现金与项目明天可能产生的现金流进行比较，但是它并没有真正区分苹果和橘子，因为今天的 1 美元与未来的 1 美元价值是不同的。

因为这些原因，回收期法只能用于比较项目（这样你可以知道哪个项目可以收回初始投资）或拒绝项目（那些没有收回初始投资的项目）。但是记住，在计算中使用的两个数字都是估计值。这里的艺术就是把两个数字拉到一块儿——你怎么能那么准确地量化不知道的东西呢？

所以回收期法只是一种粗略的经验法则，并不是强大的财务分析。如果用回收期法看起来有意义，那么接着使用下面两种方法看看这一投资是否值得。

净现值法

净现值法比回收期法更复杂一些，但是它也更有效力；的确，它一般是财务专业人员分析资本性支出时的首选方法。为什么呢？第一，它考虑了货币的时间价值，把未来的现金流折现得到其今天的价值。第二，它考虑了企业的资本成本或基准收益率。第三，它给出了收益的现值，这样你就可以把初始投资与收益现值进行比较。

如何计算现值呢？正如我们前面提到的，实际的计算一般由财务人员通过专门的软件或模板作出。你也可以使用财务计算器、在线工具或财务教科书中给出的表格计算。但我们也会向你介绍实际的计算公式是什么样——称为折现方程，这样你就能够看到结果后面隐藏的东西，真正理解它的含义。

折现方程是：

$$PV = \frac{FV_1}{(1+i)} + \frac{FV_2}{(1+i)^2} + \cdots + \frac{FV_n}{(1+i)^n}$$

其中：

PV＝现值

FV＝每一期间预计产生的现金流

i＝折现率或基准收益率

n＝考察的期间数

净现值（NPV）等于现值减去初始投资数。我们举的例子，计算结果如下：

$$PV = \frac{\$\,1\,300}{1.\,08} + \frac{\$\,1\,300}{1.\,08^2} + \frac{\$\,1\,300}{1.\,08^3} = \$\,3\,350$$

$$NPV = \$\,3\,350 - \$\,3\,000 = \$\,350$$

总之，预期的总现金流 3 900 美元以 8％的折现率计算，得到今天的价值是 3 350 美元。减去初始投资 3 000 美元，得到净现值 350 美元。

你应该怎么解释？如果一个项目的净现值大于零，就应该接受，因为项目的收益率大于企业的基准收益率。这个例子里，净现值为 350 美元表明项目的收益率大于 8％。

有些企业可能希望使用多个折现率来计算 NPV。如果你这样做了，你会看到下面的关系：

折现率提高，NPV 降低

折现率降低，NPV 提高

这一关系能站得住脚是因为较高的折现率意味着资金有着较高的机会成本。如果会计设置的基准收益率是 20％，其含义是他非常有信心可以在承担类似风险的其他地方获得这么高的收益率。新投资项目必须相当好，才能获得资金。相反，如果会计在其他地方只能得到 4％的收益率，则很多新投资看起来可能都不错。正如联邦储备委员会可以通过调低利率刺激国家经济增长，企业也可以通过降低基准收益率刺激内部投资。（当然，这样做可能并不明智。）

净现值法的一个缺点是向他人解释和演示比较困难。回收期法非常容易理解，而净现值法是由未来现金流折现——不是很容易就可以用非财务语言解释的一个词语——而得到的一个数字。但希望使用 NPV 进行演示的管理者仍然要坚持使用这种方法。假设基准收益率大于或等于企业的资本成本，任何通过净现值法检验的投资都能增加股东的价值，任何没有通过检验的投资（如果被实施了）将会损害企业和股东的利益。

另一个潜在的缺点（同样是财务艺术）是计算净现值要依据太多的估计和假设。现金流的预测只能是估计值，项目的初始成本也很难准确说明，而且不同的折现率会得到差距非常大的净现值结果。当然，你对这种方法了解越多，你就越有可能提出其他的假设，就越容易根据自己的假设提出计划。当你在讨论资本性支出的会议上演示和解释净现值时，你的财务智慧会清晰地展示给其他人，比如你的上司和CEO。理解这种分析方法会使你自信地解释为什么应该进行投资，为什么不应该进行投资。

内含报酬率法（IRR）

计算内含报酬率与计算净现值相似，但是变量有所不同。内含报酬率法不是假设折现率并考察投资的现值，而是计算投资获得的现金流实际能提供多少收益。把收益率与基准收益率相比较，看看投资是否能通过检验。

在我们的例子中，企业预计投资3 000美元，在未来三年内每年得到1 300美元。你不能仅仅使用总的现金流3 900美元计算投资收益率，因为收益是在三年中得到的。所以我们必须做一些计算。

首先，我们要了解还有另一种看待内含报酬率的方法：它是现值为零的基准收益率。记得我们说过折现率提高则净现值降低吗？计算净现值使用的折现率越来越高，你就会发现净现值越来越小，直到变成负值，意味着项目没有通过基准收益率检验。在上面的例子中，如果你使用10%作为基准收益率，得到的净现值是212美元。如果是20%，净现值就变成负值（-218美元）。所以净现值等于零的点介于10%和20%之间。理论上，你可以逐渐缩小范围，直到找到这一点。实务中，使用财务计算器或网上工具就可以找到净现值为零的点是14.36%。它就是这一项目的内含报酬率。

IRR这种方法非常容易解释和演示，因为它很容易把项目的收益率与基准收益率比较。不足的方面是，它无法像净现值法那样把项目对企业整体价值的贡献予以量化。它也没有把一个重要变量进行量化，即企业预计在多长时间内可以得到特定的收益。当彼此竞争的项目有不同的持续期时，单独使用IRR会使你偏好于回收期短、收益率高的项目，而你本应该投资于回收期较长、收益率较低的项目。IRR也没有解决规模问题。例如20%的内含报酬率并没有告诉你收益的规模。它可能是1美元的20%，也可能是100万美元自的20%。相反，净现值法可以告诉你收益的金额。总之，对于重大投资项目，同时使用内含报酬率法和净现值法可能更有意义。

三种方法的比较

这里我们已经暗示了两个重要问题。第一，我们介绍的这三种方法可能会导致你做出不同的决策。第二，当三种方法出现冲突时，最好选择净现值法。让我们再举一个简单的例子看看这些不同是怎么出现的。

同样假设你的公司有 3 000 美元要投资。（让数字很小是为了计算简便。）同样有三种不同的投资方式投资于不同的计算机系统：

投资 A：三年中每年收益的现金流是 1 000 美元

投资 B：在第一年末得到收益 3 600 美元

投资 C：在第三年末得到收益 4 600 美元

你们公司的必要收益率（基准收益率）是 9%，所有这三项投资的风险水平相似。如果你只能选择一种投资，它会是哪一个？

回收期法告诉我们需要多长时间可以收回初始投资。假设资金回收在每年年末，结果是：

投资 A：3 年

投资 B：1 年

投资 C：3 年

只使用这种方法，投资 B 显然是赢家。但是如果计算净现值，结果是：

投资 A：-469 美元（负值！）

投资 B：303 美元

投资 C：552 美元

现在投资 A 被排除了，投资 C 看起来是最好的选择。内含报酬率法的结果如何呢？

投资 A：0

投资 B：20%

投资 C：15. 3%

很有趣。如果单独使用内含报酬率法，我们将选择投资 B。但是净现值法偏好于投资 C——正确的选择。正如净现值法告诉我们的，投资 C 今天的价值大于投资 B。

怎么解释呢？虽然投资 B 的收益率高于投资 C，但是它仅在一年中有收益。投资 C 虽然收益率较低，但这个收益率是我们可以连续三年得到的。三年中每年 15. 3% 的收益率要高于一年 20% 的收益率。当然，如果你假设可以保持 20% 的收益率，投资 B 更好。但是净现值法没有考虑假设的未来投资，它假设的是企业可以以 9% 的收益率进行投资。但即使是这样，如果我们把投资 B 在一年后得到的 3 600 美元以 9% 进行再投资，在第三年末得到的收益仍然小于投资 C 的收益。

所以使用净现值法进行投资决策总是非常有意义，即使你有时采用其他方法进行讨论和演示。但是同样，管理者在分析资本性支出时需要采取的最重要的步骤是对现金流本身的预测。它们是财务艺术起作用的所在，也是最容易犯错误的所在。一般来说，进行敏感性分析很有意义——也就是用 80% 或 90% 的未来现金流进行计算，看看投资是否仍然有意义。如果结论是肯定的，你就能对根据计算做出的决策更有信心。

我们知道，这一章涉及了大量计算。但是有时你会对直觉在整个过程中的作用感到奇怪。不久以前，乔在赛普特公司召开了一次财务审查会。一位高管人员建议，公司应该投资建立一个新的加工中心，这样就可以自己生产某些零部件而不用依赖外部供应商。因为几方面的原因，乔对这个计划不太热衷，但是在他发表意见以前，一个生产装配技师向那个高管提出了下面的问题：

你计算过我们每月可以从这一新设备中得到的现金流吗？8 万美元可是一大笔钱。

现在是春季，企业一般业务较少，现金在夏季会吃紧，这一点你意识到了吗？

你计算开动机器需要的劳动力成本了吗？我们在车间中已经非常忙碌，要开动新机器很可能需要再雇用一些人。

是否存在其他更好的途径利用这些资金发展企业呢？

经过这些质问后，这位高管放弃了这一计划。装配技师可能不是计算净现值的专家，但是他确实理解了这些概念。

（三）工具箱

分析资本性支出的步骤指南

你正在与上司讨论要为工厂购买一种新设备，或者准备一项新的营销活动。"听起来不错。"他说，"写一份关于投资收益率的计划书，周一放在我的办公桌上。"

不要慌乱：下面是准备计划书的步骤指南。

1. 上面的话换成另一种方式说就是，"准备一份这项资本性支出的分析报告"。老板希望知道这项投资是否值得，并希望用计算来支持。

2. 收集有关投资成本的所有数据。如果是新设备，总成本包括购买价格、运输成本、安装费用、停工修理费用、调试费用等。在必须做出估计的地方，一定要注意。把总成本作为初始现金投入。你还需要确定设备的使用年限，这也不是一项容易的工作。你可以向制造商或其他已经购买了这一设备的人请教，帮助自己回答这些问题。

3. 根据它可以为企业节省的费用或者增加的收入，确定新设备的收益。计算新设备的收益应该考虑由于下列原因而带来的成本节约，如产出速度的提高、再加工的减少、操作机器人员的减少、由于消费者满意度提高而引起的销售量增加等。这一部分的技巧是你需要把所有这些因素的计算转化成估计的现金流。不要害怕向财务部门求助——他们就是干这种事的，会非常愿意帮助你。

4. 确定企业对这类投资的基准收益率。用这个基准收益率计算投资的净现值。

5. 同时计算回收期和内含报酬率。你的老板可能会在这方面提出问题，所以你需要提前准备好答案。

6. 写出计划书。一定要简洁明了。介绍项目，列出成本和收益（既包括财务方面的，也包括其他方面的），描述风险。解释它如何与公司的发展战略和竞争状况相匹配。然后给出你的意见。要进行净现值、回收期和内含报酬率的计算，以免上司对你如何得到你的结论产生疑问。

人们在写计划书时，有时写得过多。这可能是人的天性：我们都喜欢新事物；而且一般来说，让数字的结果使投资看起来不错很容易。但是，我们建议要谨慎和小心。确切地解释哪些地方你认为估计值很好，哪些地方可能不确定。做出敏感性分析，表明即使现金流没有达到你希望的水平，估计也很有意义。一项审慎的计划更容易得到资金——它也更有可能从长远角度最大限度地增加企业的价值。

第十七章　文化管理

一、企业文化是企业的灵魂

（一）企业文化是一种软性管理

哈佛商学院的教授们常说，企业文化是一种软性的管理方式。它主要从一种非理性的感情因素出发，来充分调动企业中每一个职工的积极性和主动性；又通过精神上的趋同而导致行为上的一致，把企业建设为团结奋发的集体。创造优秀的企业文化是现代企业成功的关键。

1. 企业文化是一种粘合剂，它是企业上下全体职工的内在的认同。这种认同是基于：

其一，企业文化是企业职工在长期生产经营实践中所形成的共同价值观与行为准则。它已深深地烙印在企业每个成员心目之中，成为他们自觉意识和自觉行为的一部分。

其二，在企业文化统驭下所赢得的成就和声誉，饱含着每一个为之奋斗的职工的心血与汗水，使他们为之自豪，这种荣誉感与归属感是紧紧连在一起的。

其三，在企业的日常生活中，企业文化的建设大大改善了人际关系，领导上职工之间、职工与职工之间互相关心，互相爱护，情感交融，亲密相处，使企业成员对企业产生一种依恋之情。这种依恋之情久而久之，就形成了人们的一种心理积淀。正是在职工中形成的认同感、荣誉感、归属感和依恋之情，使企业产生了强大的磁石效应，形成了巨大的向心力、凝聚力。

2. 企业文化的凝聚力是企业生存与发展的基本保证。当职工把自己的命运同企业的命运紧紧联系在一起的时候，就充分体现了企业的凝聚力。有了这样的凝聚力，企业就可以克服任何前进中的困难。

由于企业文化的整合性特点，可以形成自身的发展机制，并产生激励效应。

这种激励效应首先表现在企业文化建设可以促使企业管理各要素之间的协调，从而形成制约与调节企业内部矛盾、减少内耗、激发人们专心致志工作的良好环境。自然形成的文化模式往往具有保守性，不适应企业的创新和进取。企业家和企业领导人为了企业的发展，常常要提出更高的目标和要求。这种新的文化因素最初往往得不到认同，但由于它的产生伴随着一定的规章制度，就能在或大或小的范围内推行。这种新的文化因素的形成，有利于促使整个企业文化的各种因素重新趋于协调一致。这也就意味着企业文化的发展。企业领导可以通过赞扬、奖励、提职来鼓励某一种行为，并制定相应的规章制度来保证、促进、引导企业职工实现这种行为，从而促使这一新的文化因素带动整个企业文化向更高层次发展。

3. 企业为保证生产经营活动的有序性，不仅依靠纪律和各项规章制度约束着企业职工的行为，还要通过无形的文化氛围来规范企业职工的活动，诸如依靠道义观、义务感、责任感、荣誉感、归属感等。为了保持正常的生产经营活动，现代化企业不能没有规章制度。但经验证明，单纯依靠规章制度从外部保持生产经营秩序是远远不够的，正如国家要在很大程度上借助社会道德观念协调社会成员之间的关系以保持正常的社会秩序一样，企业也必须依靠观念形态的东西维系企业职工的心态，提高职工自我约束的能力，保持企业内部的各种要素间的相对平衡。一般来说，企业中规章制度的强制作用越小，说明职工的自觉性越高，生产和企业风尚也就越好。如果说，企业规章制度体现了企业文化的直接约束功能，那么，企业的文化氛围就体现了企业文化的间接的约束功能。这种间接的约束虽然是无形的，但它一旦形成，在一定意义上比直接约束作用更大。企业规章制度只能规定上、下班时间和上班时间内的劳动纪律，而不能具体规定职工在上班时间内的劳动态度，而企业文化氛围则可以引导职工的劳动态度和行为取向。

4. 企业文化还有着塑造良好的企业形象的作用和促进全社会文化发展的作用。企业文化发展了，一方面可以为社会文化的发展提供物质基础；另一方面通过企业职工素质的提高，可以促进全社会文化水平的提高。因此，我们在考察企业文化的作用时，决不可忽视企业文化的社会效益，绝不可低估企业文化的发展对全民族文化发展的重要作用。

（二）标准、价值、信仰决定绩效

对于企业文化，哈佛的老师们说，看不见的企业文化——标准、价值、信仰是决定绩效的主要激发媒介，因此值得详加注意。他们认为，企业文化的信息必须来自资深管理者，因为他们了解文化的内涵与力量，也了解迈向成功所需的承诺与合作。组织在适应新的竞争环境时，管理者也在学习如何领导组织通过改变的过程。改变是困难重重的。根据报告，美国企业界的重大改变中有 70% 宣告失败。能预测未来的问题并发展沟通计划的领导人，才能协助员工改变价值和信仰，激励员工对改变全力以赴，终于成功地改变行为。

20 世纪 80 年代中期，小松电工的总裁方出哲也认识到该公司太过短视，以致陷于重重危机。长久以来，该公司的文化就是要和美国的卡特皮勒一较长短，导致对其他事物视而不见。为了开阔视野、刺激成长和激发员工的创造力，公司在"成长、全球化、团队"的旗帜下，展开了企业文化的改革。此举不仅改变了企业文化，还使由上至下的系统导向式管理获得弹性，这些改变对建筑业务的销售影响极大，四年里总销售从 27% 上升至 37%。

或许，最著名的擅长改变企业文化的领导人，是通用电气公司的首席执行官杰克·韦尔奇。他带领通用的员工走向"快速、简单、自信"。在他的领导下，通用减少了层级繁复的官僚体系，但领导权扩充。企业文化原有的控制导向色彩转淡，变成以个人导向和决策的制定为中心。

英格瓦·坎普瑞是家庭制品大制造商 IKEA 的创始人，1980 年以个人通信网络起家。当时坎普瑞自行指导有关 IKEA 历史、价值及信仰的培训课程。到了 90 年代，共有近 300 名文化大使在 20 个国家进行个人全球网络的信息搜集与传播，并在组织内传布 IKEA 的价值观与信仰。

毫无疑问创立企业文化需要优秀的领导人，而优秀的领导人往往是重视心灵的管理者。

哈佛的老师们举例说，汤姆·却普和凯蒂·却普夫妻于 1970 年合创"缅因州的汤姆"，这是一家具有领导地位的天然个人保健产品公司。"缅因州的汤姆"是美国第一家生产无托染的液体清洁剂公司，一开始它的战略就是尊重人性的尊严。公司的任务是只生产天然产品，这种远见使它在天然个人保健产品中超越群伦。公司致力于尊重人性、大自然与社区。汤姆却普把成功归功于夫妻俩的直觉，以及与客户和员工简历一种特别的"你我关系"。

1975 年该公司生产第一支天然牙膏，至 1981 年销售额达 150 万美元。公司为了追求远景，展开为期 5 年的成长计划，至 1986 年销售额成长到 500 万美元。尽管如此成功，汤姆·却普仍觉得似乎还少了什么。为了寻求更崇高、更艰难的任务，他到哈佛大学求学，探讨哲学与伦理。在求学过程中，汤姆开始领路到自己和协助公司营运的NBA 企管硕士之间的紧张关系，因为他们注重数字，而他重视心灵。

汤姆为了调解数字和感性之间的冲突，于是集合了所有资深主管，与他们一起拟定公司的信念和任务。最后他们一致同意，公司担负起社会责任并对环境随时保持警觉，一样能在财务上有所收获。

不过很显然地，任务实施后的第一年，以男性主导、竞争激烈的企业文化与新任务冲突不断，造成员工因恐惧而踌躇不前。由于没有适当的沟通结构，汤姆无法听到员工要说的话，也不知道大多数员工的感觉，直到一名女性经理说服他，必须"多听"。

汤姆开始召开集体会议，对所闻提出回应，并将任务制度化，以行动落实：他修缮道路，使员工的车辆免于坑洞之害；发展公司通讯刊物；清扫公司大楼；提供托儿服务。这样整整经过了两至三年的时间，才让员工真正步入轨道。在此过程中，汤姆认识到，他必须对管理人员信心十足，并信赖他们的决定。

公司全新、清晰的定位和任务对财务助益良好。截至 1992 年，销售已增加 31%，利润则增加 40%，并进入新的市场，而旧市场的占有率也增加了。1995 年，销售额近 2000 万美元，利润破纪录，因此公司将 10% 的税前利润，捐赠给非营利团体以服务社区。

汤姆对于提升心灵方面的事务一直放在心上，于是引进退休储蓄和利润分享计划，提供教育补助、托儿服务，以及提供有子女的员工额外的假期。公司利用回收资源包装商品，不使用动物做试验，这些价值观更加强化该公司的竞争优。缅因州的汤姆不被市场牵着鼻子走，持续创造与客户有关的产品。1995 年，公司收到美国牙科协会颁发三种受欢迎牙膏的认证印章，这对天然产品业是项创。汤姆之所以申请认证印章，是因为这对客户和牙医来说都相当重要。

汤姆说，他的远见帮助员工将产品实现，但他也警告说，没有经过思考与理性探讨，远景无法成真。结构与计划是不可或缺的，但若没有预先拟定任务，管理人员永远无法去搜集有效战略所需的信息。深信直觉与创造的力量，更相信用的创造力是公司成功的关键。公司可以接受诚实的错误，但员工必须对工作胜任愉快。

（三）连贯的经营理念是企业发展的关键因素之一

不同企业有不同的经营理念，不同企业有不同的管理特色。哈佛的老师说，世界知名大企业在长期的发展过程中都形成了自己的特点和经营理念。

IBM 的经营理念是彻底服务精神。IBM 坚持了这样的原则：我们销售的不仅仅是机器，还有最佳的服务。

英特尔公司的经营理念是多提问题，深入分析，不断发现问题的本质，并及时做出决策。英荷壳牌集团的经营理念是独创精神。米什兰橡胶轮胎公司的经营理念是追

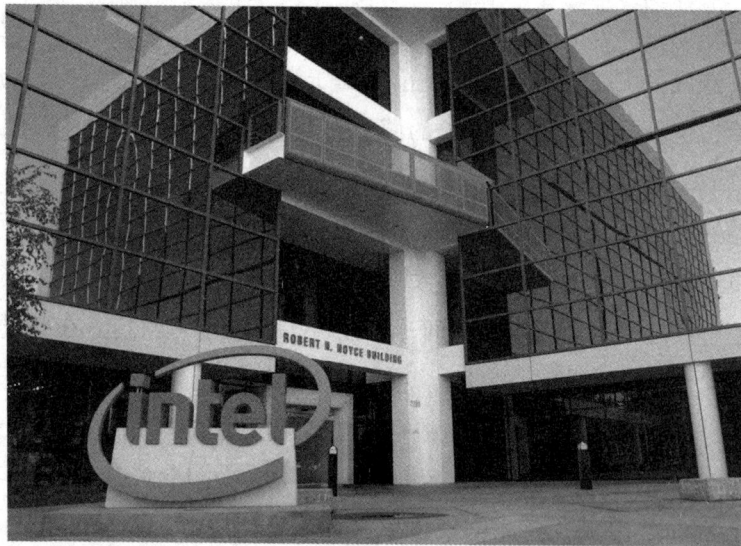

英特尔公司总部

求和保持技术的优势，该公司是法国最大的橡胶轮胎跨国公司。三星集团的经营理念是人才第一。凡是新进入三星集团的成员，必须接受一个月的培训，首先熟悉三星传统、经营思想、礼节和团队意识，然后到生产现场进行观察和体验，最后再分配上岗。

可以看出，这些公司的经营理念是不同的，但有一点是相同的：这些成功的公司都始终在坚持推行自己的经营理念，绝不放弃自己的经营理念。

然而并不是每个企业都能形成自己的经营理念，贯彻自己的经营理念的；有很多企业的总裁没有找到一个连贯的经营理念，导致企业长时间没有一个连贯的思想。他们可能很会说，但具体怎么做没有指导；可能有理论，而没有具体实施的方法。员工看不懂理论，又没有具体的方法，自然形成不了巨大的经济效益。

吉尔伯特公司是由艾尔弗雷德·卡尔顺·吉尔伯特创办的。在 1909 年创办时名为米斯托制造公司，专门制造他精通的组合安装玩具。1916 年这家公司变成了 A·C·吉尔伯特公司。他的儿子小吉尔伯特在 1961 年成为公司董事长，也是在这一年，老吉尔伯特仙逝。在玩具行业，小吉尔伯特是个颇受尊敬的人物，1962～1963 年，他当上了美国玩具制造商协会会长。艾萨克逊先生在 1964 年 6 月小吉尔伯特去世后继任总裁职

务。此时的吉尔伯特公司已面临着严重的销售和赢利问题。

1965 年公司亏损 290 万美元，艾萨克逊于 1966 年 4 月挖空心思在金融界筹措了资金以使公司再维持一年。实际上，吉尔伯特的问题从 1961 年以来，已经日益严重。为了挽救危局，公司草率从事，仓促地拟定一个计划，但发现不行后，又加以改正。这就是经营理念不连贯的表现。广告宣传不断改变，无法吸引消费者，新设计出的玩具不科学，质量差劲，让顾客扫兴，"值得尊敬的玩具制造商"的形象已经荡然无存。公司还取消了对玩具品种的限制，变本加厉地增加新品种，这种混乱的做法只会加速公司的灭亡。

哈佛的老师们认为，没有连贯的经营理念，就无法形成自始至终的经营战略，无连贯的经营战略往往使企业徘徊，摆动、导致失败。连贯的经营理念是企业的指导思想，对员工的思想观念起着巨大的作用，是企业走向成功的必要因素之一。

（四）企业文化——发展之魂

科学与管理是社会发展的两只轮子，而具体的推动力是人。企业是以人为要素的经济组织，如何发挥这个组织内每个人的聪明才智，增强每个人的才干，以最佳的组合来实现企业目标，这就是企业文化。企业文化是一切企业的发展之魂，一切成功的企业都有适应其特点的企业文化。

企业文化是企业的立身之本。企业就像是一个人，一个没有掌握现代知识、没有经过文化熏陶的人在现代社会是不可能为社会做出较大贡献的。一个企业要成功，就必须建立成功的适应自身特点的企业文化，只有把企业向社会提供的产品与服务价值与文化价值结合在一起，把企业经营与文化结合在一起，这才是一个成功企业的最高境界。

如果你要寻找美国企业中的佼佼者，佛罗里达州的迪斯尼乐园无疑是有史以来最出色的。在忙碌的夏季，一天中最少也有 10 多万人光临迪斯尼世界，乐园在 2002 年接待了大约 2300 万来自世界各地的旅游者，总收入达 7.3 亿美金。到底是什么吸引了这么多游客，并达到如此高的收入呢？一句话，就是乐园的注册商标"米老鼠"具有不可抗拒的魔力。

如何能够维持这一处装扮出来的景色长盛不衰呢？人们见到的是一座巨大的舞台，但是要使这座舞台真正活跃起来却需要表演，迪斯尼公司优于他人之处就是训练其工作人员在这座舞台上进行逼真的表演。

迪斯尼乐园

　　迪斯尼公司中没有人事部门，招聘工作由演员中心负责，每位新受雇的人员都必须先在瓦尔特迪斯尼大学中接受传统方式的培训。迪斯尼公司精心安排训练的每一个细节，目的是要使其工作人员明了，迪斯尼乐园首先是一个表演企业。

　　每天的训练总是以赞扬式的回顾开始，当训练人在班上讲述米老鼠、白雪公主等等这些奇妙的形象时，他是在向新来的人敞开瓦尔特迪斯尼有关这座梦幻王国的想象，训练人制造一种气氛，似乎瓦尔特本人就在房间里，正欢迎新的工作人员来到他的领地，其目的是使这些新的工作人员感到自己是这位乐园奠基人的合作者，和他共同来创造世界上最美妙的地方。一家大公司向其工作人员灌输本身的价值，恐怕没有再比迪斯尼乐园更好的办法了。

　　员工们首先需要学习的是，要对游客友好、客气、彬彬有礼、有求必应，要让游客觉得来到迪斯尼乐园所花费的美金是值得的，然后才是学习怎样在生动活泼的表演中充当一名演员。培训本身也是一种演出，或者说是一种彩排，是由训练人员口传身授的，让每一个人明确他在表演中扮演的角色。在传统的培训方式完成之后，新的工作人员进入乐园实习三天。

　　员工们必须牢记，从来到大街的那一时刻起，就登上了舞台，就得时时面带笑容，要记住你所扮演的人物要说的话；记住当人们在市政大厅门前时，你要给他们讲些什么；记住你要笑容满面；记住你在帮他们消磨时间。这些都是头等重要的大事。对迪斯尼的人员来说，列队通过大街是最长和最苦的差事，但他们的步法、姿势整齐一致，对游客来说实在是一种美妙享受。乐园强调，不在演员名单上的人，绝不允许偷看一个除掉面具的角色，那种头戴面具的印象必须永远保持，这些演员接到指示在任何情况下都不准破坏角色的形象。

　　迪斯尼被称为完美画面里的活动，但这里的一切并非目力所及，迪斯尼乐园全部舞台实际是在舞台之下，乐园下面的地面一层是称作地下乐园的隧道网络，设置在这条地下隧道中的是一个控制灯光的计算机中心，一家为工作人员设立的咖啡店和一处藏衣室。每天一早干干净净的戏装提供给演员，由于众多的节目和大量的库存，这里是世界上最大的藏衣室。躲在这谢绝一切游人的地下隧道之中，工作人员可以吸烟、进餐、喝水和化妆，一般地说也可以像在真实天地中那样自如地行动，然而他们一旦被送出隧道，穿过僻静角落中不显眼的门洞进入上面的魔幻王国，他们就再次来到舞台之上，进行人们期待的表演。

　　收获是显而易见的，这一魔幻王国很快就成了一个童话世界。

　　时间流逝，但这里仍盛况空前，人们被这里的魔幻气氛所吸引，不断涌来，而一旦步入园内就会忘乎所以，仿佛真的回到了童年时代。

　　迪斯尼首先为自己的企业价值进行了准确、清晰的定位，即：表演公司，为游客观众提供最高满意度的娱乐和消遣。如何实施公司的这一定位呢？必须依靠员工。公司最终提供给顾客的产品和服务，必须要由员工实施。所以迪斯尼强调：将企业价值灌输给工作人员。这种灌输从招聘环节就已经开始了，同时也体现在员工的训练中，就连整个游乐园的设计也充分显示了这一管理思想。迪斯尼的目标就是：不惜一切来确保其1.9万名工作人员中的每一个人都明白自己角色的信条和重要性，而这些信条又恰好是企业的价值所在。

　　所以整个案例体现了这样一种思想，就是企业文化贯彻较之于其他方面更为重要，也更为复杂，是有效管理的关键所在。

　　必须强调的是，企业文化不是写在纸上、贴在墙上的美丽辞藻，而是根据企业自身特点培育出来的一种企业人文精神和文化氛围，贯彻于企业经营活动的各个环节和每一位员工。企业的首要任务是实现经济效益，不同的企业实现经济目标的手段是不同的。生产产品的企业与提供服务的企业所应培育的企业文化的内容也应不同，但主要的人文精神又是相同的。企业应根据不同的企业战略制定不同的企业文化核心内容，因此，每个企业的企业文化都应有其自身特点。

　　企业文化是一个企业内部经营管理活动中人文精神的积累。所有企业面临的一切都是变化和发展的，社会、市场、人、企业本身等都在发生变化，因此，要求企业应建立某种适应这些变化的机制来保证企业在不断变化的环境中生存发展。如果一个企业内无规章制度，无章可循，有章不循，领导投机钻营，员工瞎混日子，企业绝对是效益不好。

现在有一种较为流行的观点，企业搞得好不好，关键看管理。此话只说对了一部分，企业领导人的确是搞好一个企业的重要因素，但企业是否成功的关键应在于，是否建立起自己的企业文化，是否重视用企业文化调动每个人的积极性。

重视企业内部人的因素，尊重每个人，重视人力资本的潜力发挥，把企业办成每一位员工自我实现的舞台、一所成功的学校，让员工在企业里能体现其生命价值和乐趣。这样，企业才能长盛不衰。

（五）企业文化的核心——共享的价值观

根据我的研究发现，凡成功的公司都十分强调价值观，这些公司一般来说具有以下三方面特征：

1. 他们有某种主张，就是说他们在如何经营企业方面有明确的思路和打算。

2. 在管理方面很注重价值观的形成，使之与公司的经济和企业环境相一致，并把它们传递给组织。

3. 这些价值观为在本公司工作的全体人员所理解和共享——由最底层的生产工人直至高级管理层。

把公司和它的职工队伍团结起来的价值观是什么？它们从何而来？它们如何影响一个组织的成功运行？对于把握住价值观的公司，共享的价值观就决定了组织的基本特征和使它有别于所有其他公司的行为模式。通过这种方式，它们使在组织中的人们产生一种一致感。此外，价值观是存在于整个公司大多数人员而非仅仅是高级经理们的头脑中，共享的价值观带来的是一种齐心协力的感觉。试看下面例子：

美国 IBM 公司的价值观

经营理念：科学，进取，卓越。

企业精神：IBM 就是最佳服务。

基本信念：尊重个人，顾客至上，追求卓越。

归纳为大家长式企业文化：身为员工，必须全力以赴为公司做贡献，公司对员工的努力与忠心提供优厚薪水和福利回报员工，照顾员工。

日本松下公司的价值观

经营理念：自来水哲学，即产业人的使命就是通过生产、再生产，使那些很有价值的消费品变得像自来水那样丰富、廉价，无穷无尽地提供给社会，消除贫困，人间变成乐园。

企业精神：产业报国，光明正大，和睦团结，奋斗向上，礼貌谦让，顺应同化，感谢报恩。

员工信条：唯有本公司每一位成员亲和协力，至诚团结，才能促成进步与发展。

三菱公司的价值观

小不忍则乱大谋，实乃经营大事业的方针。

一旦着手事业，必须求其成功。

绝对不得经营投机事业。

以国家观念为基础来经营事业，任何时候均应保有至诚服务之意念。

勤俭，慈善待人。

仔细鉴别人才技能，以求达到适才适用。

善待部属，事业上的利益应尽量多分给部属。

大胆创业，谨慎守成。

麦当劳公司的价值观

经营理念：QSCV。品质（Quality），服务（Service），清洁（Cleanness），价值（Vallue）。

企业精神：美在汉堡之中。

对于局外人而言，这些措辞大多听起来是十足的陈词滥调，确实其中有不少条比起广告战中使用的口号来强不了多少，它们强于口号之处在于这些措辞在很大程度上抓住了某些使本组织令人信服的东西。在每一家这样的公司，这些文字都具有丰富和具体的含义。

我们把这些措辞称作"核心价值观"，是因为它们已成为组织的哲理精髓，是这个组织如何取得成功的复杂系统的最直观的一部分。

尽管价值系统可以在广告中显得极为直观，但许多公司的价值观、信念导是经过多年的实践而不断发展、丰富起来的。这些价值观从何而来？它们大多来自经验，来自在经济环境中不断的试验。同时，组织中的个人对形成组织的准则和信念也有强烈的影响。

在此，以 P&G 公司作为样本进行说明。

P&G 公司是一家长期坚持建设企业文化的公司，他们的成功可以追溯到一种建立在一整套信念和价值观上的非常强烈的文化。这些价值观中最首要的和基本的是"做正确的事"。正如其创始人普洛克特所言："要始终力求做正确的事。如果你这么干，就没有人能真正找到差错。"这一条法则在 P&G 公司代代相传。

他们的这些信念又是从何而来的呢？P&G 的创始人或许并没有努力搞出一套价值系统并试图把它灌输到员工的脑海里去，但是在企业发展壮大的过程中，在无数次的实验和失败后，这些价值观自然而然地形成了。

一个公司的价值观的很重要的一个方面便是如何对待自己的员工，P&G 公司也不例外。早在 19 世纪 80 年代末，其创始人普洛克特就遇到了一个问题：如何使 P&G 公司的员工不仅保持高的生产率而且能够保持忠诚，如何表达公司对其他职工的责任感。

普洛克特曾经亲自在车间生产第一线工作，像一个工人那样生活工作，午饭在车间地板上吃，因此他对工人的观点、感受有直接的了解。在此基础上，普洛克特形成了他自己的劳工观点。

1884 年，普洛克特说服了他的父亲和叔父，让工人们周六下午不上班但是仍然照发工资，这在当时属于很激进的建议。他随后又提出了分享利润计划，以求赢得工人们更大的忠诚和关心。虽然这两项计划都遭到了挫折，但是普洛克特并不气馁，他又把自己的设想进行了完善。1903 年，他设计了一个方案，把分享利润和购买股票结合起来。这次取得了成功，这给了普洛克特很大的鼓励，他随后又设立了职工代表会议，在董事会中设置工人代表席位，把工作日由 10 小时缩短为 8 小时，他甚至冒着极大的风险开展直接销售以保证工人的稳定就业。他在 P&G 公司树立了公司利益与其职工利益不可分割的原则。

P&G 公司的许多杰出领袖都对公司价值观的形成有巨大影响，这家公司的价值观是通过市场中的多年经验逐步形成和提炼而成的，绝非一日之功。

公司共享的价值观可以起到一个非正式控制系统的作用，可以对公司的经理和普通员工起到一种潜移默化的指挥作用。公司中的员工会对公司价值观所强调的东西予以特别关注，这会产生非凡的效果。如果所有人都认为公司的融洽气氛是最重要的，那么大家都会去注意营造一种良好的氛围，这家公司的气氛就会远远超过别家公司。如果公司的价值观是高效率运行，那么经理们就会致力于提高效率，把它放在第一位，这家公司的效率就会大大提高。

在遇到难以解决的问题时，经理们会遵循公司的价值观，做出高于一般水平的决策，而不会有太大的偏差。如果公司的价值观目标没有完成，所有的员工都会努力工作，来实现公司的价值观。因为这已经变成了原则问题，原则的损害是不可原谅的。

价值观既能形成力量也会导致问题。问题可能会表现在如下方面：过时的风险，经济环境可能会改变，价值观可能已经失去作用，那么此时该怎么办呢？网络经济已经来临，公司却死守以前的工业化的思维方式，不去利用最新的信息技术成果，仍然封闭自守，这便是最严重的一种风险，是一种与现实不一致的风险。

公司的管理行为可能会与公开宣告的价值观有很大的出入，总经理大谈特谈顾客的重要性，强调顾客就是上帝，但是到了最终结算的时候，却把公司的财务成绩排在第一位；总经理强调要有创新精神，但在实际操作时又让富于创造性的人才坐冷板凳，这种言行不一的行为都会削弱企业的价值观的力量。

价值观是任何企业文化的基石，是一个公司取得成功的哲理精髓，价值观为全体职工提供了对目标的共同意识和日常行为的准则。人们必须做出抉择，而价值观正是抉择时必不可少的指南。

（六）拆毁所有阻碍沟通和找出好想法的"高墙"

人们总是通过一定的渠道和方式来交流信息、沟通思想、协调行动。如果沟通渠道堵塞，互不通气，"听到风就是雨"，就会造成了解情况上的片面性，引起认识上的偏见和感情上的隔阂。信息传递失真，也会产生误解，引起冲突。例如，在一个企业，由于信息渠道的不畅，设计、供应、生产、销售几个部门就会常常在工作上发生冲突。

管理在某种意义上来讲也是一种交流，管理者将管理的信息发布出来，被管理者接到信息就会按照指令做事。信息的畅通与否，直接关系到管理的成效。

然而，在许多传统的组织中，信息传递的准确性总是会受到种种干扰。公司的老总将任务交给下面的经理，经理又根据自己的理解将任务交给下面的项目负责人，项目负责人再把手下人找来，又根据自己的理解做一番布置。在这样的信息传递过程中，不可避免地出现了信息的变形，产生了种种信息壁垒。

好在，这一局面正在改变，越来越多的管理人员意识到了沟通的重要性。

原通用公司CEO杰克·韦尔奇，当年，差点因为壁垒森严、信息不畅的弊端而离开通用电气公司。后来，等他坐上通用电气首席执行官的位置之后，所做的重大决策之一就是拆除壁垒，痛批官僚主义作风。

1981年，他被任命为公司首席执行官。他打破了公司的等级制，削减公司总部职员，并且责成10万职工致力于他所认定的几大核心业务。等到这些举措给自己制造了危机之后，他又着手调动组织的感情能量和创造精神，利用因公司所在环境的改变而带来机遇。在他看来，中层管理人员的工作应当重新定义："他们得把自己看成是身兼教师、啦啦队队长和解放者三职的人，而不是只充当控制者。"

他其实是希望每一个中层管理者，可以自由组织人员，提出自己的意见和办法。

他向来主张恢复公开交流："真正的交流需要长时间地你看着我，我看着你。这意味着多听少说……就是说，人类通过旨在达成共识的不断交往过程来最终了解和接受事物。"

韦尔奇强调以价值观为基础的理性而不是非理性，这一点从他在通用电气公司的内部决策所做的指示里就可以明显地看出来。他更为强调的是共同掌握事实和决策所依据的设想，而非决策之逻辑本身："大家同舟共济，人人都拥有同样的信息……一旦人们不能得到所需的信息，混乱就产生了。"

在英语中，"沟通"一词来源于"分享"这个拉丁语词汇。进行沟通时需要特别注意的问题是，沟通必须是互相分享，必须是双向的，这样沟通才能有效。良好的沟通不仅仅是倾诉，聆听同样重要。

在微软公司，沟通的问题就不是那么难以解决。比尔·盖茨把他与员工们之间的沟通称作"弹指间的信息"。早在20世纪80年代初，比尔·盖茨就在微软安装了第一个电子邮件系统，很快，它便成了公司内部通信和管理的主要方式。

比尔·盖茨每天要花几个小时来阅读电子邮件，并做出答复，这些邮件来自全球的雇员、客户和合作者。公司中每一个人都可以把电子邮件直接传送给他，越过所有中间层次的阻隔。他是唯一读它的人，因此谁都不必担心礼仪问题。他似乎相信人们口头汇报都会"报喜不报忧"，而在一种不必见面的交流方式中更有可能流露真情。

盖茨认为，坏消息几乎总是从电子邮件中传来。所以，他每天晚上睡觉之前，必定要把自己的便携式电脑和公司系统连接起来，与公司雇员交换新的信息和想法。即使是在旅行当中，在远离总部上万公里的地方，也要检查一下他在公司中的电子邮箱。他说这样才能让他放心。由于电子邮件的充分利用，使得微软所有的职员能在第一时间得到微软公司和比尔·盖茨发出的最新指示，这使得整个公司的办公效率在同一时间内高速运转起来。

不难发现，给员工提供了多少信息并不是最重要的，或者说传达这些信息的效果如何也不是最重要的。关键是，如果他们不能对此做出回应，那么就没能建立起沟通渠道，而仅仅是一个形式而已。

企业内部交流的障碍及其消除往往受到多种因素的影响，主要表现在文化、组织结构和心理方面。

1. 文化方面的交流障碍

一个组织内部之间文化水平比较接近，信息沟通就容易进行。

2. 组织结构方面的交流障碍

组织结构方面的障碍包括角色地位障碍、空间距离障碍、交流网络障碍。一般说来，组织规模越大，成员越多，处于中层地位的人员相互交流次数增加，而上下层地位的人员相互交流次数相应减少。尤其是企业经理，常常因为自恃高明，目中无人，听不得不同意见，独断专行，容易阻塞上下信息的交流渠道。而其部属则怕得罪经理和主管，有问题往往不反映，或报喜不报忧，造成信息虚假，影响企业的健康发展。

3. 空间障碍

空间距离对信息交流及其效果有很大影响。一般说来，双方面对面地进行交流，有利于把复杂问题搞清楚，提高交流效果。

还有交流网络障碍。在组织中，合理的组织机构，交流网络有利于信息交流。如果组织机构不合理，层次太多，交流网络不完善，信息从高层传递到基层既容易产生信息走样，又会使信息失去时效。因此，组织要精简机构，减少交流层次，建立健全交流网络，经理要尽可能地同下级和普通部属进行直接交流，使信息传递渠道畅通。

4. 心理方面的障碍及其消除

（1）认知障碍。信息交流中的自我认知障碍。主要表现在：过高地评价自己或过低地评价自己。在组织中，部属对自己评价过高，就会表现一种优越感，喜欢自吹自擂，对其他部属不尊重，这样就容易堵塞交流渠道。

（2）情感障碍。组织中信息交流的情感障碍，主要表现为：情感反应过于强烈和过于冷漠。情感反应过于强烈是指在交流时不分场合和对象，不顾轻重恣意纵情的现象。为了克服这种交流障碍，要学会情感的自然调节，把握情感的尺寸，既不能过分热情，也不能过于冷漠。

（3）信任障碍。在组织信息交流过程中，人与人之间，尤其是经理与部属之间关系融洽，相互信任，双方就容易交流。为了克服这种交流障碍，改善和提高交流效果，交流双方要做到相互尊重、相互信任。

（4）态度障碍。在组织交流中双方态度各不相同，会造成交流的障碍。

（5）性格障碍。信息交流在很大程度上也受性格特征的制约。所以，一个经理要有高尚的性格品质才能取得组织成员的信任，才不至于造成交流上的障碍。

组织活动的核心是沟通，无论员工的职业技能水平多么高超，产品的价值多么令人瞩目，如果缺乏有效、合理的沟通，任何企业都不可能完满实现其目标。现在企业的管理过程，越来越重视沟通。如果我们还没有重视到这一点，从不打破沟通之间的藩篱，那我们将在封闭中自生自灭。

现在企业的管理过程，已经逐步趋向沟通的过程。沟通是意见与意见的交换，是心灵与心灵的交汇，是精神与精神的交融，是企业走向成功的重要端点。

（七）规章制度是管理的法宝

你们的企业在制定各种规章制度的时候是否想过，谁最应模范地遵守这些制度？如果你认为，企业的规章制度纯粹是一种约束和控制，甚至是体现管理的权威，那么，你的认识就是有问题了。如果你认为，公司的规章制度是一种全体员工和谐相处的规则，无论什么人遵守，那么你只对了一半。只有清醒地认识到，作为企业管理者必须比其他员工更加模范地遵守一切规章制度，并且为此毫不动摇，你才具备了承担企业领导职务的基本条件，你的企业才能兴旺发达。

有一个关于"一条鞭子"的故事。英国剑桥大学有一位著名的校长，治校有方，培养出了很多名满天下的学生。有人问他为何能把学校经营得这样好，这位校长说，那是因为他用一条鞭子来惩治那些不听话不上进的学生，并且奖罚严明。他还说，如果给他一把手枪，他会把学校管理得更好，培养出更多的好学生。

"一条鞭子"的故事我们也经常听到，这个故事启示我们，只要能以"铁手腕"、严格执行既定的规章制度，就一定能治理好学校。这里的"一条鞭子"，其实就是严格、严厉，不讲情面的意思。不仅管理学校要像这样，企业要想从严治军，也应该像上面例子提到的一样，执行"一条鞭子"的管理政策。

国有国法，家有家规。公司制定出来的各种规章制度，不能只是纸上谈兵。作为企业的领导者和管理者，你应当铁面无私带头贯彻执行规章制度，一旦发现有人违反规定，一定要严格执行，绝不手软。

但是，应该清楚，"绝不手软"并不是滥施权力，粗暴蛮横地对待员工，而是要讲公道，在处罚时要有充分的根据，它包括解释清楚公司为什么要制定这条规章，为什么要采取这样一个纪律处分，以及希望这个处分产生什么效果。

执行规章制度，目的都是为了维护良好的秩序，而不是处罚本身。因此，你应该向你的雇员表示你对他的信任和期望。在对违反规定的员工处罚完以后，要肯定他的价值，要鼓励他积极改进，以消除他对处罚的怨恨和郁闷之情。

现实中，也有许多管理者认为，"这些规定谁都知道"，我没有必要整天把制度挂在嘴边。但是，新来的雇员，甚至有些老雇员，直到自己违反了某项规定，才恍然大悟一般，才知道原来还有这样的一条规定。因此，加大对制度的学习，也是十分必要的。

当然，作为企业领导，自己更应该明白以身作则的重要性。如果你没有这样做，那你就是在向其他员工表示，制度只不过是一种摆设。同时，你也不应该不分青红皂白，草率地惩罚或处分员工。在你做出判断之前，甚至是在你做任何事情之前，你必须知道事情的来龙去脉，并要搞清楚员工为什么要这样做，他的动机是什么等等。

世界上不管是跨国公司，还是私营商店，对经营管理都十分重视，不但有现代化的系统论管理、方针目标管理，而且部门与部门之间都有一整套的管理办法和管理制度，像一架机器一样不停地、有条不紊地运转着。

英特尔从创立开始就非常强调"制度"，处处都有严格的规定。每天早上的上班制度，就是最明显的例证。在英特尔，每天上班时间从早上8点整开始，8：05分以后才报到的就要在"英雄榜"上签名，背负迟到的"罪名"，即使你前天晚上加班到半夜，隔天上班时间仍是上午8点。这和20世纪70年代嬉皮盛行、个人享乐主义凌驾于一切之上的美国有些背道而驰，可是却延续至今，始终如一。

英特尔整个公司的管理制度都很严明，从制造、工程和财务，甚至行销部门，每件事情都有严格的规范，人人都以这些规范来作为自己工作的准则。许多公司实行人性化管理，以重视员工为口号，只有英特尔强调制度胜于一切，这种注重企业自主管理的经验和方法，使英特尔的企业文化独树一帜。

制定规章制度应注意几点：

1. 规章制度的制定不能违法

经常可以见到，在制定自己的规章制度的时候，很多企业由于对现行的法律不甚了解，导致与法律的冲突和矛盾，从而不具有法律效力。因此，在处理违规员工的时候，由于没有效力，难以产生作用。而且，由于得不到法律的支持，所定的规章制度不过是一纸空谈。因此，规章制度内容必须合法。

2. 规章制度要经过民主程序

顺应民心，才能持久。然而，现在大多数企业在制定规章制度的时候，往往只是几个管理者或者董事会的成员讨论制定。每个企业的规章制度是全体员工共同遵守的工作行为规范，其规定必须走群众路线，经过员工或职代会的充分讨论、修改后形成。

3. 规章制度应该及时修改、补充

市场不断变化，形势也在不断变化。因此，企业的规章制度应该不断地进行修改。

只有不断地推陈出新，制定适合当时情形下的规章制度，定期或不定期地检查，及时修改、补充相关内容，才能保证制度和规章的合理性、时效性。

要把企业运作好，管理者需要建立一套完善的制度。制度设计合理高效运作，员工士气高涨，企业蒸蒸日上。所以，及早建立一套合理的制度至关重要。

（八）一切用纪律和制度说话

纪律和制度是组织成功的保障。任何没有制度的管人手段，可以说都是不起作用的。既然说话不灵，做事就无效。纪律和制度的制定是组织中全体成员行为一致的前提和基础，所以，要想让组织有统一的行为，组织的管理者首先需要做的工作就是"建章立制"，确定规则。

纪律对任何组织来说都是胜利的保证。每个企业都不可避免地会遇到一些棘手的问题，例如，员工抗命、联合起来对抗总裁或要挟领导、不愿与某同事协调合作、专注于工作外的事情、纷纷请调或离职等等。这些问题都是和人有关的，往往发生一两件，就使人感到头痛和焦虑，因此，在企业的经营管理过程中一定要有严明的纪律。

20世纪70年代，日本伊藤洋货行的董事长伊藤突然解雇了业绩赫赫的岸信一雄。这在日本商界引起了一次震动，就连舆论界都用轻蔑尖刻的口吻批评伊藤。

人们都为岸信一雄打抱不平，指责伊藤过河拆桥，将三顾茅庐请来的一雄给解雇，是因为他的价值被全部榨干了，已没有利用价值。面对舆论的攻击，伊藤却理直气壮地反驳道："纪律和秩序是我的企业的生命，不守纪律的人一定要处以重罚，即使因此影响战斗力也在所不惜。"

那么，事件的真相到底是怎样的呢？

当时的现任经理岸信一雄是由"东食公司"跳槽到伊藤洋货行的。而过去伊藤洋货行是以从事衣料买卖起家的，所以，食品部门比较弱。因此，伊藤才会从"东食公司"挖来一雄。有能力、有干劲的一雄来到伊藤洋货行，宛如为伊藤洋货行注入一剂催化剂。

事实上，一雄的表现也相当好，贡献很大，十年来将业绩提升数十倍，使得伊藤洋货行的食品部门呈现一片蓬勃的景象。

但从一开始，一雄和伊藤间的工作态度和对经营销售方面的观念就呈现出极大的不同，随着岁月的增加裂痕愈来愈深。一雄是属于开放型的，非常重视对外开拓，常支用交际费，对部下也放任自流，这和伊藤的管理方式迥然不同。

伊藤是走传统、保守型的路线，一切以顾客为先，不太与批发商、零售商们交际、应酬，对员工的要求十分严格，以严密的组织，作为经营的基础。这种类型的伊藤当然无法接受一雄的豪迈粗犷的做法，伊藤因此要求一雄改变工作态度，按照伊藤洋货行的经营方法去做。

但是一雄根本不加以理会，依然按照自己的做法去做，而且业绩依然达到水准以上，甚至有飞跃性的增长，充满自信的一雄，就更不肯修正自己的做法了。他说："一切都这么好，证明这条路线没错，为什么要改？"

如此，双方意见的分歧愈来愈严重，终于到了不可收拾的地步，伊藤只好下定决心将一雄解雇。

这件事情虽然从人情方面说不过去，但是，却关系到企业的存亡。对于最重视秩序、纪律的伊藤而言，食品部门的业绩固然持续上升，但是他却无法容许不遵守纪律的现象，因为这会关系到整个企业的管理，会毁掉伊藤辛辛苦苦建立起来的基业。从企业纪律的角度来看，伊藤的做法是正确的。这个例子告诉我们：企业必须把纪律放在重要位置。

对于大部分员工来说，自我约束是最好的纪律，他们清楚地理解了纪律本身的意义——即保护他们自己的切身利益。所以管理者不必亲自出面严明纪律，当需要强制实施惩罚时，即使是管理者的错误，员工也负有不可推卸的责任。正是因为这个原因，一名管理者应该在其他的努力不能奏效的情况下才借助于纪律惩罚，同时需要说明的是纪律不是管理者显示权威和权力的工具。

员工们的许多不良表现都会成为进行纪律惩罚的原因。对于一般的违纪行为，他们的形式和性质都不会有太多的不同，不同的只是他们的程度。人们常常会忍受一些轻微违反标准或规定的行为，但当违反了大纪或屡教不改时就需要立刻采取明确的纪律惩戒。人们违反纪律会有很多原因，大多数是因为不能很好地调整适应。导致这些后果的个人性格特点包括马虎大意、缺乏合作的精神、懒惰、不诚实、灰心丧气等等。所以，管理者的工作是帮助员工们做好自我调整，如果管理者是个明辨事理的人，他会真诚地关心员工，使员工们在工作的同时享受到更多的乐趣，逐渐减少自己的违纪行为。如果一名员工面对的是一位一天到晚拉长着脸，讲话怪声怪气，动辄以惩罚别人为乐趣的无聊的管理者时，找一些迟到早退的借口，逃离关系紧张的工作环境，还会是出人意料的吗？

纪律的英文单词 discipline 还有一个意思是训练。可以这么说，好的纪律可以训练员工们良好的工作习惯和个人修养，而当一名员工已经具有了过人的自制力和明辨是非的能力时，纪律对于他个人来说，可以被视为是不存在的。纪律的真正目的正是在于鼓励员工达到既定的工作标准。

一个良好的纪律政策可以用"烫炉原则"来形容。换而言之，用与烫炉有关的四个名词来形容纪律准则：

1. 预先警告原则

如果炉子是滚烫的，任何人都会清醒地看到并认识到，一旦碰上会被烫着。

2. 即时原则

如果你敢以身试法，将手放在火红的烫炉上，你立即就会被烫——即被惩罚。

3. 一致性原则

简单地说，就是保证你每次傻乎乎地用手触摸烫炉肯定都会被烫着，不会有一次例外。这样的纪律政策应该是很严密的。

4. 公正原则

即任何人，不论男女，不论你的地位有多高，名声有多么显赫，只要你用手触摸烫炉，一定会被烫着。烫炉既不会见风使舵，也不会因人而异。

"国有国法，家有家规。"一句话道出了纪律对于组织、单位的重要性。但纪律的制定一定要在结合现实情况的同时，顺应时代的发展，切不可故步自封。否则，将无法起到约束人、管好人的作用。

管理者应该把纪律视为一种培训形式。那些遵守纪律的人理应受到表扬、提升；而那些违反了纪律或达不到工作标准的人理应受到惩罚。要让他们认识到自己的行为是错误的，认识到正确的表现和行为应该是怎样的。

（九）坚决执行，没有商量的余地

没有哪一个企业不希望自己的公司永葆青春，充满激情。让我们回首历史，看看一些有名的企业，是如何做到这些的。GE 是我们耳熟能详的超级企业，一百多年前它曾和十几家公司一起作为道琼斯指数股。然而一百多年后的今天，也只有 GE 仍然是道琼斯指数股，是什么使得 GE 能基业长青？原因很多，但无疑，卓越的企业执行力在其中起到了举足轻重的作用。

GE 执行力的有力推动者之一就是韦尔奇。韦尔奇有过一个著名的管理者 4E 公式：有很强的精力；能够激励别人实现共同目标；有决断力，能够对是与非的问题做出坚决的回答和处理；最后，能坚持不懈地进行实施并实现他们的承诺，也就是执行。

韦尔奇在《赢》中这样写道:

其他三个"E"我们总是能容易明白,第四个"E"也好像是水到渠成,但是好些年以来,其实我们在 GE 只关注到了前三个"E"。很多人以为,能具有前三个"E"的品质的人就已经相当好了。也因此,我们选拔出了很多,有数百名员工,并把他们归结为前三个类型。然后,很多人走上了管理岗位。

想想那个时候,我经常去参加一些业务会议和一些管理论坛,同行的还有 GE 负责人力资源管理的老板比尔·康纳狄。在评议会上,我们经常会查看一些管理者的资料,那上面有每一位经理人的照片、他的老板所做的业绩评定,另外,每个人的名字上都画有三个圈,分别代表上面的一个"E"。这些圆圈会被涂上一定面积的颜色,以代表该员工在相应的指标上所展示出来的实力。例如,有的人在"活力"上面可能得到半个圈,在"激励"上面得了一个圈,在"决断力"上面得到 1/4 个圈。

在对上面这些人进行考察完成之后,我们从中西部地区乘坐飞机出发,飞回总部。他一页页翻看那些厚厚的"很有潜力"的员工的资料,发现它们大都有三个被涂满的圆圈。于是,比尔转向我,"你知道,杰克,他们都是这样的出色,但我能肯定,我们肯定遗漏了某些重要的指标。"他说:"实际上,通过调查,他们中的一些人的成绩却很是不好。"

被我们遗漏的东西正是执行力。

结果显而易见。你能拥有奋斗的激情,懂得如何去感染每一个人,能够不断地进步,有出色的分析能力,还能够做出正确的判断,但你依旧不能跨越终点。执行力是一种专门的、独特的技能,它意味着你要明白如何去做,要有决然的毅力去付诸行动,而且不能退步。在这其中,你可能要受到很多的非议、阻力、迷茫、模糊甚至是上级的阻挠,有执行力的人非常明白,"赢"才是结果。

这就是韦尔奇,当年,他从 GE 的最基层的一个普普通通的员工,一步步地走到今天,终于脱颖而出。20 年后,成为 GE 的首席执行官。他完好地展示自己特立独行却又行之有效的管理理论,矢志打破 GE 这个多元帝国的官僚主义,以强硬作风、追求卓越的理念推动 GE 业务重组,构筑"数一数二和三环"战略(核心、技术、服务),实现通用电气公司"66 管理、全球化、E 化、听证会"的四大创举。

韦尔奇曾经立下宏志,要用自己的管理方式,让通用电气成为"世界上最有竞争力的公司",明确地向所有 GE 的员工发出了号召,并且作为一种人生的准则:

直截了当:明确、坦诚地传达需要完成的任务。

不出人意料:始终如一;不要隐瞒重要问题。

用事实说话：应该提供做出战略选择的依据，包括数据。

信守诺言：要言行一致，否则将失去信任。

从韦尔奇的故事以及他向员工传达的指导思想中我们可以看出，优秀的"执行力"对于成就 GE 可谓是居功至伟。正是这种对执行的执着成为他出任 CEO 后一切改革的源动力。他历经旧体制的层层曲折，深知哪里是最阴暗的深处，哪里有无所事事的敷衍，哪里是最殷切的盼望，所以，大刀阔斧所到之处，必斩而后快，且绝不手软。为此，他曾有"中子弹杰克""美国最强硬的老板"之称。

《执行力》一书的作者托马斯和伯恩，曾经讲过执行力的效果的故事。他们在其中叙述了施乐公司因缺乏果敢而有效的执行力而使得公司陷入困境。

提起施乐公司，大家就很自然而然地想到了复印机，但是令人意想不到的是，这家历史悠久的企业曾经差点被一家日本企业淘汰，因为日本复印机制造商推出的复印机的销售价格仅相当于施乐公司的生产成本。正所谓祸不单行，在世纪之交，施乐又遇到了更大的麻烦，收入长时间停止在原来的基础上，效益出现亏损。而且其上市的股票价格一度从 63 美元下跌到 7 美元。"世界头号复印机生产企业濒临破产"的传言四起。

为了扭转局面，公司提出一个新的改革方案，即大幅度削减生产成本，减少日常管理费用，同时减少市场供给以及业务的规模。除部分销售人员外，不在招收新的员工，减少薪金的开支。

此外，公司还主动出售部分资产，其中包括一些公司的核心资产，以积极的行动克服公司面临的困难。虽然这样，这些措施仍无法使施乐彻底摆脱所面临的困境。因此，公司决心采取一项重要措施，那就是仿效 IBM 20 世纪 90 年代在郭士纳的带动下所进行的改造行动。为了获得他曾经的改造计划，公司在 1997 年聘请了曾经长期跟随郭士纳的助手里克·托曼出任公司的首席营运官。1999 年 4 月，托曼升任首席执行官之后，开始进行一些大刀阔斧的重组计划。目标是将施乐公司彻底改造成一家像 IBM 那样的企业，出售"解决方案"——软件、咨询及文件的制作和储存，而不仅仅是像现在这样保守而又呆板地生产和销售利润日趋降低的复印机。

这是一个看起来不错的改变，但公司不仅仅是为了这些才请他过来的，施乐公司更需要的是如何在运行过程中具体实施与执行，也就是说施乐公司如何将战略、人力与企业运作协调和整合起来。在托曼的指导下，一些优秀的推销员被调离了他们熟悉的业务地区，并被放在了集中化关注工业企业的推销模式小组中去，很多推销员失去有利可图的地域，失去了与老客户的联系，而这些推销模式小组为企业所提出的建议显然是不切合实际的。托曼还试图将36个开票中心合并为3个，以此来减少机构的臃肿，降低经营成本。这一做法使得公司的推销员要花费大部分的时间来核对顾客的订单，给推销员带来很大的压力，他们要花费大量精力确认这些订单已经开出了发票并且是否按时交货。更加失败的是，在产品销售旺季的时候，托曼却下令大幅降低许多产品的价格，这使公司的情况变得更糟，因为这样做虽然增加了营业收入，但同时存在着巨大的隐患，赚回的利润还常常不够成本。总之，这些执行措施使得整个公司不但没有好转，反而连公司的周转资金都捉襟见肘了。面对竞争对手毫不留情的进攻，施乐公司继续滑坡。

在万分紧迫的情况下，公司又下了更大决心，决定解雇托曼，重新启用阿莱尔（施乐公司董事长，既是托曼的前任又是他的继任者）。半生心血都花在施乐公司身上的阿莱尔是从该公司一个不起眼的小员工提升到公司顶层的。在他的感人至深的号召下，公司的各个阶层的经理们表现出了强烈的忠诚。但是，事实上他也并不是一位特别有执行力的管理者，而且与托曼一样，他缺乏实际经营经验，而良好的人际关系并不能成为他最有力的优势。很明显的，他也没能阻止公司的颓势。结果公司继续失去了大片的市场，而且，托曼遗留下来的问题没有得到很好的解决，其他的问题却又浮出水面来了，呈现兵败如山倒的局面。可想而知，阿莱尔也受到了批评。这种在执行力方面表现出来的软弱现象一直延伸到施乐公司的董事会，董事会里充斥着大量的政界要人或者在彼此公司中担任董事的人。施乐公司缺少的是懂得如何在一个混乱的技术变革时代对一家企业改造的管理人才。

很多情况下，面临像施乐公司一样的问题时，很多领导人也是束手无策，有病乱投医。习惯于借鉴和运用别人的经验和理论，然后生搬硬套地运用到自己的身上来，并希冀由此而带领公司走出困境。然而，期望的结果往往难以实现。因为在此过程中，中途接手的管理者经常理不清头绪，以至于导致执行力不足，从而引起改革的失败。可以说，如果没有足够的执行力，再好的战略、员工或者管理工具都难以发挥应有的作用。对于此时的施乐公司来说，真正需要的是上下达成执行力。而要做到这一点，管理者就必须亲自参与到企业中，将战略落实到企业的具体行动中。

执行力的重点在于执行，也就是行动起来。无论你年纪多大，命运怎样，生活怎样，只要立即行动起来，做自己喜欢做的事，朝着目标努力，永远都为时不晚。

（十）讲制度就是原则：大家都站在同一起跑线上

所谓制度就是原则，即在你实施制度化管理时，要讲原则，也就是公平、公正地对待每一个人和每一件事，这样才能使你的管理最有说服力，也最有效。

就这么简单的一个道理，为什么很多人都因此而失败了呢？造成失败的原因很简单，一句话，就是管理者与被管理者之间没能达成共识，管理者往往是想通过小报酬得到大回报，而被管理者则是想少付出多回报，这一"大"一"小"、一"少"一"多"之间的差距，就足以使你的管理不能有效实施。

那么怎么才能使管理有效呢？就是坚持制度，就是讲原则——大家都站在同一起跑线上。

杰杰姆是一家公司的总裁，他不仅对员工要求严格，而且还是一位独裁主义者。

有一次，他刚把车停到车位，就发现办公室的两个工作人员还在门口打闹嬉戏，他当时只说了一句："上班时间还在外边打闹。"就径直走进自己的办公室，当时两个工作人员一看总裁已经发现自己，便溜进了自己的办公室。但屁股还没坐稳，其中的一位被总裁秘书叫去了。

这位工作人员深知杰姆的脾气，知道今天两个人都要挨训，可为什么就叫我一个呢？当这位工作人员进入总裁办公室时，果然遭到了杰姆的一顿批评，并收到了一张50美元的罚款单，让他签字，可这位工作人员怎么也想不通，为什么两个人都违反制度，那一位却没事，而自己却挨罚了呢？于是就直截了当地问杰姆："总裁先生，为什么就罚我一个人呢？"杰姆不耐烦地说："他平时表现得好"。"难道说平时表现好就可以避免制度的约束？这太不公平了！"这位工作人员愤愤不平地说。杰姆一听这话，更是火上浇油，他大声吼道："混蛋，是我管理还是你管理，公司是我开的，我说了算，不服你可以离开这里。"这位工作人员气呼呼地说："离开就离开，难道说还会在一棵树上吊死。"一边说着，一边离开杰姆的办公室。

就这样，这位工作人员离开了杰姆的公司。

这位工作人员对杰姆的这种不公平的做法感到不满，而杰姆的做法完全是以自我为中心的一套管理方法来管理别人，不能忍受的工作人员只好离开公司。

有制度就应该用制度去管理你的员工。要本着公正合理的态度，用制度去管理他们。我认为这样的效果会更好些，它不仅可以体现你的管理是坚持原则的，而且也能够使你的管理不会出现矛盾，从而实现管理的有效化。

假如杰姆在执行制度时，能够对在办公室门前打闹的两位工作人员做出同样的处罚，也许那人就不会离开公司。杰姆就是因为没能按照制度就是原则——大家都站在同一起跑线上这一高效管理的做法去做，从而导致自己在管理上的失败。

怎样才能做到使你的管理更有效呢？

管理者希望小报酬大回报，而被管理者却希望能够少付出多回报，正是管理者与被管理者之间的这种认识上的差距，导致你的管理不能有效。要想达到管理有效的目的，你必须做到你赢他也赢，让大家都站在同一起跑线上，这就需要你在订立制度时，必须多了解调查，在你的利益不受侵犯的情况下，也不能侵犯他人的利益。

德国的一家工厂面临倒闭，一个日本人得知此项消息便买下了这家企业的全部资产，当日本人接管了这家工厂时，首先召开一次座谈会，他们把以前的员工都叫到一起，共谋发展计划。

在谈到订立制度时，日本人说你们先说，大家不要顾忌，所有的建议我都会采纳的，同时叫人做好记录。在一种轻松的气氛下，大家畅所欲言，你一句我一句，纷纷出谋划策。

根据这些建议，日本人很快便制定出一套完整有效的管理制度。一年后，这家企业不但没有倒闭，而且还获得纯利润50万马克。

为什么日本人能够让一个濒临倒闭的企业起死回生呢？你可以想想，日本人把以前的员工召集到一块，让他们提建议，就是让员工自己订立自己的制度，这样就不会出现在执行制度时所产生的矛盾，你完全有权力对这些违反制度的人进行反驳："这不是你们制定的吗？"

让员工自己管理自己要比别人去管理更有效，他们会在自己订立的制度下，主动积极地为企业创造财富，同时，他们也得到了相应的报酬。这样既不侵害自己的利益，又不侵犯他人的权力，所以说，这是一种高效能管理方法。

二、企业文化的构成

宝洁公司的宗旨、核心价值与原则

公司的宗旨、核心价值与原则可以说是宝洁一切活动的源头与指导方针，是宝洁公司能够顺利运作的重要基础，是宝洁基于本身的需要所提出的。因此，宝洁非常认真看待公司的宗旨、核心价值与原则，并花了很多心血在推动和落实上，让每个员工都能在这个共识架构下合作，并将公司的宗旨、核心价值与原则内化为个人行为的参考方针。这种心口如一、说到做到的踏实作风，的确是该公司非常与众不同的特色。

1. 公司宗旨

我们生产和提供更佳品质及价值的产品，以改善全球消费者的生活，作为回报，我们将会获得领先的市场销售地位和利润增长，从而令我们的员工、我们的股东，以及我们的生活、工作所处的社会共同繁荣。

2. 核心价值

宝洁是依赖它的员工及其核心价值而生存。其核心价值是：

（1）宝洁员工。我们吸引并招募世界最优秀的人才。我们实行内部升迁的组织制度，选拔提升和奖励员工不受任何与工作表现无关的因素影响。我们坚信，宝洁的所有员工是公司最为宝贵的资产。

（2）领导能力。我们都是各自职责范围内的领导者，承诺在各自的岗位上做出最好的结果。我们对未来的方向有清楚的愿景。我们集中资源去实现领导目标，实施领导策略。我们不断发展我们的工作能力，消除组织上的障碍，实现我们的目标策略。

（3）主人翁精神。我们相信个人的责任心与使命感，能够满足公司业务的需要，改善我们的体制，以及帮助他人提高工作效率。我们秉持着公司所有人的精神来对待公司的资产，一切行动皆以公司的长远成功为依归。

（4）诚实。我们始终努力去做正确的事，我们诚实正直，坦率对人。我们遵守法律的规定和精神操作业务。我们在采取每一个行动，做出每一个决定时，始终坚持公司的价值观与原则。我们以求真的态度并以数字为依据来提出建议及确认风险。

（5）积极求胜的热情。我们决心将最重要的事情做到最好。我们不会满足现状，我们曾积极地去力求突破。我们有强烈的愿望去不断地完善自我，在市场上获得胜利。

（6）信任。我们尊重公司的同事、客户和消费者，并且以我们希望被对待的方式来对待他们。我们相互信任各自的能力与意向。我们相信，以信任为基础才能达到最佳的合作。

3. 公司的原则

（1）我们尊重每一个人；

（2）公司与个人的利益休戚相关；

（3）我们的工作与公司策略相结合；

（4）创新是我们成功的基石；

（5）我们重视公司外部环境的变化和发展；

（6）我们重视个人的专长；

（7）我们力求做到最好；

（8）互相依存是一种生活方式。

（一）企业文化的结构

由于企业文化既有作为文化现象的内涵又有作为管理手段的内涵，对企业文化结构的认识势必存在差异性。

从文化角度分析，一般认为企业文化分为三部分：一是精神文化部分；二是制度文化部分；三是物化部分，物化部分有人认为亦可把其分为行为文化和器物文化。从管理角度分析，一般认为企业文化内容可分为显性内容和隐性内容，其中企业文化的隐性内容是企业文化的根本，它主要包括企业精神、企业哲学、企业价值观、道德规范等。这些内容是企业在长期的生产经营活动中形成的，存在于企业员工的观念中，对企业的生产经营活动有直接的影响。企业文化的显性内容是指企业的精神以物化产品和精神性行为为表现形式的，能为人们直接感觉到的内容，包括企业设施、企业形象、企业经营之道等。

综合学术界的各种观点，本书认为企业文化的结构应包括精神文化、制度文化、行为文化和物质文化。

1. 精神文化

深层精神文化是现代企业文化的核心层，指企业在生产经营中形成的独具本企业特征的意识形态和文化观念，它包括企业价值观、企业宗旨、企业愿景、企业精神和企业伦理等。由于精神文化具有企业的本质特点，故往往由企业在多年的运营过程中逐步形成。

（1）企业价值观

价值观是价值主体在长期的工作和生活中形成的对于价值客体的总的根本性的看法，是一个长期形成的价值观念体系，具有鲜明的评判特征。不管对价值观怎样划分，价值观一旦形成，就成为人们立身处世的抉择依据。企业价值观就是指导企业有意识、有目的地选择某种行为去实现物质产品和精神产品的满足，去判定某种行为的好坏、对错以及是否具有价值或价值大小的总的看法和根本观点。

企业价值观包括两个方面：一是核心价值观，是长期稳定、不能轻易改变的；二是附属价值观，如企业的经营理念、管理理念等，要不断调整以适应环境的变迁。例如，海尔的价值观如下：

企业核心价值观：敬业报国，追求卓越。

质量理念：优秀的产品是优秀的人才干出来的；有缺陷的产品是废品。

服务理念：用户永远是对的；把用户的烦恼降到零。

营销理念：首先卖信誉，其次卖产品。

创新理念：以观念创新为先导、以战略创新为基础、以组织创新为保障、以技术创新为手段、以市场创新为目标。

兼并理念：吃休克鱼、用文化激活休克鱼。

人才理念：人人是人才，赛马不相马。

研发理念：用户的难题就是我们研发的课题；要干就干最好的。

市场理念：只有淡季的思想，没有淡季的市场；市场唯一不变的法则是永远在变。

企业价值观是企业员工用来判断、区分事物好与坏、对与错的标准。它作为企业人员所共享的群体价值观念，也是企业文化的磐石，是企业真正得以成功的精神真髓。企业价值观决定和影响着企业存在的意义和目的，为企业的生存和发展提供基本方向和行动指南，它决定企业的战略决策、制度安排、管理特色和经营风格、企业员工的行为取向，是维系企业运行的纽带。价值观是树根，决定树的生命力的强与弱，它不仅决定着企业当前的生存，更决定着企业未来的发展。

比如，在福州沃尔玛，一进商场如果你想买什么东西而不知道在哪里，只要你开口问任何一个服务员，她（他）只有一句话"跟我来"，把你带到你所需要买的物品的地方，而不像有的超市最多给你指一个方向。在福州沃尔玛，它有四条退货原则：①如果顾客没有收据——微笑，给顾客退货或退款；②如果你拿不准沃尔玛是否出售这样的商品——微笑，给顾客退货款；③如果商品售出超过一个月——微笑，给顾客退货或退款；④如果你怀疑商品曾被不恰当地使用过——微笑，给顾客退货或退款。这就是沃尔玛，宁可收回一件不满意的商品，也不愿失去一两个满意的顾客。沃尔玛门庭若市的后面是它的核心价值观——对顾客忠诚。

（2）企业宗旨

企业宗旨是关于企业存在的目的或对社会发展的某一方面应做出的贡献的陈述，有时也称为企业使命。企业宗旨应该包含以下含义：

①企业宗旨实际上就是企业存在的原因或者理由，也就是说，是企业生存的目的定位。不论这种原因或者理由是"提供某种产品或者服务"，还是"满足某种需要"或者"承担某个不可或缺的责任"，如果一个企业找不到合理的原因或者存在的原因连自己都不明确，或者连自己都不能有效说服，也许可以说这个企业"已经没有存在的必要了"。

②企业宗旨为企业确立了一个经营的基本指导思想、原则、方向、经营哲学等，

它不是企业具体的战略目标，不一定表述为文字，但影响经营者的决策和思维。这中间包含了企业经营的哲学定位、价值观凸显以及企业的形象定位：我们经营的指导思想是什么？我们如何认识我们的事业？我们如何看待和评价市场、顾客、员工、伙伴和对手？等等。

③企业宗旨是企业生产经营的形象定位。企业宗旨中关于企业经营思想的行为准则的陈述，有利于企业树立一个特别的、个性的、不同于其他竞争对手的企业形象。诸如"我们是一个愿意承担责任的企业""我们是一个健康成长的企业""我们是一个在技术上卓有成就的企业"等。良好的社会形象是企业宝贵的无形财产。以下是一些企业的企业宗旨的实例：

一是通用电器：以科技及创新改善生活品质；在对顾客、员工、社会与股东的责任之间求取互相依赖的平衡。

二是波士顿咨询公司：协助客户创造并保持竞争优势，以提高客户的业绩。

三是中国移动通信：创无限通信世界，做信息社会栋梁。

企业宗旨足以影响一个企业的成败。彼得·德鲁克基金会主席、著名领导力大师弗兰西斯女士认为：一个强有力的组织必须要靠使命驱动。企业的使命不仅回答企业是做什么的，更重要的是为什么做。崇高、明确、富有感召力的使命不仅为企业指明了方向，而且使企业的每一位成员明确了工作的真正意义，激发出内心深处的动机。

（3）企业愿景

"愿景"这一概念是美国管理大师彼得·圣吉提出的。他在《第五项修炼》中提出构建学习型组织的修炼方法之一就是构筑共同愿景（shared vision）。

何为"愿景"？愿即意愿，有待实现的愿望；景即景象，具体生动的图景。愿景是主体对于自己想要实现目标的刻画。"愿景"有时也被称为"远景"，但是两者略有区别。"愿景"带有所向往的前景之意，而"远景"更侧重于长远目标之意。

"共同愿景"是组织中人们所由衷向往、共同分享的意愿和景象，它能激发起内部成员强大的精神动力。

企业愿景就是企业全体人员内心真正向往的关于企业的未来蓝图，是激励每个成员努力追求和奋斗的企业目标。相对于企业核心价值观中所涉及的终极目标而言，企业愿景更清晰和具体，有更多"量化"的成分，也融入了更强烈的竞争意识。例如：

①微软：让世界上每一台电脑都因为微软而转动。

②波音：领导航空工业，永为航空工业的先驱。

③海尔：中国的世界名牌，进入全球500强。

心有多大，舞台就有多大。一个企业能成为什么样的组织取决于所描绘的企业愿景，目标高低影响了未来所能达到的高度，企业愿景可以鼓舞人心，激励斗志。尽管目标是"争取第一"，并不一定能实现，但如果企业的目标只是"保持中等"，那几乎可以肯定与第一无缘。此所谓："取法乎上，仅得其中；取法乎中，仅得其下。"

企业愿景、企业宗旨与企业核心价值观这三者从本质上是一致的，彼得·圣吉指出：愿景若是与人们每日信守的价值观不一致，不仅无法激发真正的热忱，反而可能因挫败、失望而对愿景报以嘲讽的态度。企业价值观是企业在向愿景迈进时，全体成员必须认同的观念和必须自觉遵守的行为准则，是企业愿景得以追求和实现的思想保证。企业宗旨是企业愿景中具体说明企业经济活动和行为的理念。企业愿景包括企业宗旨，如果要分开来表述企业愿景和企业宗旨，企业愿景里就应不再表达企业经济行为的领域和目标，以免重复或矛盾。

（4）企业精神

企业精神是企业在整体价值观体系的支配和滋养下，在长期经营管理中经精心培养而逐渐形成的，是全体成员共同意志、彼此共鸣的内心态度、意志状况、思想境界和理想追求。企业精神是企业文化的重要组成部分，是企业文化发展到一定阶段的产物。企业精神与企业价值观存在着十分密切的联系：企业精神是在价值观支配指导下精心培育的，企业价值观是企业精神形成、塑造的基础和源泉。同时，二者也有明显的区别：价值是一种关系范畴，先进的价值观是以正确反映这种关系为前提的，价值观更强调人们认知活动的理性一面；而精神是一种状态范畴，描述的是员工的主观精神面貌，它更强调人们基于一定认知基础上，在实践行动中表现出来的情绪、心态、意志等精神状况。

国内外的许多成功企业都有自己独特的企业精神。例如：

①本田企业精神：追求技术与人的结合，而不仅仅是生产摩托车。人要有创造性，绝不模仿别人；要有世界性，不拘泥于狭窄地域；要有接受性，增强相互之间的理解。

②松下企业精神：生产报国、光明正大、团结一致、力争上游、文明礼貌、顺应潮流、报恩报德。

③同仁堂企业精神：同修仁德，济世养生。

④三一集团企业精神：自强不息，产业报国。

企业精神渗透于企业生产经营活动的各个环节之中，它能给人以理想和信念，给人以鼓舞和荣誉，也给人以引导和约束。企业精神的实践过程即是一种员工共同意识的信念化过程，其信念化的结果，会大大提高员工主动承担责任和修正个人行为的自觉性，从而主动地关注企业的前途，维护企业的声誉，自觉为企业贡献自己的力量。企业精神是企业进步的推动力量，是企业永不枯竭的"能源"。

（5）企业伦理

企业伦理，又称为企业道德，是指人类社会依据对自然、社会和个人的认识，以是非、善恶为标准，调整人与社会关系的行为规范和准则。

在当今时代，如果企业只追求利润而不考虑企业伦理，则企业的经营活动会越来越为社会所不容，必定会被时代所淘汰。也就是说，如果在企业经营活动中没有必要的伦理观指导，经营本身也就不能成功。树立企业伦理的观念，体现了重视企业经营活动中人与社会要素的理念。例如，美国曼维尔公司曾经销售过一种名为弗莱克斯Ⅱ型板材的产品，这是一种水泥建筑板材，这种新产品在安装后开始出现裂缝。该公司最后决定建立一个特别工作组，与在125个销售处购买过这种产品的580个客户联系，花了2 000万美元为客户调换板材，不管这些板材是否出了问题。虽说曼维尔公司在短期内付出了昂贵的代价，但是赢得了建筑商的信任。

企业伦理是由经济基础决定的，也受民族文化和社会文化的影响，具有历史性和具体性。不同企业的道德标准可能不一样，即使是同一企业，也可能在不同的时期有不同的伦理道德标准。它是企业文化的重要内容之一，是一种特殊的意识形态，贯穿于企业经营活动的始终和管理活动的各个层面，对企业文化的其他因素以及整个企业运行质量都有深刻的影响。

2. 制度文化

制度文化也叫企业文化的制度层，它在企业文化中居中层，是具有本企业文化特色的各种规章制度、道德规范和职工行为准则的总称，是企业为实现自身目标对员工的行为给予一定限制的文化，它具有共性和强有力的行为规范的要求。

企业制度文化的规范性是一种来自员工自身以外的，带有强制性的约束，它规范着企业的每一个人，企业工艺操作规程、厂规厂纪、经济责任制、考核奖惩制度都是企业制度文化的内容。具体来讲，企业制度文化包括以下三个方面。

（1）一般制度

这是指企业中存在的一些带普遍意义的工作制度和管理制度，以及各种责任制度。这些成文的制度及不成文的企业规范和习惯，对企业员工的行为起着约束的作用，保证整个企业能够分工协作，并然有序地运转。如员工日常行为规范、劳动人事管理制度、财务管理制度、物资供应管理制度、设备管理制度、服务管理制度、岗位责任制度等。

（2）特殊制度

主要指企业的非程序化制度，如总结表彰会制度、员工评议制度、企业成立周年庆典制度等等。同一般制度比，特殊制度更能反映一个企业的管理特点和文化特色。企业文化贫乏的企业，往往忽视特殊制度的建设。

（3）企业风俗

主要指企业长期相沿、约定俗成的典礼、仪式、行为习惯、节日、活动等。如定期举行文体比赛、周年庆典等。与一般制度、特殊制度不同，企业风俗不是表现为准确的文字条目形式，也不需要强制执行，而是完全依靠习惯、偏好的势力维持。它可以自然形成，也可以人为开发，一种活动、一种习俗，一旦被全体员工所共同接受并沿袭下来，就成为企业风俗中的一种。

企业制度文化是人与物、人与企业运营制度的结合部分，它既是人的意识与观念形成的反映，又是由一定物的形式所构成。制度文化既是适应物质文化的固定形式，又是塑造精神文化的主要机制和载体。企业精神所倡导的一系列行为准则，必须依靠制度的保证去实现，通过制度建设规范企业成员的行为，并使企业精神转化为企业成员的自觉行动。正是由于制度文化这种中介功能，它对企业文化的建设具有重要的作用。

3. 行为文化

企业的行为文化又称为企业文化的行为层，它是指企业员工在生产经营、学习娱乐中产生的活动文化，它包括企业经营、教育宣传、人际关系活动、文娱体育活动中产生的文化现象。以下都是企业行为文化的表现，诸如：向客户提交产品是否按时和保证质量，对客户服务是否周到热情，上下级之间以及员工之间的关系是否融洽，各个部门能否精诚合作，在工作时间、工作场所人们的脸上洋溢着热情、愉悦、舒畅还是正好相反……它是企业经营作风、精神面貌、人际关系的动态体现，也折射出企业精神和企业的价值观。

从人员结构上划分，企业行为包括企业家行为、企业模范人物行为和企业员工行为。

（1）企业家行为

在市场竞争中，没有什么比"企业家是企业的灵魂"这句话更能说明企业家在企业中的作用了。企业家将自己的理念、战略和目标反复向员工传播，形成巨大的文化力量；企业家艺术化地处理人与工作、雇主与雇员、稳定与变革、求实与创新、所有权与经营权、经营权与管理权、集权与分权等关系；企业家公正地行使企业规章制度的"执法"权力，并且在识人、用人、激励人等方面成为企业行为规范的示范者；企业家与员工保持良好的人际关系，关心、爱护员工及其家庭，并且在企业之外广交朋友，为企业争取必要的资源。优秀的企业家通过一系列的行为将自己的价值观在企业的经营管理中身体力行，导而行之，推而广之，以形成企业共有的文化理念、企业传统、风貌、士气与氛围，也形成独具个性的企业形象，以及企业对社会的持续贡献。

（2）企业模范人物行为

企业模范人物是企业的中坚力量，他们来自员工当中，比一般员工取得了更多的业绩，他们的行为常常被企业员工作为仿效的行为规范，他们是企业价值观的"人格化"显现。员工对他们感觉很亲切，不遥远不陌生，他们的言行对员工有着很强的亲和力和感染力。企业应该努力发掘各个岗位上的模范人物，大力弘扬和表彰他们的先进事迹，将他们的行为"规范化"。将他们的故事"理念化"，从而使企业所倡导的核心价值观和企业精神得以"形象化"，从而在企业内部培养起积极健康的文化氛围，用以激励全体员工的思想和行动，规范他们的行为方式和行为习惯，使员工能够顺利完成从"心的一致"到"行的一致"的转变。

（3）员工行为

企业员工是企业的主体，企业员工的群体行为决定企业集体的精神风貌和企业文明的程度。企业员工群体行为的塑造是企业文化建设的重要组成部分。要通过各种开发和激励措施，使员工提高知识素质、能力素质、道德素质、勤奋素质、心理素质和身体素质，将员工个人目标与企业目标结合起来，形成合力。例如以下两个小例子：

松下公司为了使企业理念深入到每个员工的潜意识里，曾开展了一系列宣传教育活动。全日本每个分公司、办事处和工厂都要举办早会就是这些活动中一项有名的活动。在早会上20万员工都要高声朗诵松下董事长颁布的"松下公司要遵守的七大精神"。

某企业创造性地提出"99＋1＝0"的企业行为文化，99代表每天所做的事情，1代表可能出现的缺点、失误或不足。一句话：1的细节对99来说就是问题，这正是"99＋1＝0"的管理思想的含义。

例如，融入人事行政事务中，订立凡是员工来人事行政部办事，都实行一次了解，接待或沟通完毕，能当场解决的，绝不留到第二天；不能即时解决的，做出记录并给予明确的时间答复。否则就好比做了99件事，但最后一件事情没做好，就等于效率为零。

融入生产管理中，生产岗位上运用作业指导书，对工序环节检验等操作实行互相提示，绝不留有缺陷的在制产品到下工序。同时，让配套服务，如送物料交接，都逐一清晰，不但实物与单据责任到位，而且把问题控制在发生处。

在实际工作中可列举出几个例子：某质检员在包装车间巡检发现正在包装的产品外观有深浅不同的样子，凭借经验，他认为"对校板"存在偏差，这是最容易出问题的地方，这位质检员即时找到该班组长，请其不要打包和封胶纸，并让核查的质检员过来，向其说明不放行的理由，这是对事不是对人，最后检查出十多箱产品存在质检不确定的情况，重新进返检，直至确定合格为止。

又比如，一个新进的员工提供入职的健康检查证明，刚好过了一年时间，按企业入职制度规定，有效的健康证明是一年，入职前体检自行承担费用，入职后的体检费用由企业承担。人事专员立即把情况向经理汇报，既然办理了入职手续，也可确认为企业员工，应体现一视同仁，由人事专员安排第二天带这位员工去做体检，费用由企业承担。这位员工很感动，并介绍了原来工作过的员工到这间企业，成为口碑传播。

事实上，运营管理细化到过程的每一个环节，不仅仅是责任所必须，做到实处是关键。细节是根本。这个"1"的问题深入人心，并成为员工良好的工作习惯和作风，全面提高了企业的运作效率，有助于实现企业的既定目标。

4. 物质文化

企业物质文化，也叫企业文化的物质层，是企业员工创造的产品和各种物质设施等所构成的器物文化。外层的物质文化是企业员工的理想、价值观、精神面貌的具体反映，所以尽管它是企业文化的最外层，但它却集中表现了一个现代企业在社会上的外在形象。因此，它是社会对一个企业总体评价的起点。

物质文化的载体是指物质文化赖以生存和发挥作用的物化标志。它主要体现在以下几类：

（1）企业产品：现代意义的产品概念是指人们向市场提供的能够满足消费者或用户某种需求的任何有形产品和无形服务。有形产品主要包括产品实体及其品质、特色、式样、品牌和包装；无形服务包括可以给买主带来附加利益和心理上的满足感及信任感的售后服务、保证、产品形象、销售者声誉等。现代产品的整体概念由核心产品、形式产品和扩大产品三个基本层级组成。产品的这些要素是企业文化的具体反映。在日益激烈的市场竞争中，有形产品和无形服务中所蕴含的文化因素，已经成为竞争的主要手段。

（2）企业名称、标志、标准字、标准色、厂徽、厂旗、厂歌、厂服，这是企业物质文化的最集中的外在体现。最典型的麦当劳的红黄两色，因为是红灯和黄灯的颜色，让人看到就会潜意识的停步。

（3）企业外貌：自然环境、建筑风格、办公室和车间的设计及布置方式、企业的标志性建筑（如厂区雕塑、纪念碑、英模塑像等）、绿化美化情况、污染的治理等是人们对企业的第一印象，这些无一不是企业文化的反映。

（4）企业对员工素质形成的实体手段：指企业对员工在生产经营活动中的劳动所建立的必要的保健、卫生、安全等设施，以及为提高员工文化知识、科学技术素质所建立的必要的技术培训、职业教育、文化教育传播网络等，如企业报纸、企业刊物、企业宣传栏、企业招贴画等。

5. 企业文化各层次之间的关系

首先，精神层次决定了行为层、制度层和物质层。精神层一经形成，就处于比较稳定的状态，精神层是企业文化的决定因素，有什么样的精神层就有什么样的物质层。

其次，制度层是精神层、物质层和行为层的中介。精神层直接影响制度层，并通过制度层影响物质层和行为层。企业文化通过一系列的规章制度、行为准则来体现企业特有的价值观。在推行或实施这些规章制度和行为准则的过程中，从而形成独特的物质层，并以特有的价值取向反映在其行为中。制度层的中介作用，使得许多卓越的企业家都非常重视制度层的建设，使它成为本企业的重要特色。

最后，物质层和行为层都是精神层的体现。精神层虽然决定着物质层、制度层和行为层，但精神具有隐性的特征，它必须通过一定的表现形式来体现，它的精神活动也必须付诸实践。物质层和行为层以其外在的形式体现了企业文化的水平、规模和内容。企业文化的物质层和行为层还直接影响员工的工作情绪，直接促进企业哲学、价值观念、道德规范的进一步成熟和定型。

企业文化的物质层、制度层、行为层和精神层密不可分，它们相互影响、相互作用，共同构成企业文化的完整体系。其中，企业的精神层是最根本的，它决定着企业文化的其他三方面。因此，我们研究企业文化的时候，要紧紧抓住精神层的内容，只要抓住了精神层，企业文化的其他内容就顺理成章地揭示出来。

（二）企业文化的类型

企业文化可以从各种不同的角度去研究、划分，从而得出各种不同的企业文化类型。从不同角度的划分，有助于加深我们对企业文化及其结构、功能等的认识。

1. 迪尔和肯尼迪的四种类型

1982 年 7 月，美国哈佛大学教授特雷斯·迪尔（Terrence E. Deal）和麦肯锡咨询公司顾问阿伦·肯尼迪（Allan Kennedy）出版了《企业文化——现代企业的精神支柱》

一书。书中指出，企业文化的类型，取决于市场的两种因素：其一是企业经营活动的风险程度；其二是企业及其雇员工作绩效的反馈速度。由市场环境决定的四种企业文化类型分别是以下几种。

（1）强悍型文化

这种文化形成于高风险、快反馈的企业，如建筑、整容、广告、影视、出版、体育运动等方面的企业。这种企业恪守的信条是要么一举成功，要么一无所获。因此，员工们敢于冒险，都想成就大事业。而且，对于所采取的行动正确与否，能迅速地获得反馈。

（2）工作娱乐并重型文化

这种文化形成于风险极小、反馈快的企业，如房地产经纪公司、计算机公司、汽车批发商、大众消费公司等。这些行业生产和销售的好坏，很快就能知道，但真正的风险并不大。这种企业文化奉行拼命地干、痛快地玩的信念，对于工作和生活都很重视认真，行动迅速，群体协作精神较强，适合于完成工作量大且需反复调整的工作。

（3）赌注型文化

这种文化形成于风险大、反馈慢的企业，如石油开采、航空航天方面的企业。企业所做决策承担的风险很大，但却要在几年之后才能看到结果。其信念是注重未来、崇尚试验，好的构想一定要给予机会去尝试、发展。

（4）按部就班型文化

这种文化形成于风险小，反馈慢的企业，如银行、保险公司、金融服务组织、公共事业公司等。这种企业的员工几乎得不到任何反馈，由于员工很难衡量他们所作所为的价值，因此，人们关心的只是"怎样做"，人人都追求技术上的完美、工作上的有条不紊，极易产生官僚主义。

迪尔和肯尼迪对企业文化的划分方式，在现实中不可能有如此典型的企业。任何一个企业，往往是四种类型的混合。比如市场部是强悍型文化，生产部和销售部是工作娱乐并重型文化，研发部是赌注型文化，而会计部是按部就班型文化。

2. 卡迈隆和奎因的四种类型

卡迈隆和奎因（Cameron & Quinn）认为，企业文化通过组织所信奉的价值观、主导性的领导方式、语言和符号、过程和惯例以及成功的定义方式来得到反映。他们提出了竞争性价值观框架（Competing Values framework，CVF）。CVF有两个主要的成对维度（灵活性—稳定性和关注内部—关注外部）。

图中的四个象限代表不同类型的企业文化，分别被命名为宗族型（clan）、活力型（adhocracy）、层级型（hierarchy）和市场型（market）。该模式从20世纪90年代开始在世界范围内被广泛应用，逐渐成为一种国际上比较权威的企业文化分析工具。

3. 海伦的"十六种类型和双层观察说"

德国慕尼黑大学教授海伦（E. Heinem）提出了企业文化的十六种类型，她采用企业作为一个控制系统的强弱、企业文化自身在企业中的牢固程度和一致程度以及企业文化和现有领导系统的关系三个标准来划分企业文化的不同类型。

海伦认为，根据上述标准，企业作为一个系统可分为强（控制手段有效）和弱（控制手段无效）两种状况；企业文化自身的牢固程度和一致性程度各自分为高与低两种情况；企业文化和系统的和谐性，也区分为是与否两种情况。这样企业文化就可以区分为十六种类型。在此基础上，海伦进一步指出，在考察企业文化时需要同时进行"双层面"观察：一方面，要考察企业文化的思想体系，即企业的共有价值观念和行为准则；另一方面，要考察企业文化的媒介，即象征、象征性行动和象征性作品。

海伦的这种分类体系强调企业应当培育强作用力的、统一的、对正确的革新性的领导系统起支持作用的企业文化类型，它有助于企业创新，有利于创造良好的业绩。此外，海伦的分类还注意到了亚文化对企业经营的影响，是很有意义的。但是，这种类型的不足之处在于十六种类型的划分过于细致、烦琐，在实际操作中有较大困难。

4. 科特和赫斯科特的三种类型

哈佛商学院的两位著名教授约翰·科特（John P. Kotter）和詹姆斯·赫斯科特（James L. Heskett）于 1987 年 8 月至 1991 年 1 月，先后进行了四个项目的研究，依据企业文化与组织长期经营之间的关系，将企业文化分为以下三类。

（1）强力型企业文化

在具有强力型企业文化的公司中，几乎所有的经营管理层的人员都有基本一致的价值观念和经营方法，他们习惯于协调一致，通力合作按某一经营方向努力。这种协调性、积极性、组织性及统一领导有助于企业业绩的增长，但这要求企业处在稳定的市场经营环境中，企业的最终行为

詹姆斯·赫斯科特

与企业经营策略相一致。企业的新成员会很快接受这些观念、方法。如果企业管理人员违反了公司的价值观念和行为规范，不仅上司，而且下属也会去纠正他。具有强力型企业文化的公司往往将公司的一些价值观念公布出来，要求公司内所有人员遵守。

IBM 公司是强力型企业文化的典型代表。20 世纪 30 年代中期，这家公司的员工就以其热爱企业、积极工作的良好形象闻名于世。公司内部所有的员工在工作上体现出来的价值观有着惊人的一致性，IBM 价值观的三个基本点是：①公司每一位成员的尊严和权利必须受到尊重；②为在世界各地使用本公司产品的消费者提供上乘的服务；③为达到公司目标，采用最佳经营方式来进行每一项业务活动。IBM 的前总裁小沃森曾发表演讲："就企业相关经营业绩来说，企业的基本经营思想、企业精神和企业目标远远比技术资源或经济资源、企业结构、发明创造及随机决策重要得多。当然，所有这些因素都极大地影响着企业经营的业绩。但我认为，它们无一不是源自企业员工对企业基本价值观念的信仰程度，同时源自他们在实际经营中贯彻这些观念的可信程度。"

科特和赫斯科特认为，在受强力型企业文化支配的企业中，受共同的企业价值观念的激励，企业员工自愿工作或献身企业的行为随处可见。建立在具有完整的管理信念和行为模式系统的基础之上的联网计算机公司，不需要一般企业都有的组织结构图，也没有一般的规章制度，但该公司的员工却由于"不成文"的条文而相互谅解，表现出"同心协力"的工作形象，原因是企业高级管理者重视企业文化的培育。他们耗费大量的时间，培训、讲授企业的经营思想和性质特征，并把与这些企业文化相统一的企业经营业绩作为最新业绩定期刊登在公司的宣传品里。同时举办各种活动，如每周五下午的"啤酒餐"等，所有这一切都让公司员工感到自己属于一个独特的社团群体，对公司产生极大的忠诚。

强力型企业文化也存在一定的问题：在目前市场竞争加剧、变革迅速地环境中，这种类型的企业文化很可能会过于僵化，制约高级管理人员的变革行动，演变成为企业战略性变革的障碍。

（2）策略合理型企业文化

这类企业强调企业文化与企业环境的匹配性。在企业中，不存在抽象的、好的企业文化内涵，也不存在任何放之四海而皆准、适合所有企业的"克敌制胜"的企业文化。只有当企业文化"适应"于企业环境时，这种文化才是好的、有效的文化。不同的组织，需要不同的企业文化，只有文化适应于组织，才能发挥其最大的功能，改善企业经营状况。

通过对沃尔玛公司和 J．C．苯尼公司 20 世纪 70～80 年代的企业文化和市场协调性的比较更能体现出策略合理型企业文化的实质内涵。沃尔玛公司的创始者萨姆·沃尔顿曾经在苯尼公司工作多年。在创业初期，这两家公司都重视让顾客满意、提倡创业精神并重视员工待遇，因而企业经营绩效都有突飞猛进的发展。然而，在 20 世纪 70 年代末期，这两家公司的企业文化与企业经营环境出现了极为明显的差异。沃尔玛公司的经理人员设法吸引和激励优秀的经营人才，致力于改进企业的经营方式，要求员工行为举止大方、得体，竭诚为顾客提供多层面的服务，企业依然保持着创始者节俭、创新、关心员工的优良传统。而在同一时期，苯尼公司的经理人员虽然也强调提高员工待遇、为顾客提供优质服务，但声势已大不如前。他们引进刻板的员工业绩考核标准、代价很高的官僚运营体系，公司中盛行以裙带关系为主的职位晋升方式。两相比较，沃尔玛公司拥有一种与企业经营环境更协调的企业文化，其所确立的价值观念、行为方式在众多的竞争者中更适应消费者的需要，更适合劳动市场的环境变化。沃尔玛公司就是策略合理型企业文化的典型代表。

科特和赫斯科特认为，策略合理型企业文化，在阐释企业中短期经营业绩增长的差异时会有用，但它不能解释为什么不同企业为了保持与市场环境相适应，对企业文化进行变革，会获得完全不同的成功，也不能解释企业长期经营业绩中存在的差异。

（3）灵活适应型企业文化

这种文化是指："那些能够使企业适应市场经营环境变化，并在这一适应过程中领先于其他企业的企业文化，才会在较长时期与企业经营业绩相联系。"市场适应度高的企业文化必须具有同时在公司员工个人生活中和公司企业生活中都提倡信心和信赖感、不畏风险、注重行为方式等特点，员工之间相互支持，勇于发现问题、解决问题。员工有高度的工作热情，愿意为组织发展牺牲一切。

3M公司比其他企业更明确地提倡一种适应市场环境变化的企业文化，因此被认为是这一文化类型的典范。多年来，3M公司的经营管理人员一直注重保持新型产品在公司的销售额中占一定比例。3M公司的企业文化氛围注重对新产品项目开发的投资和帮助，即便这些创意、思想是由公司的基层员工提出的也同样能够得到资助。3M公司对于自己公司敢于公开提倡新思想、新观念，并敢于承担风险的企业文化风格引以为豪。通过这一过程，公司开拓出许多新的业务领域。

这种文化通过提倡发现、开拓新的业务增长点，注重培育那种有助于企业适应市场经营环境变化的企业集体观念的文化，因而能在整个管理人员中形成变革的力量，激发出巨大的敢于冒险、勇于创新和广泛沟通的创业激情。但是，也有学者认为，这种文化无法解释一个缺乏冒险精神或集体主义精神的公司，为什么也能在相当长一段时期内保持企业的经营业绩的增长？

科特和赫斯科特对于三种企业文化类型的分析，建立在广泛的实证研究的基础上，对企业文化建设有实际指导意义。同时，科特和赫斯科特指出各种类型的企业文化都有优势，这三种理论观点本身并不存在根本性的冲突，应该把它们结合起来。

5. 其他分类方法

从不同角度考察企业文化，就会形成不同的分类。

（1）从企业文化的地位和层次来看，企业文化可以分为主文化和亚文化

企业文化表达的是企业组织成员的共同认识和共同的价值观体系，企业中来自不同背景或处于不同层次的员工会用相似的语言来描述企业文化。但是，并非所有的组织都仅仅存在一种单一的文化，相反，大部分组织，尤其是大型企业往往具有几种文化。比如，不同地区、不同职能部门的文化就有所不同。这就必然形成在企业中主文化和亚文化共存的局面。

主文化是指组织成员共同拥有一套比较一致的价值观，是在企业中占主导地位的文化，构成企业文化的主流、主脉，决定着企业的面貌和发展状况。我们通常所说的企业文化就是指企业的主文化。

亚文化是指同一企业内部非主流、非主导的文化，即在主文化之外或之下并且与主文化价值取向不同的文化。亚文化的特点是不占主导地位，不处于企业文化的核心，是一种亚群文化。它可能是主文化的补充文化、辅助文化，也可能是主文化的对立文化、替代文化。后者通常是由于组织内部部门的设计和地理上的间隔而形成。比如，研发部门可能拥有本部门成员共享的独特的亚文化，它既包括主文化的核心价值观，也包括研发部门的独特价值观和行为方式。同样，如果企业的某个办公室或分公司远离企业总部，它就很可能表现出不同的个性特点。如位于美国硅谷帕乐阿托的施乐公司研发中心，其文化氛围和品质就与其位于东海岸的公司总部有很大不同，因此能够研发出鼠标、图形用户界面、页面描述语言等重大发明成果，但受其公司总部守旧的主文化的影响，公司并没有率先进行这些发明成果的商业化，从而失去了企业技术创新和拓展新的业务增长点的机会。后者往往是非当权者文化，是下级或下属文化，是民间文化，是富有反抗性的文化。尤其是当企业决策层充当不开明角色，与非决策层形成明显的文化隔阂、冲突时，非决策层行为主体容易选择、接受、奉行和建设企业亚文化。

主文化和亚文化事实上也是基于文化主体的不同而形成的企业文化分类。如果企业没有主文化，而只有多种亚文化构成自己的企业文化，企业文化的价值就会大大减弱。在这种情况下，企业管理者就无法提供关于员工行为规范的统一解释。正是企业文化中的共同的价值观念使企业文化成为引导、塑造员工行为的有力工具。但是，在一个巨型化复杂性的企业组织中，必须对企业的亚文化的作用有足够的认识，它们也能对员工的行为产生很大的影响。

（2）从企业文化影响力强度来看，企业文化可以分为强文化和弱文化

强文化是指组织的核心价值观被强烈坚持和广泛认同，并且成为指导公司各项组织活动的指导原则。接受这种核心价值观的组织成员越多，他们对这种价值观的信仰越坚定，企业文化就越强。企业文化越强，就会对员工的行为产生越大的影响，因为高度的共享和强度在组织内部创造了一种很强的行为控制氛围。公司员工对于自己应该干什么，不应该干什么，怎么干都十分清楚，企业文化对他们的影响相当深远。

而弱文化是指一个企业没有典型的可以指导员工各项行为的核心理念，企业的文化现象大多来自社会文化。企业文化特点不鲜明，主体不突出，导致社会文化的影响力超过企业文化的影响力。企业的经营活动受社会文化的影响。我国大多企业在谈到自己的企业文化的时候，都是"严谨、求实、团结、创新、服务社会、争创一流……"的口号，千篇一律，没有特色，更不能起到激励员工，引导员工行为价值取向的作用。

（三）企业文化的特征与功能

1. 企业文化的基本特征

企业文化的特征是指企业文化本身所具有的内在的、本质的特色表现。我们所说的企业文化的特征应该是企业文化都具有的共性的特征。

（1）客观性

企业文化是客观存在的，是不以人的意志为转移的。在实践中，企业文化是与企业同步产生的，无论是泰勒所处的科学管理时代的企业，还是现代知识经济时代的企业，都有自己的企业文化。企业文化的核心是价值观，任何企业都是在一定的价值观或企业理念的指导下，形成自己的管理思想、管理方式和手段，每个企业呈现出不同的发展战略、组织氛围、群体意识、制度规范、企业形象和沟通渠道，这些便构成了企业独特的文化特征。

（2）稳定性

居核心地位的价值观的形成往往需要很长时间，需要先进人物的楷模作用，需要一些引发事件，需要领导者的耐心倡导和培育等。企业价值观一旦形成，就会变成企业发展的灵魂，不会朝令夕改，不会因为企业产品的更新、组织机构的调整和领导人的更换而发生迅速的变化，一般来说，它会长期在企业中发挥作用。

当然，企业文化的稳定性也是相对的，根据企业内外经济条件和社会文化的发展变化，企业文化也会不断地得到调整、完善和升华。"适者生存，优胜劣汰"，企业文

化是在不断适应新的环境中得以进步并充满生机和活力的。

（3）开放性

优秀的企业文化具有全方位开放的特征，它绝不排斥先进管理思想及有效经营模式的影响和冲击。企业文化的开放性，将促进企业文化的发展。通过引进、改造、吸收其他企业的文化，促使自身发育成长，不断完善。企业文化的开放性，必然导致外来企业文化与本土企业文化、现代企业文化与传统企业文化的交融与整合，这也正是建设具有自身特色的企业文化的契机。

（4）非强制性

这是就企业文化的作用而言的。企业文化不是强调个体遵守各种硬性的规章制度和纪律，而是强调文化上的"认同"，强调人的自主意识和主动性，通过启发人的自觉意识来达到自控和自律。当然，非强制之中也包含有某种"强制"，即软性约束，违背企业文化的言行是要受到舆论谴责或制度惩罚的。所以威廉大内说：这种文化可以部分地代替发布命令和对工人进行严密监督的专门办法，从而既能提高劳动生产率，又能发展工作中的支持关系。"非强制性"是针对认同企业文化的人员而言的；"强制性"是针对不认同企业文化的人员而言的。可见，企业文化与传统管理对人的调节方式不同，传统管理主要是外在的、硬性的制度调节；企业文化主要是内在的文化自律与软性的文化引导。

（5）独特性

世界上没有两片完全相同的树叶。企业文化是一个企业独特精神和风格的具体反映，它以其鲜明的个性区别于其他企业。这是因为企业生存的社会、地理、经济等外部环境，以及企业所处行业的特殊性、自身经营管理特点、企业家的个人风范和员工的整体素质等内在条件各不相同，所以企业文化会呈现出不同的特点。

（6）渗透性

企业文化的核心是价值观念，它是无形的，因而它的存在、传播和作用需借助于各种具体形式和载体，如企业的各种活动、制度和物质环境等，不能将本质内容和形式载体混为一谈。真正被员工认同和实践的价值观念具有极强的渗透性，它无处不在，渗透于企业的每一个层面、每个角落。正如《企业管理新谋略》一书中所描述的："它不是指知识修养，而是指人们对知识的态度；不是利润，而是对利润的心理；不是人际关系，而是社交方式；不是运动会的奖牌，而是奖牌所折射出来的荣誉观；不是新闻，而是对新闻的评论；不是舒适优美的工作环境，而是对工作环境的感情；不是企业的管理活动，而是造成那种管理方式的原因。总之，企业文化是一种渗透在企业一切活动之中的东西，它是企业的美德所在。"

（7）系统性

企业文化具有整体性、全方位性，是从企业群体的精神文化、制度文化、行为文化、物质文化等方面全方位展开的。这些要素在企业内部不是单独发挥作用，而是经过相互作用和联系，融合成为一个有机的整体。"整体大于局部的总和"的原则在此完全适用。企业文化内各种因素一旦构成自身强有力的文化，就会发生难以估量的作用。

2. 企业文化的功能

企业文化作为一种理性和自觉的文化，对企业、企业内部员工乃至整个社会都会产生影响和发挥作用，这就是企业文化的功能。认识、把握、实现企业文化的特定功能，正是研究企业文化的根本目的。

企业文化不同于一般的社会文化，企业文化的功能与一般的社会文化功能也不同。

（1）企业价值的导向功能

企业文化的导向功能，主要是通过企业文化的塑造来引导企业成员的行为心理，使人们在潜移默化中接受共同的价值观念，自觉自愿地把企业目标作为自己的追求目标。

企业文化的导向功能具体体现在：一是规定企业行为的价值取向；二是明确企业的行动目标；三是建立企业的规章制度。正如迪尔和肯尼迪在《企业文化》一书中反复强调："我们认为人员是公司最伟大的资源，管理的方法不是直接用电脑报表，而是经由文化暗示，强有力的文化是引导行为的有力工具，它帮助员工做到更好。"

（2）企业主体的凝聚功能

企业文化有同化、规范和融合作用，这三种作用的综合效果，就是企业文化的凝聚功能。

这种功能通过以下两方面得以体现，一是目标凝聚，即企业目标以其突出、集中、明确和具体的形式向员工和社会公众表明企业群体行为的意义，成为企业全体员工努力奋斗的方向，从而形成强大的凝聚力和向心力；二是价值凝聚，即通过共同的价值观，使企业内部存在着共同的目的和利益，使之成为员工的精神支柱，从而把员工牢牢联结起来，为了实现共同理想而聚合在一起。

（3）员工士气的激励功能

企业文化中的员工士气激励功能，是指企业文化以人为中心，形成一种人人受重视、人人受尊重的文化氛围，激励企业员工的士气，使员工自觉地为企业而奋斗。

企业文化的激励功能具体体现在：

①信任鼓励。只有使员工感到上级对他们的信任，才能最大限度地发挥他们的聪明才智。

②关心鼓励。企业各级主管应了解其下属的家庭和思想情况，帮助解决他们在工作和生活上的困难，使员工对企业产生依赖感，充分感受到企业的温暖，从而为企业尽力尽责。

③宣泄鼓励。企业内部上下级之间不可避免地要时常产生矛盾和不满，管理者要善于采取合适的方式，让员工消气泄愤，满足其宣泄的愿望，使他们能心平气和地为企业工作。

④思想行为的约束功能

约束功能也叫规范功能，是指企业文化对企业员工的思想、心理和行为具有约束和规范作用。企业文化的约束功能主要是通过完善管理制度和道德规范来实现。

第一，有效规章制度的约束，这是一种"刚性"的约束。企业制度是企业文化的内容之一。企业制度是企业内部的法规，在规章制度面前人人平等，企业的领导者和企业职工必须遵守和执行，从而形成约束力。

第二，道德规范的约束，这是一种"柔性"的约束。道德规范是从伦理关系的角度来约束企业领导者和职工的行为。比如同仁堂药店"济世养生、精益求精、童叟无欺、一视同仁"的道德规范约束着全体员工必须严格按工艺规程操作，严格质量管理，严格执行纪律。如果人们违背了道德规范的要求，就会受到舆论的谴责，心理上会感到内疚。

（5）社会影响的辐射功能

企业文化的辐射功能，是指企业文化一旦形成，它不仅在企业内部发挥作用，对本企业员工产生影响，而且也会通过各种渠道对社会产生影响。企业文化对社会影响的辐射功能主要是通过以下途径来实现的：

①通过企业精神、价值观、伦理道德向社会扩散，与社会产生某种共识，并为其他企业或组织所借鉴、学习和采纳。

②通过产品这种物质载体向社会辐射。正如我们是通过瑞士手表大方的外观、上乘的质量去了解瑞士国民的质量意识。

③通过员工的思想行为和服务所体现的企业精神和价值观，向社会传播和扩散企业文化。

④"为了辐射而辐射。"它具有针对性，通过具体的宣传媒介和工具使企业文化向外扩散传播。

（6）企业发展的推动功能

通过抓企业文化，使企业摆脱困境，走出低谷，持续发展，在竞争中长期立于不败之地。这是被国内外许多企业的实践经验所证明了的真理，也是企业文化具有推动功能的表现。

企业文化之所以具备推动功能，在于文化对于经济具有独立性，即文化不仅反映经济，而且反作用于经济，在一定条件下成为经济发展的先导。

企业文化的推动功能，不仅表现为推动企业的经济，也能推动企业的教育、科学以及整个企业的总体文明状态。所有这些推动功能，是在企业文化系统和其他系统发生复杂的相互作用的情况下，共同显示出来的效果。

三、企业文化策划

（一）企业文化诊断

文化在企业管理中的作用随着企业文化研究的深入日益受到人们的重视，与此同时，在管理实践领域也提出这样一个问题：能否像其他学科一样，企业文化也能够确立一套公认的评价体系，以便于对现有的企业文化状况进行诊断和测量，进而对后续的企业文化策划、实施和变革提供依据。

1. 企业文化诊断的步骤

企业文化诊断的重要目的是了解企业文化的现状，进而才能提出相应的改进建议。

企业文化的诊断大致可以分为四个主要步骤，即资料收集、企业内外部环境的调查、企业与外部的关系分析和现场调查。其目的是从定性和定量两个方面了解、评价企业文化的现状。

（1）资料收集

企业文化虽然是企业共同成员所形成的价值观，但其也会形成该企业特有的行为模式和规范，并通过一定的制度、行为、符号等表现出来。企业各不同职能部门之间虽然工作性质不同，但是它们都具有统一、共同认可的一个或少数几个比较清晰的价值观念。而这些观念往往会反映在企业的各种资料之中，包括企业员工行为规范、员工手册、内部期刊、报纸等，还有各方面的规章制度，尤其是人力资源制度，如招聘、考核、薪酬、培训、奖罚等。在这一阶段搜集到的书面资料往往会有很多，这时我们就要从中整理出与企业文化相关的内容，这样可以精简大量的资料，而且又有利于逐步总结和归纳出企业的价值观，为今后的文化建设提供依据。

（2）企业内外环境的调查

企业文化受到内部、外部环境的影响，它会随着环境的变化而变化。因为，企业是环境的产物，只有对所处的环境和内外条件做出全面正确的分析和判断，企业才能找准自己的定位，确定出切实可行的奋斗目标。

企业环境和条件分析一般包括下述内容：

①企业所处的经济环境、政治环境、社会文化、地域文化等整个社会环境的分析；

②产业和行业发展状况分析；

③竞争者、合作者、销售商及其他利益相关者分析；

④企业的生产经营状况分析，包括企业的产品性质、产品市场占有率、投资收益率、组织结构及信息沟通方式、企业的生产工艺水平及产品的创新能力等；

⑤企业内部其他因素分析（包括领导者特征分析、企业重大历史事件的影响等）。

（3）企业与外部的关系分析

企业作为社会系统的一个部分，它每时每刻都在同外界进行交往和联系。而企业奉行的交往原则，在很大程度上是由企业的价值观和社会责任感所决定的。在是否注重外部环境的变化，用什么态度对待顾客，能否为消费者不断地提供新产品或新的服务项目方面，不同的企业可能会有差别很大的处理方法与态度。尤其是在如何处理企业同顾客的关系方面，更能表现出不同企业之间文化的优劣与否。

（4）现场调查

企业文化的作用若是整体一致的，它就会综合地反映在企业内部每一个员工的观念、态度和行为中。通过深入细致的现场调查，可以深入地理解企业员工对企业的态度和企业价值观的渗透程度。现场调查的过程中更多需要与企业里的人进行互动，可以是自上而下，分层进行，也可以是大规模一次进行。企业文化的诊断，其实也是一次全体员工的总动员，因此，最好是在开展工作之前，由公司主要领导组织召开一次动员大会，使得员工明白对企业文化进行诊断的目的，调动员工的积极性，增强参与意识。现场调查具体包括以下三种方法。

1）第一种方法：访谈法

"访谈"是一种研究性的交谈，是研究者通过口头谈话的方式从被研究者那里收集第一手资料的一种研究方法。根据文化诊断的需要，可以采用以下两种访谈方式：

个别访谈。往往一个企业文化的形成与企业的创始人或领导者的价值观、文化理念息息相关，所以要了解一个企业的文化，首先，要从了解领导班子的思想入手。其次，就是员工，包括中基层干部和基层员工。作为企业的一分子，他们最能感受到文化的存在和影响，而他们对企业文化的感知、感受能帮助我们从不同角度了解、认识这个企业的文化。为了避免他人（尤其是权威人士）的影响，保证访谈内容的可靠性、真实性，需要对上述各种人物进行多对一或一对一的个别访谈。

公司高层访谈提纲示例：

A．A 企业文化现状总体描述

①您了解自己的企业文化吗？您知道企业领导层信奉什么？职工又信奉什么？他们认为对提高企业的竞争力和凝聚力来说什么东西是最重要的？

②您是否可以用一句话总结目前 A 的企业文化？

③您认为这种企业文化是如何形成的？

④我们所在的行业有怎样的文化特征？

⑤我们所在的地区有怎样的文化特征？

⑥您认为我们的文化有哪些地方是优秀的，应该保留的？又有哪些是应该摒弃的？

⑦企业现有的文化是不是符合企业的需要？

⑧关于我们公司文化的欠缺地方，请您举出具体的实例。正面、负面的影响。

⑨您认为形成一个公司文化都有哪些因素在起主要作用？

⑩目前有哪些因素对我们公司的文化建设产生了比较大的影响？

B．A 企业文化现状具体描述

Ⅰ物质层面

①公司有无内部交流刊物、报纸或者其他媒介？

②在公司形象上，您认为还应该做哪些工作？

Ⅱ行为和制度层面

③目前我们会对员工的哪些行为做出奖励，公司里模范的员工代表都有谁？他们的特点或者说他们被称为模范的原因？您认为什么样的员工才是最理想的？

④公司的规章制度是否健全？是否有盲点或误区、需要亟待改善的地方？

⑤公司制度的执行情况如何？制度是否有陈旧、不根据实际情况更新的现象？

⑥公司的奖惩制度是不是可以适度地管理好员工，使员工感觉到约束的同时还有很强的积极性从事工作？

⑦员工没有按照制度进行工作的原因是什么？问题出现在哪里？是制度本身有问题还是制度制定得不合理？

Ⅲ精神层面

⑧A 倡导的核心价值观是什么？

⑨企业如何看待员工？

⑩如何看待用户？

⑪如何看待合作者？

⑫如何看待社会责任？

C. 谈谈我们公司的领导

①您认为什么样的领导才能称为是合格的乃至优秀的领导者？我们公司是否有这样的领导者？他们是谁？

②有哪些领导对我们目前的文化起主导作用？请您对这几位领导做一下描述。

③领导对我们公司文化的影响有多大？希望您可以举出具体事例。

④公司领导是如何提高自己的个人魅力的？

⑤公司领导是采取何种方式与员工沟通的？

⑥公司是否创造出一种自由讨论和言论自由的氛围？

D. 谈谈我们的未来

①在您的心目中，我们公司理想的文化应该是怎样的？

②我们如要建成这样的文化需要做出哪些努力？

E. 谈谈我们的员工

①公司对待员工持有怎样的观点和指导原则？

②公司理想中的员工是怎样的？

③公司对目前员工的表现是否满意？您认为应该怎样提高公司对员工的吸引力和员工的满意程度？

④对于员工的奖惩是如何执行的？

分类座谈。由于时间及各种原因的限制，企业除了极个别人物能够保证进行个别访谈，大多数情况是进行分类的座谈。这时候可以采取一对多、多对多的形式，尽可能地让参加座谈的人员多讲，让他们围绕企业文化谈谈自己的认识和理解。作为文化诊断的一种方式，分类座谈能够提供不少关于企业文化的信息。但需要注意的是，因为人多（往往会有 3 个以上），会因为从众压力或利益相关，说出与他们内心真实想法不一致的话。这时候，就需要对访谈的资料进行分析和辨别。

2）第二种方法：问卷调查

问卷调查是采用测量工具对企业文化进行定量研究的一种方法，也是目前在企业文化诊断中较常用的重要方法之一。关于问卷调查的工具和内容，将在下一节做具体介绍。这里需要强调的是，目前企业文化问卷有很多，需要选择一个适合中国企业实际情况的问卷，才能说明问题。另外，对于问卷的发放和回收，最好在比较正式的场合，采用现场填写的方式，对于不清楚的地方，可以进行现场解释，同时可以解除答卷人员的顾虑，保证问卷的质量。

3）第三种方法：案例解剖

案例解剖是文化诊断的另一种方式，通常是对企业历史发生的重大事情或关键事件进行深入的分析，有助于我们能更好地理解现存文化形成，尤其是企业某些特殊观念、行为产生的缘由。例如，海尔有名的"砸冰箱"事件，说的就是 CEO 张瑞敏带领全体员工宁可把不合格的冰箱砸碎，也不愿意有瑕疵的冰箱存在的事件。该事件向全体员工传递了这样一个信息：海尔要求质量第一。又比如"大地瓜洗衣机从获取信息算起，3 天设计图纸，15 天产品上市"，反映出的是海尔要求"快速反应，马上行动"。

另外，为了能客观地诊断企业文化的现状，必须要选择恰当的诊断人员。一般来说，对一个企业进行文化诊断，其人员的选择主要有两个渠道：①本企业中的具有丰富的管理经验，资历较深的管理人员；②外聘的一些经营管理方面的专家和学者。这两类人员各有优缺，可取长补短，相互合作。比如诊断方法的设计、诊断工具的选择，可以主要由专家学者来承担；在具体的实施方面，则应当主要依靠企业自身的调查人员。

2. 企业文化诊断的工具

问卷调查是企业文化诊断中的一种重要方法，目前有两类常用的企业文化诊断问卷。

（1）用于企业文化类型诊断的工具

该类工具的主要目的在于判断某企业的企业文化属于哪种类型，或者具有哪些特征，目前的发展现状如何。西方学者对企业文化诊断的方法和工具较多，主要有：

①Hofstede 的企业文化测评量表

荷兰学者霍夫斯坦德（Geert Hofstede）是最早对企业文化进行测量的学者之一。在对北欧多家企业的实证研究基础上，将企业文化分为三个层次：价值观层、管理行为层和制度层。

价值观层三维度：职业安全意识、对工作的关注、对权力的需要。

管理行为层六维度：过程导向—结果导向、员工导向—工作导向、社区化—专业化、开放系统—封闭系统、控制松散—控制严密、注重实效—注重标准与规范。

制度层一维度：发展晋升—解雇机制。

在霍夫斯坦德的企业文化测量维度理论基础上发展出来的 VSM94 量表（valuesurvey module 94）在西方企业界已经得到广泛的应用和认同。

②Quinn 和 Cameron 的 OCAI 量表

Quinn 与 Cameron 在竞争性文化价值模型（CVF）的基础上构建了最具代表性的测评工具 OCAI（organizational culture assessment instrument）量表。OCAI 量表将主导特征、领导风格、员工管理、组织凝聚、战略重点和成功准则作为测量的判据，共有 24 个测量项目，每个判据下有四个陈述句，分别对应宗族型、活力型、层级型和市场型四种类型的企业文化。该量表的突出优点在于为组织管理实践提供了一个直观、便捷的测量工具，在辨识企业文化的类型、强度和一致性方面很有效。

③Denixom 的 OCQ 企业文化测量量表

Denison 认为，企业文化是一套价值观、信念及行为模式，并构成组织的核心体。他首先对 5 家组织进行深入的个案研究来构建理论模型，并进一步以 764 家组织的 CEO 为样本，通过实证研究进行了假设验证。Denison 开发的 OCQ（organizational culture questionnaire）量表包含两个成对的维度（内部整合—外部适应和变化—稳定）所划分的 4 个象限，分别对应 4 种文化特质：适应性（adaptability）、使命（mission）、一致性（consistency）和投入（involvement），其中每种文化特质对应着三个子维度。

A. 适应性

组织学习：企业从内外部环境中接收、内化、传播知识与经验，并迅速进行创新，创造新知识的能力。

关注顾客：对顾客兴趣的把握以及对顾客需求的迅速反馈。

应变能力：企业对环境变化能够迅速采取变革措施并顺利实现。

B. 使命

战略方向获得：对如何实现企业愿景所进行的战略规划，包括明确的企业战略以及每个成员为实现目标所需付出的努力。

企业目标：为实现企业愿景、战略而设定的一系列阶段性目标。

愿景：企业所有成员共享的对企业未来发展的看法。

C. 一致性

核心价值观：企业成员共享的、特有的价值观和信念体系。

一致：企业成员达成一致观念的难易程度，尤其指在遇到冲突时。

协调与整合：企业不同部门之间为共同目标而相互协作的状况。

D. 投入

授权：企业成员进行自主工作的授权状况，它是责任感的源泉。

团队导向：依靠团队的力量来实现共同目标的意识。

能力发展：企业在员工技能成长、素质开发上的投入状况。

虽然 Denison 的 OCQ 量表包含更多的子维度，在揭示企业文化内容方面显得更为细致，但是，各文化特质概念之间的相关性很高，说明各特质之间的区分效度还有待于进一步的检验。

此外，除了以上 3 种企业文化测量工具外，Chatman 构建的企业文化剖面图、Schein 的企业文化理论框架和韦斯特的"组织气氛"量表等企业文化测量工具也都得到广泛的应用。但是，需要注意的是，由于我国特殊的经济环境和文化背景，我们在借鉴西方的企业文化测量工具时还要将其进行本土化，并开发出适合我国国情和企业特点的企业文化测量体系，比如以下两个量表。

④郑伯埙的企业文化价值观量表

中国台湾著名心理学家郑伯埙教授是较早成功进行本土化企业文化测量研究的学者。他认为企业文化是一种内化性规范信念，可用来引导组织成员的行为。他构建了 VOCS（values in organizational culture scale）量表，共分为 9 个维度：社会责任、敦亲睦邻、顾客导向、科学求真、正直诚信、表现绩效、卓越创新、甘苦与共、团队精神，他认为这些文化维度又可以进一步聚合为外部适应价值和内部整合价值两个高阶维度。VOCS 量表是完全本土化的量表，在中国企业文化测量方面具有开创性，但是比较抽象，回答者不易理解。

（5）刘理晖和张德的企业文化量表

刘理晖和张德主要从组织对利益相关者的价值判断和组织对管理行为的价值判断两个角度将企业文化分为 12 个构成要素，分别为：长期—短期导向、道德—利益导向、客户—自我导向和员工成长—工具导向（基于组织对利益相关者判断角度）；学习—经验导向、创新—保守导向、结果—过程导向、竞争—合作导向、制度—领导权威、集体—个人导向、沟通开放—封闭性、关系—工作导向（基于组织对管理行为的价值判断角度）。依据构成要素提出了企业文化的四种特性：动力特性、效率特性、秩序特性和和谐特性，形成了本土化的企业文化分析模型，并进行了实证研究。

（2）用于企业文化相关因素评价的工具

这类工具的主要目的在于了解企业员工状况、员工对企业的方方面面所持的看法，以及企业文化的影响因素等。如国家体改委经济体制与管理研究所和中国人民大学外国经济研究所提出的企业文化评价指标体系，包括四大类指标，共 52 个具体指标。

第一类：反映企业成员素质的客观指标

包括：①性别；②年龄；③文化程度；④参加工作时间；⑤现在职务；⑥在本企业的工作时间。

第二类：反映企业成员与企业文化有关的一般价值观念的指标

包括：⑦对目前社会中存在的各种职业性组织的偏好；⑧对自己所在企业的社会地位及个人晋升机会的重视程度；⑨对收入的重视程度；⑩对增长自身才干、发挥自己工作能力的重视程度；⑪对工作稳定的看重程度；⑫对工作轻松的看重程度；⑬对企业和工作的参与意识；⑭个人的奋斗精神、独立意识；⑥对自身身心状态的自我感觉。

第三类：反映企业成员关于企业的观念的指标

包括：⑯企业以追求利润为主要目标；⑰企业以为社会做贡献为主要目标；⑱企业以维护员工个人利益为主要目标；⑲观念上对技术、技术人员的重视程度；⑳观念加上报酬的因素后对技术、技术人员的重视程度；㉑在观念、报酬、责任综合考虑时对科技、科技人员的重视程度；㉒观念上对管理、管理人员的重视程度；㉓观念加上报酬的因素后对管理、管理人员的重视程度；㉔在观念、报酬、责任综合考虑时对管理、管理人员的重视程度；㉕个人与企业的关系；㉖企业内同一班组成员间的关系；㉗同一行业内的企业之间的关系；㉘对同一班组内的人员间收入距离的接受程度；㉙对企业内各部门间收入距离的接受程度；㉚理性评价企业的程度；㉛从感情出发评价企业的程度；㉜评价企业以个人利益实现的程度为标准；㉝理性地评价企业中人的行为、人际关系；㉞从情感、道义出发评价企业中人的行为、人际关系；㉟对工作、评价人从经济效益出发；㊱对工作、评价人从协调人际关系出发；㊲评价人时重视能力的程度；㊳评价人时重视品质的程度。

第四类：企业成员对企业状况的主观评价

包括：㊴对企业内机构设置状况的评价；㊵有无厂歌；㊷有无体现企业精神的口号；㊷企业精神的口号有无效果；㊸产品知名度；㊹企业知名度；㊺企业横向沟通状况；㊻企业纵向沟通状况；㊼企业沟通缺乏程度；㊽企业靠人治的程度；㊾企业靠制度运行的程度；㊿对企业效益的评价；51有无自豪感；52职工在企业中得到关心、重视的程度。

除了使用已有工具外，企业也可以根据自身情况开发设计新的调查工具。

3. 诊断结果应用

企业文化诊断是个系统工程，是定量分析与定性分析的相互结合。定量的诊断方法（即采用企业文化量表进行大规模测验的诊断方法）与定性的诊断方法（即采用观察、访谈甚至参与企业活动等方式来了解分析企业的文化内涵和文化状态）结合实用，既能保证企业文化诊断的全面性和深刻性，又能反映出特定企业环境下的文化各异性。因此，企业文化的诊断也常常分阶段进行。阶段的成果应该以报告的形式提交，其中包括第一阶段的定量测评报告，第二阶段的定性分析结果以及第三阶段的最终诊断报告。诊断的结果应用于如何建设有特色的企业文化，并针对调查的结果，对核心理念的梳理，以便进一步完善企业文化建设。企业文化诊断的结果一方面有利于经营者定期评估企业文化竞争力的优势、劣势，并不断完善；另一方面便于企业文化项目进一步实施，包括企业理念的提炼、企业文化战略规划等。此外，企业文化的诊断，也可以作为企业文化变革的一项重要准备工作。

（二）企业文化策划的内容

为了形成独具特色的企业文化，企业必须有目的地进行企业文化建设。而企业文化的策划就是企业文化建设的重要内容，是企业文化实施的基本前提。

企业文化的策划包括四个主要层次：企业精神文化的策划、企业制度文化的策划、企业行为文化的策划以及企业物质文化的策划。

1. 企业精神文化的策划

企业精神文化的策划是企业文化策划的核心，它是在充分反映社会、文化和管理的未来趋势的基础上，对企业长期积淀的精神财富和对未来的发展追求进行的理性升华，用以规范企业日常的行为和管理，关注和指导企业长远的发展。企业精神文化的策划应该遵循以下原则：

①实践性原则：企业理念来源于企业实践，是企业实践的凝练和升华。

②个性化原则：企业自身的特殊性决定了企业在员工的群体价值观、经营管理方针、思考和处理问题的方式方法、团体风气等方面的特殊性，这些特殊性总结提炼的结果必然形成企业理念的个性特色。

③持久性原则：对于企业理念的提炼要站在历史的高度、时代的高度，充分吸收当代社会最先进的文化思想观念，而且要能够把握社会前进的脉搏，预见企业未来的发展趋势。

④系统性原则：企业理念是一个系统，要强调各个理念之间不要冲突。

⑤艺术性原则：企业理念在一定程度上起到激励员工的作用，也是作为对外形象宣传的载体，因此，其艺术性不能忽视。

企业精神文化策划的主要内容包括企业愿景、企业宗旨、企业价值观、企业精神和企业伦理等的设计。

（1）企业愿景的设计

企业愿景是企业全体人员内心真正向往的关于企业的未来蓝图，是激励每个成员努力追求和奋斗的企业目标。企业愿景是对企业前景和发展方向的一个高度概括，可以由对企业未来10~30年的远大目标的表述以及对该目标的生动描述两个部分构成。例如，福特把它的"让汽车的拥有民主化"的远大目标描述为"我要为大众造一种汽车，它的低价格将使所有挣得相当工资的人都能够买得起，都能和他的家人享受上帝赐予我们的广阔大地。牛马将从道路上消失，拥有汽车将会被认为理所当然"。微软公司将"让世界上每一台计算机都因为微软而转动"的远大目标具体描述为"要使每个家庭，每张桌子上都有一台计算机；同时，他们使用着微软的软件"。

企业愿景的设定应该回答企业未来的发展是个什么样子的根本性问题。企业在构建自己的愿景的时候要把握方向，这种方向既可以表明企业将成为什么样的企业，也可以表明企业未来将从事什么产业，更可以表明企业未来在市场、顾客、同行业中的地位。例如，成都一家名叫"蚂蚁搬家公司"的企业确立的企业愿景就是："建成四川最大的搬家公司。"这个目标定位是准确的，符合该公司的实际情况，几年来在成都行业竞争中异军突起，但如果该公司把愿景确定为建成一个世界500强，那就好高骛远了，企业发展可能适得其反。

企业愿景的提炼，尤其是企业远大目标的提炼，应该用一些简练、明了、激动人心的文字加以表述。例如对某个塑料生产企业的企业愿景的提炼过程，最初的备选方案有四个，基本上都是将长远目标定位为在国内一流塑料生产基地，以生产为主导放眼未来。同时，还列出了一些目标，有远景目标，也有近期目标；有总体目标，也有分目标，既考虑前瞻性，又考虑现实性，形成一套目标体系。

但企业愿景的提炼必须简洁、凝练、准确。如"中国最大"和"中国一流"的推敲，一些企业往往是大而不强，而今后公司的发展目标是强调质量和效益，而不是一味地追求规模和人数，"最大"并不是企业的长远目标。通过几次修改和提炼，最终形成企业愿景的核心内容——"建设国内一流塑料基地，打造世界知名塑料品牌"。

（2）企业宗旨的设计

企业宗旨是关于企业存在的目的或对社会发展的某一方面应做出的贡献的陈述。

明确了企业的宗旨也就明确了企业自身存在的意义。企业宗旨应当是崇高而又现实的，它是企业家心中真实理念的写照。企业宗旨还应当具有这个企业所在的行业特点、民族特点、国家特点。如蒙牛的企业宗旨是："使每一个中国人都能喝上牛奶"；中国华电集团公司的企业宗旨是："照耀世界、温暖人间。"

一般来说，企业宗旨有一个历史的形成过程。一个企业新建之初，其宗旨都比较模糊或比较简单，大致局限在经营范围的陈述上。随着企业的发展和对经营过程的体验，其宗旨会逐步成熟和完善。不同企业的宗旨陈述详略不一，表达方式也不相同。大体而言，设计企业宗旨一般要包括顾客、产品和服务、市场、技术、财务、价值观、自我认知、公众形象、对员工的态度与责任等。

企业宗旨在明确以后，还应适当展开。一般认为，展开的企业宗旨，应陈述下面十个方面的内容：

顾客——谁是企业的主要顾客？

产品或服务——企业的主要产品或服务是什么？

市场——企业主要在哪一个地区或行业展开竞争？

技术——企业的主导技术是什么？

财务——对企业生存、发展和赢利的关注，对企业近、中、远的经济目标的态度如何？

价值观——企业的基本信仰、价值观念和愿望是什么？

自我认知——企业的长处和竞争优势是什么？

公众形象——企业期望给公众塑造一个什么样的企业形象？

利益协调的有效性——是否有效地反映了顾客、股东、公司职工、社区、供应和销售厂商等各利益相关团体的利益？

激励程度——展开的企业宗旨能否有效地激励企业职工？

例如，希尔顿酒店的企业宗旨是：被确认为世界最好的第一流的酒店组织，持续不断地改进我们的工作，并使为顾客、员工、股东利益服务的事业繁荣昌盛。对成功地完成我们使命至关重要的是：

人：这是我们最重要的资产，参与、齐心协力和承担责任是指导我们工作的价值观。

产品：这是指我们提供的活动、服务和设施。它们必须被设计和经营得具有高品质，能始终满足我们顾客的需要和期望。

利润：这是我们成功的最终的衡量标准——衡量我们是否能很好地、很有效率地为顾客服务，利润也是我们生存和发展所需要的。

为实现我们的企业宗旨必须遵循的指导原则是：

质量第一：我们的产品和服务的质量必须使顾客满意，这是我们放在第一位考虑的优先目标。

价值：我们的顾客应该享有在公平合理价格下的高质量的产品，这是指导我们发展业务的价值观。

不断改进：绝不停留在过去的成绩上，通过创造性努力，不断改进我们的产品和服务，并提高我们的效率和赢利率。

齐心协力：在希尔顿酒店，我们是一个家庭的成员，一起合作把工作做好。

完善：我们决不对违反希尔顿行为准则的现象妥协——我们要对社会负责——我们保证遵循希尔顿在公平和完善方面的高标准。

（3）企业价值观的设计

如前所述，企业价值观就是指导企业有意识、有目的地选择某种行为去实现物质产品和精神产品的满足，去判定某种行为的好坏、对错以及是否具有价值或价值大小的总的看法和根本观点。企业价值观的设计对企业精神层中的其他要素的设计都有重要的影响。

设计企业价值观的时候，第一个要解决的问题就是企业的价值在哪里？也就是说企业本身具有哪些价值属性。不同的企业会出现"企业的价值在于创新""企业的价值在于利润""企业的价值在于致富""企业的价值在于育人"等不同的价值观。

企业的价值在哪里？往往取决于企业管理者的判断标准或价值观。如创立"大宝"品牌的著名企业家武宝信，在20世纪80年代进入残疾职工占52%、亏损280多万元的北京市三露厂任职时，面对几百名等待养家糊口的残疾工人，他立下一个决心：要让全世界都知道，有残疾而形体不美的职工，一定能生产出为健全人装饰美的化妆品。并且把"残疾人是我们工厂的第一主人"的标语贴在餐厅的墙上。为了唤起残疾职工比健全人更强的自尊和自信，三露厂把"自强自立"确定为企业价值观。不难看出，把人作为企业的第一要素，帮助残疾职工实现自身价值和做人的尊严，是武宝信和他领导的企业的价值追求。这种"人尽其才"的价值观，在一系列管理制度的保证下得到贯彻，并获得了员工的认同。仅仅两年，企业不仅扭转了亏损，还赢利1 400多万元。同时，以大宝生发灵为龙头的大宝系列化妆品，打入了国际市场，两度登上世界发明博览会的领奖台，填补了中国化妆品获国际奖的空白。

企业价值观体系不仅要具有时代的特色、行业的特色，更要体现企业的特色和企业家的个性，因而它不能从书本上抄来，不能照搬其他企业的价值观，只能从企业自己的实践，从企业家的实践中提炼出来。例如，星巴克的核心价值观："为客人煮好每一杯咖啡"；可口可乐的核心价值观："自由、奔放、独立掌握自己的命运"；诺基亚的核心价值观："科技以人为本"；海尔的核心价值观："敬业报国，追求卓越"都反映了企业的特色和企业家的个性。

企业的核心价值观，必须进行反复的讨论，方能找到最贴切企业实际的最精华的、最重要的核心理念。如某食品集团，由于原来没有进行过企业核心价值观的思考，所以一开始在设计时将在访谈过程中企业领导人和各层次员工都谈得最多的一句话："共享成功"，作为企业的核心价值观。在第一次讨论时，有人就提出"共享成功"是没有错，但是并不是在企业的各项工作和经营全过程中最注重的东西。对于企业而言，最重要的应该是"创新"，只有不断进取，才能共享成功。这一说法得到了大家的认可，所以在第二稿时，核心价值观改为"持续完善，不断创新"，并进行了相应的解释。在第二次讨论时，又有人提出光创新不行，还必须实干，也有人提出这样没有企业的特色，作为经营食品和物流业务的企业，注重的就是为大众提供方便、快捷和高效的生活享受，所以应该把"便捷"作为指导工作的核心价值观之一。据此，核心价值观又被改为"新、捷、实"。在第三次讨论时，大家又觉得便捷是在工作中要注重的方面，但是与创新、实干相比不是在同一个层面上，建议去掉，而对于创新和实干，大家又进行了进一步的讨论，认为创新很重要，但是要建立在"实"（踏实和讲求实效）和"干"（体现在工作中，积极主动做）上，因此将核心价值观最终确定为"创新，源于实干"。

（4）企业精神的设计

企业精神是企业在整体价值观体系的支配和滋养下，在长期经营管理中经精心培养而逐渐形成的，是全体成员共同意志、彼此共鸣的内心态度、意志状况、思想境界和理想追求。

企业精神的设计方法各种各样，可以通过在内部员工中进行调查研究，集思广益，提出企业精神的表达内容；也可以对企业英雄人物的思想和行为进行深入研究，确定出企业最需要的企业精神；还可以由企业领导人决定企业精神的内涵；也可以发挥外部专家的智慧，为企业设计符合企业发展的企业精神。

常见的企业精神的表达方式可以归纳为单一式和复合式。

单一式，就是用一短语、一短句、一简明的文字来表述企业精神的内容，具有凝练、简明、上口、易记等优点。比如根据行业特点选择短语、短句（北京邮政系统把

"一封信、一颗心"作为企业精神）；采用警句式，以反映企业特色、信念、追求（宝洁公司"做正确的事"、日产公司"品不良在于心不正"）；采用比喻式（美国的玛丽·凯化妆品公司把其企业精神表述为"大黄蜂精神"）；采用口号式（正大集团的"正大无私的爱"、海尔的"真诚到永远"）等。

复合式，就是用几组文字来表述企业精神的内容，或以一组语句为主，几组语句为辅，综合表述企业精神。如松下精神表述为"生产报国、光明正大、团结一致、力争上游、文明礼貌、顺应潮流、报恩报德"。北京首都国际机场的企业精神是："我与机场共发展"，附含："以人为本——主人翁精神；居安思危——竞争精神；同舟共济——团队精神；追求卓越——创业精神。"用几组语言来表述企业精神时，应该注意文字有主有次，若干句之间是彼此有联系的。

由于企业精神的表述比较精简，因此也往往需要通过多轮的反复讨论，方能确定。比如，某企业对企业精神的原有表述是："对顾客真诚，对员工坦诚，对企业忠诚。"但是在第一轮讨论时，有人提出这句话太长，能否合并成："诚实"，然后在解释中展开三诚。而在第二轮讨论时，大家经过仔细考虑，认为"诚实"不足以反映原来的意思，需要再修改，讨论结果是改为"三诚——真诚、坦诚、忠诚"，然后同样在解释中展开原有的表述。经过这样的讨论，最终确定了企业精神的表述方式。

（5）企业伦理的设计

企业伦理，是指人类社会依据对自然、社会和个人的认识，以是非、善恶为标准，调整人与社会关系的行为规范和准则。

1994 年，美国、日本和欧洲的企业界领袖在瑞士通过的《CAUX 圆桌会议企业商务原则》为企业经营提供了企业伦理的基本准则。CAUX 圆桌会议认为：企业的经营活动应基于以"共生"和"人的尊严"二者为基点的伦理观念中，这种基本的伦理观念应该得到所有企业的普遍尊重和严格遵守。"共生"是指为全人类的利益和幸福而共同生活，共同劳作，使相互合作、共存共荣与正当、公平的竞争两者并存；"人的尊严"则是指把个人的神圣不可侵犯性和真正价值作为终极目标，而不是简单地作为达到他人的目的或获得过半票数的手段，即实现真正的"人性化"。

企业伦理的设计应该注意以下几点：企业的伦理道德要体现本民族的优秀传统道德；要符合社会公德和家庭美德；要突出企业所在行业的行业道德；要反映企业自身的道德特性。企业伦理设计内容一般包括：忠诚、守信、负责、正直、勤劳、节俭、无私、廉洁、礼貌等。飞利浦（中国）集团在员工行为规范中明确规定，飞利浦（中国）集团的基本目标之一，就是以道德的手段获得利润。飞利浦（中国）集团保证向员工提供安全和健康的工作环境，以及没有歧视、骚扰或因个人行为而不利于工作的工作气氛。它同时明确规定：向与本公司有业务往来或希望与本公司建立业务关系的供应商、客户或其他方面索取或接受礼物或任何形式的酬劳是不允许的。

2. 企业制度文化的策划

企业制度文化的策划是在精神文化策划的基础上，通过制度体系将企业观念固化下来，进而用以指导和约束企业行为和员工的个人行为。与精神文化的深奥、抽象相比较，制度文化讲究的是具体、实际。

制度文化的策划主要包括企业制度和企业风俗的设计。

（1）企业制度的设计

企业的行为常常被企业制度所规范，企业制度的制定与实施，可以反映出企业的不同行为。企业制度可以分为企业一般制度和企业特殊制度，其中一般制度又可以划分为工作制度和责任制度。

1）工作制度设计

工作制度是对各项工作运行的管理规定，是保证企业各项工作有序运行的重要保障，包括：计划制度、人力资源管理制度、生产管理制度、服务管理制度、技术管理制度、设备管理制度、财务管理制度、销售管理制度等。每一制度下都有具体的内容，例如人力资源管理制度又包括用人制度、分配制度、激励制度、绩效考核制度、奖惩制度、教育培训制度等。企业的工作制度应该体现行业特点、地区特点、企业特点，同时与企业现在的发展阶段相适应。各项工作制度的设计应该相互配套，形成一个完整的制度体系。

例如，微软的时间管理制度又称为"工作任意小时"制度，与传统的从早上九点到下午五点的作息时间相比，微软允许员工自由安排工作时间。这也是微软"家庭式办公"观点的一个表现。微软在大多数情况下没有对工作小时数的设定，这种管理方式靠的是公司对员工的信任、员工对公司所负的责任和每个人对成功的渴望。微软一方面把握住了优秀人才渴望获得认可的心理；另一方面通过为每位员工制定"年度目标"来达到约束员工的作用。假如员工的目标达到了，那么将得到丰厚的奖励，如果做不到，惩罚也是严厉的，甚至有可能失去工作。所以，在微软，每个员工心里都绷着的一根弦：对自己工作的把握。微软的"工作任意小时"是让员工在状态最佳的时候工作，提高了工作效率。

2）责任制度设计

责任制度是指企业内部各级组织、各类工作人员的权利及责任制度，其目的是使每名员工、每个部门都有明确的分工和职责，使这个企业能够分工协作、井然有序、高效运转。包括领导干部责任制、各职能机构和人员的责任制和员工的岗位责任制等。责任制度的设计要注意正确处理权责利的关系，将企业的目标体系层层分解，落实到部门和岗位上的个人，并以此作为考核的依据，与其奖惩挂钩，这样才能调动员工的积极性和主动性。常用的比较科学的目标分解方法就是由著名的管理学家德鲁克提出的"目标管理法"。

3）特殊制度设计

特殊制度主要是企业的非程序化制度，如员工评议干部制度，总结表彰制度，干部员工平等对话制度，员工生日、结婚、生老病死的制度等。与工作制度、责任制度相比，特殊制度更能体现企业文化的精神层要素。特殊制度的设计有利于塑造鲜明的、与众不同的企业形象。

例如，一些企业设计了干部"六必访"制度。

"六必访"制度指企业领导和各级管理人员在员工生日、结婚、生子、生病、退休、死亡时要访问员工家庭。

被誉为"国有企业优秀带头人"的吉林化纤集团总经理傅万才，三次前往医院探望得了尿毒症的员工刘桂芝。病榻上的刘桂芝哽咽着说："您多次来看我，太关心我了，想再看您一眼。"她接着颤抖着说："我快要走了，扔下两个孩子放心不下，希望您能够把他们安排好。"傅万才说："你放心吧，我一定安排好。"

全国""五一劳动奖章"获得者、河北衡水电机厂厂长吕吉泽在每一名员工过生日的那天，都亲自把定做的蛋糕送到员工手中，他还和企业的其他领导同志在员工生病住院、婚丧嫁娶时登门慰问或道贺。

与吉林化纤集团、河北衡水电机厂一样，"六必访"制度体现了以人为本的管理思想，是感情激励的一个重要组成部分，是员工之间真诚关心、团结友爱的表现，对增强企业凝聚力有着十分巨大的作用。

企业制度在设计时应该注意与企业文化理念保持一致。两者的契合可以从以下角度入手：

①公司明确提出将企业文化理念作为企业制度制定的指导思想，同时在制度执行的过程中，高度体现企业文化理念，将理念的精神落到实处。

②依据已经确认的企业文化理念和行为准则，检查企业现行制度中有没有与文化理念相违背的内容，强化与企业文化相融合的制度，修正或废弃与企业文化不相容的制度。

③以企业文化理念为基准，对企业制度进行经常性的检查，以适应变化和提升了的理念。通过组织和管理手段，防止刚性的制度对文化理念的侵蚀。

④通过必要条件，将企业文化理念的贯彻执行制度化。

（2）企业风俗的设计

企业风俗是企业长期相沿、约定俗成的典礼、仪式、习惯行为、节日、活动等。由于企业风俗随着企业的不同而有所不同，甚至有很大的差异，因而成为区别不同企业的显著标志之一。设计培育新的企业风俗需要体现企业文化的精神内涵，例如，江苏有一家以制造文化用品为主的乡镇企业，把培养高文化品位作为企业目标，于是该企业大力倡导和积极鼓励员工开展各种读书、书法绘画、诗歌欣赏等活动，后来逐渐形成了一年一度的中秋文化之夜的企业风俗，企业员工及家属子女都踊跃参加，展示自己的书画作品，朗诵自己喜爱或创作的诗词散文。这一企业风俗就很好地反映了企业的理念。

企业风俗的设计还需要与企业的发展特点和企业的经济实力相结合。例如：

IBM公司有个风俗，就是为工作成绩列入前85%以内的销售人员举行隆重的庆祝活动。公司里所有的人都参加"100%俱乐部"举办的为期数天的联欢会，而排在前3%的销售人员还要荣获"金圈奖"。为了表示这项活动的重要性，选择举办联欢会的地点也很讲究，譬如到具有异国情调的百慕大或马略卡岛举行。有一个曾经得过"艾美"金像奖的电视制片人参加了该俱乐部1984年的"金圈奖"颁奖活动，他说IBM组织的"轻歌剧表演"具有"百老汇"水平。当然，对于那些有幸多次荣获"金圈奖"的人来说，就更能增加荣耀感，有几个"金圈奖"获得者在他们过去的工作中曾20次被评选进入"100%俱乐部"。在颁奖活动期间，要分几次放映有关他们本人及家庭的纪录影片，每人约占5分钟左右，该片质量与制片厂的质量不相上下。颁奖活动的所有动人情景难以用语言描述，公司的高级领导自始至终参加，更激起了人们的热情。因此，企业风俗可以起到对内引导、凝聚、约束作用和对外辐射作用。

但是，企业风俗如果太多太滥，反而会使得员工把注意力集中到企业风俗的外在形式，以致忽视和冲淡了企业风俗深层次内涵的影响。

3. 企业行为文化的策划

企业行为文化的策划是使企业文化能够从观念的整合过程过渡到行为的整合。只有将企业的理念识别踏踏实实地落实在行为规范上才会收到良好的效果。如世界上最好的快餐集团之一——麦当劳公司，它成功的主要因素应归功于它有着有效地贯彻企业理念的行为识别活动。它在贯彻提供品质上乘、服务周到、地方清洁、物有所值的产品和服务的理念的同时，建立了一整套完整的行为识别系统。为使食品达到标准化，做到了无论国内国外，所有分公司的食品质量和配料都一样，同时规定了各种操作规程和细节，他们坚持不卖味道差的东西，放置时限一到就马上舍弃不卖。如规定汉堡制作后超过 10 分钟即舍弃不卖等。麦当劳导入的行为识别系统，使其行为统一达到惊人的程度，无论顾客走进哪一家分店，他们都能得到大小相同的份额，同样口味的食品，看到一样的餐饮服饰，享用到一样的服务。为此，麦当劳公司制定了一本厚达 385 页的程序手册，把最细致的行为动作都描述出来。

行为文化策划的主要内容是员工行为规范的设计。

员工行为规范是企业有意识地提出的员工在企业共同工作中应遵守的行为和习惯的标准。员工行为规范的强制性弱于企业制度，但是它带有明显的导向性和约束力。员工行为规范的倡导和推行，可以形成员工的自觉意识，使员工的行为举止和工作习惯朝着企业所期望的方向转化。

（1）员工行为规范设计的原则

①一致性原则。员工行为规范必须与企业理念要素保持高度一致并充分反映企业理念，成为企业理念的有机载体；行为规范要与企业已有的各项规章制度充分保持一致；行为规范自身的各项要求应该和谐一致，不出现自相矛盾。

②针对性原则。员工行为规范的各项内容及其要求的程度，必须从企业实际特别是从员工的行为实际出发，有针对性。

③合理性原则。员工行为规范的每一条款都必须符合国家、社会公德，即其存在要合情合理。

④普遍性原则。员工行为规范的选用对象是全体员工，不仅包括一般员工，也要包括高层领导。

⑤可操作性原则。行为规范要便于全体员工遵守和对照执行，其规定应力求详细具体，具有可操作性。

⑥简洁性原则。制定员工行为规范时不应该面面俱到，而要选择最主要的、最有针对性的内容，做到整个规范特点鲜明、文字简洁，便于员工学习、理解和对照执行。

（2）员工行为规范的主要内容

①岗位纪律。岗位纪律一般是员工个体在工作中必须遵守的一些共性的要求，其目的是保证每个工作岗位的正常运转。包括作息制度、请假制度、保密制度、工作态度要求、特殊纪律等方面。比如，有的企业在员工行为规范中明确规定"工作日中午严禁喝酒"。

②工作程序。这是对员工与他人协调工作的程序性的行为规定，包括接受上级命令、执行上级命令、独立工作、召集和参加会议、配合同事工作、尊重和沟通、报告的要求等方面。例如，廊坊新奥公司规定员工"复杂的命令应做记录""为避免出错，听完后最好把命令要点重复一遍"。工作程序是把一个个独立的工作岗位进行关系整合，使企业成为和谐团结的统一体，保证企业内部高效有序地运转。

③待人接物。对员工待人接物方面的规范性要求不仅是企业塑造企业形象的需要，而且也是培养高素质员工的必要途径之一。待人接物所涉及的包括礼貌用语、基本礼节、电话礼仪、接待客人、登门拜访等方面。如山东小鸭集团维修人员在上门服务时，根据许多用户装修了住房的情况，在进入用户房门之前一律在脚上套上自带的塑料薄膜，这都是考虑非常周到的行为规范。

④环境与安全。企业在环境保护方面对员工提出一定的要求，不仅有利于营造和维护企业良好的生产、生活环境，而且对于塑造良好的企业视觉形象有直接帮助。比如，有些企业提出"饭后将餐具送回厨房，自己清洁垃圾"。另外，帮助员工树立安全意识也是员工行为规范应该包括的内容。针对不同企业的情况，安全规范有很大差别。例如，交通、运输、旅游等行业一般提出安全行车要求，而化工企业则对有害化学物品的管理和有关操作程序有严格规定，电力行业则对电工操作、电气安全有相应规范。

4. 企业物质文化的策划

企业物质文化是企业精神文化的外在表现。没有精神文化，物质文化只能是简单的装饰品；没有物质文化，精神文化也无法有效地表达和传递。

借鉴企业形象设计（CI）中的企业视觉识别（VI）思想，企业物质文化系统主要包括两大类要素：一为基本要素，它包括企业名称，企业标志，标准字，标准色，二为应用要素，即上述要素经规范组合后，在企业各个领域中的展开运用。包括办公用品，建筑及室内外环境，衣着服饰，广告宣传，产品包装，展示陈列，交通工具等。

（1）基本要素设计

基本要素是表达企业经营理念的统一性基本设计要素，是应用要素设计的基础。

基本要素的设计应该遵循如下原则：

第一，突出企业的个性。基本要素应该与企业所从事的行业、企业价值观等相结合，体现企业自身的特色。

第二，持久性。基本要素一般应具有长期使用的价值。基本要素在各种场合被反复使用，经常出现在企业的各类广告、产品、包装以及其他大众传媒中，如果经常变动，不利于形成稳定的企业形象。

第三，艺术性。基本要素是靠人的眼睛去感受，一定要有美感，才能够建立起高品位的企业形象，给人留下好的印象。讲究艺术性，应注意标志构图的均衡、轻重、动感，注意点、线、面的相互关系，以及色彩的选择和搭配，而且要特别注意细节的处理。

为了在信息传播中达到对内（企业内部）、对外（社会公众）视觉上的一致，从而塑造明确而统一的企业整体形象的效果，在基本要素设计中，企业名称、企业标志、标准字、标准色是最主要的四个要素，应该具有规范性。

1）企业名称

企业名称是构成企业身份的基本元素，是企业外观形象的重要组成部分。在设计企业名称时，须考虑以下3方面因素：

①企业所在行业的特点。企业名称首先应体现自己所在行业的特点。例如，在实际中，建筑企业与药品企业当然应该有不同的名称。企业名称首先要以其行业来定义。

②企业所生产的产品特点。企业名称还必须体现产品的特点。若企业生产的产品品种单一，也可以其产品来定义其名称。

③企业应有的独特个性。企业名称还必须体现和有利于创造企业的独特个性。企业名称是企业个性的文字表现，它不仅对企业经营活动以及员工纪律、士气产生深远的影响，而且对树立企业独特形象具有重要意义。当人们第一次听说或第一次看到某一企业，首先接收到的即是企业名称，并通过这一名称在脑海中形成第一印象。良好的企业名称会直接给人一种耳目一新、过目不忘的感觉。

一个与众不同的、简练的名称，会在公众心中留下深刻的印象。而且在确定企业名称时，能够反映出企业精神的内涵也是非常重要的。例如，日本索尼公司原名"东京通讯工业公司"，后来才改名"索尼"，其含义是"快乐的男孩"，寓意是"成长"。这个名称字母较少，读音顺耳，成为企业名称设计的经典。又如中国台湾顶新集团投资大陆成立了顶益食品公司生产方便面，他们听说大陆人喜欢"师傅"这个称谓，给人以朴实、亲切的感受，如果方便面能使人感到亲切和朴实，吃了又使人健康，那该多好啊！于是，他们注册了"康师傅"这个牌子。

确定企业名称时，还应该仔细研究消费者心理以及市场的发展变化，为企业取一个令人印象深刻，具有时代感和冲击力的名称。例如，日本胶卷市场上曾有两家旗鼓相当的公司相互竞争——富士公司和樱花公司。20世纪50年代，樱花公司在日本胶卷市场上拥有超过一半的市场占有率，然而，随着时代的变迁，富士的市场占有率越来越高，终于击败樱花公司，成为胶卷市场的霸主。根据调查，这场竞争的关键在于企业名称。日文中的"樱花"一词有"桃色""软性""模糊"的意味，而"富士"则和日本的富士山、蓝天、白雪联系在一起，给人以美好的印象。"樱花"受不良印象的影响，各种广告无济于事，只能节节败退。

此外，市场竞争的国际化使企业在参与国际竞争时必须考虑名称的国际性。例如，"联想"最初成立的时候，名称为"中国科学院技术研究所新技术发展公司"。1985年，随着第一款具有联想功能的汉卡产品"联想式汉卡"推出，"联想"品牌由此诞生。1988年香港联想开业，采用英文名称 Legend，"联想"第一次成为公司名称。柳传志说，当初联想成立、起名叫 Legend 的时候，联想还只是处于谋生的阶段，完全没考虑到"国际化"问题。但公司发展到现在，"国际化"已经成为联想两代人的梦想，换标的代价必然要付出。Legend 在海外市场被注册的太多，而联想在国外发展就一定要有一个能受到法律保护、能合法销售产品的商标。经过多方研究，名称最后落在了自己创造的单词——Lenovo。Lenovo）由 Le 和 novo 组成——Le 取 Legend 的字头，novo 在拉丁语中则意为创新。

2）企业标志

企业标志是指代表企业的意义明确的统一的标准视觉符号，它可以是企业的文字名称，可以是图案，也可以是文字图案相结合的一种平面设计。企业标志能够将企业的经营理念、经营内容、产品特性等要素传递给社会公众，在整个物质文化系统设计中，具有重要的意义。

企业标志的设计应该兼具企业文化内涵和艺术欣赏价值。一方面，标志的设计要具备独特的风格，将企业独特的个性传递给受众，要巧妙地赋之以寓意，但寓意要准确，名实相符；另一方面，标志在设计上不仅要造型优美，符合美学原理，而且要简洁鲜明，富有感染力。标志的设计选择有以下三类：一是以统一的企业名称和品牌名称作为企业识别标志，如 BENZ、Disney 等；二是以企业名称、品牌名称为基础勾画出新的组合图案以此作为企业标志，如国际商用机器公司的 IBM、麦当劳的"M"等；三是以企业经营理念为企业标志的核心内容。依据上述不同方向进行设计，可产生不同个性和形象特征的标志。一般而言，对于规模较大、市场占有率较高的企业，较适合采用文字标志，若是企业名称和品牌知名度不太高，则通过图形标志能增加标志的识别性和亲切感，较易被认同。

下面是一些著名企业的企业标志的设计内涵。

世界顶级豪华汽车品牌"BMW"，无论从它音意俱佳的中文名字"宝马"还是从它蓝白螺旋桨标志，无不蕴涵着"BMW"的品牌精神和汽车品位。"BMW"公司最早从生产飞机发动机起步，飞机螺旋桨高速旋转在蓝天白云的背景上画出扇形弧线，概括出蓝白相间四片扇叶的"BMW"标志。译名"宝马"独具匠心，"马"乃载物工具，车的概念显见其中；一个"宝"字让人不禁对马产生美好想象，因为"宝马香车"古已有之。"BMW"栩栩如生的视觉品牌形象令人耳目一新，几十年来"BMW"公司不断演进、变革，蓝白螺旋桨的主题却始终如一，成为其企业精神不可分割的一部分，显示了其品牌文化的迷人魅力，也获得了巨大的商业成功。

太阳神标志以简练、强烈的圆形和三角形构成为基本定格，圆形象征太阳，代表健康、美味的商品功能与企业经营理念；三角形则具有稳定、向上的含义，代表企业永远充满活力，稳定前行的精神；太阳神的人字造型，则体现了企业团结向上的意境和以"人"为中心的服务与经营理念：红、白、黑三种纯而分明的色彩形成强烈的色彩反差，体现了企业不甘于现状，奋斗开拓的心态，同时给人以强烈的视觉冲击力。

海尔企业文化的核心是创新。它是海尔20年发展历程中，产生和逐渐形成特色的文化体系。"创新"，伴随着海尔从无到有、从小到大、从大到强、从中国走向世界，海尔文化本身也在不断创新、发展。随着海尔的不断壮大，企业的新标志也应运而生，与原来的标志相比，新标志延续了海尔多年发展形成的品牌文化，并且强调了时代感。通过简洁、自然、和谐、时尚的设计，赋予海尔企业标识新的内涵，使其成为海尔发展新阶段的精神承载。整个字体标志在动感中有平衡，寓意"变中有稳"。充分体现和延续海尔企业文化。

柯尼卡美能达的企业标志以地球为模型，标志着柯尼卡美能达的无限扩展力，是对全球的广大客户提供新价值的表现，可称之为"地球印记"。椭圆的形状体现了对客户提供的信赖感、安心感和广泛的技术力的调和；而模拟光线的5条线条体现了在视觉影像领域广泛的技术力的调和。另外，作为象征的基调色——蓝色，代表了柯尼卡美能达以独创的革新为目标的宗旨，所以也可称作为"革新蓝"。

3）标准字

标准字是指经过设计，用以表现企业名称或品牌的字体。标准字与企业标志联系在一起，具有明确的说明性。标准字不同于普通字体，在形态、粗细、字间连接与配置等方面，都做了细致严谨的规划，与普通字相比更美观，更具特色。而且同一企业可能有几种标准字形式，它们之间具有连贯性，这种连贯性对企业形象特质做了极好的诠释，整体上体现了企业的个性特征。

企业标准字应传播明确的信息，说明的内容要简单易读，才能符合现代企业讲究速度、效率的精神，具有视觉传达的瞬间效果。汉字与字母的设计应力求清晰、准确、规范，注意二者之间的配合。我国企业以前有请名人题字的传统，用正、草、隶、篆等多种字体来书写企业名称。但随着科技的进步，企业往往倾向于追求明确化、系统化的经营风格，传统的名人题词由于往往表达个人风格，不能传达企业的经营理念和文化背景。从字体上而言，书法字体自由书写，易读性不高，结构不够规范，延展性不高；而且书法字体的个性太强，难以找到与其他要素的结合点，尤其是与英文字体组合时，缺乏系统性的问题更为严重。因此，标准字的设计，应经过全面的计划和实施，以创作出独具企业风格的字体。

另外，对于企业标准字的具体造型如字形的方长、高扁、样式风格及字体的内嵌等的设计应该注意以下四个方面的内容：一是确定企业名称的字体，包括英文字体或中文字体的选取、字体的表现形式、字体是集中成一行还是迁就特殊的空间分写成几行。二是确定标准字字体是固定成阳体（以明亮的底色配之以暗色的字体）还是阴体（以深暗色的底色配之以明亮的字体），或根据具体情况确定其他明暗程度不同的字体。三是确定企业名称的书写方式，是水平书写还是垂直书写，还是依据情形的不同用不同的书写方式。四是确定字距的大小、紧密、字形的弯曲程度。字体的颜色与底色的颜色，以及深浅程度等。

④标准色

企业标准色是指企业指定某一特定的色彩或一组色彩系统，运用在企业的视觉传达设计的媒体上，通过色彩的视觉刺激和心理反应，以表现企业的经营理念、组织结构和经营内容等。由于色彩的不同感觉，它不但会使人产生各种不同的感情，而且可能引起从精神、情绪导致行为的变化。各种色彩所能引起的心理效应见表。

色彩的心理效应

色彩	感情倾向
红色	生命、热烈、喜悦、兴奋、忠诚、斗争、危险、烦恼、残暴
橙色	温馨、活泼、渴望、华美、成熟、自由、疑惑、妒忌、不安
黄色	新生、单纯、庄严、高贵、惊讶、和平、俗气、放荡、嫉妒
绿色	生长、活力、和平、青春、新鲜、安全、冷漠、苦涩、悲伤
蓝色	希望、高远、安详、寂静、清高、空灵、孤独、神秘、和谐
青色	神圣、理智、信仰、积极、深远、寂寞、怜惜
紫色	高贵、典雅、圣洁、温厚、诚恳、嫉妒
金色	华美、富丽、高级、气派、庸俗
银色	冷静、优雅、高贵

色彩	感情倾向
白色	纯洁、清白、干净、和平、神圣、廉洁、朴素、光明、积极
黑色	庄重、深沉、坚毅、神秘、消极、伤感、过失、死亡、悔恨
灰色	谦逊、冷静、寂寞、失落、凄凉、烦恼

标准色的设计要根据企业风格，产品特点设计，既鲜明地显示企业独特个性，又要与消费者心理相吻合。例如，IBM 在选择标准色时，对于如何选择与众不同的极有个性的色彩，颇费了一番脑筋。最后，选择了"蓝色"作为公司的标准色，以此象征高科技的精密和实力。从此，"蓝色巨人"成为美国公众乃至世界公众最信任的公司之一，并在美国计算机行业占据霸主地位。又如可口可乐的红色，洋溢着青春、健康、欢乐、向上的气息；柯达胶卷的黄色，表现色彩饱满、璀璨辉煌的产品特征；富士胶卷的绿色，使人联想到森林、绿树，给人以娇艳欲滴的生命感；海尔的蓝色，使人联想到大海的宽广，表现出海尔阔步世界的理想。

另外，标准色的开发，应避免和各国的民族偏好冲突。在法国，人们不喜欢绿色，因为它会使人想到纳粹军服，那里的男孩惯穿蓝色，小女孩惯穿粉红色。法国还忌讳绿色的地毯，因为该国在举行葬礼时有铺撒绿树叶的习俗。德国因政治原因而忌用茶色、黑、深蓝色的衬衫。德国的清洁工的服装和垃圾车是橘黄色的。在荷兰，代表国家的颜色橙、蓝色十分受欢迎。特别是橙色，在节日里广泛运用。瑞士十分喜爱三原色和同类色相配，并喜欢国旗上的红色和白色。巴西出于迷信，认为紫色代表悲伤，茶色象征着不幸。在马来西亚，黄色为王室所用颜色，一般人不能穿用。

（2）应用要素设计

通过基础要素来统一规范各项应用要素，达到企业形象的系统一致。高水平的视觉设计系统是对企业形象进行一次整体优化组合。不是将基础要素一一搬上应用领域就算了事，而是必须考虑到基础要素在企业建筑、产品包装、办公用品等各类不同的应用范围中出现的时候，既要保持同一性，又要避免刻板机械。应用要素的设计主要包括以下 6 个方面：

①企业建筑

企业建筑是企业的一部分，它不仅是企业生产、经营、管理的场所，而且是企业的象征。企业建筑物的风格代表了企业的经营风格，使公众能清楚地了解企业的性质特征和独特的形象，以及其深刻的文化内涵。在美国，一些著名公司都注重自己企业的建筑风格，特别是注重企业总部大楼的建造形式，力图充分体现公司的特点，并尽可能给顾客留下深刻印象，达到树立企业形象，宣传企业的目的。如位于匹兹堡的美国钢铁公司大楼，整个建筑物的装修都采用钢铁材料，人们只要一看到这些建筑，就能够立刻对企业的性质和独特的风格留下深刻的印象。新华通讯社的新建主体建筑外形像一枚巨型航天火箭点火待发、直插蓝天，展现出建设世界一流通讯社的雄心壮志和组织形象。

②环境形象

所谓企业环境形象，是指企业厂房概况与企业厂区四周概况，也就是企业环境从直观上给公众的整体感觉和印象。具体地说，它包括厂区建筑物、构筑物的布局、厂区的卫生绿化、材料堆放以及企业的合理布局等诸多内容。楼房布局合理、院内绿树成荫、空地绿草覆盖、道路清洁卫生、标语口号醒目、厂区门面设计合理，并且所有这些浑然一体，形成独特风格，对鼓舞员工士气、增加凝聚力具有非常重要的作用。

例如，微软研究院拥有舒适的环境。大学校园叫 campus，微软研究院也叫 campus，这正是微软舒适环境的写照。其中包括花园式的拥有大量鲜花、草坪的园区，还有美丽的 Bili 湖。篮球场、足球场更是充满了校园气氛。舒适的自然环境为微软人提供了优雅的工作环境，成为高效工作的保障。

③办公室环境

对于企业管理人员、行政人员、技术人员而言，办公室是主要的工作场所。办公室的环境如何、布置得怎么样，对于置身其中的工作人员从生理到心理上都能产生一定的影响，进而会影响工作人员的工作效率。办公室的家具与陈设品的选择应与空间性质、空间风格协调一致。其造型、色彩、质地也应服务于企业气质、企业性质，更应体现企业文化特征及企业精神，不能只图漂亮好看或新颖别致。

例如，西安联想分公司办公环境在色彩处理上，对墙面、形象墙、家具织物等部位采用与标识字体、企业色一致的蓝色，以营造一种积极进取、团结诚信的工作氛围；室内光环境的设计主要采用冷色光，再配以少量暖光衬托，可体现出沉静大方、明亮广阔的联想空间；纯色、冷色、直线条、织物或皮革质地的家具则给人现代时尚、简约明快的感受；陈设品多选用意境深远的挂画、字幅或造型简洁的陶瓷摆设，更能营造出沉稳大气、高雅别致的室内情趣。在形象墙、地面、前台立面、柱面等部位，还反复出现企业标识"LENOVO"字样，同时辅以大量灯箱、招贴、挂旗等形式以强化企业功能及企业精神。并以此作为联想集团标准化装修，同时应用于厂房、车间、展厅等其他功能的室内空间，使之具有统一的形象。

④办公用品

办公用品是企业信息传达的基础单位，办公用品在企业的生产经营中用量极大，扩散频繁，而且档次、规格、式样变化多端，因此，办公用品是企业物质文化表现的有力手段，具有极强的稳定性和时效性。企业识别应用系统中的办公用品主要指包括信封、信笺、名片、邀请函、贺卡、会员卡、贵宾卡、公文纸、笔记本、资料夹、各类财物单据、企业公章、员工徽章、水杯、烟灰缸等。

办公用品的设计应注重以下 4 个重点环节：①引入的企业识别标志及变体、字体图形、色彩组合必须规范；②所附加的企业地址、电话号码、邮政编码、广告语、宣传口号等，必须注意其字形、色彩与企业整体风格的协调一致；③对于办公用品视觉基本要素的引入，以不影响办公用品的使用为原则，并在此基础上增加其美感，如纸张中的基本要素，应位于边缘一带，并根据心理学的视觉法则，一般应位于整个版面的上方和左方，以留出足够的空间；④对于办公用纸的选择，一般应选择质量较好的纸品，而不能由于成本原因而因小失大。

⑤衣着服饰

企业员工的衣着和服饰具有传达企业经营理念、行业特点、工作风范、整体精神面貌的重要作用。企业对于员工服装的统一规定，能使员工将自己和企业紧密地结合在一起。员工衣着和服饰的设计，既是对企业员工的形象设计，也是对企业形象的设计。

企业员工的衣着和服饰的设计开发遵循以下原则：①由于不同的工作性质对服饰有不同的要求，因此在衣着和服饰的设计中应注意适用性原则。首先要考虑员工的岗位，如生产车间的制服，要求穿着舒服的同时要耐脏易洗、方便作业；服务岗位的服装，则应设计得体面、大方，并且具有一定的特色，一般女士应为套裙，男士应为西装等。同时也要考虑季节因素，应设计多套服装。②制服的设计要基于企业理念，体现企业特色，表现出企业是现代的还是传统的，是创新开拓的还是温和亲切的企业形象属性。③要基于行业特色，表现出医院、邮电、学校、宾馆、商业等已为大众认同的服装模式。④考虑视觉效果，通过色彩、标志、图案、领带、衣扣、帽子、鞋子、手套等表现出整体统一的视觉形象。⑤员工服装也可以与已设计好的基本要素相搭配，在保持整体风格一致的前提下将企业的标准字做成工作牌或标徽或直接绣在制服上，并以标准色作为制服的主要色调，以其他不同的颜色代表不同的岗位性质。这样企业员工的服装能整体体现企业的视觉形象，从而成为企业又一个传播文化的窗口。

⑥产品包装

包装是产品的延伸，它不仅是产品功能的描述，而且还可以结合企业的经营理念，通过塑造商品的个性和形象，进而树立良好的品牌形象和企业形象，向公众传递企业的物质文化。

包装设计要考虑的最主要的因素就是如何体现和树立企业整体形象。企业应将物质文化的基本要素应用于包装之中，包装材料、包装色彩、包装文字、包装图案等因素应与企业的名称、标志、品牌、标准字、标准色、印刷体等基本要素相统一，而且，其整体视觉效果应与企业的整体形象相一致。A 就企业标志而言，包装上应将企业标志置于统一的固定位置，用统一的背景或统一的构图予以衬托，使企业名称处于主导地位，从而取得良好的视觉效果。B 对于企业标准字而言，应当成为包装的中心，因为包装上一般有大量的文字说明，消费者往往通过标准字和文字说明来辨认产品。企业可以通过对比的手法加强其明视度，造成视觉上的冲击力。C 企业的标准色应该成为包装的主色调，至少应成为包装上较为突出的颜色。D 包装图案就像企业的宣传画，清楚、便于理解的包装图案具有审美功能和产品形象定位的功能。例如，万宝路香烟盒上的暗红与纯白搭配，加上黑色的 Marboro 商标，使人联想到西部牛仔的阳刚之美和不凡气度。另外，对于同一企业的不同产品，企业还可以使用系列包装，仅在包装款式、文字说明等方面做一些改动，而在企业名称、标准字、标准色、企业标志、产品品牌、商标等方面保持同一风格，以实现系列产品的扩散效应。

3. 企业文化策划的技术

企业文化的最大的特点是能够体现一个企业的文化个性，没有个性也就谈不上企业文化了。企业文化的策划过程中最主要的一点就是所设计的企业文化符合企业的实际，体现企业的鲜明个性，因此需要在以下三个方面下功夫。

1. 突出企业文化的民族性

企业文化根植于民族文化的土壤中，企业价值观、行为准则无不刻有民族文化的烙印。从世界其他国家的企业文化对比中，我们可以看到，民族文化的性质在很大程度上决定和影响着企业文化的特征。如日本的大和民族文化，它所派生的日本企业文化，着眼点放在运用职工的"集体智慧"，力求"协调""合作"，并格外强调职工对企业、企业对社会、领导对下属的责任感，因而就有了"和亲一致、顺应同化、感谢报恩、产业报国、奋力向上、献身组织"的特色。而在英、美这些带有浓厚个人英雄主义色彩的国家，则强调企业经营者的素质和能力，强调个人创新，所以"发展个性、鼓励竞争、争创第一、走向国际"构成了他们企业文化的特点。产生上述两种不同类型的企业文化，无疑是民族文化差异的影响，是东西方企业面临的不同社会环境和职工思想意识的深刻作用所致。所以，中国的企业要发展企业文化，建设中国特色的企业文化，必须坚持中华民族文化的独特性。鉴于日本传统文化与中国传统文化有着极其深厚的历史渊源，我国的一些企业就试图套用日本企业文化的模式，以传统的价值观为核心，对中国传统文化中某些与现代市场经济客观要求相矛盾的价值观念和道德标准进行更新和改造，借此创建中国特色的企业文化，以达到企业经营成功和民族经济腾飞的目的，事实上却起不到应有的作用。那么，怎样才能创造出中国特色的企业文化呢？首先，还是不能离开中国几千年来遗留下来的传统民族文化这个根本，因为只有民族的东西才是最有特色的；其次，对于中国传统民族文化要加以批判性利用，取其精华，去其糟粕，比如在中国传统文化中，在家族内以家族利益为最高目标，强调家族团体重于个人，个人无条件服从家族团体；强调家族内部以伦理关系为基础的和谐与稳定。企业文化应该继承这一特点，从而培育企业的集体主义精神。其中，需要特别注意的是：①强调群体精神的精华；②去除原有的压抑个性、封闭保守的糟粕；③保留人与人之间的相互关爱、相互尊重的传统；④借鉴儒家"以和为贵"的思想，建立和谐的人与人之间的关系。

同时，对日美等国在企业文化的成熟经验也要坚定地吸取，只有这样，我们的企业文化才是真正具有中国特色的。因此，我们企业建立企业文化应着重突出职工的主人翁地位、企业对国家对民族的义务，企业对社会的责任感、尊重知识、尊重人才、企业经营者与员工同呼吸共命运等内容。

2. 企业个性的反复锤炼

（1）企业价值观准确概括企业文化个性

时下有相当一部分企业在明确企业价值观时，仅仅模拟其他企业文化的语言文字，提出几句口号或标语，都是团结、进取、拼搏、求实、开拓、创新等不同组合。众多的企业都用同一面目去描绘企业的价值观，而不讲究企业的具体特点，造成雷同，使企业文化失去企业个性。那么，如何确立核心价值观呢？通常可以通过关键小组访谈或问卷方式进行初步调查，再根据企业发展的要求进行选择。价值观可以是一两条，也可以是一组系列观点。我们可以根据重要性，选择出最具企业特色的价值观作为企业核心价值观。

例如，某企业原本提倡过许多观念，诸如学习的观念、实干的观念、安全第一的观念、精益求精的观念、服从大局的观念、追求完美的观念。经过调查了解，企业的管理者都是从基层提拔起来的，十分务实。企业内部形成了崇尚先进的传统，经常搞一些评比活动，大家相互学习、争创一流的风气很盛。为了进一步引导员工向更高的目标迈进，企业领导决定把学习、务实、进取作为核心价值观。但是，只用"好学、务实、追求完美"等方式来表达核心价值观，有些过于通俗。虽然可以产生亲切感，但缺乏震撼力和视觉冲击力，对广大员工来说没有什么新鲜感。于是，选择了《礼记

·大学》中的一句话："强学力行，止于至善"来表达，效果很好。

又如，日本索尼公司的企业精神是"土拨鼠"精神，土拨鼠在茫茫的黑夜里总是不停地挖掘，体现出了索尼公司的开拓创新精神。索尼公司提倡："干别人不敢干的事"，"永不步人后尘，披荆斩棘开创没人敢于问津的新领域。"这是一种很难确定方向、失败了外人也很少知道其艰辛的开拓，因而最需要的是暗地里持续不断使劲地"土拨鼠"精神，这种精神使索尼公司取得了一项又一项举世瞩目的成就。

（2）个性语言雕塑企业文化个性

市场上企业数量众多，企业成功之道往往大同小异，难免有许多企业着意彰显的个性形象雷同。然而，企业是由人来创造，没有两个企业的成长过程是完全一样的，企业的存在本来就是唯一的、具有个性的。所以，即使与同行或其他行业企业的文化产生相似的地方，企业文化的个性也可以通过企业的特色语言来填补。

更像自己，是企业文化建设过程中避免雷同、彰显个性的语言标准。譬如，同样是德才兼备的人才观念，有的企业就用自己领导人的一句话——"在自己岗位上把工作做得最好的就是我们所要的人才"——来表示。又如《华为基本法》第一条写进"永不进入信息服务业……"与"华为专注信息设备业"意思相似，但效果大为不同，这种语言风格正是华为个性精神的体现。

（3）生动形象展现企业文化个性

在企业文化导向定位明确后，通过某些动植物生动形象的特性表现，巧妙地与企业文化进行嫁接，这样企业的文化个性魅力就会以更直观的方式显现出来。

例如，天鸿集团（大型房地产公司）选取"鸿"作为其文化的形象代表。鸿即是大雁。古人即有大雁传信之说，大雁有着诚信的品质。科学家告诉我们，在雁阵中大雁飞行的速度比单飞高出71%，鸿雁是高绩效团队的典范。鸿雁分工明确、组织有序，中途休息时，领头鸿雁安静休息、调整体力，青壮派鸿雁负责觅食、照顾年幼或老龄雁。大雁的优良习性，正好符合天鸿的诚信文化、高绩效团队文化和制度至上文化，选择鸿雁作为自己的文化形象代表，更加突出地展示了天鸿文化的个性魅力。

如果用动植物形象作为企业文化的"代言人"，其他的动植物选择还非常多。譬如，大象具有诚信、实力、稳健、敏锐的特性，蚂蚁具有顽强的生命力、团队的特性，狼具有坚毅、勇敢、团队、智慧的特性，仙人掌具有坚忍、耐劳的特性。

3. 从企业故事中提炼企业精神和企业理念

企业故事是企业文化工作者的重要研究对象。企业故事不仅具有多侧面、多层次的文化人类学内涵，而且通过对故事的诠释、提炼和升华，可以探讨出很多具有很深管理哲学道理的东西。企业故事的编辑演绎过程主要包含以下 3 个步骤。

（1）征集

企业故事是企业人创造的，因此它必然蕴藏于企业中，成为企业极为重要的文化资源，面向全体企业人广为征集企业故事，这是开发企业这种文化资源的有效方法。在企业故事的演绎上，应当积极引导全体员工挖掘本企业、本人的故事，建立起有本企业特色的"企业故事库"。

（2）选择

企业故事必须要有导向性。讲企业故事并不是茶余饭后为了消闲而进行的漫无边际的"扯淡"。这就是说，并不是本企业发展过程中的所有人和事都可以提炼出本企业的企业精神和企业理念。本企业的特殊发展阶段，特定的社会背景和时代主题等决定了企业故事必须具有典型性，必须体现本企业的特色。因此，在广泛征集企业故事之后，对征集到的企业故事做出正确的"选择"和"甄别"，这是演绎企业故事必不可少的环节。企业故事选择的标准应当是：这些故事能反映出本企业员工所肩负的使命和责任感，进而才能提炼出企业精神和企业理念。

（3）诠释与提炼

一个原生态的企业故事，往往具有多侧面多层次的文化人类学内涵，因此对于原生态的企业故事做出合理性的诠释就显得尤为重要和必要。事实也表明，通过对企业故事的诠释、提炼和升华，可以探讨出许多具有深刻哲学意味的东西，从而表现出企业文化精神和理念。通过将发生在企业里的人、事、物的现实经验、事迹具体化与形象化，可以从这些事迹或故事里明确作为该企业的员工应该做什么，追求什么与不应该做什么，追求什么，从而理解本企业文化的内涵与意义。

在海尔集团就有很多这样的故事，例如"徐洪泰——过迪斯尼乐园而不入的海尔人"就是其中之一。

从 1999 年 4 月 30 日开始，海尔集团在美国南卡罗来纳州建厂。作为海尔在美国建厂的负责人，徐洪泰第一次去就给美国人留下了深刻的印象。"我接待过许多中国代表团，但是没见过像海尔人这样抢时间工作的，即使路过迪斯尼乐园也不进去，这种精神真了不得！"一见张瑞敏总裁的面，南卡罗来纳州的办公厅主任 R 先生就在张总裁面前夸起了海尔人。

原来，海尔冰箱进出口公司的徐洪泰到美国南卡罗来纳州开展业务，当 R 先生得知徐洪泰是第一次到美国时，硬是把徐洪泰拉到了迪斯尼乐园门口。面对 R 先生的盛情，徐洪泰婉言谢绝了："谢谢，但我的工作还没干完。"R 先生感动之余伸出了大拇指："我接待了上百个代表团，不提到迪斯尼乐园玩一玩的，海尔人是第一个！现在我明白了，为什么海尔在短短十几年发展过程中会产生这么多奇迹！"

此外，咨询公司常使用访谈的方法来从企业故事中提取企业精神，也是非常值得借鉴的。具体做法是：首先选取 10 名参与企业创业的人员，召开一次座谈会。在会议中，要求与会人员每人讲述三个企业发展过程中的代表性事件，可以进行如下提示：

①你认为对企业发展最重要的事情是什么？

②你最难忘的事情是什么？

③你最受感动的一件事情是什么？

④你认为对企业贡献最大的人是谁？

⑤这个人最宝贵的精神是什么？

⑥你从他身上得到的最大的启发是什么？

会议中，主持人要尽量启发大家的思维，让大家畅所欲言，讲述发生在他们身边的人和事。会议结束后，找出重复率最高的故事，把它们加工整理。

然后，再组织一次由员工组成的会议，讲述上面的故事，之后向员工提问：

①这个故事你听过没有？

②听了以后，你最深切的感受是什么？

③哪个情节让你感动、最难忘？

④这个故事体现了一种什么精神？

⑤请用形容词来表达你的感受。

接下来就是企业精神的提炼了。要重新将企业家和员工代表集合在一起，对这些故事以及人们的回答进行研究、加工和整理，从中提炼出使用率最高的能代表故事精神的词汇。这些词汇最后经过加工，就是企业精神。

张瑞敏

四、企业文化实施

（一）企业文化建设规划

企业文化建设规划也称为"企业文化建设纲要""企业文化发展纲要""企业文化建设战略"等，是企业进行文化建设的统领性文件，对企业在一定时期内的文化建设具有十分重要的指导意义，也是企业文化年度计划、项目计划制定的基础和依据。

1. 企业文化建设规划的特性

企业文化建设规划不同于企业其他方面的规划，它是针对企业文化诊断结果的一种系统设计，同时也是战略导向性的建设方向。就其特性而言，它具有战略性、长期性、指导性、系统性和层次性的特点。

（1）战略性

企业文化建设是企业的一项根本性、基础性建设，是整个企业发展战略的组成部分。企业文化建设规划不同于企业文化年度计划、项目计划，它所规划的是企业文化的战略性建设计划，而不是具体的作业性计划。

（2）长期性

企业文化建设规划一般是对三至五年，甚至更长的时间内的企业文化建设的总体构想、目标、实施方法进行设计，属于长期计划，是一种指导企业长时期实施企业文化建设，进而对企业文化进行积累和提升的规划。

（3）指导性

企业文化建设规划不同于具体的操作性计划。它具有很强的方向性，只对大的方面做出安排，并不涉及企业文化建设的细节问题。

（4）系统性

一方面，企业文化建设规划与企业战略、组织结构、人力资源等方面共同构成企业管理体系；另一方面，企业文化建设规划涉及企业文化建设的方方面面，包括精神文化建设、制度文化建设、行为文化建设和物质文化建设。因此，在实施企业文化时，必须考虑各个方面的条件和影响因素，才能使企业文化融入整个管理之中。

（5）层次性

企业文化规划不是单一的计划。它可以进一步分解为若干个年度计划和若干个子项目计划。

2. 企业文化建设规划产生的客观基础

只有在认真分析企业所处的客观环境、把握企业开展文化建设的有效资源的基础上提出企业文化建设规划，才能保证企业文化建设的顺利实施。客观基础包括企业生产经营情况和发展趋势、企业文化建设资源等。

（1）企业生产经营情况和发展趋势

如果企业生产经营遭遇重大困难，前途莫测，那么企业文化建设的目标就应着重于振奋广大员工精神、共渡难关，使企业寻找到突破口；如果企业处于蒸蒸日上时期，那么企业文化建设的目标就应集中于戒骄戒躁、增加创新意识、提高学习能力，使企业更上一层楼等方面。

（2）企业文化建设资源

企业文化建设是一个具有全局性的战略实施过程，为此必须有与其相匹配的战略资源作为支撑。这些资源涉及面很广，主要包括：

企业人力资源，包括企业的经营管理人员、生产技术人员、辅助生产人员等；

企业财力资源，包括企业的现金流量、融资能力、债务负担能力、资金培植能力等；

企业物力资源，包括原材料、厂房设备、存货等；

企业技术资源，包括企业产品技术能力、研究开发能力、技术创新能力等；

企业信息资源，包括企业内外部信息搜集、传递、整理、利用能力等；

企业管理资源，包括企业的管理层次、组织结构、决策能力等；

企业市场资源，包括企业的市场地位、用户群体、营销渠道等；

企业环境资源，包括企业的内部环境资源（生产生活环境、工作氛围、上下级关系等）和外部环境资源（经营所在地的经济环境资源、企业信誉资源、企业用户间关系、企业与政府关系、与银行等金融机构关系、同业联盟关系等）。

企业文化的建设过程，也是企业内外部资源的整合过程，能否充分利用企业的内外部资源关系到企业文化建设的成功与否。

3. 企业文化建设规划的主要内容

（1）企业文化建设的发展阶段、环境与优劣势分析

在对企业文化进行盘点、分析、诊断的基础上，进一步对企业文化发展的政治、经济及人文环境做系统分析，厘清企业自身的优势和劣势，找到外部环境带来的机会和威胁，以此判定企业文化建设目前处在什么阶段？有哪些建设成就和经验？还存在

哪些问题？企业将在哪些方面加速发展？会对企业文化建设提出什么要求？等等。这部分内容是提出企业文化建设规划的原因。

（2）企业文化建设的指导思想

企业文化建设的指导思想可以从政治化内涵、科学化内涵、人本化内涵、市场化内涵四个方面进行概括，体现鲜明正确的政治导向和科学发展观的要求，体现以人为中心的现代管理的主旨，体现创新与竞争的市场经济伦理。这部分内容的表述要有本企业的特色，避免千篇一律。

如《中国电信企业文化建设三年规划（2004—2006）》的指导思想：规划期内企业文化建设的指导思想是：以邓小平理论和"三个代表"重要思想为指导，以企业文化纲要"落地"、提高企业核心竞争力为目标，坚持科学发展观，坚持正确的文化方向，围绕企业改革发展战略，全面部署、广泛动员、突出重点、注重实效、开拓创新，深入开展精神、形象、制度三个层面的建设工作，为把中国电信建设成为世界级现代电信企业集团搭建坚实的文化管理基础平台，提供强有力的文化动力和支撑。

（3）企业文化建设的总体目标

企业文化建设的总体目标是企业进行文化建设期望获得的成果，是企业文化建设规划内容的核心。确定企业文化建设的总体目标，主要是明确在规划期内企业文化建设所达到的层次、特征和效果。总体目标的规划应该遵循以下5个原则：

①企业文化建设总体目标应综合考虑企业发展和员工的实际利益，而不应仅仅是企业股东或经理层自己的目标。

②企业文化建设总体目标应与企业所在行业的特点与发展趋势相一致，力争使企业文化能够长期支持企业在行业中立足。

③企业文化建设总体目标应具有企业自身的特色，按照企业独特的经营管理特点来实施，可以借鉴但绝不能模仿别人。

④企业文化建设总体目标应该是清晰的、可操作的和可测量的，应该是紧密结合企业实际情况的，应该是从弘扬企业整体经营管理优势及着手解决企业的实际问题开始的。

⑤企业文化建设总体目标应该结合中国的文化传统并注意吸收国内外优秀企业的先进经验。

仍沿用上一小节中的例子，《中国电信企业文化建设三年规划（2004—2006）》的总体目标是：通过三年的建设工作，基本形成符合企业发展战略要求、具有时代气息、企业特色、健康向上并为广大员工所认同的企业文化体系。实现企业文化与企业战略的和谐一致，企业发展与员工发展的和谐一致，企业文化优势与竞争优势的和谐一致。

主要任务是：①在集团统一推进企业文化建设的基础上，进一步检验、丰富企业文化内涵，实现省级特色文化、专业特色文化与集团企业文化的有机融合，逐步建立起完整而统一的中国电信企业文化体系；②全面推进企业文化从文本化向制度化进而向人格化的转变，使企业文化逐步为广大员工所认知认同，并真正成为指导员工生产经营活动的基本价值理念，成为企业和员工自觉实践；③建立高效的企业文化建设领导体制和工作机制，培育企业文化建设和企业文化管理骨干，使企业文化建设工作走上制度化、规范化建设轨道；④努力实现企业管理水平进一步提高、员工素质进一步提升、企业凝聚力和向心力进一步增强、企业生产生活环境进一步改善，展现充满活力的企业形象、质量可靠的产品形象、健康文明的员工形象。

（4）企业文化建设的阶段性目标

企业文化建设总体目标从时间上可以分解为年度计划目标，包括企业文化建设的主要步骤和每年度应该完成的核心任务；从内容上可以分解为若干方面的分目标，如企业精神层建设目标、企业制度层建设目标、企业行为层建设目标和企业物质层建设目标，分目标下还可以具体划分为若干定性和定量的指标。

（5）企业文化建设规划实施的组织保障

制定这部分内容的目的是明确为了保障企业文化建设规划的顺利实施，企业在领导体系、人员配备、资金预算、教育培训等方面所应提供的各项保障措施。

（二）企业文化实施的保障

为了保证企业文化的顺利实施，使企业文化尤其是企业价值观能够在组织内部落地生根，为企业全体成员所接受，企业必须在企业文化的实施过程中提供以下五个方面的保障。

1. 建立企业文化领导小组

作为企业文化的发起者，企业最高领导者的主要工作就是要组建企业文化实施的领导团队，对企业文化的实施进行全员、全方位、全过程的领导和管理。一般而言，企业文化领导小组（也可称为企业文化建设委员会）的组成人员包括：企业最高领导者、各中层部门经理（各部门负责人），适当情况下，还可以吸收来自外部的企业文化咨询专家，或者企业一线员工中具有代表性的人员或者其中的优秀分子加入。

企业文化领导小组的主要工作包括以下 5 点：

（1）确定企业文化建设的宗旨，也就是要向公司全体成员说明为什么要进行企业文化建设。领导小组应该通过各种渠道，将企业文化建设的方向性问题向企业全体成员进行大量的宣传与贯彻。

（2）制定公司企业文化建设的原则，如历史总结与不断创新和发展相结合的问题、理念体系与行为体系相结合的问题、文化建设形式与内容相结合的问题、过程不断优化和内容适时调整的问题、外部效应和内部效应相结合的问题等。

（3）对公司的企业文化建设进行准确定位，同时，要对由于公司内外部环境的变化而可能引发的企业文化发展方向的变化提出指导性原则。

（4）对公司企业文化建设的工作目标、推进计划与时间安排做出规定与指示，明确企业文化建设的分期目标，并制定一定的管理过程加以控制。

（5）确定公司企业文化实施的管理体制、运行与保障机制，对于企业文化实施过程中可能因制度、组织或者个别管理者的阻碍而出现的问题，领导小组必须旗帜鲜明地表明自己的态度。

2. 构建企业文化工作机构

企业文化实施是一个长期的过程，领导小组作为一个决策和协调机构，无法承担具体的实施职能。因此，在领导小组之下，应该建立一个高效精干的工作机构。这个机构的名称，可以叫作"企业文化部""企业文化中心"等。企业文化部的成员，应该由那些热心企业文化建设并有一定企业文化基础知识，在以后企业文化的建设中将成为骨干的人员组成。

企业文化部的基本工作职责：

（1）全面负责公司企业文化建设战略方案起草及部署和日常行政事务管理工作，制定公司内部企业文化建设及其管理方面的制度、规则。

（2）做好公司企业文化建设的日常管理工作，严格按照企业文化管理模式的基本规定，主持与贯彻落实企业文化活动及企业管理理念的总结、传播、实施和提升。

（3）负责对企业各部门及下属子公司的相关制度建设进行指导，督办下属公司及部门执行公司各项企业文化实施方面的管理制度，如工作与服务标准、对外形象、工作职责、业务流程、协作管理、考核办法等。

（4）负责企业内部企业文化建设方面文件的起草、印刷、收发、保存、督办等工作。

（5）负责策划、组织、通知召开公司企业文化建设方面的各种会议，做好相关会议的记录、归档工作。

（6）根据企业发展的不同阶段，定期进行文化自我诊断，或者邀请外部专家共同诊断，负责企业文化建设调研工作计划制定及相关调研工作，定期做出企业文化建设调研报告，制定企业文化建设新思路的可行性分析及具体操作计划，向企业领导提出相关研究报告。

（7）负责公司企业文化及企业形象的策划、宣传工作，做好企业文化的外部宣传和社会效益提升活动及企业品牌形象塑造工作。

（8）负责公司企业文化建设方面的对外接待及相关公关工作。

（9）负责公司高层、中层及一般员工之间的沟通管理工作。

（10）负责公司下属部门企业文化建设工作人员需求计划的制定、招聘、筛选、录用、劳动合同签署及日常工作网络的建立与管理。

（11）负责新员工岗前培训，讲授企业历史、企业文化等方面的知识，负责公司所有与企业文化建设相关的教育、训练工作。

3. 设立专项资金

企业文化建设不仅要纳入日常管理，而且还要有资金的支持，否则这项工作难以顺利开展。因此，企业应该设立企业文化建设的专项资金，由企业文化部控制使用。具体的资金额度，由企业根据自身的实际情况制定。资金的使用去向主要包括：

（1）宣传费用：企业形象设计费用、公关费用、公益广告牌费用、新闻发布会费用、各种企业文化宣传手册、企业文化书籍、画册、标语和条幅的印刷与制作费用等。

（2）教育培训费用：培训教材费用、外请专家讲座费用、参观学习费用等。

（3）文娱活动费用：关于文化建设的活动，如演讲比赛、征文、晚会、研讨会、团队建设、文体比赛等所需的费用和奖品。

（4）企业文化设施建设费用：企业文化展览室、厂史展览室、产品展示厅、阅览室建设和维护的费用。

（5）部门建设费用：人员配备费用、办公设备购买费用等。

4. 企业文化建设动员

在企业文化建设之初，企业员工往往对企业文化有不同的认识，比如有的员工认为企业文化就是企业中的思想政治工作或精神文明建设；有的员工认为企业文化就是企业形象标志、宣传口号等；有的员工则可能认为企业文化是一个说不清的、比较虚的东西。如果企业员工对于企业文化没有共同的理解，企业文化建设实施也就会无所适从。因此，在企业文化建设实施之初的第一步就是通过各种方式统一大家对企业文化及其作用的认识。

为了使企业员工对企业文化有所了解，可以采用如下两种方法：

（1）通过邀请专家做专题讲座进行理论指导，使员工对企业文化的内涵和作用等大致有所了解。

（2）在此基础上，由企业领导者对企业全体员工进行本企业文化的宣讲，要达到以下几个目的：一是使员工进一步加深对企业文化重要性的认识；二是使员工感受到本企业对企业文化建设工作的重视，意识到企业今后将按文化理念来指导各项工作，并且违背企业文化理念将影响个人利益，从而增强学习企业文化的自觉性；三是对企业的基本主张有一个大致的了解，进而奠定其进一步学习企业文化理念的基础。

另外，还可以通过选派相关人员（企业领导、企业文化工作机构人员或企业中优秀员工代表）到先进企业参观学习和交流的方式，使相关人员对于企业文化的梳理、企业文化的表现形式和作用有更直接的感受。

5. 建立企业文化考评机制

企业文化的建设实施必须有反馈和考评机制。在企业文化实施过程中，对情况的反馈和阶段性效果的评估以及对企业各部门和员工贯彻实施企业文化建设情况的考评时实行"实时纠偏"，是保证企业文化建设能够长期坚持下去的一种较好手段。

建立企业文化考评机制的作用体现在：一是通过考核明确奖惩对象。通过考核，及时发现先进典型，并予以奖励，对企业文化在员工中的生根落地具有极大的促进作用。二是通过考核可以表明企业实施文化建设的决心。考核越严厉，表明企业越重视。三是通过考核可以塑造长期行为。企业文化具有长期性，如果没有形成制度，很难使一种新理念得到认同并长期存在。因此考核制度作为企业文化实施的重要保障，应该被很好地应用。

在企业文化实施的过程中，企业可以指定专门部门对公司各部门、分公司和各位员工贯彻企业核心价值观的状况进行考核，并将这种考核结果纳入企业日常的绩效考核当中，给予一定的权重（如 5%～10%）。因此，企业在进行企业文化实施贯彻力度的考核时，最好由人力资源部门主导整个考核过程，企业文化工作机构只是参与和配合人力资源部门的工作，而且只限于考核与企业文化实施有关的指标。

具体的考评内容可以分为三个方面。第一，对企业文化实施的领导层面和设计层面进行考评。可以包括以下内容：①企业文化实施方案、计划、措施须经过高层领导充分讨论，以保证体现领导层的真实意愿；②高层领导要定期对企业文化实施情况进行分析研究，提出明确意见；③企业文化要素在与本行业发展规划和国家政策保持一致性的前提下，符合本单位的情况，具有本单位的特点；④企业文化实施方案要与经营管理有机结合，其措施和具体办法具有可操作性。第二，对员工进行企业文化教育培训工作的考评。可以包括以下内容：①有计划地对企业文化核心要素及单位发展战略、目标、重大决策等进行教育；②领导经常向员工宣讲企业文化，与员工的沟通渠道畅通；③员工对企业文化的核心要素普遍了解；④员工对企业文化核心要素普遍认同。第三，对企业文化建设实践层面进行考评。只有把企业文化的各要素贯彻到企业经营管理的每一个环节，变成具体的规章、制度、措施、流程和规范等，并持之以恒地严格执行，才能够逐渐培养员工的文化自觉性。

（三）企业文化实施的方法

人是企业文化实施的主体，企业文化的开展和推进离不开企业中各个层次的个体和总体的力量，同时在企业文化的实施过程中还应该从人性化的角度，采用各种易于被员工接受的方式，才能使企业文化，尤其是企业的核心价值观真正落实。

1. 领导垂范法

著名企业家张瑞敏在对媒体记者谈到他个人在海尔充当的角色时指出："第一是设计师，在企业发展中如何使组织结构适应企业发展；第二是牧师，不断地布道，使员工接受企业文化，把员工自身价值的体现和企业目标的实现结合起来。"企业领导者作为企业文化的缔造者、倡导者和管理者，其示范作用，可以有效引导员工的行为和思考方式，是企业文化建设实施的关键。

企业文化并不像战略、组织机构、人力资源等管理职能一样清晰可见，也无法在短期内见效。要使组织中的每一个人相信并愿意去实践企业共同的价值理念，企业领导的身体力行是关键。在实施企业文化的过程中，领导者光是口头讲"这就是我们的价值观"是不够的，如果想让这种新的价值观深入到企业中去，领导者本身就应该成为企业核心价值观的化身，领导者的行为示范作用更为重要。

第一，领导者以身作则来引导员工的行为。领导者应当做到：①表里如一。对本企业的价值理念确信不疑，信守不渝，诚心诚意地贯彻执行，而不是内心一套，外表一套，表里不一，内外相悖。②言行一致。忠实于自己的承诺，嘴上怎样说，行动上就怎么做，而不是说一套，做一套，言行不一。③带头履行文化价值理念。凡是号召员工做的，自己首先做到；凡是不让员工做的，自己首先不做，处处、事事带好头。④事事做员工表率。不以善小而不为，不以恶小而为之。一言一行都不偏离企业文化价值理念，大事小事都做员工的表率。例如，英特尔总裁巴雷特为了实现公司质量至上的信念，在受到日本竞争对手的强大压力的时候，亲自研究每一条有关竞争者如何设计、管理业务的信息，公开的和学术上的不同渠道都给他带来灵感，同所有员工一起，从头到尾改进了英特尔的制造流程，保证了技术制造商的领先。

第二，领导者通过象征性的行为表现出自己对企业文化始终如一的关注。特雷斯·迪尔和阿伦·肯尼迪的《企业文化：现代企业的精神支柱》一书中就讲到了通用电气公司前任董事长韦尔奇的一个故事。

那时候杰克·韦尔奇还是一个集团的主管经理。他为了表示出对解决外购成本过高的问题的关注，在办公室里装了一台特别电话，号码不对外公开，专供集团内全体采购代理商使用。只要某个采购人员从供应商那里争得了价格上的让步，就可以直接给韦尔奇打电话。无论韦尔奇当时正在干什么，是谈一笔上百万美元的业务，还是同秘书聊天，他一定会停下手头的事情去接电话，并且说道，"这真是太棒了，大好消息；你把每吨钢材的价格压下来两角五分！"然后，他马上就坐下来起草给这位采购人员的祝贺信。

在英特尔公司，当某个员工在工作中取得显著成绩时，企业高层主管就把这位员工请到自己的办公室，拿出一把 M&Ms 公司的糖果作为奖励。这也属于领导者的象征行为，奖品虽然微薄，但是效果很好。

有人谈到象征在管理中的作用时指出，每一个使用象征手法的行动都是一出小戏，在这个意义上说，领导也是戏剧艺术家。

第三，领导者通过天天讲时时讲反映出对企业文化的重视。领导者要抓住价值观体系，全神贯注，始终不渝。如斯堪的那维亚航空公司的简·卡尔岑以服务作为经营的宗旨，从不放过任何一个微小的机会反复强调服务。你从来听不见他谈论飞机，他总是谈论乘客。他非常注意用词：斯堪的那维亚航空公司不再是"以资产为中心的企业"，而是以"服务为中心的企业"，不再是"技术型或经济效益型的公司"而是"市场型公司"。

此外，领导者应深入到企业的各个部门之中。几乎毫无例外，他们在"现场"要花费很大的一部分时间，尽可能多地与组织中的人员接触。领导者还可以提倡为公司的价值观做出努力并举行竞赛，给予公开奖励，以激励别人群起而效之，以及指派特别工作小组负责实现基本价值观方面的短期项目。这些方式在领导者打算强化企业价值观时是相当见效的。

山姆与沃尔玛的幽默文化的案例就生动形象地说明了企业最高领导者在企业文化实施过程中的作用。

沃尔玛是由山姆·沃尔顿创立的。1945 年山姆在美国小镇维尔顿开设了第一家杂货店，1962 年正式启用"沃尔玛公司"的企业名称。经过 40 年艰苦奋斗，山姆以其独特的发展战略以及出色的组织、激励机制，终于建立起全球最大的零售业王国。它以物美价廉、对顾客的优质服务著称于天下。在沃尔玛内部有一种独特的文化氛围，它体现了一种团队精神，一种美国人努力工作、友善待人的精神——沃尔玛人一方面辛勤工作，同时在工作之余自娱自乐。这种文化是员工努力工作的动力之源，也是沃尔玛获得成功的最独特的秘密武器。而这种文化是沃尔玛董事长山姆创造的。其"幽默"文化有以下 3 个方面的特点。

1）以幽默鼓舞员工

沃尔玛董事长山姆在工作上非常严厉，但在工作之余却非常喜欢寻求乐趣。著名的"沃尔玛式欢呼"就是山姆的一大杰作。1977 年，山姆赴日本、韩国参观旅行，对韩国一家看上去又脏又乱的工厂里人群欢呼口号的做法很感兴趣，回沃尔玛后马上试行。这就是后来著名的"沃尔玛式欢呼"。在每周六早上 7：30，公司工作会议开始前，山姆总会亲自带领参会的几百位高级主管、商店经理们一起欢呼口号和做阿肯色大学的拉拉操。另外，在每年的股东大会、新店开幕式或其他一些活动中，沃尔玛也常常集体欢呼口号。

2）以幽默赢得顾客

沃尔玛是从小镇上发展起来的，小镇生活总的来说相当乏味，因此需要自己想一些办法制造一些热闹的气氛。山姆对于能增添乐趣的事总是不忘尝试。沃尔玛经常组织各种各样的游戏娱乐顾客，包括诗歌朗诵等轻松、愉快的促销方式获得顾客的欢迎。它不仅提升了公司在顾客心目中的形象，增加了公司的销售额，而且也让顾客感受到沃尔玛幽默的企业文化。

3）自上而下的幽默

如果企业家表现出幽默并鼓励员工工作时享受乐趣的话，员工就会对工作持有更积极的态度。沃尔玛在这一方面做得很成功。山姆和他的助手们都非常懂得幽默，只要是能令大家开心的事，他们都会很高兴去做。如 1984 年，山姆与当时的高级主管格拉斯打赌说当年税前利润不会超过营业额的 8%，但最后超过了，为此，山姆穿着奇装异服在华尔街上跳呼啦舞，并被记者刊登在报纸上，还特别注明他是沃尔玛的董事长。在沃尔玛，高级主管遭受愚弄是正常的事。山姆认为这也是公司文化的一部分，它使企业上下级更为贴近，沟通变得更加容易。

幽默的企业文化表达，使每一位员工有一家人的亲切感。这种企业文化的建立充分展示了山姆领导的艺术。

2. 造就楷模法

企业楷模，又称企业英雄，是企业为了宣传和贯彻自己的文化系统而为企业员工树立的可以直接仿效和学习的榜样。企业楷模是企业价值观的人格化体现，更是企业形象的象征。许多优秀的企业都十分重视树立能体现企业价值观的企业楷模，通过这些英雄人物向其他职工宣传提倡和鼓励的东西。

肯尼迪和迪尔认为："如果说价值观是文化的灵魂，那么英雄人物就是价值观的人格化，并集中体现了组织的力量所在。英雄人物是一种强有力文化的中枢形象。"他们将企业英雄划分为两种类型。第一类是和公司一起诞生的"共生英雄"，也叫创业式英雄，指那种创办企业的英雄。共生英雄在数量上很少，多数是公司的缔造者。他们往往有一段艰难的经历，但面临困难仍然有抱负、有理想，并终于把公司办起来了。在我国民营企业中，有许多这样的英雄。例如，联想集团的创始人柳传志、深圳华为的任正非、搜狐公司的张朝阳等。第二种类型是企业在特定的环境中精心地塑造出来的，被称为"情势英雄"。共生英雄对企业的影响是长期的、富于哲理的，可为全体职员照亮征途，而情势英雄对企业的影响是短期的（多则几年、少则几个月甚至几天）、具体的，以日常工作中的成功事例来鼓舞企业员工，使其他员工从英雄人物身上认识到英雄人物同自己一样，也是平凡的人，他们能成功，自己也一样能够成功。情势英雄一般为企业普通员工和部门管理人员，例如：

同仁堂有大量代表企业文化发展方向的人和事，并且编写成书，在员工中广为流传。"人参王"贾贵深就是一个代表，贾老14岁当学徒，在中药行业干了66年。贾老掌握一手中药鉴别的绝活，恪尽职守，只求奉献，被称为同仁堂的参天大树，他的行为和精神，鼓舞着所有同仁堂人。

在企业内流传着许多关于贾老的故事，员工耳熟能详。他经常为病人义诊，上到中央领导，下到布衣百姓，分文不取。每年要看千人以上，许多病人为感谢贾老，给他送来礼金、礼品，都被他拒绝了。有一些经营药材的商人，给同仁堂推销的贵重药材中不乏伪劣产品，他们经常给贾老塞红包。每遇到这种情况，贾老都严词拒绝，讲明利害，被供应商称为同仁堂的"门神"。他以实际行动实践着同仁堂"修合无人见，存心有天知"的道德观。

在企业精心塑造出来的情势英雄中，又可以区分为：

（1）出格式英雄。这些人行为古怪，常常故意违反文化准则；但他们聪明过人，有独特的见解，工作能力较强。"出格"人物在强文化公司中具有很高的价值，他们推动公司不断地向前发展。

（2）引导式英雄。这是高级管理人员为了有力地推行经营改革，通过物色合适对象而树立起来的英雄。例如，美国电话电报公司，原来是一个没有竞争对手、接受政府管理的实体，其榜样人物是能够迅速装好电话并保证质量的人。后来，该公司不再受政府管理，参与市场竞争，面临经营改革，于是聘请 IBM 公司从前的一位管理人员麦吉尔担任市场经营的副总裁，他从小就习惯于竞争环境，善于识别和适应市场的各种特征，符合改革需要，就是引导式英雄。

（3）固执式英雄。这是坚韧不拔、锲而不舍、不达目的绝不罢休的人物。例如，3M 公司一位职员试制新产品一年而未成功，结果被解雇，但他并不因此就离开公司，而是不取报酬继续试制，终于试制成功，而被公司晋升为副总裁，并被尊为固执式英雄，为该公司铸造了一条"做你所信奉的事"的价值观。

（4）圣牛式英雄。这是忠于职守（如卷起袖子只知道工作的高技术人员）、坚持传统、乐于奉献的人物。例如，一个制造大型精密仪器的公司中的一位工程师，为了检查一台声音不太正常的机器而把耳朵贴近机器，结果机器爆炸而烧焖了他的半张脸。但当他治愈后，他自豪地展示着一张破了相的脸。他就是一位圣牛式英雄，他的奉献精神，使人们不仅不觉得他那张脸可怕，反而为此而尊敬他。

企业楷模是在企业实践中逐步成长起来的，但最后真正成为人所敬仰的楷模又需要企业的精心培育。企业在造就楷模时主要应做好以下三个方面的工作：

（1）善于发现楷模"原型"。企业楷模在成长的初期往往没有惊人的事迹，但是他们的价值取向和信仰的主流往往是进步的，是与企业倡导的价值观保持一致的。企业的领导者应善于深入员工，善于透过人们的言行了解群体成员的心理状态，以及时发现具有楷模特征的"原型"。对楷模"原型"不要求全，而要善于发现其"亮点"。

（2）注重培养楷模。企业应该为所发现的楷模"原型"的顺利成长创造必要的条件。增长其知识，开阔其视野，扩展其活动领域，为其提供更多的文化活动的参与机会，使其增强对企业环境的适应性，更深刻地了解企业文化的价值体系。培养楷模切忌脱离员工，应该使楷模具有广泛的员工基础。

（3）着力塑造楷模。通过对楷模"原型"的言行给予必要的指导，使他们在经营管理活动或文化活动中担任一定的实际角色或象征角色，使其得到锻炼。当楷模基本定型，为部分员工所拥护以后，企业应该认真总结它们的经验，积极开展传播活动，提高其知名度和感染力，最终使之为企业绝大多数员工所认同，发挥其应有的楷模作用。

同时企业还应该注意对企业楷模进行奖励，这种奖励不应该只是一种报酬，而更应该是一种精神价值的肯定，一种文化的激励与象征；不应该只着眼于楷模本人，而更应该是着眼于能够产生更多的楷模。因此，优秀的企业在如何奖励企业楷模这个问题上往往"别出心裁"。比如上海宝山钢铁集团，对在宝钢勤勤恳恳工作达到一定年限的职工颁发奖章鼓励，分设铜牛奖、银牛奖、金牛奖，以纪念牛年（1985 年）一期工程投产，并激发老黄牛的埋头苦干精神。

3. 员工培训法

企业文化的教育培训是企业文化实施的基础工作。企业文化的落实需要员工的认同和配合，但员工受到惯性思维、传统情节和既得利益的影响，不会主动接纳新文化。因此在实施阶段，需要在企业文化领导小组或企业文化部的统一部署下，会同相关部门，对全体员工进行系统的培训和宣讲，让员工能够真正理解本企业的企业文化的内涵、发自内心地认同和拥护企业文化。

企业文化的教育培训可以整合在企业的培训管理制度之中，将企业文化的培训作为重要的培训内容之一列入新员工培训、老员工在岗培训、专题培训之中。企业文化的培训应该是一种全员培训。因为企业领导层的价值观和信仰，只有反映和代表了全体员工的观念、信仰，对企业管理才有意义。同时，通过企业文化全员培训集聚的企业凝聚力，能紧紧地将员工分散的个体力量，聚合成团体的力量和行为，使每个员工对企业产生浓厚的归属感和荣誉感。

（1）全员培训的目标

一般全员培训目标的设置主要有三种：①理念目标。培训后，受训者在生产经营理念上有什么新的转变；②行为目标。培训后，受训者将明确在工作中应该怎么做；③结果目标。通过全员培训要获得什么最终结果。例如，海尔兼并红星厂后所进行的全员培训，其理念目标为：从原咨询认证中心派出质量控制人员，教育新员工接受海尔的企业文化，树立新的质量观。行为目标为：建立健全质量保证体系，建立行之有效的奖罚制度，使产品走向市场有可靠的保证。结果目标为：能够在较短的时间内生产出受市场欢迎的新产品。

（2）全员培训的层次性原则

全员培训并不意味着平均使用力量。为了提高培训投入的回报率，在全员培训的基础上，必须有重点，分层次。它包括对企业兴衰有着更大影响的中、高层管理人员和一般员工，也包括一般新进企业的员工和企业老骨干。贯彻层次性原则是为了按需施教。如高层管理人员，应在明确企业战略规划基础上，着重在如何提升企业理念、倡导企业精神、改革企业制度方面进行培训；中层管理人员应该在如何贯彻落实上述内容上进行培训；基层管理人员，他们对企业文化的理解，直接影响到普通员工的劳动积极性和对企业的忠诚，通过培训应该使他们懂得如何将企业价值观和企业理念，转化为员工的行为，懂得如何指导下属员工发挥团队精神，发挥员工的潜能，调查员工的积极性；而对于新进企业的一般员工，则应该将培训的重点放在企业创业史、企业传统以及企业文化的一般宣讲上。

（3）培训方式

企业文化的培训方式多种多样，具体采用哪种培训方式，要根据培训对象以及要取得何种培训效果而定。一般而言，培训方式有讲授法、演示法、案例法、讨论法、视听法、角色扮演法、行动学习法、商业游戏、在线培训、学徒制、工作轮换等。各种培训方法都有其自身的优缺点，为了提高培训质量，达到培训目的，往往需要各种方法配合起来，灵活使用。

（4）培训效果评估

培训效果评估可以帮助培训者全程审视培训的各个环节，同时使培训对象更清楚自己的培训需求与目前水平的差距。从而增强其未来参加培训的愿望，进而间接促进培训的深入开展。评估的内容包括：①企业员工对企业价值观与企业精神的认同度，可以采用问卷法、访谈法等方法进行测评。②企业美誉度和知名度，这一方面实际上是在测评企业文化培训后，企业员工行为改变对企业的影响程度的大小，可以在培训开展后的相当一段时间后进行，然后把测评结果与培训之前的结果相对照。③销售额和企业利润率，这两方面的测定分析实际上是对企业文化培训效果的效益性的分析，也就是企业文化培训对企业经济效益取得的贡献有多大。

日本的企业文化培训（又叫作企业文化教育）非常具有特色，值得我们学习借鉴。

1）入企教育

从业人员在进入企业之前，无论是在价值观方面还是在行为方式上，与企业的要求存在着一定差距。这种差距有可能导致从业人员努力方向的迷失和自觉行为的消解。因此，进入任何一家公司的从业人员，首先要集中接受公司开展的入企教育。入企教育是通过企业讲座、讨论等形式，让从业人员学习和接受企业的经营宗旨、企业奋斗的目标、价值观念和行为方式。这样做的目的是，要把企业的价值观念内化为员工的意识，使员工成为自觉追求企业目标、自觉表现企业特征的企业人，并按照企业所提供的职业方向、路径向前发展。

2）归属感教育

在日本，几乎所有的企业都将本企业奋斗史和现状编印成小册子发给员工，让员工认真学习。通过学习使员工认同企业，为成为该企业的一员而自豪。这样做是要树立企业在员工心目中的高大形象，使新员工引以为骄傲，为成为该企业的一员而自豪，从而增强员工对企业的归属感。日本企业特别强调对企业的忠诚，以各种形式教育员工，要把忠于企业作为自己一切行为的基本准则，要求每个员工都必须牢固地树立起"我是公司一员"的观念，并且对公司的一切都担负起责任。这种教育训练不仅限于对新员工，对老员工亦不例外。

3）人格和精神教育

日本企业界流行着"塑造人先于制造产品"的观念，注重员工人格的培养和精神教育。名刀是由名匠不断锻炼而成的，同样员工的人格培养，也要经过千锤百炼。松下认为，造成社会混乱的原因，可能在于忽略了身为社会人应有的人格锻炼，就会在商业道义上产生不良影响。人格比知识更重要。恶劣环境往往是人才成功的催化剂。松下强调真正的教育是培养一个人的人格，知识的传授只是教育的第二意义。一个具有良好人格的人，工作环境条件好，就能自我激励，做到今天胜过昨天，明天胜过今天，即使在恶劣的环境或不景气的情景下，也能克服困难，承担压力，以积极的态度渡过难关。

4）塑造"企业人"

日本企业通过唱社歌、戴企业标志等活动，向员工灌输"家族主义"观念。在企业文化教育中反复告诫员工："一个人属于一家公司是最重要的，企业是员工的终身依靠。"它们认为，唯有企业与员工相互认同，才会真正融为一体，员工才能真正成为企业人。因此它们在员工中一直宣传"企业是大家"的思想，并且千方百计把企业变为一个大家庭，悉心照料员工的一切，对员工的工作、生活和未来发展负起全面责任。企业这样做不仅使"企业人"教育变得极具说服力和卓有成效，而且也表明了企业确实把员工当成了命运与共、休戚与共的伙伴，它必然会打动、感染员工，使员工由衷地把自己与企业一体化，并以这个家庭的一员——企业人，去自觉关心和促进企业的发展。

5）营造精神训练的和谐外部环境

日本企业倡导"和谐高于一切"，追求和睦的人际关系。"和谐高于一切"，也即儒家的"和为贵""中庸之道"思想的现代应用。日本企业管理的经验证明，企业内部各类人员在利益上是一致的，可以在和谐的氛围中为企业的共同目标而奋斗。日本大金工业株式会社，是全球著名的商用空调和氟化工产品生产企业。在亚洲金融危机中该企业做到了一不收缩撤退，二不裁减人员。为此，公司想了许多办法，诸如限量招工、实行内部转岗分流、对部分员工进行再培训等。它们认为，留住员工是企业的社会责任，而员工也会为企业渡过难关贡献出它们真诚的热情。经过共同的努力，企业活力依旧高涨甚至股票也不跌反升，就像井上社长所说："这就是我们企业文化的精髓——'人和'的理念在起作用。"

4. 宣传推广法

有一家企业搞企业文化建设，为了塑造企业形象，在厂门口做了三尊雕像。大门做成了两个大拇指的造型，门口两侧一侧是一匹奔腾的千里马，另一侧是一头低着头的垦荒牛。企业的本意是想告诉管理者和员工：大拇指表示永远做同行第一；用千里马的精神、速度来发展企业；用老黄牛的精神来做好本职岗位工作。然而，雕像做出来后，由于没有认真地做好宣传解释工作，管理者和员工的认识也就不一样。有的管理者认为，雕像的意思是，大拇指表示我们单位是老总一个人说了算，我们都当牛做马。而普通员工认为，大拇指表示我们单位是老总一个人的，与我们没有关系，中层管理者就会吹牛拍马。

这个故事告诉我们，在企业文化建设的实践中，不少企业有很好的企业文化内容和精神实质，但是一直未能够得到很好的传播和扩散，未能求得管理者和员工的接受和认同，致使在内部没有产生企业文化的导向、教化、凝聚等作用，在外部没有形成企业文化的扩散力、影响力和竞争力。究其原因，主要在于对企业文化的宣传推广没有予以足够的重视和充分的运作。

企业文化宣传推广，是指企业通过内外部渠道向员工、通过产品服务向社会传播企业文化并取得认同的过程。一般而言，企业文化的宣传网络存在两种形式：一种是正式网络，如企业创办的刊物、报纸、闭路电视、企业广播、宣传栏、内部局域网等；另一种是非正式网络，如非正式团体内部的交流、企业内的小道消息等。另外，编制企业文化手册也是一种有效的宣传推广的方法。

（1）企业文化宣传的正式网络

①企业报刊。企业报刊分为企业刊物和企业报纸两类，比如华为公司的《华为文摘》和《华为人报》。报道内容主要包含：①企业生产经营管理方面的重大事件和重大政策、方针、决定以及企业主要领导的重要讲话；②企业各方面、各部门工作的报道和介绍；③企业人物报道和专访；④企业内外的各种信息及有关经验、资料；⑤企业员工的工作体会、心得及作品；⑥企业的公共关系活动消息等。

②企业广播、电视。企业广播、电视的内容或栏目设置一般分为两大板块。一大

板块是娱乐节目，例如，企业广播站在员工休息时间播出的音乐等，是企业文化的间接传播方式；另一板块是新闻板块，主要是报道、播发企业内外的新闻、人物介绍、事件追踪等，是直接的企业文化传播途径。

③企业宣传栏、广告牌。用作宣传、公告、通知的橱窗、墙报、黑板报、公告栏等宣传栏和广告牌，是我国企业使用最早且用得最多的企业文化宣传推广的传统模式。其内容可以包括：①宣传企业的最高目标、宗旨、精神、作风以及工作的计划、方针、措施、要求等；②介绍企业及部门的工作成绩、经验和企业的产品、服务；③宣传介绍企业的劳动模范、先进工作者等各类英雄人物的事迹；④反映员工的思想、工作、生活、学习情况；⑤发布各种消息、通知等。

④企业局域网。企业可以在 Internet 上建立自己的网站，并建立内部 BBS 进行企业文化宣传。企业网络不仅是一种企业文化内部的传播渠道，也是向外部传播企业文化的重要途径，具有传播速度快、不受时空限制、信息容量大等优点。

除上述介绍的几种途径外，企业还可以利用企业文化书籍，如《联想为什么》《北京同仁堂史》《四通与四通文化》等都是对各企业的企业文化比较全面的介绍和反映；企业可以通过开辟厂史室、荣誉室等专用场所，利用图片、文字展示和实物陈列等方式，介绍企业的发展历史、英雄模范、技术特色和主要产品等；很多企业都印制了精美的企业文化宣传画册，以图片、文字的形式综合地反映企业文化在内的整个企业概况。

（2）企业文化宣传的非正式网络

美国学者迪尔和肯尼迪在他们的《企业文化》一书中，认为在每一个企业中都存在"讲故事者、教士、幕后提词者、传播小道消息者、秘书消息提供者和小集团等"，他们传播、修饰和强化其价值观的主观意愿与员工们希望更多地了解企业中的每一件事情、每一个人的好奇心理和主观需要结合在一起，就形成了非正式的文化网络。

①讲故事者。是指那些把发生在企业里的逸闻趣事，按自己的观点进行传播和扩散的人。企业里的每一件事或每一个人都可能是他们故事加工厂的原料。讲故事是传达信息、统一行动的有力方式，在正向积极意义上，它起着保持文化凝聚力，并给员工们以行动指南的作用。

②教士。这类人物多为企业元老，他们对企业的历史了如指掌，熟悉企业的每一重大事件，往往会不知疲倦地讲述企业的辉煌历史和企业英雄事迹。教士的作用：一是传播企业的基本价值观；二是为企业高层管理者提供决策所需要的历史资料和先例；三是帮助遭受失败、挫折和灰心失望的员工找回信心。如一家公司的年轻经理来到"教士"的办公室，向他倾诉："我的上帝，我已被任命到南美分公司干 18 个月。我即

将离开，为此前来请教。唉，这又有什么用呢?"在他要离开办公室的时候，"教士"委婉地告诉了他，公司总经理如何在巴西工作了10年的故事。这位年轻经理虽然并不知道他的前景究竟如何，但是他会产生这样的想法而离去:"说不定我也会在分公司待上10年，然后爬上总经理的职位。"教士正是通过这种方式，让那些灰心的员工找回信心的。

③幕后提词者。决策者周边类似"特别助理"式的人物。他们虽未担任某种正式职务，但是却能呼风唤雨，任何想办某件事的人都想听取幕后提词者的主意。这些人有两样重要本领:一是善于察言观色，迅速、准确地体察上司的想法;二是在周围建立了一套联系支持网络。幕后提词者一般与上司有着特殊的关系，高度忠诚是他们个人形象的重要组成部分。

④传播小道消息者。他们能够把小道消息迅速地扩散到企业的每一个层面，因此具有较强的渗透力和影响力。与讲故事者、教士、幕后提词者不同，他们并不创造企业英雄人物，也不讲大道理，更不接近企业里的大人物，而是以特有的方式传播企业价值观、提高英雄人物的地位，因此他们的作用也是不可低估的。

⑤秘书消息提供者。企业的秘书是文化网络中的一个重要信息源。由于特殊的工作关系，有时他们也会直接扮演教士和幕后提词者的角色。例如，他们有时甚至比总经理还更详细地告诉人们:企业到底发生了什么事，谁明升实降，发生在老总办公室里的争论或在车间里谁对谁开了一个令人发窘的玩笑，等等。秘书消息提供者还有一个特别功能，就是通过小道消息网络把上司的功绩传播和扩散出去。

⑥小集团。在企业中两个或两个以上的人为了达到共同的目的，秘密地聚集在一起，形成互相照应的小集团。小集团的成员或者在同一车间工作，或者具有共同的爱好，或者由于职位关系相互接触频繁等。小集团往往拥有各种信息沟通渠道，内部交流频繁，容易形成一致的价值观和共同的经验，它们对小集团以外的其他人员的活动具有较大的影响力和控制力。

非正式网络具有传播速度快、影响面大的特点，又存在着失真率高、甚至误导的问题。所以非正式网络的建设应该是以引导为主。比如管理者要经常发掘或创作反映企业价值观的故事或消息，并有意识地向非正式网络中的人员传递，特别是向传播小道消息者和小集团传递，可以运用和发挥非正式网络所具有的生动、灵活、迅速等特点，将企业所希望的文化信息广泛地传播和扩散开来，同时又能潜移默化地影响员工的思想观念，从而改变他们的行为、习惯，达到企业所希望的目标。另外，为了防止非正式网络的副作用，还需要加强企业宣传的正式网络的作用，保障正式渠道的信息畅通，以避免网络人物的不实宣传。

（3）编制企业文化手册

"企业文化手册"，有的企业也叫"员工手册"，是表达企业文化建设成果的一种文本形式，是企业文化建设的重要成果，也是宣传推广、传播企业文化的重要方式。

企业文化手册的编制，意味着企业文化建设的正式实施，在相当长时期内指导企业文化建设的方向，推动企业的发展。编制企业文化手册，并无严格的规定。一般而言，企业文化手册可以包括以下4项。

1）序言（或概论）

主要概述企业的发展历程，当前的发展态势，今后的发展规划，特别要阐述企业文化的重要意义。

概述内容也可以用企业领导为手册所写的序言和企业简介的形式加以介绍。

2）主体部分

着重阐述企业独具特色的企业文化特征，企业文化宗旨。主体部分是本企业的企业文化宣言或企业文化总纲。

3）实体部分

详细地、全面地刊载已整合审定的企业理念文化体系、企业行为文化体系，展示企业的物质文化体系。企业歌曲、企业誓词也可刊载在此实体部分中。

对于企业理念，可进行适当的必要性说明和内容阐释，还可附录相应的经典文化故事，以使抽象的理念便于理解。

企业文化手册还可插入适当的漫画，以增加手册的生动性和可读性。

4）附则

刊载有关说明性条款，如执行时间、解释权、手册修订等。

5. 制度检查法

企业制度受企业文化的统率和指导，反过来，企业制度能促进企业文化的形成。由于企业制度中规定了企业整体以及员工个体遵循的行为规范，从中我们不仅看出这个企业崇尚什么、反对什么，即企业信奉的价值理念，而且可以看出这个企业的做事方式与风格。所以，企业制度本身能体现企业文化。当管理者认为某种文化需要倡导时，他可能通过培养典型的形式，也可能通过开展活动的形式来推广和传播。但是要把倡导的新文化渗透到管理过程，变成人们的自觉行动，制度则是最好的载体之一。员工普遍认同一种新文化，可能需要经过较长时间，但是如果在企业制度中体现企业文化，则可以加速员工对企业文化的认同，促进企业文化的实施。

　　企业制度与企业价值观念不一致，是使企业价值观念停留于企业领导人的倡导和企业的宣传却不能成为员工的行为的主要原因之一。例如，一个企业的领导人认为，创新对于企业的生存和发展来说是非常重要的，所以在企业价值观念中将创新作为企业的核心价值观之一，并在各种场合宣讲创新的重要性。但在该企业中，员工并不热衷于创新，也不重视创新。企业的领导人很不理解，并将原因归结为员工的素质差，认识不到创新的重要性或不善于创新。而事实上，在进行企业文化诊断时，却发现员工之所以不重视创新或不热衷于创新，是因为企业尽管在提倡创新，却并没有将创新成果与员工的个人利益挂起钩来，也没有具体的措施保证员工能够开展创新活动。由于制度与企业主张不配套，以至于员工认为企业提倡创新做的是表面文章，所以也就不当一回事。而 3M 公司在宣扬创新的重要性的同时，不仅采用分权制度，容许研究人员有 15% 的时间进行他们自己所喜爱的任何研究计划，还创设了一个内部创业投资基金，制定了一条规则，规定每个部门年销售额的 25% 应该来自最近 5 年推出的新产品，从而将"创新"的核心理念落到了实处。

　　因此，在明确企业价值观念之后，应该将价值观念进一步落实到工作规范中去。对企业原有的制度进行系统的梳理，以剔除、修改与企业文化理念不相适应的部分，在原有的制度中增加与该制度相关的价值观念及其相应的规则。例如，薪酬制度必须根据企业的报酬理念来重新设计，营销管理制度则根据营销理念、客户理念、市场理念等相关理念来做进一步完善。只有坚决抛弃与文化价值观念相背离的各类规定，把企业的制度和企业文化对应起来，才能真正以价值观念引导员工的思维，以制度规范员工的行为，并使企业文化能够在员工工作中得到切实的落实。

　　6. 礼仪固化法

　　企业文化礼仪是指企业在长期的文化活动中所形成的交往行为模式、交往规范性理解和固定的典礼仪式。礼仪表面看来似乎是一种形式，但它不仅是企业价值观的重要体现，而且可以使企业规章制度和道德规范具体化为固定的行为模式，对制度和规范起到强化作用。具体而言，企业文化礼仪在企业文化实施中的作用总结为以下 3 个方面：

　　（1）企业文化礼仪体现并固化了企业价值观。企业是由价值观派生的，为价值观而存在的，企业文化礼仪是一种独特的传播企业价值观的方式。通过履行一定的礼仪程式，不仅可以使员工接受和认同价值观，同时，也推动了员工将其内化为自身的观念和行为。

　　（2）企业文化礼仪体现并固化了企业道德要求。在进行这种程式化和固定化的礼仪活动中，员工们自觉或不自觉地接受了一定的道德规范，如许多领导与员工们每天见面都互相问好，而有些企业的领导则趾高气扬，颐指气使。这两种不同的礼仪既反映了不同的企业道德水准，也反映了不同的企业人际关系。

（3）企业文化礼仪可以增强企业的凝聚力和向心力。社会心理学研究表明，人具有相互交往和群体聚集的心理需要。企业举办的各种礼仪活动，有助于产生彼此认同的群体意识，并消除人际隔膜，增进情感，无形中增强企业的凝聚力和员工的向心力。

企业文化礼仪一般包括如下内容：

（1）工作性礼仪，是指与企业生产经营、行政管理活动相关的带有常规性的工作习俗与仪式。建立这类礼仪的主要目的是为了警示员工履行自己的职责，进而规范员工的行为。这类礼仪一般包括早训（朝会）、升旗仪式、表彰会、庆功会、拜师会、攻关誓师会及职代会等。比如，有的企业举行的班前宣誓仪式，要求员工在走向工作岗位之前集中宣誓，诵读公司精神与有关理念，以达到振奋精神、激荡思想，进而规范行为之效。而海尔集团要求员工下班之后，在 6S 大脚印（在海尔车间入口处和作业区醒目的地方，设置一块 60 厘米见方的图案，上面印着一对特别明显的绿色大脚印，代表清理、整顿、清扫、整洁、素养、安全）上反省检讨一天的工作，旨在提醒下班员工，其责任区是否按"6S"要求做了，即使做了，做得是否符合标准。

（2）生活性礼仪，是指与员工个人及群体生活方式、习惯直接相关的习俗与仪式。这类习俗与仪式的目的是增进友谊、培养感情、协调人际关系。其特点是：气氛轻松、自然、和谐；具有民俗性、自发性和随意性；具有禁忌性，避免矛盾和冲突，抑制不良情绪，禁止不愉快的话题，要求人们友好和睦相处；具有强烈的社会性，有些礼仪直接由社会移植而来，又常常是由非正式组织推行，并在企业中广泛传播。这类礼仪一般包括婚庆会、联谊会、祝寿会、运动会、欢迎会、文艺会演及团拜活动等。

（3）纪念性礼仪，主要是指对企业具有重要的纪念活动中的习俗与仪式。这类习俗与仪式的目的是使员工产生强烈的自豪感、归属感，增强自我约束力，其特点是突出宣传纪念活动的价值，烘托节日欢快气氛，强化统一标志，穿着统一服装，戴企业徽记，举行升旗仪式，唱企业歌曲等。这类礼仪主要是指厂庆、店庆及其他具有纪念意义的活动。

（4）服务性礼仪，主要是指在营销服务中接待顾客的习俗与仪式。规定这类礼仪的目的主要是提高企业服务质量和服务品位，满足顾客精神需要。其特点是：具有规范性，执行不能走样；具有展示性，即对外展示企业良好的精神风采，有特色的服务习俗与仪式能够成为企业文化的一景；直接反映企业营销活动的内容和特点。礼仪执行好坏直接或间接影响企业的声誉和效益。这类礼仪主要指企业营业场所开门、关门礼仪、主题营销礼仪、接待顾客的程序规范和语言规范、企业上门服务的礼仪规范等。

（5）交往性礼仪，主要是指企业员工在社会公众联系、交际过程中的习俗与仪式。这类礼仪表现了企业在待人接物、处理公共关系的良好风格，体现了企业对员工、顾客、竞争伙伴和相关公众的尊重，使企业在内外公众中形成良好的形象。其特点是既有通用性，又有独创性。通用性是指企业要遵循世界上各国各民族通用的交际习俗与仪式，不遵守这些礼仪会被交往对方看不起，遭到轻蔑；独创性是指企业自身在与公众交往实践中创造的交往礼仪，这类礼仪往往有有特殊的场景和程序，带有鲜明的企业个性和文化魅力，交往对方置身于这种礼仪之中，感受到友情、友爱，有强烈的被尊重感。比如有的企业还特别设立"家属答谢日"，以表达企业员工家属对员工工作支持的感谢，该节日对于加强员工家庭与企业之间的联系，提供员工对企业的忠诚度有一定的作用。有的企业定期举办"开放日"，让社会公众参观企业的生产情景，以增进公众对企业的了解、信任。交往性礼仪包括接待礼仪、出访礼仪、会见礼仪、谈判礼仪、宴请礼仪以及送礼、打电话、写信礼仪等。

在一个企业中，各个方面的礼仪都应该有所涉及。例如，三九医药公司就采用了如下的一些的仪式：

（1）誓师仪式。在每年的年终总结会后，公司举行誓师仪式，表达实现新目标的决心，激励员工的士气。考虑销售公司地区的分散特点，将全国划成四个大区，公司领导到片区去举行誓师仪式。

（2）团委活动。团委定期组织一些文体活动，实现加强沟通交流、提高情操、增强员工体质等目的。在活动中尽量考虑不同部门员工之间的交流，通过这种非正式的团体活动来实现沟通的目的。

（3）新员工入职仪式。组织新员工入职仪式和联欢活动，表现公司对新员工的重视和关心，增强新员工的归属感和荣誉感。

（4）升旗仪式。每周一在总部和有条件的片区举行升旗仪式，轮流由员工将一面国旗，两面三九厂旗升起，同时播放国歌和三九厂歌。

（5）三九健康操。每天上午10点（10分钟），总部和片区的员工在各办公区域的位置上做早操。早操体现了健康、积极的精神面貌。

（6）亲情关怀计划。体现组织对员工的关心和爱，具体活动包括员工生日计划等。

（7）有计划地组织社会公益活动。如植树、献血、健康咨询、"3·15"宣传日、希望工程捐助等。

（8）跨部门的交流活动。组织一些活动来加强片区与总部之间、部门之间的交流，如培训、旅游、兴趣小组等。

（9）对重大成功事件和优秀个人或团队的表彰仪式。当有大的销售订单完成，优良的创新措施等重大的成功事件发生时，相关领导为该个人或团队举行表扬仪式，以示祝贺和肯定。

7. 情境强化法

企业文化的实施还要利用情境强化来实现，即通过营造一定的情境，让员工自觉体会其中隐含的企业文化理念，从而达到自觉自悟的效果。

企业的理念是抽象的，不宜把握，更不宜入脑入心。怎样克服这一企业文化建设的瓶颈呢？"情境强化"是一把金钥匙。如果情境设计得巧妙，就可以发挥其视觉冲击力大、印象深刻等特点，有效地把企业理念渗透到员工内心里。情境强化法的关键，在于情境的设计。应该针对不同的环境、不同的参与者，营造不同的氛围，展现不同的场景，以充分发挥这一特定场景的视觉冲击力和心灵震撼力，收到振聋发聩的效果。例如著名的张瑞敏砸冰箱的例子。

1984 年创建的海尔冰箱厂因经营不善亏损数百万，新厂长张瑞敏临危受命，拉开了革故鼎新的序幕。正当一切艰难开始时，发生了一件颇有争议的事情。由于生产过程的问题，几十台有瑕疵的冰箱从生产线上下来。这样的产品当然不能投入商场，于是有职工建议作为公关品送人，有人建议当作职工福利分发下去。张瑞敏此时却做出了一个技惊四座的举动：挥起锤子把有质量瑕疵的冰箱统统砸毁。张瑞敏宣布："因为大家过去没有质量意识。不是你们的责任应该是我的责任，但是今后再有问题就是你们的责任，今后谁再出质量问题，就扣谁的工资。"在许多海尔人看来，那锤子不仅砸在冰箱上，更砸在了海尔人心里。张瑞敏"砸冰箱"之举，就是利用情境的视觉冲击力，达到了触及灵魂的目的。

文化理念故事化也是情境强化的一种途径。企业文化的核心理念大都比较抽象，表现为本企业标榜的思维模式、价值观念和精神意识。企业理念要真正地进心入脑，内化为员工生产生活的内在动力，就要借助于生动活泼的故事，以人们喜闻乐见的形式进行宣传和渗透。

故事的选择可以分为以下三种类型：

第一类：寓言类故事。如蒙牛集团的企业文化强调竞争，它们通过非洲大草原上"狮子与羚羊"的故事将这一文化生动活泼地体现出来：清晨醒来，狮子的想法是要跑过最慢的羚羊，而羚羊此时想的是跑过速度最快的狮子。"物竞天择、适者生存"的自然法则对于企业的生存和发展同样适用，即不管你是总裁还是小职员，为了保住自己的职位，都应该尽心尽责，全力以赴。

第二类：企业外部发生的真实案例。如果采用真实故事来传达企业理念，其强化效果可能更好。

例如，摩托罗拉把公司数十年经营历史和成功经验总结为"精诚为本与公正"，并确定为自己的企业理念。这是一种企业深层的责任感，公司始终以这种企业责任感教育员工。摩托罗拉的 CI 手册中有这样一段话："诚信不渝——在与客户、供应商、雇员、政府以及社会大众的交往中，保持诚实、公正的最高道德标准，依照所在国家和地区的法律开展经营。无论到世界的哪个地方进行贸易或投资，必须为顾客提供最佳的服务。"

这种理念不仅写在了手册中，还通过一些情境强化的手段，传达到每位员工的心里。公司的企业伦理顾问艾罗斯常年用一个真实的案例来教育和提高摩托罗拉经理层的每一个人。这一案例发生在 1992 年，EIAI 公司的货机在阿姆斯特丹遭遇空难，造成这场灾难的原因主要是引擎螺栓的设计问题，波音公司的主要责任是设计上的错误和质量控制上的疏漏。实际上，波音公司很早就已经发现这个问题，但是没有引起足够的重视。艾罗斯就是用这个沉痛的教训，告诫摩托罗拉的经理们：企业必须认真对待产品反馈信息，不断改善产品设计。摩托罗拉在培训中之所以引用这个事故案例，不是制造恐惧感，而是通过情境来强化员工的道德观念和责任感。

第三类：企业内部的真实故事。将企业中的真人真事与文化理念故事化相结合，也是很好的一种情境强化的方法。在提炼和设计企业文化并进行培训和教育之后，有一部分人能够直接认同和接受下来，并用自己的实际行动来带动和影响其他员工，他们就是企业的骨干。这时，企业把发生在他们身上的故事介绍给全体员工，使他们身上所体现的价值观发挥更大的辐射和示范效应。

例如，海尔的"真诚到永远"的企业理念就曾在这一故事中得到充分体现。在 2002 年春节的前几天，北京石景山区有一个海尔的用户买了一台海尔彩电坏了，很着急。海尔北京分公司吴经理亲自上门维修，在双方约定的晚上 8 点到达，但这个用户不在，门上了锁，灯却还亮着。怎么办？等！一直等到第二天早晨 6 点用户回来时，才进门维修。吴经理和他的助手整整在门外冻了一夜，邻居请他们进门休息，被他们婉言拒绝。这件事深深感动了那位用户和他的邻居，也充分体现海尔"真诚到永远"的最佳服务精神。而且，这一故事一经在企业内的广泛流传，也同样鼓舞了全体员工，起到了良好的英雄模范作用。

第十八章　哈佛战略管理

一、没有方向就没有未来

（一）哈佛对战略规划的定义

在哈佛看来，制定企业战略规划，是管理者不可或缺的首要工作，因此，了解战略规划的含义、方向、目标等内容，是你的必修课程。

战略规划的定义

哈佛认为，所谓战略规划，就是制定组织的长期目标并将其付诸实施，它是一个正式的过程和仪式。一些大企业都有意识地对大约 50 年内的事情做出规划。

制定战略规划分为三个阶段，第一个阶段就是确定目标，即企业在未来的发展过程中，要应对各种变化所要达到的目标。

第二阶段就是要制定这个规划，当目标确定了以后，考虑使用什么手段、什么措施、什么方法来达到这个目标，这就是战略规划。

最后，将战略规划形成文本，以备评估、审批，如果审批未能通过的话，那可能还需要多个迭代的过程，需要考虑怎么修正。

战略规划的方向和目标

方向和目标的区分：

1. 时间区段

方向是持久的，无终止的，无时限的。而目标是有时限的，可以为子目标所替代的。

2. 特殊性

方向指的内容较广，较通用，是涉及印象、风格以及认识上的东西；目标则较专一，是在某一时刻可以达到的东西。

3. 聚焦点

方向常根据外部环境叙述，而目标则是内向的，隐含如何利用企业的资源。

4. 度量

方向和目标均是可量化的，但方向是以相关项叙述的，如"……达到前 10 名"；目标是以绝对项叙述的，如盈利的 50% 来自外省的顾客等。

战略规划的特点

战略规划的有效性包括两个方面，一方面是战略正确与否，正确的战略应当做到组织资源和环境的良好匹配；另一方面是战略是否适合于该组织的管理过程，也就是和组织活动匹配与否，一个有效的战略一般有以下特点：

1. 目标明确

战略规划的目标应当是明确的，不应是二义的。其内容应当使人得到振奋和鼓舞。目标要先进，但经过努力可以达到，其描述的语言应当是坚定和简练的。

2. 可执行性良好

好的战略的说明应当是通俗的，明确的和可执行的，它应当是各级领导的向导，使各级领导能确切地了解它，执行它，并使自己的战略和它保持一致。

3. 组织人事落实

制定战略的人往往也是执行战略的人，一个好的战略计划只有有了好的人员执行，它才能实现。因而，战略计划要求一级级落实，直到个人。高层领导制定的战略一般应以方向和约束的形式告诉下级，下级接受任务，并以同样的方式告诉再下级，这样一级级的细化，做到深入人心，人人皆知，战略计划也就个人化了。

个人化的战略计划明确了每一个人的责任，可以充分调动每一个人的积极性。这样一方面激励了大家动脑筋想办法，另一方面增加了组织的生命力和创造性。在一个复杂的组织中，只靠高层领导一个人是难以识别所有机会的。

4. 灵活性好

一个组织的目标可能不随时间而变，但它的活动范围和组织计划的形式无时无刻不在改变。现在所制定的战略计划只是一个暂时的文件，只适用于现在，应当进行周期性的校核和评审，灵活性强使之容易适应变革的需要。

战略规划的内容

战略规划的内容由三个要素组成：

1. 方向和目标

经理在设立方向和目标时有自己的价值观和自己的抱负。但是他不得不考虑到外部的环境和自己的长处，因而最后确定的目标总是这些东西的折中，这往往是主观的，一般来说最后确定的方向目标绝不是一个人的愿望。

2. 约束和政策

这就是要找到环境和机会与自己组织资源之间的平衡。要找到一些最好的活动集合，使它们能最好的发挥组织的长处，并最快地达到组织的目标。这些政策和约束所考虑的机会是现在还未出现的机会，所考虑的资源是正在寻找的资源。

3. 计划与指标

这是近期的任务，计划的责任在于进行机会和资源的匹配。但是这里考虑的是现在的情况，或者说是不久的将来的情况。由于是短期，有时可以做出最优的计划，以达到最好的指标。经理或厂长以为他做到了最好的时间平衡，但这还是主观的，实际情况难以完全相符。

战略规划内容的制定处处体现了平衡与折中，都要在平衡折中的基础上考虑回答以下四个问题：

我们想要做什么？Whatdowewanttodo？（确定目标）

我们可以做什么？Whatmightwedo？（确定方向）

我们能做什么？Whatcanwedo？（找到环境和机会与自己组织资源之间的平衡）

我们应当做什么？Whatshouldwedo？（做出计划）

这些问题的回答均是领导个人基于对机会的认识，基于对组织长处和短处的个人评价，以及基于自己的价值观和抱负而做出的回答。所有这些不仅限于现实，而且要考虑到未来。

战略规划是分层次的，正如以上所说战略规划不仅在最高层有，在中层和基层也应有。一个企业一般应有三层战略，即公司级、业务级和执行级。每一级均有三个要素：方向和目标、政策和约束以及计划和指标。这九个因素构成了战略规划矩阵。

这个结构中唯一比较独立的元素是：它的确定基本上不受图内其他元素的影响，但是它仍然受到图外环境的影响，而且和也有些关系。因为当考虑总目标时不能不考虑各种业务目标完成的情况，例如在确定总的财务目标时不能不了解公司财务的现实状况。

其他的元素都是互相关联的，当业务经理确定自己的目标的时候，他要考虑上级的目标，也要考虑公司的约束和政策。尤其当公司的活动的多样性增加的时候，公司总目标所覆盖的范围相对地降低，必然需要下级有自己的目标。一个运行得很好的公司应当要求自己的下属做到"上有政策，下有对策"，而不应当满意那种"上有政策，下无对策"的下属。同样，这样的公司领导也应当善于合理地确定自己的目标，以及善于发布诱导性的政策和约束。执行经理的目标不仅受到上级目标的影响，而且要受到上级的约束和政策的影响。

（二）企业为什么要进行战略管理

企业战略管理是一种不同于传统职能管理的崭新管理思想和管理方式。这种管理方式的基本内容是：指导企业全部活动的是企业战略，全部管理活动的重点是制定战略和实施战略。而制定战略和实施战略的关键是对企业的内外环境条件进行分析评估，并在此基础上确定企业战略目标，并使三者之间形成动态平衡。由此可见，企业战略管理的任务就在于通过企业战略的制定与实施，在保持这种动态平衡下，实现企业的战略目标和企业使命。

企业所看重的是效能，而不是效率。在观念上，战略的第一个特点就是："做对的事情，而不是仅将事情做对"。

1920 年，福特汽车首先发明了汽车装配线的生产方式，只生产一种车型——T 型车。由于引进这种先进的流水线生产方式，福特汽车的生产成本大为降低，每台车的售价均低于 1000 美元。这样的价格极大地满足了大众的需求，市场需求量激增，使福特汽车成为当时最为有效率的汽车生产商。

此时，作为福特的老对手通用汽车则采取了另外一种战略。通过市场分析，通用认为当前消费者买车已经不仅仅是满足交通便利的需求了，而是要彰显出车主的社会地位和经济地位的象征。因此，通用汽车决定将汽车市场划分为高价位市场和低价位市场，并针对不同市场的划分推出不同的车型。车型的增加自然使得通用汽车丧失了规模经济的优势，降低了公司的生产效率并使得公司的生产成本提高。通用汽车虽然不是生产效率最高的企业，但其战略转变的效果确实显而易见，经过 10 年的发展很快超越了福特，成为汽车市场的领军者。福特汽车始终难以扭转这种市场格局，直到 60 多年以后，福特汽车才在利润上超越了通用，可是在市场占有率上却始终无力回天，一直屈居第二的位置。

从通用汽车与福特汽车竞争的例子上我们可以看出，战略最主要的第一步就是要做对事情，这比把事情做对更为重要。否则，如果犯了这样的战略性的错误，那么将会付出花费十几年甚至更长的时间也难以修正错误的代价。

战略的自身特点决定了它必须要从执行官的观点出发，以组织的整体利益为最大考虑，以整体利益作为战略选择的基础。企业战略的目的在于统一协调企业各部门的战略，必须平衡各部门的观点。

例如，营销部门的重点是增加销售、提高市场份额，但却可能以牺牲企业的部分利润为代价；财务部门可能较关心企业资产的流动性，而对企业的固定资产投资的重视力度不够，这有可能会造成企业生产的困扰；研发部门重视科技的进度，但却可能会在无意中提高了研发的成本。从企业战略的角度上看，营销战略、财务战略及产品战略应当相互配合，使得企业的各项决策环环相扣，而战略正是这种环环相扣的中心环节。

战略本身不是针对短期的现象，而是从企业长期的观点出发的，企业战略正是贯穿于企业各个部门之间指导各部门战略的最高决策。著名战略管理学者伊戈尔·安索夫（H. Igor Ansoff）曾将战略定义为企业的 Common Thread，他认为这个指导原则要经过时间的衡量，今天的决策也会影响到未来的决策。这就要求战略应拟定长期的发展方向，企业战略应该是至少要有 5 年以上的发展规划。

如企业计划对某一行业进行投资，这并不是一个短期的战略。长期而言，如果企业所处的环境发生改变，受到工资增长或者市场销售趋缓等因素的影响，那么企业必须要适当地调整战略，方可最大限度的实现企业的利润。因此，从长期的战略来看，目前企业对某一行业的投资计划可能是五年到十年企业投资的主要方向，但到下一个五到十年当中，企业就可能转向其他行业或其他地区进行战略投资。这样的战略从长期而言，就是追求最低成本的战略。

许多企业都给自己树立了较崇高的奋斗目标，他们要求生产出高品质的产品、最低的成本投入、雇佣最佳的人才、成为高成长的企业、客户服务要求最好……这些都体现了许多企业求好心切的迫切心情。但现实本身却又是极为残酷的，任何企业所占有的资源毕竟是有限的，想要做到样样都精通也是很难的，现实中也极少有企业能够做到。这其中，企业应该如何选择，就依赖于企业的战略指引了。

如果有了一个清晰明了、缜密周全的战略展望，公司的管理者就有了一个真正能指导公司的决策灯塔，就有了一个前进的航线和制定公司战略和经营政策的基础。

（三）有目标的最大化才会有最大化的现实

你已经改变了旧的管理模式，把强硬措施转化成了培养员工的良好习惯，这说明你的管理已经有了很大的改观，这样就更有利于制定和实现你的目标。很多人都认为，只要是能够赚钱的目标就一定适合自己，但是这些人终究无法获得效益最大化。为什么呢？

比如甲认为只要能够使自己赚钱的目标，均是好目标；而乙认为，一些普通的目标并不能使自己拥有更多的财富，要想实现最大化，就必须有一个最大化的目标。

一个人的性格、爱好、理想不同，他们的目标也会不尽相同，他们的所得当然也会不同。甲选择的是普通目标，赚钱并不多，而乙选择了最大化的目标，往往能够使自己赚到更多的钱。通过这样的比较，你应该知道你的目标不同，你的所得也会相差甚远。

什么样的目标才是最大化的目标呢？有的人把大目标理解为目标的最大化，这是一种错误的认识。你可以设想一下，有一个大目标，也许能使你赚到一部分钱，也许赚不到，这样的目标再大而没钱可赚，这不白白地浪费你的时间和精力吗？假如你选择一个能使你赚到更多钱的目标，这个目标也许并不大，但你赚到了比大目标更大的财富，这才是你应该追求的东西。

阿米·特斯是一家小型鞋厂的经理。以前，鞋厂只生产童鞋，虽然也能维持生计，但阿米·特斯是一个非常爱冒险的家伙，他一心想扩大企业的经营规模，可总是没有目标，为此，他想方设法寻找大目标，他认为大目标可能会赚得更多。于是，他终于决定，不仅要生产童鞋，而且还要生产各种成人穿的布鞋、皮鞋。他的这一决定，得到了公司上下的支持，他们一致认为，这次一定有利可图。

当然，也有一小部分人反对阿米·特斯的这种做法，他们认为，大目标不见得就能实现最大的利润，现在的生产不也能赚到钱吗？何必冒险呢？

最后还是少数服从多数，同意了阿米·特斯的决定。于是，留下一部分人继续童鞋生产，其余人员一律从事新的生产。通过招兵买马、购买设备，在大家的共同努力下，一个年产50万双鞋的生产线上马了。然而，其结果却出乎意料，第一批产品上市就出现滞销。阿米·特斯认为可能是质量不佳，或者是样式不够新颖。可是经过仔细分析后发现，质量没有任何问题，样式也同市面上出售的同类产品不相上下。最后，万般无奈之下，不得不关闭这条生产线，重新做起了老本行——继续生产童鞋。

通过阿米·特斯的例子，你是否觉得大目标能使效益最大化呢？显然是不能确定的。上面我已经说过了，大目标并不是所谓的目标最大化，这是两个截然不同的概念，阿米·特斯的错误认识致使他受到了严重的损失，这可是一个深刻教训。

于是，阿米·特斯派出三个人同时去往不同的地区进行市场调查，半个月后，回来两个人，他们去了欧洲。他们对阿米·特斯说，那里的人们并不缺鞋穿，市面上到处都可以看到有各种各样的鞋出售。

第二天，第三个人也回来了，阿米·特斯问："你去了哪儿？"这人回答："我去了欧洲，那里的市场很有潜力可挖。"

阿米·特斯觉得自己好像在做梦，但又好像真的听清楚这个人的刚才所说过的话，他有些不相信自己的耳朵，急着问："你说什么？"

那人看到阿米·特斯一脸的惊奇，于是又把刚才的话重复了一遍："那里的市场很有潜力可挖。"然后继续说道："虽然那里市面上各种各样的鞋很多，但只是一些普通布鞋。可那里的人们所追求的并不是这些普通布鞋，他们非常需要一种耐穿、耐磨并且不用洗的新式皮鞋。"

阿米·特斯听到这里，一下子从座椅上跳起来，主动上前握住了这个人的手，激动地说："你很能干，我一定要奖赏你。"

于是，根据这个人提供的可靠信息，阿米·特斯制作了一批新式皮鞋。第一批产品刚下线，阿米·特斯便派这个人带着产品，投放到该国的市场，结果很快销售一空，利润也相当可观。

随着时间的推移，半年后，阿米·特斯公司生产的这种皮鞋已遍及欧洲市场，而且很受消费者的青睐。到年底，这家公司的资产由原来的 200 万美元，猛增到 1200 万美元。

所谓目标的最大化，就是怎样使你的目标赚到更多的效益。简单地说，就是你想用 10000 元去购买一套房子，然而经过你的努力，不但得到了房子，还得到了一个一漂亮的花园。阿米·特斯终于从失败中挣扎出来，他靠的是什么？靠的是目标最大化，他认识到大目标和目标的最大化的不同。事实表明，追求目标最大化很容易使目标成为最大化，而大目标不一定能使你效益最大化。

最大化的目标——就是使你能够获得更高利润的目标，而并不一定就是大目标，大目标和目标最大化是两种完全不同的概念。认识这一点很重要，它是能够使你将最大化的目标变为最大化现实的基础。

（四）管理者不做太多决策，只做重大决策

我一直提醒一些企业管理者：在决策中，要看"正当的决策"是什么，而不是"人能接受的"是什么。

在通用汽车公司一次高层会议时，没有人对一项新的提案提出异议。公司总裁斯隆先生问："诸位先生，在我看来，我们对这项决策，都有了完全一致的看法了。"出席会议的委员们全部点头表示同意。但是斯隆先生接着说："现在，我宣布会议结束，下次会议时再讨论这一问题。我希望到时候能听到相反的意见，也许那样我们才能真正了解这项决策。"

斯隆先生堪称"天才的决策家"。他认为，"提案"都必须经得起事实考验。同时他强调，不能先得出结论，而后去搜集"事实"来支持这一结论。他的观点是：正确的决策，必须从正反不同的意见中才能得到。斯隆先生的事例给出的结论是：除非有不同的见解，否则就不可能有决策，这是决策的一条原则。也就是说，有效的管理者绝不认为某一行动方向为"是"，其他行动方向均为"非"，他也绝不坚持己见，以自己为"是"，以他人为"非"。有效的管理者第一步会先找出为什么会有不同的意见。

杜拉克说："有效的管理者，做的是有效的决策。"他认为一位管理者之所以受聘为管理者，并不是要他做他"喜欢做"的事，而是要他做他"应该做"的事——尤其是要他做有效的决策。他特别推崇被认为是商业史上最有成效的决策者西奥多·维尔（曾于1910年开始担任美国AT&T公司总裁20年）。在西奥多·维尔做贝尔电话电报公司的总裁期间，他成功地将贝尔公司建成全球最大、发展最快的私营公司。杜拉克认为，AT&T公司之所以有这样的辉煌的成就，要归功于维尔担任总裁期间所做的四项重大决策。即公开承诺AT&T公司的使命是"我们的企业是服务"，建立贝尔实验室，成立公众监督委员会，以及开辟了一个满足非上市私人公司资金需求的大众资本市场。的确，这才是管理者应当做的，也只有管理者才能做的正确的事。

维尔一上任就非常清楚地认识到，如果想要保持自己私营企业不被政府接管，那么贝尔公司必须比政府机关能更好地照顾公众的利益。于是维尔做出了第一个决策：贝尔公司必须预测并满足公众对其服务方面的希望和要求。也就是贝尔的座右铭："我们的业务就是服务。"然后，维尔制定出新的标准检查员工服务工作的好坏，而从来不强调利润完成的情况。

贝尔公司意识到如果企业希望能够存活长久，有效、公正和有原则的公众管理是

不可缺少的。维尔因此把实现公众管理当成了贝尔公司的目标，要求员工在拓展业务的同时，还必须注意保护公众的利益。这是维尔做的第二个决策。

为了解决没有正常竞争环境的问题，维尔说："我们可以把将来当成对手，让将来与现在竞争。"他做了第三个决策：建立了贝尔实验室。杜拉克认为："贝尔实验室的建立就是为了大胆淘汰现有产品，即使是那些非常盈利、收效不错的产品，这是一项当时世界上绝无仅有的创举。"

由于贝尔公司需要大笔资金进行公司现代化改造和扩张，于是维尔作了第四项决策：贝尔公司引进一种新型股票，投资者股息有保证，资产增值时还能享到好处，通货膨胀时免受损失，而且由自己做股票承销工作。

西奥多·维尔才华横溢、头脑敏锐、具有非凡的远见，他的确是一个组织天才。他任贝尔总裁期间只做了四项重大决策，却为公司赢得了辉煌。由此可见，"有效的管理者不做太多的决策。他们所做的，都是重大的决策。"

一位有效的管理者，遇到了问题，总是先假定该问题为"经常性质"。这个问题是经常出现，还是以后会经常出现？抑或是纯粹的偶然？他总是先假定该问题只是一种表面问题，一定另有更基本的相关问题存在。他要找出真正的问题所在，不会以解决表面问题为满足。

如果想要在人事问题上做一个正确的决策，那你必须要有足够的时间进行不间断的考虑，尤其是在用人这一重要环节上，一点也不能含糊。在用人时，对一个人的能力、性格、长处、缺点等，都要经过深思熟虑，看看他是否能够胜任，是否大材小用，是否用其所长，是否能够服众，使自己的特长与潜能得以充分发挥等，然后再做出决定。

一个有效的管理者，要有战略眼光，不仅要能够把握现在，而且还要能够把握未来。这就要在平时重视收集对企业发展有重大影响的信息，对市场保持敏锐的洞察力，以保障产销方面的决策正确。一个有效的管理者做的决策，一定要符合经济规律，符合企业自身的实际情况，而且经过努力可以实现，有激励作用的决策。

有效的管理者需要的是决策的冲击，而不是决策的技巧；要的是好的决策，而不是巧的决策。有效管理者要尽可能多准备方案，方案越多，选择的余地就越大，采用最佳方案的可能性就越大；还要充分发挥大家的智慧，集思广益，只有有不同的见解，才会有最好的决策；另外，决策者还要有创新和开拓精神，敢于做出常规思维所不能做出的决策。

管理者还应该将行动纳入决策当中，不要只是纸上谈兵。行动前要做好预谋规划，搞好宣传，让下级能够充分地理解；对执行过程中可能出现的意外情况事先做好准备，并在执行中不断地总结经验教训；然后严格按照要求贯彻执行，合理激励员工。

决策的有效性取决于决策者对决策可行性、可接受性以及决策质量、耗时等因素的重视程度。管理者在进行决策时，都应当将精力集中在对问题本质的认识上，以便更好地针对问题进行决策。

（五）设立简单、明确和统一的目标

在企业中，目标就像灯塔为航船指明前进方向。在鼓励员工为你打拼之前，管理者应该有一个明确的目标，并且为企业的每个成员都制定一个定性定量的目标，让员工的激情与能力能够有的放矢，这样才能充分地发动每一位员工为企业的整体目标而奋斗的积极性。

目标设置要适时、合理、可行，并且与员工的切身利益紧密相关，这将成为能否有效激励员工为你打拼的关键。因此，如何正确设立目标是利用目标激励员工的关键。为了使目标的设立与管理更为科学、合理，管理者应遵循以下几条原则：

1. 将组织目标与个人目标相沟通

在现实中，几乎每个人都在心里给自己设定了追求的目标。但是，由许多个人目标所组成的目标就是"组织目标"了吗？当然不是。因为两者很难同时获得成功或很容易发生冲突，而且不仅仅在个人与个人的目标之间，即使在个人与组织的目标之间也经常会存在分歧。为了提高工作绩效，管理者必须使每一个员工对"所有目标"有一个清醒的共同认识。

管理者应该及时与下属进行沟通，促使员工理解个人目标与"组织目标"之间的关系并进行取合。通常，那些看到"组织目标"与个人目标有直接关系的员工，更容易产生强烈的工作欲望和工作热情，这样实现"组织目标"也就比较容易。

2. 目标设置要协调一致

要通过目标设置来激励员工为你打拼，归根结底是要让个人目标与组织目标一致。组织目标与个人目标可能是平衡一致的，但大多数情况下二者会发生偏向，这种偏向会导致冲突发生，从而不利于员工积极性的调动，更不利于组织目标的实现。只有使这种偏向趋于平衡，即组织目标向量与个人目标向量间的夹角最小，才能使员工产生较强的心理内聚力，从而调动员工为完成组织目标而奋斗的积极性。

3. 目标设置要具体明确

设立目标的目的是为了使所有员工的行动能够尽量统一，让大家具有共同的方向，从而使行动的效果达到最大化，这就必然要求目标的设置要明确。如果目标不明确，很容易对目标的理解产生分歧，从而影响目标执行的效果。

目标应该达到能精确观察和测量的程度。大量的研究结果证明，具体、明确的目标要比笼统、空泛的目标创造更高的绩效。例如，在制定每月要达到的销售目标时，用具体的数字往往比含糊其词的"尽最大努力""争取有所提高"等要有效得多。

4. 目标设置要适宜

很多时候，目标设置表现为一种选择，特别是在难易程度方面。设置目标时，其难度应以中等为宜，这个目标又被称为"零点五"目标。如果目标难度太大，员工容易失去信心；而难度过小又激发不出足够的激情与干劲。这两种情况都无法收到良好的激励效果，只有所谓的"跳一跳，够得着"的目标激励作用才最强。因此，作为目标的制定者，管理者在设置目标的时候，必须注意这个问题。

5. 目标设置要有可接受性

管理者应该明白，企业目标只有内化为员工个人的目标，才能对个人的行为产生激励作用。相反，如果组织目标无法内化为员工的个人目标，那么目标顺利执行并达到预期的效果就是不可能的。

让员工参与目标的制定要比单纯的指令性目标好。这是因为，员工参与目标的制定可以使其看到自己的责任和价值，同时可以把目标定得更合理，从而提高目标的可接受性。当员工愿意接受某一目标时，就表明他认同这一目标的可行性、合理性，更重要的是，这与员工自身的目的性相一致。那么，员工尽心尽力为这样的目标打拼自然是顺理成章的事情。

6. 目标设置要有可反馈性

在实现目标的过程中，如果员工能够得到及时、客观、不断的信息反馈，其受到的激励要比无任何反馈大得多。同时，员工获取行动效果的信息后，往往会主动调整下一步的行动，这无疑将有利于取得更高绩效。

7. 设定充满乐趣的目标

管理者在用目标激励员工时，把游戏和竞争法则用于组织的工作及挖掘组织中员工的潜力也是非常可行的。管理者要善于运用图表、游戏和竞争的方法，使目标变得充满个性与趣味，消除员工工作中过分的紧张。这样，员工必定会用实际行动给予企业相应的回报。

8. 制定有期限的目标

对有明确期限要求的目标，员工会全身心投入，以期在期限内完成。而对没有确切期限的目标则会无限期地拖下去，甚至遗忘。因此，管理者一旦制定一个目标，就应给出一个具体的、明确的期限。没有期限的目标，很多时候是没有结果的。

企业的目标应该具有阶梯性，从企业的管理层到执行层都必须有一个清晰的目标。每个层次的目标都是为组织的总目标服务的，这样的目标管理系统才能起到激励整个企业员工的作用。

目标设定是员工"职业生涯计划"的一项重要内容，目标定得是否合理，决定着整个计划的成败。因此，在设计中要注意以下几个问题：

1. 目标的设定应该适合每个员工的实际情况，而不是越高越好

企业的发展和个人的发展都需要一定的条件，遵循一定的规律，脱离实际的目标是无法实现的。一个企业的员工不可能都成为领导，那么员工的个人目标应该怎么制定呢？

对大多数员工来讲，一个基本目标应该是通过长期的努力，使自己成为本岗位或者本专业的能手，成为"第一"。从敬业开始，使自己的能力得到提高，工作取得成就，成为一个对企业、对社会都有用的人。到这时，个人的收入和需求也就有了实现的可能。

2. 目标应该是阶段性的

员工的成长和企业发展一样，都有一个投入和产出的问题。对职业生涯来讲，投入的主要是学习和时间，而产出的是能力和成就。

实现目标需要一步一步地前进，企业领导要确定一个一个阶段性的目标，把一个完整的目标变成一个一个的分目标。

将目标的实现分成若干阶段，这样既不至于使目标太大，难以激起员工的兴趣，又不至于使目标太小，让员工觉得没有意义。为实现最后的目标，就必须从最后位的目标开始，一步一步地向前位目标迈进，依次完成每个目标。最后位的目标必须最接近目前的状况，要尽可能详细而现实。也就是说，最后位的目标必须是可以达成的。达成了以后，再向更高的目标迈进。

达到目标的过程或手段，规划得越仔细越好。越是上位的目标，其过程或手段可以越概略。只要从下位目标一步一步地向上"爬"，最后的目标一定可以实现。

3. 在实现目标的过程中，既要注重大的方面的提高和进步，也要注意员工成长过程中一些小的缺点和不足

比如：不经意的经常迟到或者不注意小节，像开会时手机响，衣着随便，在公共

场合大声喧哗，做事拖拉，不能及时完成任务或者不及时汇报等等。

这些不足虽然不是什么严重的错误，但是对个人职业生涯计划的实现会带来极大的不利。一个人的良好的职业习惯和职业作风，是一个人树立应有的职业道德和专业能力的基础，不能在细小之处克服人性中的惰性，就很难在激烈的竞争中脱颖而出，就很难使自己在本职岗位上争创第一。

作为管理者，必须想到怎样用公司的目标吸引员工。管理者制定简单、明确、统一的目标，让大家朝着同一目标前进，使通往成功的道路更加平坦。

（六）有一个愿景，才会有一个美好的未来

法国博物学家让·亨利·法布尔经过反复观察发现，巡游毛虫在树上的时候，往往排成长长的队伍前进，由一条虫带队，其余的毛虫则紧紧跟着，心无旁骛，鱼贯而行，从不分离。于是法布尔就把一组毛虫放到一个圆形大花盆的盆沿上，使它们首尾相接，排成一个圆形。这些毛虫开始行动了，像一个长长的游行队伍，没有头，也没有尾。法布尔在毛虫队伍旁边摆了一些食物，如果毛虫要想吃到食物就必须解散队伍，不再一条接一条前进。法布尔预料，毛虫很快会厌倦这种毫无用处的爬行，而转向食物，可是毛虫没有这样做，依然有序地、执着地循序环行，一直以同样的速度沿着花盆边沿走了7天7夜，直到饿死为止。

让·亨利·法布尔

这个小实验经常被成功学家们作为例证，用以说明人生目标的重要性。没有确定人生目标的人，就如这些毛虫一样碌碌无为，空耗人生。毛虫们遵循的是它们的本能、习惯、传统、惯例、过去的经验。它们没有自己的目标，只是盲目地"跟进"，尽管工作很努力，生活很忙碌，但最终是一事无成，还落了个饿死的下场。

凡是成功的企业，都拥有一个激动人心的"共同愿景"：

通用电气：使世界更光明；

IBM公司：无论是一小步，还是一大步，都要带动人类的进步；

苹果电脑公司：让每人拥有一台计算机；

AT&T 公司：建立全球电话服务网；

福特汽车公司,：让每一个人都能拥有汽车；

……

在 1933 年松下电器公司的创业纪念日讲话中，松下幸之助详细阐述了实现企业共同愿景的设想。其著名的 250 年计划即是从这里开始：

从今天起，往后算 250 年，作为达成使命的期间。把 250 年分成 10 个阶段。再把第一个 25 年分成三期，第一期的 10 年，当作建设时代。第二期的 10 年，当作活动时代。第三期的 5 年，当作是贡献时代。以上三期，第一阶段的 25 年，就是所在的各位所要活动的时间。第二阶段以后，有我们的下一代，用同样的方法重复实践。第三阶段，也同样有我们的下一代，用同样的方法重复实践。依此类推，直到第 10 个阶段。换句话说，250 年以后，要把这个世界变成一个物质丰富的乐土。

如上所述，我们的使命，既任重又道远。从此刻起，我们要把这个远大的理想和崇高的使命，当作我们松下电器的使命。你们应该自觉、勇敢地承受使命，若某人没有这种自觉的意识，我不得不认为他是与我们松下电器无缘的人。我们并不希求人数众多，我们需要的是，有使命感的人团结起来，朝着目标前进，这才是有意义的事。

在此我必须声明一句话：我们的使命重大，理想崇高。因此，有时我不得不以严峻的态度要求你们。可是对各位的辛劳，一定会重重地酬谢。

松下电器从未设立过创业纪念日，也未曾举办过纪念典礼。可是今天我要指定五月五日是我们的创业纪念日，以后每逢这一天，一定要举行隆重的典礼来祝贺。我要把今年取名叫"命知"创业第一年，以后应当是命知第二年，第三年，依此类推，直到"命知"250 年。"命知"的意义就是"知道生命"的意思。过去 15 年，只是胚胎期，今天，新的生命终于诞生了。释迦牟尼在母亲胎中怀孕了三年三个月的时间，所以他会有异于常人、不平凡的创举。松下电器在母亲肚子里，呆了整整十五个年头，我们应该有超越释迦牟尼的表现，完成我们的任务才行。

听了松下幸之助关于共同愿景的演讲，全体松下员工无不为之志气昂扬，宣誓为之奋斗终生。

正是在"要把这个世界变成一个物质丰富的乐土"这个共同愿景的指引和感召之下，松下电器公司成了当今世界上数一数二的跨国公司，并且为人类文明的进步和发展做出了卓越的贡献。

我们再来看看福特公司是如何做的：

一百多年前，亨利·福特说他的愿景是："使每一个人都拥有一辆汽车。"很多人认为他疯了。但是，当他离开这个世界时，他的 T 型车在美国卖出了 1500 多万辆，他的梦想已在当今的美国社会完全实现。在他的墓碑上刻着这样一句话："在他来到这个世界时，人们骑着马；当他离开这个世界时，人们开着车。"

正是亨利'福特伟大的愿景激励着福特公司的员工，为着一个伟大的梦想而奋斗，使福特公司成为当今世界上第二大汽车公司，也造就了福特公司这一伟大的团队。

我在被问到"如何确保自己成为一个不进行微观管理的梦想家式领导人"的时候，我会这样回答："写下愿景；避免深陷细枝末节；雇用并提升那些最有能力将愿景转化为现实的人。"

但遗憾的是，很少有人这样做。我总是这样解释员工的力量和真正的领导艺术的：不可能有哪项业务能够离开替补席上的运动员。真正的领导艺术来自一个人的愿景的质量，以及此人激发他人尽情施展的能力。最好的经理人并不用威吓胁迫进行领导，他们通过感召他人产生施展抱负的愿望来领导。比如，他的关键性文化创意"群策群力"计划就是为确保每一名员工对企业应当如何运转都有发言权而特别设计的。通过引领员工为共同目标的奋斗，能有效地减少官僚主义、独断专行等阻碍员工才智发挥的障碍，为员工创造一个可以尽情施展的理想环境。

还有，上世纪八十年代初，GE 是一个工业革命时代遗留下来的庞然大物，韦尔奇坚信它一定可以成为市场上高价值的供应商，高效率运营的公司。为了达到这个愿景，韦尔奇不断加强公司的学习能力和适应变化的能力，从而推动了公司的改革，使 GE 成了全球最成功的国际企业之一。

韦尔奇上任伊始，就提出数一数二的战略愿景。他说："我们要能够洞察到那些真正有前途的行业并加入其中，要在自己进入的每一个行业里做到数一数二的位置——无论是在精干、高效，还是成本控制、全球化经营方面。不这样做，80 年代的公司将不会再出现在人们面前。我们必须做到数一数二，因为，如果我们对一项业务的长期竞争力没有有效的解决方案，那么终将有一天业务会陷入困境，这只不过是时间早晚的问题。"

韦尔奇认为 GE 的各项业务都要力争在市场占有率、在竞争力上达到业界数一数二，否则就要处理掉。追求数一数二，这正是 GE 的新战略愿景。在此后的 20 年里，这一愿景就像一面旗帜，指引 GE 从当年的大而有些僵化的"超级油轮"，变成最具活力的企业——"会跳舞的大象"。

管理者应该能够为他们公司的发展做出愿景规划，而且思想与行动统一；还必须能够向本单位的人清楚地描述这个企业，并通过讨论、倾听与诉说来获得一个普遍接受的共识。这样，每一位成员就可以根据达成的共识，朝着制定的目标迈进。

一个企业必须有一个往何处发展的愿景，这样员工才能知道为了到达哪个方向和目标，应该学习什么。一个人要想使自己的人生之路走得更好，也要为自己树立一个长远的目标。

（七）做强企业，就要走出战略管理的误区

对于企业长期发展而言，战略管理绝非小事。但是不能因此就把战略管理当作包治百病的灵丹妙药，如果因此走进了误区，反而会把战略管理弄得一团糟。一般而言，战略管理的误区大致可分两个层面，一是认识误区，二是管理措施失当。

首先说认识误区：

1. 战略可以消除企业风险

假如你只有一艘小船，就只能在小河里捞小鱼、小虾，因为小船无法承受大海的风浪；如果你有大轮船，就可以不畏风浪，去大海中捞大鱼。如果说小河、大海相当于企业的经营环境，风浪相当于经营风险，那么船就相当于企业，船的大小相当于企业抵御风险的能力。风浪总是客观存在的，并不会因为你的战略规划而消失。

企业经营中，一份风险一份利润；如果没有风险，随便谁都可以做，利润也就不可能很多。如果你有不怕大风浪的大轮船，就可以到大海中抓大鱼，大的利润就属于你。因此，成功的战略规划是为了提高企业承担和抵御更大风险的能力。

2. 战略能够量化，并具有操作性

战略是分析和判断，其本身不能量化，但它的目标和计划又必须量化；战略本身没有操作性，但实现战略的管理方法具有操作性。

在规划战略的同时，也要定出实现战略的一系列策略和途径，使战略有实现的可能。战略定出来，还需要落实，需要通过战略咨询会、计划预算咨询会、战略平衡积分卡等一系列管理手段，将公司的战略变成业务单元的策略，变成具体的行动计划，变成一系列的财务数据，变成一系列的考核指标……这样就有了可操作性。这些操作性的内容，是一系列的管理方法，是落实战略的手段，而不是战略本身。

3. 战略是明天的决策

战略不是告诉我们"明天会发生什么"，"明天应该做什么"；而是告诉我们"目前的思想和行动必须包括怎样的未来性"，"今天必须为不确定的明天做什么"。

举例来说，你在路上开车，一公里之外有一个大坑，由于你有战略规划——提前看到坑，做出了决策——早点刹车，车不到大坑就停住了；另一个人没有看到大坑，一直往前开，一下掉进坑里，他在坑里想：那个家伙真有战略眼光，一公里之前就刹车了。

战略是前瞻性的，但是需要后验，唯独决策是现在的。只有前瞻性地看到"大坑"，才能做出正确的决策，避免车毁人亡，这个结果是后验的。刹车是一公里之外的事，是现在的决定，不是明天的决策。

每个人今天做的决定，客观上都包含着一定的未来性，都会在将来被验证。差别在于，今天决策时，有没有前瞻性地看到未来的变化趋势，看到未来的机会和威胁——这就是战略的魅力所在。

战略很朴素、很实在，并不具有投机性。因此，与其临渊羡鱼，不如退而结网。而在实际的管理实践过程中，许多企业一不小心又会进入另外一些误区：

1. 流浪倾向

一位管理大师有个形象的比喻：没有战略的企业就像流浪汉一样无家可归。

管理大师彼德·德鲁克认为，使企业遭受挫折的主要原因恐怕就是人们很少充分地思考企业的任务是什么。可以想象，一家没有方向意识和连贯一致的经营战略的公司，在激烈竞争的市场中，将会是什么结局。当一家企业像流浪汉一样，不知道应往哪里走时，企业命运是极其危险的，因为它通常会走到它不想去的地方。

2. 盲目跟风

有些企业虽然也考虑制定战略，但其战略不是建立在对企业外部机会、危险和内部优势、弱点的全面、科学的分析与论证基础之上，而是喜欢走"抄袭"的"捷径"。看到别的行业、别的企业的战略获得成功，便盲目跟风。尤其是在企业进入新产业的问题上，缺乏独立判断，热衷于"跟进大势，人云亦云"，致使许多同行业的企业发展战略高度雷同。正如一个经典的军事案例所言：拿破仑之所以胜利，是因为他的敌人仍采用适用于以往战争的战略、战术和组织形式。而当他败于俄国人及西班牙人时，又是因为他对敌人采用了"以往行之有效"的战略，而敌人则以新的思维制定了适用于未来的战略。企业如果固守过去曾行之有效的战略，必将败于竞争对手。这已为近年来一些企业的经营实践所验证。

企业战略，是基于特定企业的战略，它因时、因地、因企业而变化。没有一个具体战略可以重复救活两个濒临倒闭的企业，或重复使两个企业得到持续、稳定、快速的发展。不同行业的企业，同一行业的不同企业、不同资本、不同结构、不同技术和市场前景，需要选择不同的战略；同一企业在不同成长时期、不同生产规模时也必须选择不同的战略。

3. 航母情结

当你询问企业经营者，他的企业战略目标是什么时，得到的回答多半是"做大"。许多"小舢板"因外力作用而被焊接成了"航空母舰"，但由于缺乏协作，难以形成"有机体"和核心竞争能力，因而在市场的汪洋大海中，很难真正发挥航空母舰的作用。

企业规模只有与企业所拥有的资源及运用资源的能力相适应，才能发挥规模效应。近些年，由于我们看到的、或比较熟悉的往往都是一些大的跨国公司，因而给我们一种错觉，以为国外的公司都是跨行业的跨国公司。其实，美国公司中的绝大多数都是专业化的中小企业。美国在世界 500 强固然占有相当多的席位（如 2012 年就有 285家），但不要忘记美国还有 2000 多万家中小企业。因此，就企业战略而言，重要的不是"贪大"，而是"图强"。

4. 组织结构与经营战略的矛盾

有什么样的战略，就应有什么样的组织结构。这是因为企业的组织结构不仅在很大程度上决定了目标和政策是如何建立的，而且还决定了企业的资源配置。

但这一点却往往被企业经营者忽视，相当多的企业试图以旧的组织结构实施新的战略。不少企业的组织规模、经营领域、产品种类、市场范围等等，随着新战略的实施已发生重大改变，而企业的组织结构却变化缓慢，甚至一成不变。这种"旧瓶装新酒"的做法，往往使企业的现行结构变得无效，其典型特征包括：过多的管理层次，过多的人参加过多的会议，过多的精力被用于解决部门间的冲突，控制范围过于宽广，有过多的目标未能实现等等。国内这几年一些"井喷式"发展起来的企业后来之所以"雪崩式"倒下，除了战略制定上的失误之外，在战略实施中组织结构调整的严重滞后及现行组织结构本身的缺陷显然难辞其咎。

对于企业长期发展而言，战略管理绝非小事。但是不能因此就把战略管理当作包治百病的灵丹妙药，如果因此走进了误区，反而会把战略管理弄得一团糟。

二、企业战略规划

没有一家企业可以做所有的事。即使有足够的钱，它也不一定永远有足够的人才。它必须分清轻重缓急。什么事情是现在该做的？什么事情是接下来要去做的？10 年后要达到怎样的目标？这就需要企业做出自己的战略规划。

（一）有效管理来源于战略规划

德鲁克说，管理是为了组织的绩效而存在，它必须从预期达到的结果出发，然后运用组织内的资源，来创造这样的绩效。绩效是每位管理者都追求的目标，要想实现绩效，那么就得为这一绩效设立一个奋斗的目标，而怎样才能达到这一目标？为实现这一目标要采取怎样的行动？做出怎样的决策？这就是战略规划。

每一家成功的企业都需要战略规划，因为有战略规划才能高效。

在 IBM 的历史上，郭士纳是必须要写上浓墨重彩的一笔的。作为一个百年老店，美国的"蓝色巨人"，IBM 几乎一直在执计算机界之牛耳。然而，20 世纪 90 年代，IBM 风光不再，发生了重大的经营危机。在这一危机面前力挽狂澜的，就是著名经理人郭士纳。

1993 年 3 月 30 日，在 IBM 董事会例会上，郭士纳临危受命，被选举为 IBM 董事长和 CEO，两天后正式生效。这样，在 1993 年 4 月 1 日，51 岁的郭士纳开始了他在 IBM 的职业生涯。上任之后，郭士纳花了短短的 3 周时间对公司进行调查，他发现了 IBM 的问题：公司失去了顾客的信任；盲目地追求事业部分权；难以形成跨部门的协作，部门之间的关系紧张；绩效评估体系混乱；电脑主机价格过高等。

既然发现了问题，就采取相应的对策，于是郭士纳召开会议，针对问题制定相应的战略规划。郭士纳发现，IBM 的产品价格要比日立公司、富士通公司以及阿姆达尔公司同类产品高 30%~40%，这是造成公司销售量减少的主要因素之一。于是他立即降低主机价格，降价后，凭借 IBM 的家底和技术实力，主机销量逐渐上升，IBM 复活了。1993 年夏天，IBM 复活之后，郭士纳陆续推出他在 IBM 的一系列重大决策，致力于重新打造 IBM 的核心竞争力。

IBM 采用的是一种独占式商业模式，这种模式讲求捆绑式销售，只要购买了 IBM 的电脑，那么与这台电脑相匹配的微处理器、存储器等所有基础技术产品、所有与硬件相匹配的软件，以及所有系统安装和维护，都可以从 IBM 购得。这种垄断是造成价格过高的主要原因，所以进入 20 世纪 80 年代后，用户就算再麻烦，也愿意从多个服务商那里分散购买电脑服务，就是为了想打破 IBM 的一家垄断。为此，有人主张 IBM 要适应客户的需求而分立，但是郭士纳却坚持这种为客户提供价格适当的整合服务的战略方向，这一战略方向成了 IBM 最重要的战略方向。

为了密切各部门之间的关系，郭士纳重整公司的职权结构，撤销公司管理委员会，重组高管团队，对公司资源、体制以及程序进行大规模调整；用绩效工资制取代了原来的福利工资制；在业务定位上，郭士纳并没有放弃大主机业务，而是在加强大主机研发的同时，扩展服务业务以及软件业务。

郭士纳把服务机构从 IBM 的销售部门分立出来，成立了 IBM 的"全球服务部"，服务范围从原来只限于 IBM 的产品服务发展为能为用户提供任何产品的整套系统服务，使得服务业成为 IBM 最有发展潜力的业务。这项业务后来成为 IBM 最成功的赢利来源。在软件业务开发上，郭士纳认为网络时代已经到来，网络化的世界需要标准和兼容，以便用户可以在同一个平台上进行操作。与硬件相匹配的软件不能仅仅适用于 IBM，而应该能和其他电脑公司的硬件通用。于是他在公司发动了一场规模巨大且持久的软件重写运动，使这些软件能够网络化，以适应网络时代的要求，并且能与惠普公司、微软公司以及其他公司的平台兼容。

正是郭士纳的这一系列战略规划，IBM 迅速从业绩下滑的困境中走了出来，并且恢复了它在计算机领域的雄风，同时，IBM 还成为世界上最强大的软件公司之一。

德鲁克强调，有效的管理来源于战略规划，因为有规划，才会让企业不至于成为"瞎子"，尽管德鲁克也认为未来是不能被预测的，但是战略规划却能为企业未来的发展提供一条线索。

有规划的企业有未来，这是人所共知的事。所以，你要想让你的管理高效起来，先从为企业制定合理的战略规划开始。

（二）战略应以市场为导向

德鲁克说，战略将经营之道转化为绩效，它的目的是帮助组织在不可预知的环境中取得预期的效果，战略有助于组织有目的地抓住一切有利机会。而顾客是企业生存和发展的基础，企业一旦失去了顾客，就失去了生存的条件。所以，企业在制定战略时，必须以市场为导向。

1886 年，世界上第一瓶可口可乐在美国诞生。这种神奇的饮料以它不可抗拒的魅力征服了全世界数以亿计的消费者，成为"世界饮料之王"，甚至享有"饮料日不落帝国"的赞誉。但是，12 年后，也就是 1898 年，就在可口可乐如日中天之时，百事可乐的第一瓶饮料也诞生于美国。

对于百事可乐来说，一出生就面临着生死存亡的考验，生存还是死亡？成了百事可乐管理层不得不面对的战略问题。于是，为了生存，百事可乐吹响了向可口可乐进攻的号角。

第二次世界大战后，美国诞生了一大批年轻人，他们没有经过大危机和战争洗礼，自信乐观，与他们的前辈们有很大的不同，这些小家伙正在成长，逐步成为美国的主要力量，他们对一切事务的胃口既大且新。1960 年，百事可乐把它的广告业务交给了 BBDO 公司，该公司分析了消费者构成和消费心理的变化，于是把战略瞄准了这些美国未来的一代。于是，百事可乐把产品想方设法描绘成年轻人的饮料。经过 4 年的酝酿，"百事可乐新一代"的口号正式面市，并一直沿用了 20 多年。10 年后，可口可乐试图对百事可乐俘获下一代的广告做出反应时，它对百事可乐的优势已经由 5∶1 的绝对优势减至 2∶1 了。

为了进一步把年轻人的市场开发出来，百事可乐在 1983 年底以 500 万美元的天价，聘请迈克尔·杰克逊拍摄了两部广告片，并组织杰克逊兄弟进行广告旅行。此时的迈克尔·杰克逊是美国红极一时的摇滚歌星，更重要的，他是美国年轻人的偶像，他担当百事可乐的代言使百事可乐赢得了年轻一代狂热的心。广告播出才一个月，百事可乐的销量就直线上升。据百事可乐公司统计，在广告播出的一年中，大约 97% 的美国人收看过，每人达 12 次。

在中国，百事可乐也向可口可乐发起了挑战，它把目标瞄准年轻人和爱好体育的人士，它的广告全部以时尚、新潮、青年或运动人士为诉求重点。特别是 1999 年 3 月，百事可乐与中国足协签订协议，由百事可乐公司买断今后 5 年中国足球甲 A 联赛冠名权，从 1999 年开始到 2003 年，甲 A 联赛将冠名为百事可乐全国足球甲 A 联赛，同时，合同规定，禁止其他饮料企业进入甲 A 联赛俱乐部和球队，一举独占了中国最大体育运动市场的宣传权。

在包装的色彩选择方面，百事可乐则选择了蓝色，在纯白的底色上是近似中国行书的蓝色字体"Pepsi Cola"，蓝字在白底的衬托下十分醒目，呈活跃、进取之态。众所周知，蓝色是精致、创新和年轻的标志，高科技行业的排头兵 IBM 公司就选用蓝色为公司的主色调，被称为"蓝色巨人"，百事可乐的颜色与它的公司形象和定位达到了完美的统一。

年轻人是市场的主力军，他们总有一天会成为市场的主导者，百事可乐深深明白其中的道理，于是处处以开发年轻人市场的战略定位，为百事可乐赢得了一次次战略上的胜利，而市场也在每一次行动之后逐渐扩大。到 1990 年，两种可乐平分市场，在零售方面百事可乐甚至超出了 1 亿多美元。百事可乐在它诞生 92 周年的时候终于赶上了竞争对手。到 1997 年，百事可乐全球销售额为 292.92 亿美元，位列 1998 年《财富》世界 500 强第 92 位，荣登饮料行业企业世界冠军，可口可乐只能屈居亚军，销售额只有 188.68 亿美元，排名在 201 位。这时百事可乐完全战胜了竞争对手，取得了市场主动权。

市场是由顾客所创造的，顾客决定了企业的性质和生产什么样的产品，企业的战略定位也应该来自顾客，因为只有以顾客的需求为导向，以市场为导向，企业才能更好地生存和发展。

市场就是企业战略目标的方向，只有牢牢把握这一方向，战略才能有的放矢。

（三）战略必须因时因势而变

企业如果没有战略，就好像没有舵的轮船，只会在原地打转。有人做过统计，有战略的企业和没有战略的企业在经营效益上是大不相同的。但是，市场是千变万化的，就像股市一样，上一秒钟还是上升的，下一秒钟开始狂跌。所以，对于战略，最根本的问题是要考虑到环境和市场的变化，也就是说，企业的战略要因时因势而变化，就像德鲁克说的，如果战略不随着时势的改变而改变，就会把企业的未来牺牲在昨天的祭坛上。

对于吉利集团来说，其战略已经有了几次转型。

1998 年，伴随着第一辆吉利汽车在浙江临海城东下线，"造老百姓买得起的车"也正式成为吉利人的造车理念。在这之前，市场上最便宜的轿车，价格也需 13 万元左右，而李书福造的车价格竟然在四五万元，这一低价战略为吉利集团迅速打开了市场。随着市场的壮大，李书福不再仅仅追求低价战略，他还要追求品质，这时候，"造老百姓买得起的好车"这一战略应时而出。正当吉利汽车在市场卖得风生水起的时候，2007 年 5 月，在市场还是一派"暖春"景象时，吉利集团却悄然进行产品的更新换代，从"造老百姓买得起的好车"转型为"造最安全、最节能、最环保的好车"，把企业的核心竞争力从成本优势转向技术优势。吉利集团开始了从"低价战略"向"技术领先、质量可靠、服务满意、全面领先"战略转型，确立了"总体跟随，局部超越，重点突破，招贤纳士、合纵连横，后来居上"的企业发展战略，确立了"造最安全、最节能、最环保的好车，让吉利汽车走遍全世界"的企业使命，确立了"到 2015 年实现产销 200 万辆，其中 1/2 外销"的战略目标。

正是这种战略转型，为吉利集团适应市场需求提供了保证，2008 年，吉利实现整车销量 22 万多辆，出口增长 79.8%，全年纳税总额超过 10 亿元。尽管全球汽车市场面临着严峻考验，但是 2009 年一开年，吉利集团在短短两周时间内，销售整车超过 1.5 万辆，比上一年同期增长 40%，国内的四个生产基地全部开足马力、加班加点生产。

百事可乐公司前总裁韦恩·卡拉维说："只要还没有失败就坚持下去的想法是错误的，在当今经济社会中，知道要失败就要赶快改变战略，否则早晚会完蛋。"不仅要在知道快失败了转变战略，就算在企业的业务如日中天的时候，也要时时抓住机会，转换战略。

索尼公司是横跨数码、生活用品、娱乐领域的世界巨擘，但是它刚成立的时候，并不涉足电子消费品市场，所以后来流行的索尼随身听在当时不知为何物。而索尼公司之所以从刚成立时的通信技术战略转向电子消费品市场，这和晶体管的发明有莫大关系。

1947 年，美国贝尔实验室发明了晶体管，尽管当时的美国几大家电制造商都意识到能把晶体管应用到诸如收音机和新品牌电视机等消费电子产品中，但是却没有一家制造商付诸行动。10 年后，盛田昭夫在报纸上了解到晶体管的消息后，专程前往美国，考察了贝尔实验室，并且了解了晶体管的制作流程，最后以一个当时认为很荒唐的价格——2.5 万美元，从贝尔实验室买断了晶体管的生产经营许可权。正在美国制造商们讥笑盛田昭夫的时候，两年后，索尼推出世界上第一台便携式晶体管收音机，重量不及真空管收音机的五分之一，而成本不及三分之一。正是索尼公司的这一发明，3 年后，凭借晶体管收音机，索尼公司占据了美国低端收音机市场，5 年后，索尼公司占领了全球收音机市场。

德鲁克认为，对于一家企业来说，如果没有战略，那么再好的机会也就不能称之为机会。所以，企业要想成为市场的领军者，那么就得根据时势的变化制定自己的战略，因为再好的战略在变化迅捷的时势面前也会显得滞后。

管理者应抓住时势，提出相应的战略规划，那么企业就会驶上快速发展的快车道。

（四）根据企业核心优势制定战略

德鲁克说，核心优势，能将生产商的特别能力与顾客所重视的价值有效地融合在一起。对于企业来说，核心优势就是自己的资源。

核心优势往往是别的同类企业难以企及的，这种核心优势如果你不利用起来，就是一种最大的浪费。德鲁克认为，战略管理不是一个魔术盒，也不只是一套技术。战略管理是分析式思维，是对资源的有效配置。有效的管理就是要把你的核心优势好好地利用起来。

2002年，由于收费问题，腾讯QQ用户反响强烈，开始锐减。为了增加公司的收入，马化腾开始思考如何增加QQ的附加值。马化腾把目光盯在了QQ用户身上。QQ有上亿的用户，这是一个庞大的群体，如果能把这一群体开发出十分之一，收入都是巨大的。

马化腾的第一招就是推出QQ秀产品，"一个用户愿意花一到两元为自己的QQ形象增添服装和饰品的话，这个项目带来的收入就是天文数字。"通过让用户购买QQ币换取虚拟的衣物、饰品、发型，腾讯一下子打开了自己的盈利之门。随后，趁着QQ秀的东风，QQ空间、QQ宠物等一系列网络增值产品开始出现在广大用户面前，花上二三十个Q币（几元钱）给自己的QQ形象打扮一番，对很多少男少女来说完全不在话下。到2006年，腾讯在互联网增值服务上的收入已经突破了18亿元，马化腾独特的眼光让人钦佩。

马化腾的第二招是进军游戏领域。QQ游戏借助QQ软件打下的群众基础，仅仅用了一年的时间，就吸引了超过100万的用户，成为网民最受欢迎的休闲游戏。2003年5月，腾讯向外界宣布，代理韩国开发商Imazic开发的全3D游戏《凯旋》，大举进军中国网游市场。通过QQ号就能登录游戏，用Q币就能购买游戏装备，这一措施极大地方便了中国广大玩家，《凯旋》也因此取得了相当好的运营成绩。2004年，腾讯推出了被人指责抄袭盛大泡泡堂的中型网游产品《QQ堂》。2005年，研发时间长达两年，投资超过3000万的腾讯首款大型网络游戏《QQ幻想》面世，这一"社区型"网游，将即时通信、QQ秀、QQ游戏等腾讯产品有机结合了起来。形成了腾讯"游戏金字塔"的独特形式。马化腾说："在金字塔底端，是我们用两年时间建立起的QQ游戏门户网站，这是网络游戏的基础；在这基础上，是我们的中型网游，也就是2004年发布的中型休闲网络游戏《QQ堂》；而在金字塔的顶端，则是包括本次推出的《QQ幻想》在内的大型网络游戏。"这些游戏给腾讯公司带来了稳定的投资回报。

马化腾的第三招是开发门户网站。2003年4月，腾讯公司花高价从一名美国软件工程师手中买回了qq.com域名。半年之后，腾讯推出了测试版本的www.qq.com，腾讯公司要做门户网站了！当时中国互联网的门户格局早已确定，新浪、搜狐、网易三家独大，所以马化腾此时的"插队"很多人都不看好。但是背靠数亿QQ注册用户资源的马化腾就不信这个邪，既然利用QQ这一平台的用户优势获得了在网络游戏上的成功，为什么就不能来一次门户网站的成功呢？这些QQ用户不都还在吗？据相关数据显示，正式上线后的 qq. com 只用了 3 个月时间，就跃居中文门户排行榜十强，这个以娱乐为主要特色的门户网站，在新浪这三家传统门户看来，简直就是一只凶神恶煞的怪兽。2006年 3 月，腾讯网覆盖量超越搜狐、网易，位居第二，访问量则位列第三。腾讯仅用了三年时间，就打破了门户网站三足鼎立的局面。中国门户网站的发展历史，被马化腾改写了。

之后，马化腾频频出招，2005 年 9 月 12日，腾讯依靠着 QQ 数亿用户创建拍拍网，进入 C2C 领域；在拍拍网正式运营的前夕，腾讯公司发布了独立的搜索网站——SOSO 网，开始独立承载搜索业务；为了满足年轻人的休闲需求，创建 QQ 农场……

马化腾

在互联网，有人戏称，马化腾是最爱学习的人，学了韩国的虚拟人物秀，学了联众的在线休闲游戏，学了纳斯达克三雄去做门户网站，学淘宝去做 C2C 网站，学百度去做搜索引擎。但是马化腾每一次的战略决策都能成功，他依靠的就是腾讯公司的核心优势——QQ 用户，这数以亿计的 QQ 用户为马化腾提供了最强的竞争力。所以，马化腾通过几年的发展，开创了一个腾讯的互联网时代。

企业的核心优势是企业最大的竞争力，如果根据这些核心优势去制定战略规划，那么战略规划成功的可能就会大大增加。

（五）企业要有一套明确的经营理论

德鲁克认为，所有的机构都需要以全球性竞争力作为策略上的目标。也就是说，所有的企业都必须有一套明确的经营理论。经营理论不明确，也就意味着企业的发展方向不明，这样对于制定战略目标来说，是危险的。

安庆会战是太平天国运动后期的一次重要会战。安庆失守直接影响到整个东南战局，而且直接导致了太平天国的覆灭。安庆会战中，清军和太平军一成一败取决于双方军事指挥家的战略思想是否明确。

安庆是天京（南京）上游的重要门户，湘君统帅曾国藩深知，自古用兵之道，必

须要占据上游的有利地势，这样居高临下就能成功，所以曾国藩以夺取安庆为自己的唯一目标。尽管太平军也意识到安庆对自己的重要性，但是却没有把防守安庆作为自己的唯一战略思想。所以，1860年6月8日，李秀成等率军东征，攻克苏州，想通过攻克苏常地区来合取湖北，进而围攻安庆，解救安庆之围。

李秀成攻占苏州，导致咸丰帝大为惊恐，立即下令曾国藩带领湘军进军苏州，以保东南大局。在咸丰帝的一再催促下，曾国藩率领一些新招募的士兵一万人开赴长江南岸，驻扎在皖南的祁门，略作了一下姿态给成丰帝看，却按兵不动，而把眼睛死盯着安庆不放。

为了救援安庆，1860年9月下旬，太平天国天京最高当局决定采用"围魏救赵"之计，即按原定方针进军湖北，以期安庆不救自救。太平天国安排五路大军相继进发，但是由于缺乏统一调度，各自为战，攻城弃城，弃城攻城，缺乏连贯明确的战略意图，结果虽然使清廷的湖北江西频频告急，但不能构成战略威胁。但是曾国藩却把所有重兵以及将领留给他的弟弟曾国荃，以期一举攻破安庆。

由于兵力分散，太平天国"围魏救赵"的计划失败，太平军改为直接救援安庆，派出陈玉成、洪仁玕、林绍璋、黄文金等大将统兵数万进逼安庆，期望一举解救安庆之围。而曾国藩也带领所率部队从祁门拔寨驻扎在长江边上的东门，和曾国荃对安庆形成包围之势，抵抗太平军的进攻。经过严密部署，曾国藩在围困安庆一年之后，终于攻下安庆。

安庆失守，导致太平军迅速灭亡。

在安庆会战中，不管是太平军还是清军，都认识到安庆的重要性，但唯一的差别就是曾国藩把攻陷安庆作为自己的唯一目标，所有的军事行动都是围绕这一战略思想来的。太平军尽管也为救援安庆做出了巨大的努力，但是从整个战局上，他们的战略失误正是忽略了安庆乃至整个安徽。由于苏常地区极为富庶，并且清朝的军事力量较为薄弱，李秀成长期占据苏常地区期望以此抗拒湘军，而不重视安庆之围，从而削弱了救援安庆的力量。而当围困安庆的形势越来越危急的时候，太平军却采取围湖北以解救安庆的方针，这一方针失败后又改为直接进攻。可谓战略常变，导致自己的力量东奔西突，不能聚集所有力量攻其一点，因而加速了安庆的陷落。

在安庆会战中，曾国藩之所以会胜利，而太平军之所以会失败，就是因为曾国藩有一套明确的战略理论——攻取安庆，不达目的誓不罢休。对于企业来说，要想在强手如林、竞争激烈的市场竞争中取得胜利，也需要有一套明确的经营理论，所有的战略决策都应该紧紧围绕这一经营理论，这样才能做出高效的战略规划。

明确的经营理念一方面是管理者发展思路清晰的表现，另一方面也有利于制定高效的战略决策。

（六）根据企业实际情况制定战略规划

德鲁克说，战略就是投入今天的资源实现明天的希望，这也是战略的真正意义所在。因为是明天的希望，所以就要在今天做好战略规划，这种战略规划首先要依据自己的实际情况，也就是量力而行。

1997年，伊莱克斯兼并长沙中意电冰箱厂，开始进入中国冰箱市场，产品锁定高端消费群，随后把其在欧美国家做得非常成功的吸尘器项目也推向中国市场。伊莱克斯作为世界家电业大鳄，其多品牌的经营战略和市场影响力是毋庸置疑的，它在全球每一个角落的扩张几乎都是所向披靡，但是这一次它却以失败而告终。3年之后，伊莱克斯亏损达到6000万元之巨。

尽管伊莱克斯换了很多的管理者，但是业绩仍不见起色，无奈之下伊莱克斯瑞典总部正准备撤出中国市场之时，刘小明及时出现。刘小明上任后进行一系列大刀阔斧的改革，尤其在营销策略上推行亲情化营销和向经销商提供高回扣点政策，至2000年，伊莱克斯公司宣布中国业务扭亏为盈。

伊莱克斯结束阵痛还没多久，就不满足于只卖冰箱这种单一的经营策略，它想要像其他的大公司一样，实行多样化经营。于是，伊莱克斯管理层做出决策，开始在中国大举扩张业务。2001年，伊莱克斯借兼并杭州东宝空调杀入空调行业。几乎同时，伊莱克斯在南京又购买了一条生产线，进入洗衣机行业。而为了应对频繁的价格战，同年又在南京兼并了伯乐电冰箱厂。此后通过OEM方式，伊莱克斯宣布正式进入厨具行业，加之先期经营的吸尘器等小家电，伊莱克斯在中国全面进入扩张经营时代。

但是扩张带给伊莱克斯的影响是巨大的，伊莱克斯的冰箱产品在有的城市获得了成功，跃居行业三甲之列，但这些是伊莱克斯以价格平均下降20%的代价所取得的。但是除冰箱外，伊莱克斯扩张的其他项目一直没有起色，它的小家电项目自诞生之日起就形同"鸡肋"，至于空调、洗衣机、厨具等项目除在个别城市有一定影响外，一直是不温不火，就从来没有进入行业前十名。由于其利润逐年下降，在媒体上的曝光率逐步减少，伊莱克斯的品牌认知率和忠诚度与时俱退，至此，伊莱克斯不得不承认，战略扩张拖累了自己。

战略规划应量力而行，这是人所共知的事实。但是伊莱克斯在取得一点点销售业绩的时候就全力扩张，这大大高估了伊莱克斯品牌在中国的实力。因此，失败也就在所难免。

创建外向型高科技企业是联想的目标，联想为了实现这一战略目标，于是采用三部曲和三个发展策略的战略。

第一步，在海外建立一个贸易公司，进入国际流通领域。1998年4月，联想电脑有限公司在香港成立，目的是了解海外市场行情，摸索商业规律，积累资金，特别是寻找开发外向型产品的突破口。第二步，建立一个有研究开发中心、生产基地、国际经销网点的跨国集团公司。1989年11月14日，北京联想计算机集团公司正式宣告成立，是实现这一步的重要标志。第三步，在海外股票市场上市，形成规模经济，努力跻身于发达国家计算机产业之中。1993年，联想成功实现这三部曲。

三个发展策略包括"瞎子背瘸子"的产业发展策略、"田忌赛马"的研究开发策略和"汾酒与二锅头酒"的产品经营策略。

所谓"瞎子背瘸子"，即取其优势互补之意。这种优势互补体现在很多方面，香港联想公司是由3家各有优势的公司合资而成，一家公司熟悉欧美市场，一家公司能提供可行的法律保证和充实的贷款来源，一家公司则具有技术和人才优势。同时，联想把生产基地建在国内，而把研发中心就建在香港，因为香港地皮贵、劳动力昂贵，但是香港是国际贸易中心之一，信息灵敏，适合搞研发。

所谓"田忌赛马"是指以上马对中马，以中马对下马，最后三局两胜。当时联想的286电脑在国际市场属于中马、下马的范畴，为了能打败竞争者，联想集中大量的人力、物力，运用先进的设计思想，开发出上马的电脑，然后拿到国际市场上和竞争者竞争，结果产品的性能远远胜于竞争对手的产品。

所谓"汾酒与二锅头酒"是指产品具有"汾酒"的质量，但卖的是"二锅头"的价格。联想管理者发现，要想打入国际市场，必须生产出优质低价的产品，由于国内劳动力便宜，而联想的技术和人才实力强，这一策略很快就实现。

正是通过三部曲和三个发展策略的战略，联想一步一步地走到了今天，成了一个具有竞争实力的计算机产业集团。试想，当年的联想要是也像伊莱克斯一样不顾自己的实力，盲目扩张，那么也许联想也会被自己的盲目扩张所拖累。

有怎样的实力，干怎样的事，超出自己实力的事情，是做不好的。企业的战略定位也一样，超出了企业的实力，再好的战略也只是一纸空文，有的甚至会把企业拖入泥潭不能自拔。

（七）战略家不打无把握之仗

德鲁克说，不管什么战略决策，都会有不同的意见，于是管理者为了能让战略决策通过，总要对相互矛盾的目标、相互矛盾的观点及相互矛盾的重点进行平衡。因此，最佳的战略决策只能是近似合理的，而且总是带有风险的。

俗话说，计划赶不上变化。就意味着，在变化无常的世事面前，任何战略规划都显得苍白无力。但是真正的战略家会根据翔实的资料，严密的论证让自己的战略规划走向成功，战略家不打无把握之仗。

股神巴菲特可谓第一流的战略家，从来不打无把握的仗，他曾说："我要求自己解释自己的错误，这意味着我只做有把握的事情。"他接手每一桩生意之前，都一定要对它进行深入的了解与分析，以求知己知彼。正是由于巴菲特不打没把握的仗，因此他在股市投资战场上几乎是无往而不胜。他的财富每年也以 25%～30%的增长率递增。

在巴菲特的投资理念中，他只买那些自己了解的企业的股票。换句话说，他如果准备买入某只股票，必定对该企业的情况进行综合全面的考察。这一点很多投资者是难以做到的。正是这种稳健的战略决策，使得巴菲特几十年来的投资频频得手，并且每一次都获利甚巨。

有些投资者在做投资决策时，只看重投资的效益，只要那家企业当时盈利好，有效益，他就投资，不管这一行是不是自己所熟悉的。但是巴菲特一贯的投资风格是只在自己熟悉的范围内选择企业，他同样建议其他投资者只持有自己熟悉企业的股票，可他的好意却时常被人曲解。有人借此批评巴菲特保守，也有人反过来建议他投资一些具有极高投资潜力（如科技产业）的产业。可巴菲特觉得自己对这些产业并不了解，因而不会盲目投资。

正是巴菲特的这种不打无把握之仗的投资理念，不管是他所投资的加油站、农场开垦公司、纺织厂、连锁性的大型零售商、银行，还是保险公司、报社、石油以及有线和无线电视公司，他都明确地掌握这些企业的运作情况。他了解所有持股企业的年收入、开销、现金流量、劳资关系、定价弹性与资本分配等情况。

1973 年，美国股市开始下跌，巴菲特逆市买入了大约 1000 万美元华盛顿邮报公司股票。原因是该公司旗下拥有华盛顿邮报、新闻周刊及几家电视台等优质资产，内在价值起码 4 亿美元，而公司总市值只有 1 亿美元，股价打了 2.5 折。但巴菲特没有想到，1973 年和 1974 年美国股市继续大跌，尽管华盛顿邮报经营业绩持续良好，股价却继续大跌25%，巴菲特被套牢。在一片批评声中，巴菲特依然坚持持有，他坚信邮报的垄断性竞争优势，因为他坚信拥有一家名牌报刊，在当时来讲就好像拥有了一座收费桥梁，任何过客都必须留下买路钱。后来正如巴菲特预测的那样，华盛顿邮报股价持续升值，到1985年，巴菲特把1000万美元变成了5亿美元。2007年底，伯克希尔持有的华盛顿邮报的股票市值为13.67亿美元。

1976年，GEICO保险公司濒临破产，巴菲特果断出手相助，对这家公司注入资金，到1980年底，巴菲特共投资了4713万美元。到1995年，巴菲特4700多万美元的投资已经成为价值23亿美元的流通股票，15年间增值了50倍。1996年，巴菲特将其余股份全部收购。2007年，早已为伯克希尔全资拥有的GEICO保险公司营业额为118亿美元，税前盈利为11亿美元。

1987年10月，美国股市暴跌，可口可乐也不例外。这时候，巴菲特趁机开始买入可口可乐的股票，前后一共投资了13亿美元左右，到1998年底，伯克希尔持有的可口可乐股票市值高达134亿美元，10年中这项投资涨了近10倍，赚了121亿美元。但可口可乐股价从1998年4月创下85美元的新高后，一路下跌到2005年10月的40美元，跌了一半。人们开始批评巴菲特没有及时减持。巴菲特不为所动，他坚称要与可口可乐股票"至死也不分开"，2007年底，伯克希尔持有的可口可乐股票市值回到123亿美元，18年升值了110亿美元。

巴菲特其实也和别的投资者一样，怕遭受损失，所以他所买入的股票，其企业一定是最优秀的企业，而买入的价格一定是值得买的，而且是市价极低，最少是低于股票的实质内在价值。而在回报方面，巴菲特也要肯定所买入的股票有极高的回报，否则也不会将其放入考虑之列。具备这些条件的企业，他才会考虑。如果他不肯定这些股票是否真的有这些条件，他宁愿放弃，以免遭受损失。至于企业是否拥有这些条件则是经过巴菲特自己亲力亲为，不断地分析数据、资料，并展望企业的业绩、收益、盈利等，才会做出是否购买的战略决策。

德鲁克强调，没有尽善尽美的战略决策，每一种战略都不可避免地存在一些固有的局限性和风险。就算是巴菲特这样的投资大师，也不可能做出百战百胜的战略决策，但是，他会宁可放弃机会，也不打无把握之仗。

管理者不应该是投机家，因为战略规划一旦失误，对企业的影响将是致命的。

（八）将战略转化为行动

德鲁克说，每个组织都有属于自己的经营之道，即一套自己的假设，涉及组织的业务、组织的目标、规定目标的方法、组织的客户、客户的价值和客户的需要，这就是战略。可以说，战略就是一种计划，一种实现组织利益、满足客户需要的计划，但是再好的计划，要是不能付诸实践，那么也只不过是美好的愿望，这种计划永远也不能带来效益。

索尼爱立信作为一个年轻的国际知名品牌，诞生于 2001 年，作为新兴的欧美手机生产厂商，索尼爱立信在短短的时间内取得快速的发展，不仅得益于其准确而果断的市场战略，比如率先全面开发影像手机，又全力主打影音手机。而且，也得益于对中国市场的重视。

索尼爱立信在成立之初，就把占领中国市场作为它的主要战略。为了能让这一战略获得成功，在中国建立分公司时，位于英国的索尼爱立信总部就委任从 1995 年开始就在中国市场摸爬滚打、号称"女铁人"的古尼拉为中国地区负责人。古尼拉是位中国通，她上任后，充分利用其对中国市场、文化和人才的了解，大刀阔斧地引进本土优秀管理人才充实到中国区的管理层，对渠道进行建设、调整，推出针对中国市场实际情况的发展战略。短短一年后，索尼爱立信就成为中国市场上升最快的移动品牌。

2004 年，索尼爱立信总部也将另外一个"中国通"马勒斯·弗林特推上了公司总裁的位置。马勒斯·弗林特是英国人，1977 年就来中国学习中文，说得一口流利的中国话。他上任之后，在几个全球市场中，他第一个来访问中国。当年 6 月份，马勒斯·弗林特来华时就宣布了增资中国工厂、在华设立研发中心的重大决策。

索尼爱立信宣布成立的北京索爱普天移动通信是唯一属于索尼爱立信的全球性生产基地；同时索尼爱立信也对在中国的研发中心增加了投资，成为全球四大研发中心之一，可以为中国和全球市场开发和设计产品。

正是对中国市场的重视和投入，索尼爱立信的市场战略取得了巨大的成功。2005 年 3 月初，索尼爱立信不仅在中国举办了公司规模最大的全球新品发布会，并以惊人的速度将其中一款手机在 3 月下旬推出上市。而且，4 月中旬，索尼爱立信将在中国举行国际供应商大会，全面展示中国市场的魅力和吸引力。

其实，早在 2005 年 2 月份在美国迈阿密召开的索尼爱立信总结大会上，主要由中国本地人才组成的中国区管理团队获得公司的最高奖赏。中国市场取得的成绩格外令人注目。至此，一个以中国市场为榜样、为未来发展动力的索尼爱立信全球战略业已形成。

索尼爱立信从占领中国市场再向全球进军的战略之所以能取得成功，主要是它把这一战略付诸了行动，要是这一战略永远都只停留在文件上的话，索尼爱立信就不会采取行动，任用中国通来担任公司的总裁，也不会在公司管理层的关键位置上安排中国本土人才担任。当中国市场获得成功之后，也不会不断吸引中国的本土人才到总部任职，将中国经验向其他地区推广。

德鲁克说，再好的计划，如果没有融入实践工作中，也只不过是美好的愿望而已。战略要想获得成功，就得把战略转化为行动。

战略再好，不付诸行动，也只是一纸空文。

（九）制定战略规划的方式、步骤

制定战略规划的方式

制定战略规划的方式有五种：

第一种是领导层授意，自上而下逐级制定，这种方式在很多企业里都运用；

第二种是自下而上，以事业单位为核心制定；

第三种是领导层建立规划部门，由规划部门制定；

第四种是委托负责、守信、权威的咨询机构制定，当然这里所说的负责、守信、权威是一些必要的条件，可能还会有更多的条件，如果咨询机构不具备这些必要的条件，那么对企业来说是非常危险的；

第五种是企业与咨询机构合作制定。

在实际制定规划的过程中，这五种方式往往是相互结合在一起来操作的。

制定战略规划的步骤

第一步是战略环境的分析和预测

一般来说就是要分析一下企业的经营特征，简单地说就是要回答一个问题，即我们是谁？很多人觉得这个问题很简单，其实不然，当你长期工作在一个环境里，对企业周围都习以为常的时候，你不一定能很准确的回答这个问题。比如说某汽车公司，大家都可以看出这家公司的业务特征是以制造业为主的。可是在我们把该汽车公司的各个业务模块和它的各个事业单位进行分析了以后，才发现该汽车公司最大的利润来源不是它的制造业，而是它的金融行业，这是很让人吃惊的一个分析结果。对于这样一个结果我们应如何来认识？是不是说该公司可以忽略它的制造业，而主要关注它的金融业的发展？当然不是，如果这家汽车公司的金融业没有制造业做基础的话，它将失去品牌和商誉，也将失去赢利的能力。故此，对于这家汽车公司来说就一定要把它的制造业发展好，而且它必须很明确它的主要利润来源是金融。通过这个例子，我们可以看出企业要认清自己并不是一件容易的事情。

除了对自身的情况进行分析之外，还要分析宏观环境，对社会、经济、政治、文化、技术等各个领域现在或将来可能发生的变化情况也要有所了解。在此基础上，寻找市场机会并识别出把握市场机会将遇到什么障碍，会有什么缺陷，这是对战略环境进行分析和预测的目的所在。

第二步是要制定目标

这里所指的目标和我们前面提到的"确定战略目标"中的"目标"有所不同，那个"目标"是我们要做变革，怎么样做变革，以及我们想达到什么样的结果，但是那些描述都是定性的，并不是一个量化的目标。我们所制定的战略规划，落脚点应该是可评估、可衡量、可操作的规划，量化的目标是做到这一点的基础。比如说，对于企业来讲，它的市场份额要达到多少，销售额要达到多少，利润又要达到多少，要达到这些目标的时间是怎么控制的，何时实现这些目标，这些都是对目标的量化。

第三步是要确定战略执行过程中的重点

企业综合战略，它的重点是确定企业使命、划分事业单位、确定关键单位的目标。像前面提到的那家汽车公司，就要在企业综合战略中确定其制造业单位的目标和金融业单位的目标，这是最高层次的战略。对于事业战略，它的重点是如何贯彻企业使命、环境分析、二级单位的目标，以及实现目标需要的具体措施。次战略则更加详细，重点是如何贯彻目标并细化，对于目标的细化，包括发展目标、质量目标、技术进步目标、市场目标、职工素质目标、管理改进目标、效益目标等等，以及具体措施；最后是战术，它的重点是划分阶段并制定计划，对每个阶段可能遇到的风险进行分析，对每个阶段可能的变数进行分析。以及应对风险和变数的措施。

第四步就是制定行动计划和划分阶段

第五步就是要制定实施战略的措施

例如：要制定资金和其他资源的分配方案，规划制定后要在资金上有所侧重；要选择执行过程的衡量、审查及控制方法。最后一步就是把选中的方案形成文件提交给公司高层，进行审查和批准。

战略规划成功的 5 个技巧

1. 建立可靠的计划和考核体系

美国银行是美国的第三大的银行，他们选择 Hoshin Kanri 技术种 Six Sigma 来实现业务流程的优化。在达成一致的意见并制定统一的计划之前，银行各部门都各自拥有一套流程优化的方案，却根本没意识到需要与其他部门沟通和整合。因此，新的计划体系保证了银行组织内部的协调，同时 Six Sigma 的启动也强化了其核心业务，并在以后相当长的时期里持续在美国银行里发挥作用。

2. 使用战略规划激发员工责任感和合作精神

MEDRAD 公司战略规划的两项主要目标就是强调合作和责任感。MEDRAD 公司是一个医学装置和使提高能够并且图像程序的医生服务的领导供给者。MEDRAD 公司是一家领先的医疗设备制造商，为用户提供医疗成像技术方面的设备和服务。他们通过绩效管理系统将公司战略目标以瀑布式分解，即将企业绩效与个人绩效对应并衔接起来。这种瀑布式的分解过程就驱使员工必须具备高度的责任心和合作精神。同时，公司还让员工能够清晰地认识到有助于自身提高和成长的机会。在绩效考核的 12 项指标中，合作精神和协调平衡能力被标定为最高的管理级别。

3. 尽量让每一位同事参与计划制定过程

这是 Palmetto GBA 最为信奉的一条经验，他是位于南卡罗莱那州的 Blue Cross Blue Shield 子公司的拥有者。Palmetto GBA 坚信并非所有员工对公司早在 1998 年制定战略仍保持认同。因此，公司开始向评估管理型组织转型，努力创造一种能够驱使整个组织达成共同愿景的战略。他们在整个公司内部以新的合作方式制定计划，并不断加入员工的绩效考核指标中。越多员工参与这种新的计划制定方式，这种计划也越具备可执行性。

4. 获得每个业务相关人员正式的认可

Siemens 医疗项目组坚信"一致"是至关重要的，这将保证组织所有成员在目标和策略上达成共识。例如，当 Siemens 服务事业部制定商业战略时。就在所有业务线一从业务单元到各职能部门中达成"一致认可"。在某项流程形成之后，各个区域的代表将在一份正式协议上签名，并且这份协议将作为其跨国组织间的一项标准执行。因此，该协议是公司的一份正式文件，它将描述某项业务如何形成，以及为达成其预定目标所必需的工作和职责。

5. 实现 3C——持续、沟通和清晰（consistency，communication，and clarity）

美国邮政局曾被政府行政管理杂志（Government Executive Magazine）描述为"政府最佳管理的代理人之一"，而美国质量协会（American Societyfor Quality）也强调它是所有标准化行业内的最优服务部门。对此，美国邮政局将其归功于战略制定的某些关键成功因素，例如持续、沟通和清晰。这意味着他们的成功不是靠"三分钟热气"赢得，而是战略执行的持续性并逐渐融入企业文化的结果。换句话说，这种战略的执行不会由于企业领导的更换而改变。美国邮政服务还持之以恒的与它的 700000 位职员和数以百万计客户进行沟通，最后他们还强调战略的清晰性，例如将企业最终目标以数字方式清晰地表达出来。

哈佛认为，许多战略专家似乎在迅速调整其规划过程以应对变化了的经济环境。这些调整尽管重要，但是这样的调整也在许多战略专家的头脑中提出了一个重要问题：这种危机氛围是否让我们只重眼前而忽视了其他要素？事实上，50%以上的受访者表示担心在近期挑战和长期战略重点之间没有形成适当的平衡。实现这种平衡始终是个挑战，而这一挑战在今年尤为严峻。

（十）品牌战略规划八步棋

有人称品牌为经济"原子弹"，每天有 3800 万人在麦当劳就餐；每天有 10 亿人用吉列产品；每天有 1.5 亿件联合利华的产品售出。有人称品牌为克敌制胜的"杀手锏"，我们亲眼目睹了可口可乐、肯德基等国际品牌在全球市场过关斩将、所向披靡。

哈佛认为，企业要想打造强势品牌，必须进行品牌战略管理。那么，如何进行品牌战略规划呢？哈佛的教授们指出，应该走好以下八步棋：

第一步，品牌体检诊断

对品牌把脉体检，是决定品牌战略规划成功与否的第一步。这一步，就像我们穿衣服系第一粒扣子，如果第一粒系错了，那么后边的也一定跟着错。所以品牌体检是一项非常严谨细致的工作，既使一个小小的错误，也会让你错一子而输全局。

品牌体检调研的内容包括：品牌所在市场环境、品牌与消费者的关系、品牌与竞争品牌的关系、品牌的资产情况以及品牌的战略目标、品牌架构、品牌组织等等。

品牌体检从调研问卷设计、质量控制到统计分析、得出结论，为品牌战略规划后边几步奠定基础。

例如，可口可乐也曾跌入品牌调研陷阱，1982 年可口可乐花费两年时间和数百万美元进行市场调查，结果得出错误结论，改变了 100 年历史的传统配方。在消费者眼里，放弃传统配方就等于放弃美国精神，结果受到了强烈的抵制，最终不得不再次启用原配方。

第二步，规划品牌愿景

品牌愿景就像迷雾中的灯塔，为航船指明前进的方向。

简单地说，品牌愿景就是告诉消费者、股东及员工：品牌未来的发展的方向是什么？品牌未来要达到什么目标？

例如，索尼的品牌愿景是"娱乐全人类——成为全球娱乐电子消费品的领导品牌"；那么，如何制定品牌愿景呢？我们应该认真思索这些问题：

1. 我们想进入什么市场？市场环境怎样？

2. 企业可以投入的有效资源是什么？

3. 企业的财务目标是什么？品牌又在这些目标里扮演什么角色？

4. 品牌现在地位怎样？未来预期目标又如何？

5. 现在的品牌能够达到未来目标吗？

第三步，提炼品牌核心价值

品牌核心价值是品牌的灵魂和精髓，是企业一切营销传播活动围绕的中心。提炼品牌核心价值应遵循以下原则：

1. 品牌核心价值应有鲜明的个性。当今需求多元化的社会，没有一个品牌能成为通吃的"万金油"，只有高度差异化，个性鲜明的品牌核心价值才能"万绿丛中一点红"，以低成本吸引消费者眼球。例如可口可乐的"乐观向上"等。

2. 品牌核心价值要能拨动消费者心弦。提炼品牌核心价值，一定要揣摩透消费者的价值观、审美观、喜好、渴望等等，打动他们的内心。

3. 品牌核心价值要有包容性，为今后品牌延伸预埋管线。如果随着企业发展，品牌需要延伸，发现原来的品牌核心价值不能包容新产品，再去伤筋动骨地改造，则将造成巨大的浪费。

第四步，制定品牌宪法

品牌核心价值确定后，应该围绕品牌核心价值制定品牌宪法，使其具有可操作性。

品牌宪法是统帅企业一切营销传播活动的大法，它使企业一切营销传播活动有法可依，有章可循。品牌战略架构主要确定以下问题：

1. 企业是采取单一品牌战略，还是多品牌战略，担保品牌战略等等；

2. 企业品牌与产品品牌的关系如何处理，是采用"宝洁—潘婷"，还是象 SMH 那样，根本就不希望消费者知道雷达，浪琴是 SMH 公司的品牌；

3. 企业发展新产品是，是用新品牌，还是用老品牌来延伸，还是采用副品牌来彰显新产品个性；

4. 新品牌、副品牌的数量多少合适；

5. 如何发挥副品牌反作用于主品牌的作用等；

品牌战略架构是事关企业发展的大事，战略架构决策的正确与否会导致企业数千上亿资产的得失，甚至企业的命运。例如：雀巢公司曾经推出"飘蓝"矿泉水，但投入巨大，收效甚微，2001年改用"雀巢"作为矿泉水的品牌，结果未做很大的广告投入，产品很快占领了市场。如果雀巢公司没有及时果断采取措施，那么，成千上亿的费用就会白白流走。

品牌识别系统包括：品牌的产品识别、理念识别、视觉识别、气质识别、行为识别、责任识别等等，在这些识别系统中，具体界定规范了一个品牌的企业理念文化、价值观和使命，品牌的产品品质、特色、用途、档次、品牌的产品包装、VI系统、影视广告、海报、品牌的气质特点、品牌在同行业中的地位、品牌的企业社会责任感、品牌的企业行为制度、员工行为制度等等。

这些品牌识别系统具体界定了企业营销传播活动的标准和方向，使品牌核心价值这个抽象的概念能和企业日常活动有效对接具有可操作性。把品牌战略的文字性东西，分解到产品的研发、生产、品质、特色、渠道、广告、促销、服务等方面，甚至每个员工的行为上。

例如：麦当劳汉堡包的肉饼成分很有讲究，必须由83%的肩肉与17%的五花肉混制而成，体现着其产品特色识别；派克笔1000元一支的价位体现着其产品档次识别；张裕干红广告片的浪漫幽雅情节体现着其气质识别等等。

第五步，设置品牌机构

目前，世界许多企业非常重视品牌管理，但品牌管理的组织机构设置并不科学。许多企业品牌经理设置在市场部中，等同于一般意义的广告经理，他们的作用也只是广告宣传，视觉设计等，还没有在品牌战略管理层面发挥作用。

而像宝洁这样真正的品牌管理型公司，品牌经理几乎就是某个品牌的"小总经理"，他们要负责解决有关品牌的一切问题，通过交流、说服调动公司所有的资源，为品牌建设服务。这种定位使他们成为品牌真正的主人。

当然品牌管理组织机构的设置没有放之四海而皆准的法则，生搬硬套"宝洁"的做法也并非可取之策，企业更应该结合自身情况。

对于实力雄厚、品牌较多的企业可以借鉴宝洁的经验，对于其他多数以品牌为核心竞争力的企业，建议成立一个由精通品牌的公司副总挂帅，市场部或公关企划部主要负责，其他部门参与的品牌管理组织，从而有效组织调动公司各部门资源，为品牌建设服务。品牌管理组织应拥有产品开发制造权、市场费用支配权、产品价格制定权等，从而把握品牌发展的大方向。

第六步，品牌传播推广

品牌战略一旦确定，就应该进行全方位、多角度的品牌传播与推广，使品牌深入人心。

品牌传播与推广没有一成不变的模式，脑白金的广告轰炸脱颖而出，星巴克的无广告经营照样一枝独秀，企业应该结合自身情况制定相应的传播与推广策略。

品牌传播与推广应把握以下原则：

1. 合理布局运用广告、公关赞助、新闻炒作、市场生动化、关系营销、销售促进等多种手段。例如，可口可乐在中国捐建了50多所希望小学和100多个希望书库，使6万多名儿童重返校园。单一的广告往往只能提高品牌知名度，难以形成品牌美誉度，更难积淀成品牌文化。

2. 根据目标消费群的触媒习惯选择合适的媒体，确定媒体沟通策略。媒体不一定非得是央视、卫视，但一定是适合产品阶段与市场阶段的。

3. 品牌传播要遵守聚焦原则。千万不可将有限的资源"撒胡椒面"似的盲目乱投，而应进行合理规划与聚焦，在某一区域市场"集中兵力打歼灭战"。

4. 品牌传播要持久、持续。品牌的提升是一项系统工程，需要长久的投入与坚持，"老鼠啃仓"的结果只能是前功尽弃、半途而废。

第七步，持之以恒坚持

一个强大的品牌不是由创意打造的，而是由"持之以恒"打造的。

品牌核心价值一旦确定，企业的一切营销传播活动都应该以滴水穿石的定力，持之以恒地坚持维护它，这已成为国际一流品牌创建百年金字照牌的秘诀。

横向坚持：同一时期内，产品的包装、广告、公关、市场生动化等都应围绕同一主题和形象。

纵向坚持：1年、2年、10年……品牌不同时期的不同表达主题都应围绕同一品牌核心价值。

叱咤风云的强势品牌，无一不是几十年如一日地坚守品牌对消费者的承诺。可口可乐演绎"乐观向上"百年未变，吉利诠释"男人的选择"达 100 年，力士传达"滋润高贵"的形象已有 70 年，万宝路表现"阳刚豪迈"也有 50 年，钻石广告语"钻石恒久远，一颗永流传"流传已有 60 年……

第八步，理性品牌延伸

一个品牌发展到一定阶段推出新产品，是用原有品牌还是推出新品牌，这时就应打好品牌延伸这张牌。

在竞争日趋激烈的市场上，要完全打造一个新品牌将耗费巨大的人力、物力、财力，据统计，新品牌的失败率高达 80%，在美国开发一个新品牌需要 3500～5000 万美元，而品牌延伸只需 50 万美元，不失为一条快速占领市场的"绿色通道"。雀巢经过品牌延伸后，产品拓展到咖啡、婴儿奶粉、炼乳、冰淇淋、柠檬茶等，结果每种产品都卖得不错，乐百氏品牌延伸前销售额只有 4 亿多元，延伸后不到 3 年就达到近 20 亿元。

然而，品牌延伸是把双刃剑，它可以是企业发展的加速器，也可以是企业发展的滑铁卢。所以品牌延伸应该谨慎决策，一定应遵循品牌延伸的原则：

1. 延伸的新产品应与原产品符合同一品牌核心价值。

2. 新老产品的产品属性应具有相关性。

3. 延伸的新产品必须具有较好的市场前景。延伸产品发展到一定规模后，必须能在同类产品中位居前三名。

三、开放式的战略规划

（一）为什么战略规划不再只是高级经理的事

战略规划，就是制定组织的长期目标并将其付诸实施，它是一个正式的过程和仪式，对于企业的发展而言，良好的战略规划能够帮助企业及时找到自己的市场定位和内部管理方式。一些大企业都会有意识地对大约 50 年内的事情做出规划。

这样的规划对于企业来说意义重大，所以一直以来，企业高管和相关管理学研究人士都认为，战略规划应该是高层例如高级经理的工作内容，但是随着市场经济和全球经济多元化的发展，人们渐渐发现，事实并非如此。

尤其是进入网络时代之后，互联网资源为企业的发展带来很好的契机和资源结构调整，以美国电子数据系统公司在互联网时代之初为例，当年它的总收入是 163 亿美元，这几乎是前一年总收入额的两倍，创造了公司业绩的历史纪录。

对此成绩，电子数据系统公司营销副总裁、战略规划行动的负责人之一约翰·哈里斯分析道："我认为这很大程度上归功于有明确的工作重心，而这正是战略规划所带来的，我们正努力强化的理念就是——制订战略计划是公司每一个人的责任。"

将制订战略计划纳入公司每个员工的日常工作中去，这一点听起来似乎很新鲜。实际上，电子数据系统公司并不是唯一一家在董事会之外实现战略决策的企业，在北美和欧洲，越来越多的大中型企业都已经意识到：成功需要最准确的市场信息和依据这些信息迅速采取行动的能力。而直面市场的员工对于这些信息拥有最直接也最敏锐、最直观的触觉，他们对于市场数据和客户体验的分析，往往直接揭晓容易被非一线人员所忽视的细节，而这些，是每日面对着数据报表的高级经理们所达不到的。

除了从市场的角度来考虑之外，每一位员工如果能够从战略角度思考，如何让自己的工作符合企业目标，对于企业而言绝对是一种宝贵的财富。

全球咨询公司摩立特公司董事长罗杰·马丁认为，在目前的市场环境下，企业管理者们再也无法设想基层的员工是只会执行上级下达的任务的机器人。而与以往的这些思路恰恰相反的是，每天，所有员工对如何完成自己的工作做出的关键决定都可能给公司战略带来或好或坏的影响。这样的企业氛围，不仅给企业的发展带来更好的契机，也从最大程度上激发了员工对于公司的归属感和凝聚力。

但是这样的契机或者说是资源企业应该如何加以利用呢？

"在各行各业，以了解客户需求为中心的趋势正日益加强，"马努斯战略咨询公司的香农·赖伊沃尔指出，"如今，赢得客户的真正秘诀在于能够给人们他们正在寻找的东西。在管理层餐厅就餐的企业高管们可能会变得相当封闭。如果能吸纳其他人加入（战略规划流程），就有更大的可能制定出符合市场状况的战略。"

在各行各业当中，直面客户的往往是基层员工，所有的调查数据都是从他们的体验中提炼而出，所以制定规划，他们的感受和专业意见都是公司宏观战略的法宝。

"突破常规思维框架的唯一方法就是把企业想成是一家'选择工厂'，"马丁继续说道，"每个人其实都是一个选择实体。战略制定者和战略执行者之间没法划出明确的界限。"

"选择工厂"的实际意义，其实就是指在进行战略规划的时候，将每个员工纳入这个"工厂体系"中来，这样的"工厂体系"对于整个规划而言，这正是以客户为服务主体的导向所导致的。

这一点在纽科钢铁公司、约翰·迪尔播种机厂以及天合汽车集团远程无钥进入系统生产厂的例子中得到证明。这三家企业都不约而同地成功实施了将一定比例的员工收入与企业业绩挂钩的方案。而且这三家企业都将绩效薪酬制度向前推进了一步——让基层员工分享数量空前的企业信息，每个员工在企业内部都能享受到一定的主人公权益，其中包括企业为每位员工提供研读损益表的短期课程，就企业生产和劳务成本以及销售、市场和分销运营状况发布及时、详细和准确的报告，并且让员工了解本企业与竞争对手的成本与销售数字对比情况。在此基础上，所有员工的工作效率都提高了一倍不止，并且让员工参与到规划中来，保证了公司信息和战略方针的上通下达。

全员战略规划对于传统管理学来讲确实是一个新鲜事物，但是高效迅捷和极大的便利性为很多先行一步的企业带来了丰厚的回报。让员工变成企业反战的主导者，正是新兴企业所需的模式。

将战略规划从高级经理的报表中解放出来吧，让直面市场的主导者们说话，这样才能把市场攥得更紧、更贴近。

（二）认知偏差很像野葛这种植物

认识偏差，每当在做一个商业决定时，这种误差似乎都很难避免。但是判断失误，很容易在整个商业流程中造成巨大的损失，而且对于职业经理人个人而言会是职业生涯中的一笔污点。尤其是在商业收购案中，制定收购方案时似乎尤其容易产生这些无意识的判断失误。这些认知偏差在不知不觉中暗暗作祟影响决策人当下的思维，可是很多人，只有在事后反思某些灾难性后果时它们才变得一目了然。

1. 在新产品开发当中的确认偏差问题

确认偏差为什么会产生？归根结底是由于管理者为自己的信念或自己想要获得的结果寻找市场相关数据做佐证和支撑时，忽略了搜寻不符合自己产品利益的证据而导致的。美国战略优势公司总裁理查德·古丁说，这种认知偏差在新产品开发阶段就开始起作用了，当一个新产品开始进入策划阶段，处于兴头上的企业很容易会忘记"考虑产品会不会以及为什么不被市场接受"。

以美国亚利桑那仪器公司为例吧，该公司上市后不久，其董事会就开始迫切要求推出一套新的系列产品来进一步打开市场销路。他们研制出一套全新的比任何现有技术都精确一百倍的地下汽油测漏方法。当时，他们得知美国环境保护署正通过国会立法强制对所有汽油储罐进行持续不断的检查，所以亚利桑那仪器公司当时的思路是，就在市场对这项卓越技术产生巨大需求的时候推出它。

可是，这项产品在面世后，遭到巨大的打击，因为该项产品只卖出了一台。对于在兴头上的公司而言，这实在是一项意想不到的挫折。实际上，这个挫折真的意想不到吗？公司的首席执行官后来承认，亚利桑那仪器公司在策划该项新产品时从来没有站在目标客户——比如大型的石油公司如在北美市场拥有众多连锁店的德士古或康菲的立场来看待项技术，没有从他们的角度问过："我们对于检测出地下汽油储罐泄漏的需求有多强烈？"倘若他们真的从这个角度进行过调查，他们会发现回答是——他们根本不是非常迫切地想知道储油罐是否泄漏，他们认为只要不违反组织条例而招来麻烦就行了。

从亚利桑那仪器公司的角度来说，这个产品无疑是巨大的失败，从经济收益角度或者从打开新的市场而言，都是一场滑铁卢。其实这个失败案例，并不罕见。归根结底，产生这样的认识偏差就在于，产品策划时，公司有意或无意中屏蔽了反面的声音，而这些反面的声音恰恰确是该项产品失败的原因。

所以，这个事例提醒我们，在做任何策划时，都应该最大限度地考虑到负面性，以及该负面影响带来的危机是否能承担。这样才能确保认识偏差的干预降低到最小。

2. 战略联盟与可得性经验法则导致的认识偏差

在进行一项全新的策划或者产品设计的时候，在负责人的设想中最容易得到的信息往往就被认为是最恰当的信息，这也是可得性经验法的实例之一。源于这种经验法则的偏差，常常会在企业考虑战略联盟挑选生意搭档的时候发生意想不到的意外。

著名的职场经理人奎因·斯皮策是凯普纳-特里戈管理咨询公司的董事长兼首席执行官。他对上述问题解释道："没有人肯定战略联盟是什么——从一项普通的列有约束条款的合作开放市场协议一直到员工共享行为，都属于战略联盟的范畴。结果常常导致一种'集聚现象'，如果一种联盟获得了成功，那么管理者就会说，'让我们再开展20次和这次一模一样的联盟吧。'"斯皮策继续说，"错就错在推断最近一次联盟的结构模式应该能够指导以后的所有战略联盟——即使相关的企业需求已经发生了很大变化。"

3. 企业并购与非理性承诺升级带来的认识偏差

在几年以前，美国管理协会针对商业市场常年出现的企业并购问题展开了一项市场调研。被访者说，在企业并购案例中最让人惊讶的是，合并两家公司财务系统的过程所用的时间比预料中长得多。大部分的人都认为企业并购只需 6 个月就能完成，但很多都延长至两年半。造成这样认知偏差的原因是什么呢？一次兼并或收购需要做的全面尽职调查，造成许多企业不愿做出不应继续某笔交易的结论，所以在一开始，他们就对待并购案兴致勃勃，产生"成交热"，在此势头下，很可能做出不怎么明智的决定，而且在此氛围下企业会陷入一种拍卖叫牌似的气氛之中，结果为一次收购付出了过高的代价。

（三）盛宴上的乞丐

情景规划是战略专家在制定战略（尤其企业规划和项目策划时）的利器，它能够为我们在局势不明朗的情况下指引航向。情景规划如果正确应用，会对企业的发展和项目的进行产生很多的良性影响，但是它们也可能会为警惕性不高的使用者设置陷阱。因为再好的情景规划都不是专门用来准确预测未来的，它帮你想象出表面看来同样可信的一些未来图景，并帮你规划出针对每种情景的适当回应，是为了一些特殊极端状况的出现而做的准备。

情景规划的盛行是在 20 世纪 70 年代的美国，据说当时，老牌集团英荷壳牌集团通过情景规划预见到石油生产国将在石油行业占支配地位的前景，于是他们制定出相关的战略规划，所以早早地该公司在应对石油输出国组织的禁运政策时就比竞争者们占有更多优势。这是情景规划运用在企业规划上一个著名的案例。还有很多欧美大集团中像壳牌这样大型的运营稳定的企业，倾向于利用情景规划来确定潜在的危险。但是渐渐地，情景规划运用的领域逐渐发生了变化，据全球商业网络咨询公司联席主管克里斯·厄特尔指出，如今，"情景规划被企业家们所使用的现象大大地增多了。近年来发生了一种不容置疑的转变：人们已很少把情景规划用作一种应急规划方法，更多地把它用作一种激发创意和革新的手段。对某些快速增长的公司来说，问题就是可做的选择太多了，所以它们就把情景规划当作一种机会管理工具来使用。"

这个趋势其实反向说明了，情景规划对于企业的意义越来越重大。

情景规划这种工具更多地依赖于叙述，而不是一般人们想象的图表。虽然借由图表来的形式进行的趋势分析，在情景规划中能直观明了的起到表述的作用。但是情景分析本身就是建立在故事的基础上的。这些故事不仅赋予趋势一定的背景，还具有分析工具所没有的一种心理冲击，而且能够使得管理者用一种纯理性操作不可能实现的方式运用他们的直觉和想象，将他们灌注在对项目和企业的规划中。

位于加利福尼亚州北部的马林学院，特意为情景规划这个高级工具所规划出来的几种情景配上了生动的描述词，分别是"盛宴上的乞丐"（特征是低级别的州政府资助和高等教育的买方市场）和"哈里叔叔的遗嘱"（特征是高级别的州政府资助和教育的买方市场）。通过这样的比喻和通感，除了分析具体情境的生动性之外，还能够唤起人们的情感，使其进入人们的心理模式当中去，将经验丰富的企业家们的直觉和经验开发得更完全。

情景规划应该如何做呢？首先，我们要做的是询问企业最高决策者对未来发展的看法，因为企业的整体走向实际上是由这些大佬们决定的。

你可以问他们一些专业的问题，例如：你认为哪些决策会在未来几年决定企业的成败？当你试图想象从现在起未来几年这个世界的样子时，你最想了解的是哪些发展趋势？哪些潜在的发展趋势最令你感到激动？这样的问题不仅可以帮助你借由他的思维看到行业内的发展情况，也能激发他的经验累积的直觉和深刻体悟，他的意见将对你的规划起到非常重要的作用。

然后你需要做的，就是收集并分析你所能弄到的所有趋势资料。

在此之前建立一个信息收集网络，把似乎最有可能产生重要影响的各种外在力量罗列出来。你需要学会在各种途径，无论是网络还是现实人脉资源中找到你需要的准确的信息。

等这些资料分析完成后，你所要做的就是拟订情景了。

之前我们已经说过，情景规划本身就是站在对故事合理推测的基础上的，所以你需要把你认为最具影响力的一些外在力量编织成一个连贯的故事，不但专业还要有说服力。对此全球商业网络咨询公司共同创始人兼董事长彼得·施瓦茨建议道，规划者可以将情景数目限制为三个：最可怕的噩梦；一个根本上不同但更为美好的世界；一个基本上延续现状只是更为美好的世界。这三种情况其实就囊括了所有你可以预测到的情形。

例如德士古石油公司就曾经设计了一个情景，配备了先进电池和燃料电池的混合动力汽车实现了量生产，当时的设计人员在专业规划师的帮助下还为此情景编造了一个背景故事，通过故事的方式充分描述了也许会使这种批量生产成为可能的各种经济和技术条件。他们用这样生动的形式使得顽固的董事会欣然接受这项提议，最终导致了产品的成功。

最后你需要做的是评估每种情景的影响和设定每种情景出现的标志。

在这个步骤里，你需要记住的是即使你设计的情景涉及全球性的发展趋势，也要明确表达出其隐含的区域性影响，即本企业决策的直接结果。因为大多数人关心回报率的同时也会关心回报期的长短。

当管理者依照步骤做完情景规划之后，对于未来的各种可能性他都了如指掌了，这就等于他掌握了战略决策的基础。在其基础上，他得到提高的是经营组织的决策能力——能够敏锐地发现在其他情况下可能被错失或遭到否定的决策，而这个能力是所有管理者必备的优良品质。

（四）寻找急流和水坝

在经济高速发展的时代，尤其是各行业关系日趋紧密的多元化经济联盟中，机会的涌现和消失有时候就是企业发展的生机、突破瓶颈的转折点，但如何发现这些机会和对这些机会运用得当呢？

首先，你需要学会的，要在这些山泉般喷涌的机会中找到急流和水坝。

对此哈佛商学助理教授唐·苏尔说："机会不再是千载难逢的了——它就像开了阀门的消防龙头一样喷涌倾泻。众多的可能性令人不知所措：我们是应该利用现有资源还是创造新的资源，是应该巩固目前的地位还是进入新的市场？我们是应该孤军奋战还是寻找合作伙伴？"

比起机会匮乏的年代，目前这样混乱的市场似乎更让企业家和投资者们心烦，在这样看似"处处都是水"的情况下，管理者们如何高效又准确的选择值得一饮的那滴水呢？《哈佛商业评论》上的一篇文章中谈到，选择"具有战略重要性的步骤，这些步骤会将企业置于机会不断大量涌现的环境之中"。

美国著名互联网巨擘雅虎公司董事长蒂姆·库格尔在为雅虎制定发展规划的时候，他老道又敏锐地指出：雅虎公司最好的前景将会沿着内容"食物链"展开。他为雅虎制定的战略是由互联网最原始的链条开始，这和雅虎公司的口号是一致的，"要想找到任何信息或任何人、与任何事物或任何人取得联系，Yahoo！是大家唯一的去处"。雅虎从一开始就制定了先用搜索工具完成信息页的聚集，在这个步骤成功了之后再去开发通信和连接工具，最后着手解决商务和安全交易问题。整个生物链的规划完美而无缺憾。

其实雅虎的这些规划正体现了一个商业决定中的重要特征：一旦选好了战略步骤，要拟定几条简单规则，以指导做出快速行动和贯彻到底的各项决定。

这些规则既不能太过于复杂，难以执行，也不能太过于遥远，没有当下的参考性，这些简单规则需要提供充足的机制，指引你在变化无常和快速运转的市场当中游刃有余，同时也具备足够的弹性，帮你应对稳定、结构完善和步调缓慢的市场。而且对于公司内部而言，这些规则是连接人与新的工作任务的纽带，因为它们往往能迅速地传达出什么对一个企业来说是具有重要意义的，新的投资在哪些方面符合企业的整体战略，以及如何衡量一个投资项目的成功。这样的规则对于每一个等待机遇的企业都是非常重要的。

那么这些规则是否具有一致性呢？哈佛的经济学家苏尔和艾森哈特为这些简单规则确定了五种大致范畴：

①具体实用规则引导战略步骤的执行。情景规划这一策略在雅虎公司深入人心，每一位工程师都必须参与每一个项目，而新产品都选择在投放市场时悄无声息的进行。这些都是情景规划中定好的战略，而在安然公司，每一项交易进行时商品交易人都必须以另一项能规避风险的交易，来对冲本笔交易给安然带来的投资风险，这样的情景规划确保了交易的正常有序。

②优先规则帮助你合理配置资源，让企业员工或者项目参与者都在一开始就能明白自己的工作重点，从而合理规划在这项工作上投入的时间、人力和金钱。

③时间选择的规则可以使一个团队的工作与眼前的机会同步，也与企业的所有计划同步。这样就不会出现因为规划不周密而导致团队之间配合有问题。

④边界规则会让管理者能把那些与企业核心理念相一致的机会，从另外一些不符合企业核心理念的机会中区分开。例如，美国的运通公司经过边界原则的界定，决定只和那些能为运通客户提供独一无二的优势服务——而不只是只能提供毫无特殊价值的"雷同效益"的公司建立合作伙伴关系。同时美国运通公司还坚持要优先获得合作伙伴的资源和信息，他们要求所有的合作伙伴必须拥有能达到运通服务标准的基础设施，对此，他们的检查很严格。

⑤退出规则帮管理者确定何时切断鱼线，不懂得放弃的公司，就像滥赌的赌徒一样，美国运通公司为每个合作伙伴都设立了业绩和投资目标，用退出机制来对这些目标进行约束，这样的机制就能避免不必要的损失，对公司的长远发展是绝对有利的。

（五）如何将高层战略转化为团队行动

我们理解中的战略实施或者项目策划之类的词汇往往是和公司高层联系在一起的，就像所有的策划会议，统统是高层参加制订计划，然后颁布实施。对于很多管理方式较为传统的公司来说，战略方针是属于上层的东西罢了，但是这样的观念对于企业的发展是很不利的。

泰莱达因器材公司、上泰莱达因公司的子公司的前任总裁米切尔·古泽说："对保持行动与战略一致性来说，最大的障碍就是缺少理解。"

这一点对于很多管理者而言有点难以理解。为什么说最大的障碍是缺少理解呢？这是因为，作为制定方针的高层，你仅仅复述企业战略给去执行的下属很容易，但是为了保证实施效果必须把战略生动地解释给团队成员才行，不幸的是，许多管理者都会忽略这一点。

可是这样的忽略会造成什么样的后果呢？

团队的核心原本就是共同奉献。如果没有这一点，团队只是松散的个人集合。这种共同奉献需要一个个成员们能够为之信服的目标——而这个目标正是需要高层领导们对团队成员讲解的，这个目标不论是"将供应商的功能转变为对于消费者的优质服务"，"让我们能够为公司感到骄傲"还是"证明所有孩子都一样聪明"，对于成员来说都非常的重要，因为可信目标是与成功及保持领先密不可分的，如果不能，那么这个团队的失败几乎是必然。

如何才能将战略目标对团队成员做一个好的阐释呢？

罗申美—麦格拉德雷公司总经理兼战略规划顾问凯·劳里森对此很有经验："管理者应该做的是理解企业目标和战略，然后以一种能让本部门员工感到企业目标和战略与自己实际工作相关的方式进行重新阐释，所以阐述的方式越简单直接越好。"例如，如果战略的一个关键部分是提高新产品的成功率，那么你不妨用PPT或者各种方法来向你的团队一步步进行演示，这个战略将如何提高新产品的成功率，对市场的了解和把握是怎样的，阐明这与你所管理的客户服务部门的工作有怎样的关系，这对你的团队而言会有莫大的帮助。

这种阐释从心理层面更能帮助员工获得项目的成功。

基本上说，作为团队的领导者，你在面对一项战略的时候，应该首先推断一下企业战略对你所领导的团队会有怎样的影响，并且想象一下该如何对员工们阐述清楚这种影响，这种方式比起单纯地向员工传达指令的话效果可能会更好。因为你需要确保让员工们感到自己在参与本团队工作计划的制订，而这种参与感可以从心理层面上大大加强他们对这项任务的归属感。通过直接让你的员工参与如何在本部门执行企业战略的讨论，可以大大加强他们对战略的责任感，并提高他们在战略执行过程中坚守个人职责的意识，这一点对于团队的凝聚力以及工作效率是相当重要的。

所有的管理者在向员工阐述战略和方针问题时，需要着重讲明白三个问题：

①企业战略对我们的部门有怎样的影响？

②为此我们必须实现什么样的目标？

③我们怎样才能实现这些目标？

当你和你的团队一起解决了这些问题的答案之后，自然而然的团队就可以开发出一种共同语言和框架来思考并探讨战略与行动的一致性问题——这其实才是团队凝聚力的表现。

著名的咨询公司凯达利斯特咨询团队的一项报告指出，这种工作方式将使员工得以让"自己的行为与一套共同理解的目标和行动"相一致，如果在团队内部实现了这一点，那么团队合作的强度和效率就会大大加强。为强化这一点，咨询专家劳里森建议领导者在阐述战略目标时，可以使用图表和其他辅助手段来衡量新目标的进展。

现代企业管理，尤其是在北美西欧一些大中型企业，团队化的运作是保证企业制度继续优化和项目成功的核心。作为领导者如何将高层战略转化到团队运作便是团队管理中的关键。

（六）向短期思维宣战

战略规划和情景规划都是对于未来发展前景的一个长期规划，它们的作用就是在现阶段将那些导致企业发展方向陷入迷茫状态的迷雾扫开，尽可能地把企业向它的目标推进，从而制定出适合企业发展而且具体可行的战略。但是在制定这样的战略过程中，很容易出现一个局限性的问题，导致战略计划的失败——那就是规划者的短期思维。

这种思维其实是指，策划者和实施者在宏观考虑整体发展方向的时候被眼前局势所误导，导致只考虑到短期利益，忽略了长期的重要性，这样的问题其实实施者也经常犯，例如实施者在被意想不到的目标打动而放松对长期性的把持，导致项目被打乱，这也是常有的事情，所以，管理者在进行任何一个项目的时候，应当要时时刻刻注意，向短期思维宣战。

所以，在战略规划和实施的过程中，项目经理尽量每周都要检查和整理出项目进展信息，和团队成员开会确定目前实施的步骤和成功，如果什么时候感觉到团队目标与公司总体目标已经不协调一致，甚至偏离方向时，可以中断项目或者调整目前方向，这样对项目进行的直接干预和监控有利于项目的良性进展。

全球著名的电脑企业惠普公司为 IT 部门安装业务分析系统，负责人贝尔突然停止部署这项工作。这是因为当时他从项目进展的情况中认识到，如果用不同的整合方式，这个系统可以使所有业务部门受益，不只是 IT 部门。于是他开始重新找寻整合方法，然后付诸实施。总体来看，虽然这次的突然延迟造成了 IT 部门的不便，但是最终却建立了一个企业业务智能系统，提高了惠普购物网站的运行效率，惠普购物网站 70% 的员工每天在使用这个工具，对于整个公司来说，实在是获益匪浅。

在和短期思维作战时，管理者不妨多用一些激励手段：

为了保证战略与行动协调一致，管理者一般会特别定制的衡量与奖励制度来支持战略的具体实施。

"战略计划一旦获得了资金支持，就应该明确业绩衡量指标，并在组织的各个相关层次进行监测。"美国全国现金出纳机公司数据仓库事业部战略规划副总经理约翰·丁宁对这种手段表示赞同，"这使企业能够参照它们的目标来衡量业绩成果，并钻研业务中需要大胆改进的细节问题。"

合理的奖励制度在项目的实施过程中是必不可少的，现代企业中非常盛行的绩效考核也就是这种思维的延伸。摩根·霍华德全球公司北美区总裁马克·刘易斯曾经对公司建议，把团队着眼于企业，赢利战略所取得的特定成果与其整体薪酬挂钩，这就是奖励制度中的一种，这样做是奖励团队成功理解了企业的战略调整、能以战略调整为中心制订工作计划并完美地实施了这些计划。在这个过程中，员工不仅能充分明白自己对这个项目的意义，而且能获得切实的利益，这对员工的积极性来说是个很大的促进。

对于管理者而言，没有什么比看到自己精心制订的战略计划，在短期利益的驱动下被打乱还要感到头疼和沮丧的事情了。可是追求短期利益几乎是每个人都会犯的毛病，也是挫败协调战略与行动工作的常见原因，如果你想追问有没有办法能完全避免这样的事故发生，那么对不起，对待这种思维，没有一劳永逸的解决办法，需要你在实际过程中——解决它所出现的可能。

人们自然都想创造有形的成果，而且是最直接最有效越好，大部分的员工都愿意取悦老板，而最有效的途径就是在最短时间内获得一定可观的效益，这对他们而言似乎是性价比最高的事，但往往怀着这些心态的员工都不会注意到公司利益的长期稳定发展。《天国的火种组织和个人发展中的潜力所在》一书的作者阿德里安·W. 萨维奇说，许多员工认为用这个月的销售数字来取悦老板，或为某些表面上紧迫的问题找到解决方法，比把精力耗费在一项直到本年晚些时候才能实现利润的任务上强。追根究底来看，为什么员工会有这样的想法呢，很大程度上和老板的眼界短钱是相关的。管理者需要注意，如果你注意长期利益，并且这样告诫员工，你的计划和战略才能真正实施。急功近利，对于每个公司而言都是需要避开的弊病。

在美国，赫赫有名的布兰查德·谢弗广告与公共关系公司为了加强战略目标与日常事务的联系，经常采取的措施是把个人目标与战略目标挂钩，例如，每年公司会发给每位员工一份材料，把企业目标列在最上面，收到的员工就必须在企业目标之下写下5~6项他们觉得自己年内必须完成的、有助于实现企业目标的计划，这样从认识当中，员工就能清晰地知道自己的工作任务是围绕着公司利益服务的。而员工在与管理者协商工作内容的时候，每一项计划都被分解为若干个要在90天内达到的目标，这些目标又再被细分成一条条的行动计划，既具有可行性也能保证大方向的正确和稳定。

该公司主管肯·谢弗说，公司规定项目管理者每周都必须要和下属碰面，以便指导他们的工作进展。

"这些会面就是进度检查，我们能借此开诚布公地讨论团队成员在实现目标的过程中所取得的成果和所面临的难题。"——唯有管理者有这样清晰的态度和明确的检查方式，才能确保在项目实施过程中，不会被短期思维干扰。

（七）聪明的错误不会招致惩罚

在职场中，我们往往不缺乏对项目直观的敏锐性，但很多时候，却不敢承担相应责任去进行一个新产品或者项目的开发，因为积累了一定经验后我们会发现，我们在被一种创意所蛊惑的时候，很可能会对成功的可能性抱有过分乐观的想法，而导致更大的失败。虽然综合起来有各种各样规避挫折的方式，但是任何一个项目都是有风险的。

"要不是过分夸大了成功的概率，人们是决不会签约一项难以完成的项目的，"对此，深谙商业市场的经济专家加文说，"此外，在大多数情况下，其风险性直到项目已经进行到一定程度才会表现出来。"

这便是很多时候，人们害怕犯错而对项目战战兢兢的缘故。

多萝西·伦纳德是哈佛商学院工商管理教授。她同意加文所做的评价，但她更补充道："重要的是，确保让你的上级知道你正在做的这个项目是有一定风险的。"还有，她在自己的著作中指出，应该根据所冒风险的程度来组织和构建团队。因为一个风险很大的项目往往需要一个非常有创造力、知识结构多样、凝聚力非常强的团队和一位有重要影响力能够掌控整个团队的领袖。

为了使人们摆脱这种恐惧的心理，首先要替员工建立心理安全的基础。

根据专家埃德蒙森对美国大西洋沿岸中部地区一项公用事业公司的研究取得的数据来看，冒险意识并非只有在那些无压力的公司才会出现，在大西洋沿岸中部的这家公司迫于缩减成本的巨大压力，竟然一次性解雇了 25% 的员工，在这样的情况下，管理层居然还找到了其他提高生产力的新方法。在非常有魄力的新上任的首席执行官的领导下，这家公用事业公司参照了类似经营组织的最佳做法，取消了整整一层管理层（采用提前退休的方法为公司减少了人员压力），并且提高了多数未裁员员工的工资，并通过组建具有执行力的团队，让他们负责找到成本更低的经营方式，赋予员工更大的决策灵活性——这一点是最重要的。让员工参与到决策性上来，对于整个团队来说，百利而无一害。

专家埃德蒙森对此事例分析道，首席执行官在企业遭受重大危机时临危受任，他在重组公司架构后传达给所有员工的是这样一种信息："形势危急，我们需要你来扭转局势。"这种压力和信任加诸在员工身上，他明确表示，现在项目遇到了困难，如果这种情况没有得到改变，那么公司就会遭受巨大挫折，所以现状一定要改变。但是，他还立刻会让留下来的员工们知道，他们不会因为尝试新方法而遭到惩罚。在此情况中，如果留下来的员工战战兢兢不敢承担责任，那么这个困境始终无法摆脱。这一案例其实就向我们说明了什么是聪明的错误：它们不会招致惩罚。

"危机与惩罚确实是目标相互冲突的两种作用力（即便最初看上去并不是那样）。"埃德蒙森说，"员工们只要确信他们的同事和老板不会因为自己适当的冒险行动而大发雷霆的话，就能承受营业收入下滑的压力和对即将临头的裁员的恐惧。"

毫无疑问的，该公司最后闯过了难关，甚至在行业内重新塑造了辉煌。

有时候，员工的创新对于公司来说，是一种无形财富，哪怕这种创新会招致百分之百的挫折，但是通过实践所累积的经验都是不可小觑的，所以真正懂得管理的领导者，一定不会让员工失望，对于这样的聪明的错误，不仅不会招来惩罚，甚至还会有奖赏，因此企业发展才有足够的动力，这是因为，个人的错误一旦归于团队，就不一定是毫无价值的。

任何一个有前途的公司都不会制止创新，因此也就不免会从各种角度招致失败。其实失败不过是创新过程中不可避免的一个环节，一旦这个项目的团队领袖能够为树立这个理念而做出示范，那么团队中其他人都会明白，在工作中犯错误并与同事谈论所犯的错误真的没有什么大不了，于是他们才敢用于表达意见和尝试自己从来没进行过的实践。

（八）找人来扮演"魔鬼代言人"——繁荣于不确定时代的五个步骤

众所周知，作为每天运筹帷幄和各种琐事打交道的管理者而言，保持大脑的时刻清醒，在所有项目中都保证不出现项目偏差，是一件很难的事情。这不仅对企业管理者的水准是一种考验，就对整个企业而言都是一件重大的事情。

著名商业专家迈克尔·希特在《高级经理学会》2004 年发表的一篇文章中，希特重点分析了企业在加强战略灵活性的过程中所面临的障碍，并为这个障碍的扫平方法替管理者确定了五个可以采取的步骤。希特的这些有创新价值的想法充分吸收了商业市场上众多专家和高层经理人通过实践总结而成的深刻见解，这五个步骤为企业加强战略灵活性提供了有价值的指导框架。

我们来说说发生在宝丽来公司身上的事情。这个原先领先于即时拍领域的前霸主，直到数字影像出现了好几年才肯承认市场的改变，但是当它这么做了的时候，一切都已经太迟了，市场已经出现了翻天覆地的变化。

宝丽来最终失去了自己的霸主地位，甚至被彻底赶出数字影像的市场，无论最终导致它失败的原因是什么，但是我们都可以从中看出，宝丽来的企业战略是被矢志不渝地坚守着的，这听起来似乎是没错，但是当技术的进步已使战略变得不合时宜也不作任何改变，这便是最大的错误。适时的改变比起坚守策略，更需要考验企业家的能力。

1. 绩效测评与监控

在道康宁公司里，高级的管理团队每个季度至少都会检查一次每项重要计划的战略实施情况，这是为了对公司战略方向的保证和监控。

道康宁公司首席市场官斯科特·富森说："在实际操作中，监控过程更为流畅，因为我们会经常会面，参照指定目标检查并评估项目绩效，道康宁公司业务涉及十几种一贯变化莫测的多样化市场，严密监控对于项目在预算范围内的正常进行是绝对必要的。"

在制定绩效测评和监控的措施之后，企业要充分考虑在测评中都应该加入哪些评估指标。例如，如果你替一部分员工设定的工作目标是从一个竞争对手那里争夺市场份额，那么在替他们做测评的时候就不能只是衡量总销售额而已，因为市场很可能已经增长了，而竞争对手的销售额也会随之增长的，所以你的测评标注也必须有改变。

2. 找人来扮演"魔鬼代言人"

在任何一个团队中，都需要这样一个人，勇敢提出不同见解，而且能够逼迫领导者意识到他们自己的认知偏差，这样的人能够防止团队陷入过于僵化的世界观而无法自拔。所以管理者可以指定自己倚重的一名（多于一名更好）副手来扮演团队中"魔鬼代言人"的角色，是揭示自身认知偏差的一种绝妙方式。

但是对于我们而言，实施"魔鬼代言人"策略的主要障碍，就是我们天生都不愿意被别人看成是唱反调的人，也不愿意每天去接受忠言逆耳，但是对于团队利益而言，这几乎是必需的。

3. 积极获取外部观点

这一点或许毫无新意，但是却很必须。领导者和团队成员都必须虚心听取来自外部（无论是本业务部门之外还是本企业之外）的不同想法和观念，因为一个团队的人往往会出现想法雷同的情况，而外部的声音很可能旁观者清，因此这是另一种抵御管理认知偏差的有效方式。认知偏差（如忽略负面反馈意见或过快采取行动的那种倾向）在团队当中通常会被忽视，特别是在管理层人员流动率低的环境中，这些认知偏差会随着时间的推移在企业文化中变得根深蒂固，或许有人发觉了，却不敢开口。正因为如此，定期去攫取来自外部的新鲜观点对于企业各级员工来就很重要，这是一个保持团队活力的有效途径。

4. 将决策视为多种选择的组合

一般来说，大型的欧美企业通常同时推行多个项目和计划，但是通常领导者只能看见其中的重要项目，精力只受其中一两个项目的支配。但是，这样做很有风险，一旦市场形势发生变化时，有些看起来不那么重要的计划能很快就变成了最有价值的计划。坚持对各项计划一视同仁的态度，这样不仅能鼓励员工的积极性，还能将市场风险降到最低。其中一种方法就是把企业各种项目和计划当作是多种选择的一种组合，领导者要定期检查各项工作进度。对项目的整体把握就使得从一个项目向另一个（根据市场状况判断，发展前景更为广阔的）项目调配资源变得更加容易。而所有的项目都能在市场资源中合为一体，更好的应对市场风险。

5. 分析结果，运用经验

对企业管理和市场把握的灵活性其实归根结底是来源于学习的能力。别以为只有成功的经验才能带给公司有利的促进，实际上只有仔细研究导致负面结果（以及正面结果）的原因，管理者才能从中学到尽可能多的经验。对市场而言，往往教训的意义要比成功经验要大得多。

美国思科系统公司就是一个很好的例子。该公司通过一系列成功的收购已经有了相当大的发展，在市场上具有一定的知名度。在每一次收购当中，思科公司都上下协调一致，力争从每一次收购中都学到尽可能多的东西，而不仅仅是希望获得本次的成功而已。思科公司和流失率相当高的公司不同，他们非常注意避免骨干人员的流失。他们很注意这些骨干对于公司的重要性，这些骨干们掌握着与被收购公司、其所在行业及其市场状况相关的重要信息，对于公司的改进和发展将起到莫大的作用。

这五个步骤是企业管理者应当悉心学习的战略宝典。

（九）网络服务——技术本身不是答案，只是战略思维的催化剂

在当前的企业中，无论是什么行业都离不开网络。北美和欧洲基本已经实现无纸化办公，也就是说所有的工作事宜处理都在网上进行。但是，对企业家而言，网络服务的定义却经常不够明确，常常与应用服务提供商（ASPs）相混淆。其实后者仅仅是一种利用"租赁"定价模式和交付共享服务，来为范同更为广泛的客户群体提供传统软件而已。而网络服务虽然也被作为共享服务提供给用户，但它们实际上更进一步地解决了许多与应用服务提供商相关的问题——例如，它们解决了由对典型传统软件技术的依赖造成的服务交付方面的困难。这比起后者来，是具有伟大意义的事情。

网络服务技术在企业中的运用，意味着目前利用信息技术创造商业价值的企业在工作中获得了重大进展，实际上网络服务的运用并不要求废除企业在几十年间逐渐积累的信息技术基础结构，而仅仅是为所有的员工和客户提供一个覆盖网络，让所有使用网络者能够连接这个信息技术平台的速度更快，成本效益也更高。对于企业的效率和成本而言都有莫大的好处。

正是因为了解到网络服务的意义，于是许多大企业为了整合其类别各异的专属IT系统，在过去几年间，哪怕是一些和网络毫不沾边的公司都纷纷接二连三地将巨额资金投入到大型综合性企业资源规划系统上。诚然，这些企业新建立的资源规划系统确实解决了一些问题，但是数百种互不兼容的系统混杂在一起却带来了更大的问题。

这是为什么呢？其实根本原因就在于这些系统相对缺乏弹性，常常使企业受困于刻板僵化的业务流程。

但是在互联网基础上建立起来的网络服务体系结构和这些系统截然不同，它是一种开放式（而并非专属的）体系结构。所有的企业都可以在互联网上租用所需的功能——无论是数据存储、处理能力还是特定的应用程序——而不用建设和维护自己独有

的内部系统。这样不仅效率高，兼容性强，而且还能够节省开发时间和成本。

在这个系统中能够发挥作用的技术主要分为三层：

第一层，是作为基础的软件标准和通信协议，这个工具为网络服务提供了通用的语言，各应用程序就能随意相互连接，并读取电子信息。于是各部门之间的工作流程被大大优化了。

第二层，是位于体系结构中层的服务网格，建立在各种协议和标准的基础之上。这些功能使通过因特网实现商业功能和交易成为可能。目前我们所熟悉的 B2C 和其他种类的电子商务网站都依靠它进行交易。

第三层，也就是这个网络服务体系结构中最上面一层，是由各种人们可见的应用服务组成，服务项目从信用卡处理到生产计划的编排，丰富多样，根据不同的市场需求而设定，充分实现了特定业务功能的自动化流程。这是互联网上，每天面对员工和客户最显而易见的一层技术。在这些层面上，有些特殊的应用服务是专属于某一企业或公司群体的，而有些服务则由所有企业共享，如邮件，等等。另外有一些公司有特殊需求，也可以开发自己的应用服务，灵活度相当高，比起独自开发一个系统来说，成本低了不知大多少。

这样一个通过互联网起到连接作用而建立的覆盖网络，大大降低了开发独立系统所需要的开发和运营成本。但这对于网络服务技术而言，还只是其中的一小部分效用。

网络服务技术的真正价值在于，提高了使用网络进行工作的灵活性，并且通过网络的交流和传输加强了工作间的协作，从而为整个商业领域显著节约了大量运营成本、创造了多种增长途径。

例如，著名的戴尔电脑公司目前就利用网络服务联系供应商和第三方物流提供商，不需要过多的开会成本，他们就能及时了解到供应商和物流的情况，如果有特殊情况发生，戴尔公司也可以及时进行调配。老牌汽车公司——通用汽车公司决定逐步推行一项计划：通过它与福特汽车公司和戴姆勒—克莱斯勒汽车公司建立的联盟，将此技术体系进一步应用到通用与其供商之间的合作关系上。这一举措是在网络服务充分介入之前，企业家们所不能想象的。

如今的商业提议则是将资金投入收益明显的技术改造中去，竞争的不断加剧会迫使你将技术实施拓展到企业的其他部门，这种压力会迫使你对经营状况进行反思，从而创造更多经济效益。

（十）销售员不做水虎鱼——你的销售战略是否具有战略性

销售，是目前市场上最热门的行业之一，也是最需要人才的。哪个经营部门能比销售部门更倚重于人才的应用呢？对于企业管理者而言，众所周知"聘用到合适的销售人才是件极富挑战性的事。除非企业非常具有战略眼光，通常能找到合适人选的概率是50％。"这句话是视康公司北美区销售副总监拉里·麦吉尔说的。

可是，对于一般的公司而言，往往是不具备这样的战略眼光的。

正是这家公司为了提高这个概率，不惜代价开发了一种个性概况分析工具，可将客户主管候选人的个性特征与公司业绩一流的销售人员的个性特征相比较。根据知名人力资源专家柯林斯认为，企业应该更加重视"性格特征"而不是具体的经验、技能或背景。因为性格特征会影响销售在职场中的种种表现，于是视康公司依据他的这一观点与 Profiles 国际咨询公司进行合作，确立了占销售团队总人数五分之一的销售精英们的基本个性特征，并且将这个总结出的标准个性概况作为后来视康公司用于招聘的那个测评工具的基础，采用性格适配法则，而不是从个体过往经验上去寻找概率的效果确实非同凡响的好。

但是视康公司还不满足于此，他们还很重视培养执行力强的销售经理。于是他们进一步分析出本公司最优秀的一线销售经理的基本个性概况，并开发出一套测评管理职位候选人的工具。可是他们在这里遇到了挫折，在做这个分析的时候，他们很快就认识到，个人的销售业绩并不能确切地表明此人的管理潜质。公司高层发现在寻找销售经理的过程中并不是在找业绩精英而是在寻找能够影响周围同事的业绩精英。

作为一个业绩精英不容易，但是作为一个能影响同事的业绩精英更不容易，但是什么才是销售员销售业绩的真正驱动因素？

美国西北大学凯洛格商学院市场营销学教授安迪·佐尔特纳斯说，许多主管都忽视了多数真正驱动销售业绩的因素，在刺激销售员的成绩时，他们往往仅仅期望通过培训或薪酬手段来提高业绩。但毫无疑问，这是不合理的。

因为这样根本无法解决诸如结构不合理的销售队伍或员工不能人尽其才或执行力低下的一线管理的问题。

根据市场调查显示，真正业绩出色的销售人员会在帮客户了解自身需求和问题上所耗费的精力可能和在推销商品上耗费的精力一样多。《复合式销售模式》一书的作者杰夫·图尔在书中说道，在高科技专业服务和卫生保健这类行业中，这种诊断方法尤其重要。决策是一个个人行为，如果客户从销售员那感受到的仅仅是水虎鱼的冲劲，那么是远远不够的，帮助客户了解自身需求，比强硬的灌输他们观念要有效地多。

格雷厄姆公司是美国的一家商业保险经纪公司。他们的经营案例突出体现了营销诊断的价值。格雷厄姆公司在美国各大保险公司中排名第 51 位，不算太前也是相当有分量的一个位置，但是他每年保险金收入超过 2 亿美元，而它的销售团队在将近 170 名的员工总数中所占比例不足 10%，而且所有保险金都是从为数 200 家的企业客户那里获得的。这个成绩即使是在出类拔萃的保险公司当中也是难以做到的。

能取得这个成绩，是因为格雷厄姆公司彻底脱离了传统的营销方式。在一个销售堪称数字游戏的行业中，格雷厄姆公司采用一种严格筛选新客户的手段。公司在过去几年当中，通常每年只与 350 家潜在客户进行联系，而往往，一般的同行都会尽可能地掌握大量的客户资料，然后忙得昏头涨脑，但是经过筛选，格雷厄姆公司决定只争取与其中的 35 家企业建立合作关系，通过销售精英们的努力最后赢得了其中 28 家企业的保险业务。

在整个从筛选到争取客户的过程中，格雷厄姆公司在诊断客户情况方面投入了丰富的资源，不惜为每一个客户都派出一个团队（包括律师、风险管理者、工程师、注册会计师和客服行业的专家）来对潜在客户保险方面的问题和风险进行评估，这项服务是免费提供的，但是对于所有客户来说，都是颇具价值的。

同样，格雷厄姆公司还不断调整风险管理战略，使之始终符合客户的商业目标——例如，审核计划收购的项目中存在的保险问题。这在很多机关冗繁着眼于细节的公司是不可能达到的，但是格雷厄姆就是靠着它的灵活销售战略保持了骄人的成绩。

重视客户又稳扎稳打，是销售员个性特征中最重要的成分，但是这更说明了一点，销售是一项需要战略的活计。

（十一）是创造性破坏还是集中力量发展核心业务——哪一条才是正确的增长之路

所有的企业都会遇到困难，就连在全球范围内掀起 IT 飓风的苹果公司都不例外，但是在企业陷入困境时该选用什么样的方法来突围，确实相当考验企业管理者。

根据专家的研究，集中精力发展企业核心业务是在这种艰难时期实现增长的最有效方式。而麦肯锡咨询公司的董事理查德·福斯特对增长问题进行了深入研究，他指出，大型企业生存的宗旨是持久经营而非变化。这一点是不是和你想象中有很大的出入，我们很多人都以为，在企业面临困境时，创新力应该才是支持企业发展下去的根本动力。一个企业的组织架构、业务流程和决策过程都在为优化持续的经营活动从而保持长期稳定提供了支持。但是，有创造性的破坏在关键时刻也未必是那么毫无作用。著名经济学家祖克说，增长的根本，首先就是要对企业核心业务有一个明确的界定。什么是核心业务呢？应具备如下要素：

具有本企业最具战略意义的"代理加盟商"客户（具有最高利润潜力的客户）；

具有本企业最具特色和战略意义的资质及本企业最重要的产品品种；

是本企业最重要的销售渠道；

具有其他重要的战略资产，如对于企业来说至关重要的专利或品牌。

在对核心业务进行明确界定之后，你需要警惕的是那些怂恿你"抛掉旧业，把有重要历史意义的核心业务弃诸脑后，起程奔向希望热土"的致命诱惑。在关键时刻，核心业务能为你带来的增长是你想象不到的。

在这件事上著名的案例就是，稳步经营了 120 年的眼镜业务之后的博士伦公司，在购买了一项突破性专利技术赢得了软性隐形眼镜市场之后，竞争对手开始向它的主导地位发起攻击时，此时博士伦公司居然决定去寻求新的增长源泉，不停地横向扩张经营起诸如电动牙刷、护肤膏和助听器等产品。渐渐地，因为失去了足够多的资源投入和管理层的关注，博士伦公司赖以生存的隐形眼镜业务一落千丈，导致公司的股票大幅度下跌；这家曾经在市场上遥遥领先的眼镜巨擘在市场上排名落后到第三位，排在了强有力的竞争对手强生公司和视康公司之后。

但是，我们也并不是鼓吹坚守僵硬落后的体质，在很多拥有辉煌过去的大型企业常常会神化过去的成功模式，并将其确立为一项制度，认为过去有效的方法也会促成将来的成功。但是这样固守过去的成功模式只会使经营组织变得僵化，使企业丧失灵活性，难以适应日益动荡的商业环境。这样的时候，创造性的破坏比起坚持守旧来说，会对公司有益得多。

开拓一项新业务无论由谁操刀都不会是一件简单的事情，但是比起摆脱已有的业务来说，还是略输一筹，但是往往想要利用新的商业机会势必要摒弃关于某业务领域约定俗成的商业经，甚至要连根拔起一项存在已久但目前业绩表现不佳的业务。这对于很多历史悠久的老公司而言，尤为难以接受。但对于体制陈旧的老公司而言，这样壮士断腕确实是必需的。

但是这样的创新业务也不代表着例如上述的博士伦公司的肆意横向扩张，例如

IBM公司就不应进入卫生保健行业，而强生公司也不应涉足计算机领域，企业要求的生存，不一定非得从根本上改变或完全转变业务种类，相反，这样的大幅度改变带来的未必是转机，而真正有效的创造性破坏其实是指如果企业想取得具有市场规模的业绩，它们就必须根据市场运行的节奏和规模进行稳健的改革。这其中包涵了两点含义：

①企业需要了解市场；

②企业需要对自身的核心业务有充分的了解。

过于强调核心竞争力可能会使企业变得刻板僵化，不容易接受有前景的新机遇。但是集中精力发展核心业务也并不足以确保可持续的发展。所以，当企业出现相关问题时该如何是好呢？

经济专家祖克和福斯特建议："在评估相关业务类别之前，要确保对于核心业务有一个清晰明确的界定。然后，寻找具有最强大竞争差别和优势资源的相邻业务机会——例如，新产品、新渠道、新的客户细分群体、新的地理分布、新的价值链环节、新技术和新业务。"

创造性破坏并不一定和核心业务相对立的，将两者理性地结合起来，或许对于企业发展更有利。

（十二）企业如何实现顶线和底线增长

随着全球经济的发展，所有的企业尤其是一个行业或者产业链上的企业，都像是一根绳子上的蚂蚱，稍有动弹大家都会受到影响。例如美国次贷危机引起的全球经济危机，从制造业到房地产业影响都颇为深远，如何在行业不景气的整体状况下，抓住机会实现增长呢？如果行业景气，如何抓住壮大的机会呢？

首先企业管理者需要做的第一条便是始终抓住精选细分客户群。

一家企业最有价值的资产是其自身与现有客户的关系。这一点被越来越多的企业管理者所认同。

这项战略的各项组成要素有：

仔细分析现有客户群，确定有哪些客户是企业想要继续服务的。在很多行业，例如商业保险行业，往往企业60%的利润都是来自少数20%的客户，而面向其余客户进行的销售手段其实是一种得不偿失的行为。

在目标客户群确定了之后，企业管理者应当带领着销售人员问问自己："我们是卖什么的？"然后再问问客户们："你们要买什么？"经济学家怀特利和黑桑曾经说过：

"我们通常都认为自己销售的是产品和服务。但实际上客户购买的是他们在利用我们产品和服务时得到的种种好处，如安全保障、生产率提高、自我形象、信誉等。"一旦弄清楚这两个问题，企业就可以把精力高度集中于所选目标市场，来大力提高自身收益。

使用这个战略获得成功的著名的范例就是美国联合汽车服务协会。他们最初是向部队军官出售汽车保险，现在则为他们提供了一整套的金融服务——每年销售总额达60亿美元，这笔单子羡煞多少同行。

在抓住客户群之后，你需要做的是系统化开发新产品或服务。

正如经济学家格茨和巴普蒂丝塔在他们的书里所阐释的那样，过去的30年里，企业在这一方面的重要经验来源于固定业务流程中"系统化"的那一部分。企业对于系统化的依赖，不仅仅表现在企业的日常运营上，而且在项目管理、风险降低和及时上市思维方面取得的种种进步，都可以看作系统化是如何共同推动某些企业的成长的。这样的企业往往都具备同一个优势——那就是"擅长于快速连续地推出一套套成功的新产品和服务"。两位经济学家称，"系统化地开发新产品和服务的战略，加速推动了整体业务运作。"

但是要想让这一战略行之有效，企业仅仅管理好一个单独项目是不够的，企业的系统化还必须要有能够支持多个项目同时运作的基础设施。而在这个系统内能够表明企业各项基础完善的迹象有：及时并按预算完成项目的经营模式和推动企业进入高级发展阶段的项目所占比例较高这两点。根据《成长与壮大》这本书所述，包括吉列公司、3M公司和最有代表性的惠普公司都倡导这一模式，它们牢牢确立市场控制权，与市场同步成长，取得了非凡的成就。

但是很多这样的行业霸主，由于多年的市场主导地位，往往容易导致他们自身产生可能催生自大情绪，在一些创新事物上尤其对于彻底创新的变革性技术可能会缺乏战略眼光，导致错失市场良机从而被一些新兴的小公司抢先。

对这种现象，美国经济学家托马什科非常挖苦地指出，从某种意义上讲，通用汽车是20世纪50年代的微软，而IBM则是20世纪70年代的英特尔。缺乏创新意识，确实是一些企业的弊端。

除此之外，想要抓住顶线和底线进行发展的企业应该重新思考让客户接受服务或产品的方式。这一战略又可以被归类为渠道管理，因为这相当于整合自己过去的渠道资源，使得产品获得新生。这项战略有三种表现形式：创建或开发全新的渠道。例如戴尔电脑公司在和同行竞争并未取得明显成果时，通过电话销售个人电脑让企业焕发了勃勃生机；让企业自身成为事实上的渠道，吸收很多过去总是被制造商或效率较低的中间商赚取的利润，这个案例如建材行业中的家得宝公司、办公用品行业的史泰博公司；或是干脆就更好地利用现有渠道，如为小型企业提供薪酬管理服务的 Payehex 公司。诸如此类的渠道管理，对于陷入瓶颈或苦于如何突围的企业来说，不失为一剂强心针。

在底线中徘徊或者在顶线中求得发展的企业，无论是谁最先解决上述这些问题，谁都能真正成为增长热潮中最大的赢家。

（十三）如何让战略落地

有太多的高层习惯性地将战略和运营割裂开来，这是很多企业都会犯的错误，甚至是一些具有悠久历史、战绩辉煌的大企业也不例外。深入到每个行业中来看，甚至有一些颇有经验的 CEO 都会有类似的错觉：自己的主要职责是制定战略，而执行则是下属应该做的事情。但这样的结果是什么呢？所有公司的高管在会议上大谈战略，办公室和会议室随处可见的墙上贴满口号，但是基层员工们却始终找不到发展方向，公司运营状况一塌糊涂。但追究其原因来，那些高高在上的 CEO 还是认为自己制定的完美战略并没有问题，所有的问题都是下属"执行力不强"而已，作为决策者，他并不能意识到自己应该承担的责任。

其实，经营一个企业，需要把企业看作一个有机整体，而在使得这个有机整体运转时最紧要的是，不要把战略和运营割裂开来，作为决策者，不仅要从宏观上替公司把控发展方向，还要能够具体的制定出切实可行的方案方针，并且督促基层员工的实施。这样才能做到严密的管理，使得决策本身产生意义。

对任何企业而言，管理者的主要职责都不仅仅是制定战略，而是通过这些战略如何运营企业。亨利·明茨伯格在《管理者的工作：传说与事实》一书中写道："大多数管理者并不是深思熟虑的、有条理的规划者，他们往往马不停蹄地工作，他们的活动具有短暂性、多样性和不连续性等特点，他们热衷于行动，而不喜欢思考。从时间分配上来说，管理者主要在处理运营问题，而不是战略问题。"这样非常可惜的，管理者的工作如果不能落到实处，他的管理也将是白纸空文一张而已。

如何把战略和运营有效地衔接起来呢？

战略管理是指对一个组织的未来方向制定决策和实施这些决策。它大体可分解为两个阶段：战略规划和战略实施。在规划完成后要注意，企业战略调整会以不同方式影响到企业各个层次，让部门、团队或个人清楚地认识企业战略对自己的影响和意义，是各级管理者的共同责任。

如果你想将企业战略转化为可实施的具体行动，那么需要注意做到的便是以下三点：

①采用适当语言和逻辑，针对企业战略同团队或个人进行沟通。

②让团队参与战略"怎样和本部门及需要自己如何调整等方面"问题的讨论。

③确保每个直接报告都正常运转。

简单的重复企业战略是非常容易的，但是你必须将战略生动地解释给团队，许多经理们会忽略这些。

"管理者的工作应该是先了解企业的目标和战略，然后再以能让自己部门的员工感到更生动而真实的方式对战略进行解释"，卡耶说。他是 RSM 麦克格拉德雷公司的管理主任及战略计划顾问。"越简单直接越好"。例如，如果提高新产品的成功率是战略的一个关键部分，那么就直接说明它是如何和自己管理的客户服务部门相关的。

这样最终的结果是，同下达指示相比，让大家揣测企业战略对自己团队的影响的做法会更有效果，因为你想让团队感到它在改变自己的计划，对于激发员工的责任感是有相当大的作用的。当然在这个环节中，管理者要推动和支配这个过程，指导员工们回答这样的问题：

战略会对我们的部门有怎样的影响？

我们要实现什么样的目标？

如何实现呢？

当员工们回答了这些问题，就如何思考和谈论策略联盟团队会因此有共同的语言和框架，这使得大家的行为会和共同理解的一系列目标和行动相一致。当团队的指导方针定了以后，管理者会紧接着确认每一个员工都理解自己怎样为公司带来价值，以及他们的行为会怎样推动公司的发展，特别是，经理人们要确认新战略对每个员工进行优先排序及时间管理方面的影响一致。

在这里需要特别指出的是，所有企业战略和执行手段都不会是固定不变的，战略是一个周而复始、不断改进的过程。所以管理者在制定明确的战略目标后，根据这些目标分配资源，明确运营措施的优先顺序，迅速确定这些决策对运营和战略的影响，以及在必要时更新他们的战略目标，并且随时注意市场的改变，而对执行力度和方向进行进一步的调整。

（十四）注意经济衰退期的"洗牌现象"

哈佛教授们在授课前的调研中发现，在全球尤其是北美地区经济衰退期间，有超过五分之一的企业行业排名从后四分之一跃入前四分之一。与此同时，所有在经济危机之前在市场上屈于遥遥领先的霸主企业们当中，多于五分之一的企业跌入了排名后四分之一的行列。这个发现告诉我们，在经济衰退期间，市场的竞争比起繁荣期显得更加的残酷。

艾睿电子公司就是一个在艰难时期转败为胜的杰出案例。1986 年左右，北美市场上电子行业相当不景气，这家名不见经传的电子元器件和计算机产品的批发商却启动了一系列大胆又不失精明的收购计划，这个举措使公司销售额提高了 5 倍多，将原本处于亏损的经营状态转为赢利模式，而且甚至从竞争对手规模为他两倍大的安富利公

艾睿电子公司

司手里抢得了市场的主导权。

这样的局面出现并不罕见，追究其原因确实复杂的。

首先，在经济衰退的时候，许多管理者都勉强能够接受低于常规标准的业绩，认为一旦经济状况回转，他们的公司就会加速超越竞争对手。但实际上，我们很少看到这种情况真的发生。真正有市场竞争力的公司，哪怕是在经济衰退期内，都会有显著的盈利表现。商场也如逆水行舟，不进则退。当很多管理者将企业发展的停滞归罪于经济危机时，悄悄地，已经有企业蓄势待发，冲了上来。

2001 年，在整个电脑行业销售额下降了 12% 的环境下，戴尔电脑公司单位产品销售额竟然逆势增长了 11%。打赢这场看似不可能的仗，原因全是因为戴尔公司意识到

在经济衰退期价格弹性有时会增强，于是早早做好准备利用合理的降价手段夺取了超过 6 个百分点的美国市场份额，并且在所有经济衰退期中最不景气的 2001 年第四季度，赢得了本行业 90% 的利润，同时，IBM 等行业巨擘都在萧条的冬天中艰难残喘，眼睁睁地看着戴尔闯入行业前列。

其实对于本身实力强大的企业来说，机遇总是存在的，但是，在经济衰退期内利用这些机遇，所产生的影响要比市场一派繁荣时要大得多，因为这时许多竞争对手不是惊慌失措就是止步不前。此时若能抓住机遇，往往你获得的就是巨大的转机。

同样，在经济衰退期，很多企业忙不迭地缩减规模或者给机遇调整自身发展战略，横向扩展到并不熟悉的核心业务之外，希望别的市场的支撑，但这时往往促成交易或削弱同行的战略机遇也会增多。这些公司的退让实际上就为那些在衰退期坚持稳健周密的经营战略的企业制造了机会。要坚持企业的经营重心，其实才是企业在逆境中找到突破的关键性因素。

哈佛认为，繁荣的市场中依然可能存在暗点，汇聚在经济衰退期的，也不仅仅是障碍。作为企业管理者更应当学会如何抓住市场先机，逆势突起，为企业的发展占据领先地位。

（十五）不要逃避现实

在哈佛，管理类教授们常常讲，没有什么比起在行业遇到危机或者在大的企业难关时作为管理者还要让人感到棘手的事情了。那么，当经济出现周期性衰退时，管理者应当怎样实现成功自我管理呢？这个秘方包括平衡、重心、有效的沟通、充沛的活力。

对于很多处于逆境中的人而言，很难完成所有的待办事项，于是成功的经理人们介绍经验，此时就应当"高度"专注于确定许多目标中有哪些是对于他、他的团队乃至整个公司真正重要的。而当你无法抉择时，你不妨去和你的上司谈谈。

根据哈佛商学院组织行为理论学教授托马斯·德朗的研究，其实对大多数人来说，最大的挑战就是怎样开启这个话题。那么，这个敏感而棘手的话题应当如何开展呢？"如果有疑惑，就该把两难处境说出来让别人了解。"德朗说。只有当你把你心中所想的，从要求到期待都说出来时，你的上司才能根据你的状况为你指引方向，沟通无论何时都是摆脱困境最有效的方式。

当经济危机来袭，团队内部经常人心惶惶，人人感到心力交瘁。这时候作为团队的管理者，你就需要放下那些大目标，而把小的成就作为激励工具。首先要确保每个人都清楚长期战略。然舞。你要想办法能让员工专注于现有成果，那么，小小的进展和成就也能很快地让他们打起精神来。处于经济衰退期，如果你的眼光还是像其他时候一样盯着树顶端的大果子不放，那么很快你就会觉得沮丧，再也熬不下去。这时候，小的胜利也无法给你带来欢愉。

同样是组织行为理论学教授的帕莱特教授说，当人手不足时，"没人愿意做决定"。"大家就像击传花一样把'烫手的山芋'一直传下去，每个人都把处理棘手问题的责任推给别人，直到最后有人成了替罪羔羊，没能创造出奇迹成了他一个人的责任。敢于站出来承担责任，敦促他们警醒——哪些工作完成了，哪些还没完成——你可能就成了英雄了。你做了别人都不想做的事，把精力集中在创造你认为最有意义的效益上。"

当你在对市场前景感觉并不明朗的情况下，你不妨采取缔结联盟的形式来思考。尤其是在规划这些跨团队联系时，根据战略需要将与管理者所影响领域有直接关联的股东包含在内。这种内部的联合不仅加强了你的运营实力，也促使你的工作受到关注。适时的寻找联盟者，对于此时你的工作效率和精神都会是一项积极的促进。

学院的经济学家塞吉尔指出："在各项责任的重压下一味埋头苦干，意味着你的个人梦想和战略愿景将在你自己所在的组织中受到压制，无法实现。"越是在你难以抗拒的逆境当中，你越是要积极争取主要意见影响者的机会，因为此时如果你错过，那么在你今后需要帮助的时候，他们是无法给你提供支持的。所以在此刻，你不如寻找那些愿意"说实话的人"和你结成提供支持的网络式联盟。你应该在你的经营组织中找出两三位"会告诉你你不愿意听到的事情、在你不在场时能对你做出公正评价"的人，"有些人只会跟我们说他们认为我们会爱听的话，在困难时期我们最不需要的就是这样的人"。这样的人，才能在逆境中为我们带来有效讯息，甚至可以迅速帮助我们突破重围，挖掘出市场潜力的可能。

在面临经济衰退时，几乎大部分的主管都会觉得惶惶不安。对此经济学教授齐默尔曼说："许多主管都在坐等不可避免的厄运降临，更糟的是，许多人干脆像鸵鸟一样把头埋进沙子里，逃避现实。但你把头埋进去，身体的另一个部位却暴露无遗。"既然我们无法躲避那注定将要发生的现实，那为什么不尽可能做我们能做的去挽救这一局面呢？

（十六）外包是否能改善行业竞争态势

对于很多企业而言，在行业竞争到达一个瓶颈时，他们会选择外包的形势发展。外包对于企业的好处是可以解除管理者的一些负担，让他们专注于更具战略意义、价值更高的业务活动，尤其是更需要精力来应对核心业务的经济衰退时期。但这个外包具有价值的前提是他们要懂得自律，合理利用节省下来的这些时间。

埃德·弗雷是哈佛商学院的资深教授，他说，自己见过有些客户采用外包策略后却没能从中获得收益，这是因为他们对其合作伙伴实施"微管理"——这样的外包形式并不能真正发挥其作用，而管理者仍然将精力丢在了那些徒劳浪费精力的事情上。

企业要从外包中获得最大收益，就必须做长远考虑，想想有哪些举措能带来更高投资回报率（ROI）。通常，这意味着外包时要注重外部效益——如企业在市场中的重新定位或对企业针对客户的价值诉求做重大调整——而不是诸如利用外包节省内部行政管理部门5%的运行成本这样的内部效益。那么，为了使得外包发挥高效，企业应该采取什么样的方法呢？

降低成本，增加价值

随着外包范围继续从后台部门转向更具战略性的业务领域，越来越多的企业认识到，他们可以通过这个途径降低不必要的成本，从而为自己的产品和服务增加价值。

外包是变革的催化剂

"企业都不太善于变革，"研究院林德说，"无论是改变经营模式、实施创新还是重组流程。都是艰巨的任务，而且，人们是无法达到所有期望的。"

但是在经济衰退阶段，一些具有前瞻眼光的主管积极将外包视为一种变革管理工具。用它来驱动大规模企业层面的转型，如竞争地位的转变、市场份额或股价的大幅度提高。这样的转型方式的外包非常有效，因为它是在向外部寻找公司所缺乏的重要业务环节，向能使这项业务高效运转的合作伙伴寻求专业力量。

外包最重要的是如何区分核心业务、非核心业务和战略性业务

理论上讲，外包很简单。企业通过与第三方服务提供商合作，可以去除非核心业务负担、剥离资产负债表资产、提高资本回报率。

但实际上情况更为复杂。对于被经济危机弄得一头雾水的管理者而肓，他们真的

很难弄清哪些是核心业务，哪些是非核心业务，一旦这一点出现问题，那么外包很可能变成企业的绊脚石而不是助动力。

在一些案例中，企业外包时会增加了被以前的合作伙伴夺取市场份额的风险。曾经在德国经营消费电子产品而享有盛名的蓝宝公司就是这种情况。当时，收到市场的销售额，蓝宝公司为了及时补充其提供给经销商的系列产品，决定增加磁带录像机，并把这项业务外包给生产此类产品相当有经验的松下公司。此后，原先名不见经传的松下此类产品因为有了蓝宝公司的信誉支持便打开了销路，后来松下就更干脆的直接联系了蓝宝公司的经销商，转眼间它就为自己的系列产品建起了分销网络。蓝宝公司所做的只是为松下公司接触到它的经销商网络开了便利之门。这样的外包无疑是搬起石头砸自己的脚，是一次失败的案例，所以这个实例告诉我们，在外包时，我们绝对不可以放过我们的核心业务。

最后，管理者需要回答一个问题：外包能改善行业竞争态势吗？

实际上，将一些产业外包有可能帮企业避开许多产业目前不断经历的盛衰周期。尤其是在需求旺盛或需求不断增长的时代，像美国电子行业的思科公司和 IBM 公司这样的原始设备制造商向其合约制造商提供的市场容量预测值高于它们的实际预测值，它们就将这样的外包形式视为一种过压保护。而合约制造商也出于同样的原因对所需组件的市场容量做出了高于自身实际预期的预测，以防需求量增大令它们措手不及。结果，价值链的两端都出现了投机性订货的现象。这种过压保护策略是与市场的真实需求量完全无关的，这种现象不会存在于垂直一体化的经营模式当中。

外包其实只不过是供应链中一个附加的层次，它对于企业的意义通常是意味着又多了一层安全保护。这些保护层本身当然不会造成产业衰退，但是如果处于衰退期内，它们会加剧整个行业衰退趋势的恶化。这样的观点当然不是说外包就是件坏事，它们能够让这些希望横向发展的公司得以利用所有其他方面的制造能力，而不必去建自己的生产厂。但是对于某一个特定行业来说，外包无疑并不是一个好的解决方法。